大厂年鉴

（2020）

《大厂年鉴》编修委员会　编

方志出版社
Publishing House of Local Records

图书在版编目（CIP）数据

大厂年鉴.2020 / 《大厂年鉴》编修委员会. ——
北京：方志出版社，2020.12
ISBN 978-7-5144-4704-0
Ⅰ.①大… Ⅱ.①大… Ⅲ.①大厂回族自治县—2020—年鉴
Ⅳ.①Z522.24
中国版本图书馆 CIP 数据核字（2020）第 271702 号

大厂年鉴（2020）

编　　者：《大厂年鉴》编修委员会
责任编辑：刘方圆

出 版 者：方志出版社
地址　北京市朝阳区潘家园东里 9 号（国家方志馆 4 层）
邮编　100021
网址　http://www.zgfzcb.cn
发　　行：方志出版社图书经销中心
电话（010）67110500
经　　销：各地新华书店
印　　刷：大厂回族自治县德诚印务有限公司

开　　本：889×1194　1/16
印　　张：28.5
字　　数：418 千字
版　　次：2020 年 12 月第 1 版　2020 年 12 月第 1 次印刷
印　　数：001～500 册

ISBN 978-7-5144-4704-0　**定价：**180.00 元

《大厂年鉴》编修委员会

顾　　问：谷正海

主　　任：刘宝旺

常务副主任：崔东虎

副 主 任：高连立　张春秋　何培启

委　　员：张东庆　杨宝军　高景武　李树达

郭玉杰　白占冬　毛松录　金文利

刘浩洋　周　凯　刘　虎

《大厂年鉴》编修委员会办公室

主　任：崔东虎

副主任：杨宝军　葛建学　周丽娟

《大厂年鉴》编修人员

主　　编：杨宝军

执行主编：周丽娟

副 主 编：刘　俊　孔金苹　李　鑫

编　　辑：杨宝军　周丽娟　刘　俊　孔金苹

李　鑫

大厂县志(年鉴)顾问

关松发　任宝学　崔　涛　李志国　杨春利　王　江

编辑说明

一、《大厂年鉴》以马克思列宁主义、毛泽东思想、邓小平理论、“三个代表”重要思想、科学发展观、习近平新时代中国特色社会主义思想为指导，坚持辩证唯物主义和历史唯物主义的立场、观点和方法，坚持实事求是的原则，客观翔实记述。

二、《大厂年鉴》是全面、系统记述大厂回族自治县区域自然、政治、经济、文化、社会等方面基本情况的年度资料性文献，客观反映 2019 年大厂回族自治县社会经济发展的新变化、新成就，为社会各界人士了解和研究大厂提供信息，为编史修志积累资料。

三、《大厂年鉴》自 2017 年起，依据《地方综合年鉴编纂出版规定》，年鉴号以出版年份标识，《大厂年鉴（2020）》为第十一卷。

四、《大厂年鉴（2020）》采用分类编修法，大致分为类目、分目、条目三个层次。

五、《大厂年鉴（2020）》文稿均由县直有关部门、各镇、城区街道办事处、各园区等提供材料，经本部门主管领导审定，由县地方志办公室统一撰写编修。

目录

特 载

大厂概况

政治

社会团体

法治　军事

综合行政管理

建设　环保

交通　邮政

农业　水利

工业 信息业

商贸 流通

财政 税务

金融

教育　科技

文化　旅游　卫生

开发区建设

镇城区街道办概况

附录

特　载

中共大厂回族自治县委常务委员会工作报告
把全民服务副中心往实里深里做
在服从服务中加快融入一体化发展

——在中共大厂回族自治县第十一届委员会第六次全体会议上

（2020年1月9日）

谷　正　海

各位委员、同志们：

现在，我代表县委常委会，向全会作工作报告，请各位委员审议，并请与会同志提出意见。

一、2019年工作回顾与总结

2019年以来，县委常委会坚持以习近平新时代中国特色社会主义思想为指导，深入学习贯彻党的十九大和十九届二中、三中、四中全会精神，全面落实党中央和省市委重大决策部署，总揽全局，协调各方，紧紧依靠县人大、县政府、县政协和全县各级党组织，团结带领各族干部群众，说干就干、干就一流，全县经济社会各项事业呈现高质量发展态势。2019年，预计全县地区生产总值完成115亿元，同比增长6%；固定资产投资同比增长11%；规模以上工业增加值同比增长3.5%，规模以上高新技术产业增加值同比增长11%；社会消费品零售总额完成26亿元，同比增长8%；全县财政收入累计完成48.6亿元，同比增长7.4%，其中一般公共财政预算收入完成30.6亿元，同比增长10.18%；城乡居民人均可支配收入分别达到44800元和18350元，同比增长8%和9%。

县委常委会的主要工作是：

第一，把政治建设放在首位，确保正确发展方向。县委常委会始终坚持政治站位，增强“四个意识”，坚定“四个自信”，做到“两个维护”，在政治立场、政治方向、政治原则、政治道路上，坚决同以习近平为核心的党中央保持高度一致，与省市委同心同德，为全县各项事业发展提供坚强政治保证。把扎实开展“不忘初心、牢记使命”主题教育作为重要政治任务，紧紧围绕“守初心、担使命，找差距、抓落实”总要求，精心部署安排，强力组织推动，达到了“理论学习有收获、思想政治受洗礼、干事创业敢担当、为民服务解难题、清正廉洁作表率”的目标，主题教育集聚起来的强大正能量，正在转化为全县广大党员干部干事创业、担当为民的精气神。

第二，全力推动协同发展，深化与京对接融合。深入拓展、延伸“全民服务副中心”行动，不断提升大调研的针对性、大培训的专业性、大转变的主动性、大招商的实效性，推动与北京市直部门、通州区和行业协会等社会各界的全面对接。京唐铁路(大厂段)开工建设，玉兰广场开展前期谋划。北京市通州区工商联与我县工商联（总商会）签订联盟合作框架协议，为进一步促进经贸、商务往来，建立合作平台。掌握300余家北京疏解企业名单，确定70家符合产业政策和发展方向企业重点跟进。深化“三深化三提升”“双创双服”活动，在全市率先实现企业注册登记全程电子化率100%，企业注册登记可当日办结。与通州区签署公共就业服务机构合作协议书，针对通州人力市场需求完成技能培训1660人，农村劳动力引导性培训12000人次；圆满完成“2·26”北京市与廊坊北三县项目洽谈会各项工作，签约中国人民大学出版传媒融合创新中心、国家京剧院文旅融合产业化基地等19个项目，总投资88.85亿元。

第三，高标准抓好平台建设，加快产业转型升级。戏剧小镇核心项目控制性详细规划通过县规委会审议，四方推进机构正式成立，通过招商，京投发展集团成为正式投资建设方，王必屯村征拆工作全面展开。戏剧小镇的开工建设，为夏垫非遗古镇、清真食品国际小镇、出版融合小镇、田园健康小镇建设探索了新道路。影视小镇逐步发展壮大，“影视文创产业集群”成功争列全省重点扶持产业集群，累计招商签约客户 114 家，逐步形成了数字影视产业生态圈。完成小厂村特色村寨“会客厅”、商业街一期工程建设，打开了城南五村少数民族特色村寨建设新局面；农业园区通过国家科技部验收，热代万果园投入运营，“大厂智慧农场”加快推进；高新区薪酬制全面落实，主营业务收入、已开发土地单位面积税收收入、新增高新技术企业数量等多项指标超额完成年度目标任务。落实《企业奖励办法》《服务企业七项制度》等惠企政策，召开经济发展促进大会，奖励重点企业金额达 3100 万元。2019 年全县实施投资亿元以上项目 31 个，总投资 248.8 亿元。

第四，统筹推动城乡建设，持续优化生态环境。巩固提升国家园林县城创建成果，完成新造林 3100 亩；向全县发出创建全国双拥模范县倡议，全力冲刺全国双拥模范县；国家卫生县城即将抽检授牌，省级慢性病综合防控示范区成功创建；全国文明县城全省测评位列第二，被中宣部确定为全国（第二批）新时代文明实践中心建设试点县；国家生态文明建设示范县完成规划编制，以“天蓝、地绿、水清”为目标，确保 2021 年成功创建。圆满举办首届县文旅大会，千亩樱花园、潮白沙滩、密涿高速公路梁家务互通连接线、迎宾大道东延等重点工程竣工投用。大气污染治理继续保持全市领先，全县优良天数 246 天，全市正排第 1；空气质量综合指数 5.18，全市正排第 1。全面落实河长制，实施全域污水集中处理 PPP 项目，启动鲍邱河、尹家沟污染治理。深入推进农村人居环境整治，改造完成农厕 11577 座，清理沟渠 105 处，创建美丽庭院 7000 个，率先在全市建成粪便无害化处理厂和餐厨垃圾处理厂。

第五，全面发展社会事业，不断增进民生福祉。完成职教中心新建搬迁，加快寄宿制学校建设。实现公办幼儿园城乡全覆盖，高中入学率100%。深入推进“健康大厂”工程，加强以家庭医生为特色的医疗卫生服务体系建设。深入实施基本医疗保险参保计划，实现了基本医疗保险全覆盖。扩大异地直接结算机构范围，进一步提高参保人医疗保障水平。城乡居民养老保险参保率达到99.8%。退役士兵保险接续工作进展全省第一。坚持“两不愁、三保障”标准，综合运用教育扶贫、就业扶贫等各项举措，实现全县剩余的12户24人全部脱贫。深入实施文化惠民工程，对全县镇级综合文化站和基层综合文化服务中心进行新建和改造提升。2019年，县财政用于民生支出32.84亿元，同比增长16.9%，占一般公共预算支出的82.56%。与此同时，深入推进“扫黑除恶”专项斗争，强化社会综合治理；持续开展民族团结进步创建，小厂村被国家民委命名为中国少数民族特色村寨；圆满完成“一带一路”国际合作高峰论坛、世界园艺博览会、中华人民共和国成立70周年等重点时期安保工作，持续保持了社会大局和谐安定的良好局面。

第六，坚持全面从严治党，打造过硬干部队伍。严格贯彻落实《党政领导干部选拔任用工作条例》《干部选拔任用工作监督检查和责任追究办法》，以党和国家机构改革和公务员职务与职级并行制度实施为契机，优化机关事业单位职能设置，选优配强领导班子，不断推进干部队伍科学化和规范化建设。2019年，全县共调整干部11批166人次，其中，县级干部任免科级职务17人，提拔重用44人，进一步使用14人，平职调整81人，免职10人。探索建立健全正向激励和容错纠错机制，持续推进领导干部“能上能下”，不断形成能者上、庸者下、劣者汰的常态机制。实行新时代农村党支部“星级化”管理，隆重表彰获得“突出贡献奖”的农村党支部书记和不同星级农村党支部，基层党建全面过硬、全面进步。强化落实党风廉政建设主体责任和监督责任，组织开展十一届县委第四轮、五轮、六轮巡察工作，对2个镇党委、16个县直单位党组织、37个村级党组织进行全面深入巡察，共发现问题545个，问题线索36人，全面落实了整改责任和整改措施。严格执行中央八项规定及实施细则，严守《准则》《条例》，坚决反对“四风”，营造了风清气正的政治生态。

县委常委会积极推动全县各项事业全面发展。支持县人大常委会和县政协常委会依照法律和章程履职尽责，积极发挥人大代表联络站和政协双月协商作用。2019年，开展人大代表上站活动6次，涉及代表1261人次，征集代表、选民意见建议549条，经梳理汇总为267条，办结150条，其中，列入规划102条，政府参考48条。推进自治县立法工作，2019年7月25日，河北省人大常委会第十一次会议批准我县《全域旅游条例》和新修订的《环境保护条例》。积极发挥政协政治协商、民主监督、参政议政职能，深入开展“一村街一社区一委员”活动，进一步拓宽履职渠道，提高履职实效；围绕产业发展、教育医疗、人居环境等县委、县政府中心工作，广泛开展视察调研、协商议事，为县委、县政府科学决策提供了依据，发挥了重要作用。不断加强民主法治建设，开展七五普法，推进全县尊法、学法、守法、用法，圆满完成县妇女第五次代表大会和县妇联换届工作，支持工会、团委、科协等群团组织立足岗位、积极履职，老干部、党管武装、残疾人等工作均取得全面进步。

以上成绩的取得，是认真贯彻落实习近平新时代中国特色社会主义思想的结果，是省市委正确领导和关心支持的结果，是全县广大干部群众和各界人士凝心聚力、拼搏进取的结果。在此，我代表县委常委会向全县广大干部群众，向大家表示诚挚的敬意和衷心的感谢！

二、全面学习贯彻党中央精神和省市委决策部署，进一步明确全县经济工作的总体思路和重点

2020年，是全面建成小康社会的决胜之年，是“十三五”规划收官和“十四五”谋划起步之年，是实现京津冀协同发展中期目标的关键之年，也是大厂回族自治县建县65周年。做好这一年的工作，具有重大政治意义和长远历史意义。近期，中央召开经济工作会议，习近平总书记发表重要讲话。总书记的重要讲话高屋建瓴，总揽全局，博大精深，充分肯定了2019年以来经济工作的成绩，深刻分析了当前国内外经济形势，明确提出了2020年经济工作的总体要求、政策取向和重点任务，具有很强的思想性、战略性、针对性、指导性。省委九届十次全会,深入贯彻中央经济工作会议精神，紧扣全面建成小康社会目标任务，围绕以新发展理念推动高质量发展，安排部署全省发展的大事要事和重点关键，画出了做好2020年经济工作的路线图。特别是，提出扎实开展“三创四建”活动，即创新、创业和创建全国文明城市、国家卫生城市、国家森林城市，建设现代化经济体系，建设城乡融合高质量发展体系，建设一流营商环境体系，建设现代化社会治理体系。刚刚闭幕的廊坊市委六届九次全会，贯彻中央经济工作会议和省委九届十次全会精神，明确了2020年经济工作总体要求和经济社会发展主要目标，提出全面建成小康社会、“十三五”规划圆满收官、京津冀协同发展取得重大突破“三大任务”，强力实施重点项目建设年、一流营商环境建设年、城乡基础设施建设年“三个建设年”活动。

中央经济工作会议和省市委全会精神，为我们进一步做好工作指明了前进方向、提供了根本遵循。全县上下一定要把学习贯彻中央经济工作会议和省市委全会精神作为重要政治任务，深刻领悟精神实质，把握基本要求，切实增强贯彻落实的思想自觉、政治自觉、行动自觉。根据上级安排部署，结合我县实际，确定2020年工作总体要求是，坚持以习近平新时代中国特色社会主义思想为指导，深入学习贯彻党的十九大和十九届二中、三中、四中全会和中央经济工作会议精神，全面落实省委九届十次全会和市委六届九次全会工作部署，增强“四个意识”、坚定“四个自信”、做到“两个维护”，紧扣全面建成小康社会目标任务，坚持稳中求进工作总基调，牢牢把握省委、省政府“五个确保”的要求，坚定北京城市副中心后花园定位，把“全民服务副中心”往实里深里做，以河北省“三创四建”活动和廊坊市“三个建设年”为统揽，持续推进“五城同建”抓环境、“六个小镇”抓产业、“七有保障”抓民生、“八项规定”抓党风，在服从服务中加快融入一体化发展，确保新时代建设经济强县、美丽大厂取得新成效。

2020年，经济社会发展主要预期目标是：地区生产总值增长6%；固定资产投资增长7%；一般公共财政预算收入增长6.5%；规模以上工业增加值增长4%；规上高新技术产业增加值增长10%；社会消费品零售总额增长8%；城镇居民人均可支配收入增长7.5%，农村居民人均可支配收入增长8%；全面完成市下达节能减排任务。2020年需要突出把握的五个方面是：

1.坚定不移实现“五个确保”。围绕做好2020年经济工作，省委、省政府明确“确保如期实现京津冀协同发展中期目标，确保高质量完成脱贫攻坚任务，确保全面建成小康社会，确保‘十三五’规划圆满收官，确保人民生活水平持续提升和社会大局安全稳定”的工作目标。全县上下要切实提高政治站位，迅速把思想和行动统一到省市委工作部署上来，进一步坚定必胜信心，鼓足发展干劲，坚定不移实现“五个确保”，努力以一域之光为全省添彩。

2.坚决全面落实协同发展关键时期的各项任务。2020年实现京津冀协同发展中期目标，是党中央确定的硬任务。当前，京津冀协同发展已经到非常关键的时期，省市委全会将京津冀协同发展作为重大政治任务，进行全面安排部署。就我县而言，协同发展已经进入加速与北京城市副中心一体化发展的时期，进入北京市委、市政府主动提出将优质产业、基础设施、公共服务向北三县延伸布局的时期。我们要放大格局、提高标准，进一步强化服从服务理念，高标准高质量推进各项工作，在规划落地实施上有大动作，在重大项目建设上有大手笔，在重点领域突破上有大进展，实现与北京的深度对接融合、一体化发展。

3. 以“创新突破”推动全县经济社会高质量发展。我们县域小，建县历史短，公共积累薄弱，资源禀赋不充裕。要在协同发展中实现大跨越，我们必须进一步解放思想，创新突破。要在落实党中央精神和省市委决策部署的前提下谋创新，坚决服从服务京津冀协同发展大局，坚定目标方向、发展定位不动摇，更好完成大厂承担的各项任务；要放大坐标谋创新，跳出大厂看大厂，把大厂放在北京城市副中心大坐标系中去谋划、去定位，辩证地认识一二三产关系，不为传统产业和一般县域观念所束缚；要对标副中心建设标准谋创新，按照“世界眼光、国际标准、中国特色、高点定位”，高起点谋划、高标准推进、高质量落实；要以敢为天下先的胆略谋创新，只要是符合上级大政方针、符合大厂发展实际、符合广大人民群众利益的事，就要坚定必胜信心，敢于担当、置身度外，大胆试、大胆闯，不断开创工作新局面。

4. 以困难群众就业收入和住房保障为重点抓好民生工作。越是在当前经济下行压力加大的情况下，越要把保障和改善民生摆在突出位置，最大限度地减少经济下行对人民群众生产生活造成的不利影响。要始终坚持以人民为中心的发展思想，反复体会“民心是最大的政治”，在持续抓好基本公共服务、提升社会事业发展水平的基础上，强化社会保障体系建设，切实兜住基本民生底线。要集中人力、物力和财力，真心实意为人民群众办实事办好事，特别是要坚持底线思维，重点解决好困难群众就业收入、住房保障等实际问题，让全县人民共享改革发展成果。

5. 持续防范和化解重点领域风险。增强“守土有责、守土负责、守土尽责”意识，针对经济、政治、社会等领域风险点，健全防控化解方案和应急预案。要敢于担当、敢于斗争，做好金融风险防控、政府债务和隐形债务化解、意识形态安全等领域工作。特别是，深入解决房地产领域历史遗留问题，及时化解风险隐患，维护社会大局稳定。坚决打击违法占地、违法建设，保护好大厂环境就是保护大厂发展的生命线。要加快构建风险防控制度体系，落实防控责任，健全长效机制，堵塞监管漏洞，坚决防止小事拖大、大事拖炸，切实当好河北首都政治“护城河”排头兵。

三、提高政治站位，坚决贯彻落实党中央和省市委关于协同发展各项决策部署

坚决服从协同发展，积极融入协同发展，在服从服务北京城市副中心中加快大厂转型，是我们的政治责任，也是最大的发展机遇。

1. 要用党中央精神和省市委关于协同发展的决策部署统一思想。京津冀协同发展是习近平总书记亲自谋划、亲自推动的重大国家战略。建设北京城市副中心，是以习近平为核心的党中央作出的重要决策，是疏解北京非首都功能、推动京津冀协同发展的重大战略举措。省委九届十次全会明确，要坚定有力推进京津冀协同发展，加强廊坊北三县与北京通州区一体化发展，深入推进京津冀协同创新共同体建设，在对接京津、服务京津中加快发展自己。市委六届九次全会，将推动京津冀协同发展取得重大突破作为2020年三大任务之一，要求力促交通、产业、生态、功能承接、区域合作等重点领域取得新的更大突破。我们要增强“四个意识”、坚定“四个自信”、做到“两个维护”，自觉贯彻落实好党中央精神和省市委决策部署，把服从服务北京城市副中心建设作为重大政治任务，扛在肩上、抓在手上，敢于担当、主动作为，确保党中央精神和省市委决策部署在大厂不折不扣落在实处。

2. 要打破“一亩三分地”思维，全力服从服务北京城市副中心建设。全面加强规划和土地管控，对产业发展、城镇建设、生态环保实行清单管理，铁腕推进“两违”治理和大气污染防治工作，全力做好安保维稳，当好河北首都政治“护城河”排头兵。要严格落实北三县与通州区“四统一”决策部署，以及“1+5+12”协同发展规划体系，同步跟进北三县与通州区协同发展最新规划。要加速推进国土空间规划编制工作，科学有序统筹产业、生态、交通、基础设施和公共服务等功能空间和布局，严守生态保护红线，合理划定永久基本农田、城镇开发边界等控制线，打造北京城市副中心发展腹地空间治理现代化样板。要严格落实《关于处置廊坊北三县与通州区贴边建设的实施意见》，全面做好贴边建设处置工作，坚决落实整改任务，确保符合协同发展规划要求。

3.要树立融入意识，持续开展全民服务副中心行动。按照“政府带动、社会协同、大众参与”原则，以四大行动牵头责任领导和责任部门为主体，带领和带动全县各级各部门、社会各界积极“走出去，引进来”，加强与北京市直机关、商业企业、社会团体、各种组织之间的交流，推介大厂、扩大影响，在信息、技术、资金、人文等方面不断扩大成果，提升服务副中心质量和效率。要敢于担当、肯于付出，在促进副中心重大基础设施延伸布局上积极作为，确保项目落得下、建得成。要敞开胸怀，拿出家底，在承接副中心公共服务项目上不算小账，甘于为副中心建设作贡献。要以人大附中和国家京剧院文旅融合产业化基地建设为契机，促进人防工程建设标准和人才标准实现统一的破题。要针对域内企业和北京城市副中心用工需求，加快调整教育培训内容，丰富培训形式，使更多人充分就业。开展农副食品和牛羊肉特色产品质量提升工程，加强标准化、品牌化建设，带动更多群众在家门口创业增收。

四、把握关键阶段，促进副中心优质产业、基础设施、公共服务向大厂延伸布局

随着北三县与通州区协同发展各项规划的批复落地，北三县正在成为承接北京非首都功能疏解、产业转移、公共服务延伸的重要区域，作为位于北三县核心区位的大厂必将迎来新一轮大发展、快发展。我们要深入研究新战略机遇

期的新内涵，立足区位优势和现有工作基础，全面抓好“十四五”规划的编制与实施，促进更多更优发展资源向大厂延伸布局。

1. 吸引优质产业向大厂延伸布局。深化全民大招商活动，加强市场化对接和组织对接，聚焦影视文创、智能制造、都市食品、高端服务业，提升招商引资和项目工作质量。要壮大三大产业集群，依托影视小镇、中国人民大学出版传媒融合创新中心、中国戏剧小镇、夏垫非遗古镇、出版影视融合小镇等发展平台，重点培育影视宣发、出版传媒、动漫游戏、演艺娱乐、设计服务等产业，加快聚集影视文创产业。以智能汽车产业园、智能硬件产业园等为载体，重点围绕智能机器人、智能装备、智能网联汽车、新材料、工业软件及系统等领域开展产业化合作，加速我县传统装备制造业转型升级。以现代农业科技示范园区、清真食品国际小镇、田园健康小镇等为载体，以康师傅、味全、阿果安娜等企业为依托，突出北京市场方向，对接行业标准，重点发展现代农业、农产品精深加工、休闲旅游等都市食品产业。要做优现代服务业，放大人民大学新校区大厂拓展区落户大厂成效，聚焦北京城市副中心政务、商务、会务配套服务需求，加快集聚总部商务、医疗服务、节能环保、休闲旅游、健康养老等现代服务业，推动更多产业、人才、信息、资金集聚大厂。要加快创新要素聚集，建设协同发展共同体，充分发挥县“双创”示范基地、创业创新孵化基地作用，深入对接北京创新源头，加快技术市场一体化建设，促进实验室、科学装置、科技基础设施等资源共享，积极开展重大科技项目研发合作，跨区域共建一批创新实体，提高应用配套和示范推广能力，促进更多科技成果在大厂孵化转化。

2. 推进基础设施向大厂延伸布局。要打通服务副中心的主动脉。落实主体、成立专班，加强与上级部门和北京市相关部门汇报沟通，做好潮白河新公路桥建设前期工作。要加快推动京唐铁路（大厂段）建设，谋划厂通路下沉工程；抓紧开展京唐铁路大厂站玉兰广场规划设计，确保与车站同时投入使用。要对接密涿高速公路大厂西出口，按照市政化标准推进李大线和铁路桥拓宽改造工程；启动密涿高速公路大厂东出口升级改造工程。要加快提升服务功能，推进投资42亿元的大厂城市科技广场和投资3.5亿元的未来生活广场项目建设，健全完善综合购物、都市休闲、体育运动、国际影院、酒店等功能，为服务北京城市副中心打造优良环境。

3.促进公共服务向大厂延伸布局。要继续加强与中国人民大学、北京五中等高校、教育集团交流合作，通过引进分支机构、开展合作交流，承接更多京津优质教育资源。加快中国人民大学附属中小学（大厂校区）、寄宿制学校等项目建设，全力争取教育部、河北省和北京市教育部门支持，将大厂列为教育协同发展试点，在与北京教育协同创新方面开展先行先试。要加大与北京优质医疗机构沟通对接力度，建立健全双向转诊、对口支援、区域远程诊疗等机制；加强医联体建设，力争引进一家北京三甲医院，完善急救中心建设，提升我县医疗服务水平。要深化与北京新城职业学校、昌平职业学校、中国动漫集团等高校、企业的交流合作，大力开展联合办学、产学研合作、职业技能培训、技能升级培训等活动，培养文化创意、动漫制作、冰雪运动摄影摄像5G高清技术、娱乐设施运行维护等领域人才。要大力争取上级住房保障支持，探索跨区域住房保障政策，为解决北京转移人口职住平衡问题作贡献。

五、扎实推进“五城同建”抓环境，营造良好生态环境

对标北京城市副中心工作标准，落实“三创四建”活动要求，聚焦环境保护工作短板，进一步提升大厂生态环境水平。

1.以决战决胜全国文明县城为带动，全力抓好创建工作。确保创建全国文明县城工作顺利收官，集全县之力打好决胜战役。要全面推动新时代文明实践中心全国试点县创建工作，启动县镇村三级文明实践中心（所站）建设，以县级图书馆、科技馆、文化馆、博物馆、档案馆为重点完善文化设施，不断满足群众文化娱乐需求。与此同时，在国家园林县城基础上，积极创建国家森林城市，对标对表国家创建标准，制定方案，明确目标任务，确保创建工作扎实推进，走在省市前列。巩固扩大国家卫生县城创建成果，加快国家慢性病综合防控示范区创建步伐，积极争创全国健康县城。按照全国双拥模范县考评标准和实施细则，一项一项对照，一条一条检查，建立台账，狠抓落实，达标一条销号一条，高标准、高质量迎接考评验收工作，确保全国双拥模范县成功挂牌。

2. 以创建国家生态文明建设示范县为统揽，提升污染治理水平。按照国家生态文明建设示范县创建规划，持续加大污染防治力度。要落实省市《打赢蓝天保卫战三年行动计划》，坚持“零点行动”等行之有效的工作方法，强化各镇之间、区域之间的联防联控，突出在精准施策上下功夫，提高我县空气质量。要科学评定企业的污染排放绩效水平，坚持“多排多减、少排少减、不排不减”原则，鼓励企业稳定达标排放，指导帮助更多企业纳入环保监管正面清单，坚决防止“一刀切”。要严格落实河长制，切实加大巡河频次，重点在污水处理设施和全域水环境上打好决战战役，全面实施好与中国水环境集团的PPP项目，严格执行好鲍邱河、潮白河水体达标方案。推进县城污水处理厂提标改造和其他污水处理厂（站）出水监管力度，确保达标排放。扎实推进县城、集镇重点区域雨污分流建设，抓好河道“四乱”整治和河道内村庄搬迁。要强化土壤污染治理，按照《河北省净土保卫战三年行动计划（2018—2020年）》要求，持续开展土壤污染防治工作，切实提升县域生态环境品质。

3. 以乡村振兴工作为重点，提升城乡环境功能。以产业振兴、人才振兴、文化振兴、生态振兴、组织振兴为引领，突出现代农业科技示范园区、美丽乡村片区、乡村旅游精品线路、公共服务网络、文化大戏、现代乡村治理体系六方面创建路径，抓好乡村振兴示范区建设。要强力推进农村厕所革命、污水治理、街道整治等重点工作，不断提升村庄硬化、亮化、绿化、美化水平，改善农村居民生产生活环境。要扎实推进农村集体产权改革，抓好农村土地承包经营权确权登记颁证和农村集体经济组织成员界定工作，确保完成省市目标任务。要提升城乡交通运输水平，进一步加强“四好农村公路”建设，加快全县城乡一体公交系统规划建设，抓好组织实施，更好服务人民群众出行。要深化城乡融合发展，健全多元投入保障机制，促进城乡基础设施互联互通，推动公共服务向农村延伸，社会事业向农村覆盖。

六、推进“六个小镇”抓产业，加快转型升级步伐

立足“减量发展”大势，坚定不移推进特色小镇建设，打造承接北京非首都功能疏解平台，加快形成“一城两区多小镇”高质量发展格局。

1. 提速特色小镇建设。要以国家京剧院文旅融合产业化基地项目为突破，全力推动王必屯征拆工作，抓紧启动国家京剧院文旅融合产业化基地先行启动区和安置社区建设；加大与省市直部门对接力度，确保在土地供给、开发模式、建设运营等各项工作上取得决定性进展，为大厂特色小镇建设破题开路。要持续加大对影视小镇的支持力度，落实文化产业扶持政策，加快打造影视文创产业集群步伐。要积极沟通对接，推动夏垫非遗古镇中国景泰蓝产业园项目，加快做好市场调研等前期准备工作。开阔视野、提高标准，指导清真食品国际小镇、出版融合小镇、田园健康小镇修改完善概规，组织科学论证，及早组织实施。

2. 推进园区项目工作上档升级。要大力推动大厂高新技术产业开发区在全国高新区中进位争先，落实省委、省政府《关于深化开发区改革开放的实施意见》，加强软硬环境建设，深入推进人事薪酬、管事用人、园区数字化和审批制度改革，不断提升综合竞争实力。要强化高新区招商主体责任，2020 年确保主营业务收入增长 20%，固定资产投资增长 6.5%，工业总产值增长 8%，高新技术产业产值增长 25%，进出口总额增长 5%，完成签约投资额 10 亿元以上。在全力推进中国人民大学新校区大厂拓展区等省市重点项目建设的同时，认真谋划和接洽合生汇商业中心和电竞小镇项目以及棚改项目，力争列入省市重点。要深入推进园区封闭式管理，继续修订和完善禁限目录，制定出台鼓励和支持发展类产业目录，加大主导产业政策扶持，进一步提高服务企业水平。全面落实《企业奖励办法》《服务企业七项制度》，大张旗鼓奖励为县域经济发展作出突出贡献、推动产业转型升级的企业，以此激发内生动力，促进转型创新。要鼓励企业上市融资，对符合条件的挂牌上市企业给予一次性奖励，对首次实现直接融资的挂牌企业按融资额一定比例给予奖励。要对标国家农业高新技术产业示范区标准，提升大厂现代农业科技示范园区功能水平。加强与国家、北京市等科研单位对接沟通，构建研发、转化、推广的农业科技发展体系；推进农业生产过程质量可追溯体系建设，从源头保障产品质量安全，构建质量保障体系；重点推进黄瓜、西红柿等地理标志产品的申报进度，强化区域品牌建设；做好北方国际热代万果园项目续建工作，全力推进大厂智慧农场项目建设，提升现代农业产业发展水平。

3.加快民营经济发展步伐。要培育壮大市场主体，抓好市场主体增量，积极帮助企业争取上级各类平台、项目资金等支持，鼓励民间资本参与基础性公共项目，确保民间投资较快增长和民企实力明显提升。要切实加大扶持力度，深入落实国家和省市支持民营企业发展的各项政策措施，深入开展银企保信等对接活动，严格落实减税降费政策，降低企业用电、用气、物流等要素成本。落实完善产权制度和要素市场配置，规范市场监管和行政执法，健全支持民营企业、实体经济发展的法治环境，维护企业合法权益。要营造一流营商环境体系，深入推进“三深化三提升”工作，坚持应进必进原则，深化行政审批制度改革，加快审批事项向县行政审批服务中心集中，避免“前店后厂”问题。推行极简化审批服务，打造套餐式集成服务，试行建设项目投资审批“一会三函”

（“一会”指召开会议集体审议决策，“三函”指建设项目前期工作函、设计方案审查意见函、施工意见登记函）和“联审联验”审批制度，大幅缩减项目审批时间，实现企业办事“最多跑一次”。

七、落实“七有保障”抓民生，促进各项事业上水平

始终把人民对美好生活的向往作为我们的奋斗目标，坚持“以人民为中心”的发展思想，切实做好民生保障工作，不断提升人民群众获得感、幸福感、安全感。

1.科学确定实施民生工程。要深入实施民心工程，用心用情办好民生实事。落实用好重点民生实事项目人大代表票决制，高标准谋划实施2020年惠民举措及实事工程，压实各有关单位责任，加强过程监督，确保各项民心工程和惠民实事顺利推进。要充分发挥人大代表联络站、政协双月协商制度作用，围绕县委、县政府中心工作和阶段性重点任务，围绕人民群众关注关心的热点难点问题，进一步畅通民意反馈和民心沟通渠道，促进全县各级各部门作风转变、工作提升。

2.以问题为导向抓好“七有保障”。在“幼有所育”方面，提升公办幼儿园办学比例，确保普惠性幼儿园覆盖率达到80%。在“学有所教”方面，突出“办优质教育、办大教育、办开放式教育、做大教育产业支撑”目标，加快教育布局调整，深入推进公立寄宿制学校、新二中、田各庄学校等工程建设，加快消除中小学“大班额”。坚持“一中保质、高实兜底、职中自愿”原则，持续推进高中阶段教育全面普及。在“劳有所得”方面，把稳就业摆在突出位置，抓好高校毕业生、退役军人等就业工作；以全民大培训为抓手，以北京城市副中心用人需求为导向，提升群众就业技能，提高居民收入。在“病有所医”方面，推进县中医院扩建新增附属项目，全面落实家庭医生各项工作，不断提升乡镇卫生院和农村卫生室建设水平，积极探索医疗保障制度改革，全面提高医疗卫生工作水平，为引进副中心卫生健康大项目留足空间、打好基础。在“住有所居”方面，坚持“房住不炒”定位，严格落实管控措施，强化市场巡查及监管工作，严厉打击和治理扰乱市场秩序的突出问题。探索扩大住房保障群体，持续抓好老旧小区和农村危房改造，大力发展租赁住房，解决困难群众住房问题。在“老有所养”方面，加快建设居家社区机构相协调、医养康养相结合的养老服务体系。进一步加大与北京沟通对接力度，积极鼓励社会力量兴办养老机构。在“弱有所扶”方面，完善最低生活保障制度，对城乡无供养老年人、孤儿、残疾人等困难人群，有针对性地开展帮扶。在实现全县建档立卡贫困户全部脱贫基础上，加强对重点人群的预警监测，实现全县贫困人口动态清零，确保脱贫攻坚成效经得住历史和人民的检验。

3. 建设现代化社会治理体系。要加大金融风险防控力度，坚持市场化法治化原则，按照“稳定大局、统筹协调、分类施策、精准拆弹”的基本政策，强化金融监管，严厉打击非法金融活动，积极推进政府债务和隐性债务化解，坚决守住不发生系统性风险的底线。要积极推动专项清理规范，深入实施违法违规圈占土地、违规违建项目、资源能源项目、房地产开发项目、地下水超采综合治理等重点领域清理规范，全面彻底排查，依法依规整治，确保按时解决到位，并举一反三，建章立制，管住长远。要以全力推动涉房、涉众等重点领域信访问题解决，努力实现信访形势“三下降、两提升、一规范”(信访总量、进京赴省到市集体上访、重复访三下降；信访信息化水平、群众满意率提升；信访秩序规范)。要深化政治、自治、法治、德治、智治“五治融合”，统筹推进政法基层机关建设、社会治安综合治理、“无诉讼镇村”创建和五大智慧工程等工作，形成党委领导、政府负责、民主协商、社会协同、公众参与、法治保障、科技支撑的社会治理体系。要坚持导之有方、导之有力、导之有效，持续做好宗教工作，牢牢把握宗教工作主动权；全面开展民族团结进步创建活动，巩固手足情、一家亲的民族关系。要深入开展“扫黑除恶”专项斗争，打伞破网、打财断血，确保取得决定性胜利。强化食品药品安全监管。紧盯重点场所、重点区域，健全完善风险隐患排查、预警、化解处置、信息发布等长效机制，坚决遏制重特大安全事故发生。

八、严格“八项规定”抓党风，营造清明清正清廉社会风气

决胜全面建成小康社会，确保“十三五”圆满收官，关键在党的坚强领导和党员干部的担当作为。要把党的领导贯穿经济工作全过程和各方面，以党建工作成效确保党中央和省市委各项决策部署落到实处。

1. 把讲政治放在首位，始终与党中央保持高度一致，与省市委同心同德。巩固扩大“不忘初心、牢记使命”主题教育成果，全县各级领导干部要带头深入学习贯彻习近平新时代中国特色社会主义思想，以党的政治建设为统领，领会精神实质，进一步增强“四个意识”，坚定“四个自信”，做到“两个维护”。要进一步强化政治监督，严明政治纪律和政治规矩，在任何情况下都要做到政治信仰不变、政治立场不移、政治方向不偏。要加强意识形态领域安全监管，加大对互联网、手机客户端、新闻媒体等各种信息排查力度，确保意识形态领域安全。全县各级党组织要以高度的政治责任感和时代使命感集中精力办好大厂的事情，牢牢把握发展主动权，以大厂发展的稳和进，为廊坊、为河北工作大局作贡献。

2. 加强干部队伍建设，进一步提升履职尽责能力。坚持正确用人导向，落实好干部标准，注重以“创新突破”的担当和能力看干部，注重在实战中和一线中考验识别干部，真正把“信念坚定、为民服务、勤政务实、敢于担当、清正廉洁”的干部选出来、用起来。大力加强换届后农村党支部书记队伍建设，积极开展“五比五看”活动，树正气、增活力、鼓干劲。按照“新建一批、改扩建一批”的方式，推进村级活动场所改造升级，加强村党支部标准化建设。

提高新时代农村党支部“星级化”管理的针对性、实效性，规范村干部待遇保障和激励机制，保障村干部工作付出与报酬待遇相对等，不断激发干事创业热情。切实加强农村基层民主建设，深入开展以“四议三公开一监督”为主要内容的“阳光村务”活动，提升村民自治能力和水平，保障农村改革发展稳定各项事业健康运行。加大对村干部不作为、乱作为、以权谋私的监督力度，敢抓、敢管、敢处理。坚持把发展壮大村级集体经济作为重要抓手，因地制宜、分类指导，实现集体资金、资产、资源保值增值。

3. 弘扬担当精神，确保党中央和省市委各项决策部署在大厂落地落实。全县广大党员干部特别是领导干部，要对照省委书记王东峰提出的“四问”（一问自己的岗位职责是什么，是否真正做到了对党负责、对组织负责、对人民负责；二问自己干了什么、干的效果怎么样，是否真正做到以一域之光为全局添彩；三问自己还有什么没干好，有什么该干的还没有干，是否真正找到了问题症结；四问自己下一步该怎么改、怎么干，是否真正明确了整改方向和措施，以实干实绩推动发展），全面检视和反思自身思想和工作，真正做忠诚、干净、担当的党员领导干部。要加强督导检查和考核问责，健全领导班子和领导干部综合考核评价体系，充分发挥考核“指挥棒”作用，对工作任务一项一项排队，一项一项考核，对想干事、能干事、干成事、不出事的领导班子和领导干部，大力褒奖，大胆使用；对不在状态、得过且过，工作没起色、发展上不去的坚决调整；对失职渎职、不作为慢作为乱作为的，依法依规依纪严肃追责问责。要坚持“四个工作法”和“四抓四促法”，强化责任落实体系，坚持一把手亲自上阵，对标对表各项工作要求，认真谋划工作举措，制定完成任务的时间表和路线图，形成一级带一级、层层抓落实的生动局面。

4. 强化党风廉政建设，一体推进不敢腐、不能腐、不想腐。进一步压实“两个责任”，严格履行党风廉政建设“一岗双责”，健全完善“四位一体”监督体系。驰而不息纠正“四风”，着力解决群众反映强烈的突出问题，严肃查处群众身边的腐败和作风问题。深挖细查懒政怠政、“为官不为”等问题线索，严格落实《中国共产党问责条例》，用好问责利器，决不让“四风”反弹回潮。以“让外地人在大厂办事不求人”为标准，着力解决企业办事难问题。坚持力度不减、节奏不变、尺度不松，保持惩治腐败高压态势。全面查处上级纪委和巡视组，以及县委巡察组移交的问题线索，严肃查处不收敛、不收手的党员干部。进一步健全完善反腐败协调机制和纪法、法法衔接机制，提升运用“四种形态”“五类方式”处置问题线索的能力。完成派驻机构改革，扎实开展巡察监督，全力营造风清气正的政治环境。

各位委员、同志们，做好2020年的工作，责任重大、使命光荣。让我们更加紧密地团结在以习近平为核心的党中央周围，坚持以习近平新时代中国特色社会主义思想为指导，全面落实党中央精神和省市委决策部署，不忘初心、牢记使命，说干就干、干就一流，在服从服务中加快融入一体化发展，为新时代加快建设经济强县、美丽大厂而努力奋斗！

大厂回族自治县人民代表大会常务委员会工作报告

——2020年1月15日在县第十六届人民代表大会第四次会议上

县人大常委会主任　杨振新

各位代表：

现在，我受县人大常委会委托向大会报告工作，请予审议，并请列席会议同志提出意见。

2019年主要工作

2019年，是新中国成立70周年，是决胜全面建成小康社会实现第一个百年奋斗目标的关键之年，也是新时代加快建设经济强县、美丽大厂的重要一年。在中共大厂回族自治县委的坚强领导下，县人大常委会坚持以习近平新时代中国特色社会主义思想为统领，全面贯彻落实中央和省市县委重大决策部署，围绕中心，依法履职，担当尽责，圆满完成了县十六届人大三次会议确定的各项工作任务。全年共举行县人大常委会议10次、主任会议23次，听取审议工作报告35项，依法作出重大事项决定3项，提出审议意见27项，颁布实施单行条例2部，开展执法检查11次，组织代表视察和工作调研12次，有力地促进了全县经济建设和社会各项事业发展。

一、政治坚定、提升站位，旗帜鲜明坚持党的全面领导

坚持党的领导是做好人大工作的生命线。县人大常委会坚定党的全面领导，树牢“四个意识”，强化“四个自信”，做到“两个维护”，始终与以习近平为核心的党中央保持高度一致，坚决执行中央和省市县委各项决策部署，牢牢把握人大工作正确的政治方向。

旗帜鲜明讲政治。坚持在县委的坚强领导下依法推进人大工作，对标县委总体工作思路确定全年五方面26项重点工作和26个议题，并在组织实施过程中加开3次常委会议，增加8项议题，确保县委决策主张圆满实现。严格落实请示报告制度，共向县委报告重大事项19次，先后就立法、监督和代表等工作提请报告10个，并不折不扣贯彻落实县委要求，确保人大工作始终与县委决策部署保持一致。

围绕中心尽责任。针对农村人居环境整治，组织五级人大代表深入陈府镇东杨辛庄、大厂镇王必屯、祁各庄镇冯兰庄等村实地视察调研，提出工作建议，跟踪督促落实，促进了环境整治工作扎实开展。针对全民大培训工作，牵头相关部门统筹安排，举办各类培训209期，参训人员8700余人次，服务就业1300余人次。同时，协同有关部门积极谋划推进我县首届景泰蓝设计创新大赛，确保了赛事成功举办。针对五城同建工作，将全国文明县城和双拥模范县创建工作列入监督重点，专题安排听取专项报告，提出工作建议，全力保障五城同建工作顺利开展。针对全县污水治理工作，组织开展视察调研活动，专题听取审议关于污水集中处理PPP项目实施方案的报告，提出审议意见并依法作出决定，确保项目尽快付诸实施。

主题教育见成效。严格落实中央和省市县委关于“不忘初心、牢记使命”主题教育各项安排部署，牢牢把握总要求，坚持“四个贯穿始终”推进主题教育。结合人大实际，先后召开交流研讨会、对照党章党规找差距和专题民主生活会，全面查摆问题，逐项认真整改，真正做到守初心、担使命，找差距、抓落实，人大工作效能实现新提升。

二、围绕中心、依法履职，全力推进各项工作落地落实

新时代赋予人大工作新使命。县人大常委会立足建设经济强县、美丽大厂的实际，紧扣发展大局，依法履行职责，为全县经济社会发展提供坚强有力的支持和保障。

突出实效依法立法。根据县委关于文化产业和全域旅游的战略部署，立足县情实际，坚持科学、民主、依法立法原则，在县委统一领导下高质量完成了《全域旅游条例》和《环境保护条例》制定修订工作，2019 年 7 月 25 日经省第十三届人大常委会第十一次会议审查批准，报经县委同意后，于 10 月 1 日起正式施行。同时，通过召开新闻发布会、专题宣讲及媒体访谈等形式，多渠道、多视角宣传解读，促进了两部条例顺利实施。

突出重点依法监督。加强经济运行质量监督，就财政预决算、发展计划执行、“十三五”规划中期评估等内容，听取和审议专项报告，提出针对性建议。以提升项目质量、促进产业集聚为重点，深入高新区进行视察调研，助推经济高质量发展。强化人大预算审查监督职能，推进人大预算联网监督工作，加快实现全口径预决算审查监督，确保财政资金更多用于保障和改善民生。对全县国有资产管理情况开展座谈调研，并专题听取专项报告，针对问题提出审议意见。加强重要领域监督，对扶贫脱贫攻坚、大气污染防治、优化营商环境和环境保护等项工作，通过视察调研、听取报告、满意度测评等方式，促进相关工作依法有序开展。加强惠民实事监督，组织各级人大代表视察全县惠民实事进展情况，专门听取审议工作报告，并审查批准了年度计划调整，确保发展成果更多惠及全县人民。对京唐城际铁路建设、密涿高速南连接线道路、小厂特色民族村寨等工程进行视察，并于 12 月底看望戏剧小镇项目一线工作人员，全力支持助推重点工程建设。

突出规范依法选任。坚持党管干部与人大依法选任相统一，完善任前审查和任后履职监督机制，严把程序关，认真执行颁发任命书和向宪法宣誓制度，确保县委人事意图圆满实现。全年，共补选市县人大代表 3 批 14 人次，任免国家机关工作人员 5 批 40 人次，组织受任人员向宪法宣誓 3 批 18 人次，切实增强了国家公职人员的宪法观念和依法履职意识。

三、强化指导、规范管理，全面提升代表联络站运行水平

县人大常委会坚持把人大代表联络站建设作为发挥代表作用的有效抓手，作为促进民生改善的实践举措，不断将人大代表联络站建设推向规范化、制度化。

突出主题注重规范。按照“定期上站、急事急办、大事规范、集中交办”的原则，规范人大代表联络站运行，每次集中上站都提前谋划，结合全县中心工作确定主题，确保人大代表联络站上站效果。2019年，围绕服务北京城市副中心、重点项目建设、争创双拥模范县、农村人居环境整治、全县2020年民生实事项目谋划等主题，全县17个人大代表联络站共开展6次集中上站活动，认真了解民意、倾听民声、收集民智，向县委常委会提交专题报告5篇，为县委科学决策提供了翔实依据。

及时交办确保实效。每次上站后及时收集整理影音及文字资料，梳理汇总意见建议。对征集的意见建议，及时转交政府相关部门限期答复，重点建议每半年由县政府负责集中交办。2019年，累计上站人大代表1261人次，接待选民763人次，征集意见建议549条，梳理形成代表建议267件，其中办结150件，列入规划102件，反馈政府决策参考48件。

依托平台规范履职。按照全国和省市人大常委会有关文件要求，结合我县实际，以代表联络站为平台，在全市率先推行县镇两级人大代表述职评议工作，有效规范了代表履职的法定性和实效性。12月下旬，县镇两级人大代表提交书面报告进行述职，并分别以城区街道和各镇为单位组织召开述评大会，首批共61名代表面对面向350名选民进行述职，认真听取了选民意见建议，以无记名投票方式进行了民主测评，满意度达到100%的40人、95%的19人、90%的2人。

四、创优载体、拓宽渠道，充分激发人大代表履职热情

人大代表是国家权力机关的组成人员。县人大常委会充分尊重人大代表主

体地位，立足做好人大代表的“贴心人”，不断改进代表工作，积极为代表依法履职创造条件。

强化代表业务培训。为进一步提高人大代表业务素质，增强履职能力，2019年4月份，组织30余名县人大代表利用一周时间赴江苏南京举办培训班，学习习近平总书记关于坚持和完善人民代表大会制度重要思想，并采取专题授课、现场教学和集中交流等方式，确保培训效果。5月份，组织部分驻县市人大代表赴中国政法大学珠海培训基地参加市人大举办的学习培训班，学习十九大精神和人大监督工作方法等内容。全年，共组织代表参加县内及省市业务培训12批、160人次。

规范代表建议办理。一方面，对县十六届人大三次会议期间代表提出的意见建议分类整理，会同政府依法交办。另一方面，加强全程督办和重点督办，通过听取和审议报告，提出工作建议，促进代表建议落实到位。截至年底，县十六届人大三次会议期间代表提出的58件建议全部依法办理，其中解决37件、规划解决21件，办复率、回访率、代表满意率均达到100%。

发挥代表主体作用。推进民生实事项目代表票决制，是人大代表依法讨论决定重大事项，也是民生实事项目从“为民作主”到“由民作主”的重要体现。县人大常委会根据省市要求，在深入浙江宁海等地深入调研的基础上，经县委常委会审议，制定出台了我县《关于开展民生实事项目人大代表票决制工作的实施方案（试行）》。按照“县委领导、人大主导、政府主办、代表主体”的原则，对项目征集筛选、审议票决、监督评估等三个阶段六个环节进行具体部署。截至年底，县政府征集确定的今年12个民生实事候选项目已提请本次大会票决。

五、严格要求、恪尽职守，全面提升常委会自身建设水平

打铁必须自身硬。县人大常委会按照“两个机关”建设要求，以“不忘初心、牢记使命”主题教育为主线，进一步增强素质、转变作风、提高效能。

加强能力建设。完善常委会和专委会组成人员集体学习制度，邀请各领域专家举办12期人大讲堂，系统学习了党的十九届四中全会、全国“两会”和省市县委全会精神，以及相关法律和经济形势分析等方面知识。组织党员干部赴天津平津战役和周恩来邓颖超纪念馆，接受党性教育，增强依法履职的责任感和使命感。同时，按照省市人大常委会安排，组织人大代表和机关干部先后到广东、浙江、黑龙江等地学习考察，为更好对标先进、学习经验、提高素质奠定了基础。

加强制度建设。坚持民主集中制原则，修订完善常委会、专委会工作制度和议事规则，建立规范高效的运行机制，提高了工作水平。坚持目标管理机制，按照年度工作要点，单月安排人大代表上站，双月安排人大常委会议，每周五召开工作例会，细化责任分解，逐项督促落实，确保各项工作有序开展。

加强机关建设。严肃工作纪律，认真落实中央“八项规定”，推动机关工作高效运行，展现良好的工作状态和精神风貌。改善办公条件，在县委、县政府和社会各界的关心支持下，于2019年11月顺利完成机关搬迁工作。加强信息宣传，全年编发《人大工作》期刊12期，编印工作简报35期，上报工作信息40余篇。注重对外联系，始终保持与北京通州、浙江景宁、云南峨山等10余个兄弟单位日常工作联系，学习交流工作经验。同时，积极参与五城同建、脱贫攻坚、信访维稳等中心工作，圆满完成了各项工作任务。

回顾一年来的工作，成绩的取得是县委正确领导的结果，是全县人民和社会各界大力支持的结果，更是全体代表和常委会组成人员共同努力的结果。在此，我代表县人大常委会向各位代表表示衷心的感谢和诚挚的敬意！

同时，我们也清醒地认识到，新时代、新任务、新要求，县人大常委会的工作还存在问题，主要表现在：围绕中心、依法履职有差距；服务代表、联系群众有不足；自身建设、严格要求有欠缺。这些问题，我们要在今后工作中认真研究、切实解决。

2020年主要任务

各位代表，2020年是全面建成小康社会的决胜之年，是“十三五”规划收官和“十四五”谋划起步之年，是实现京津冀协同发展中期目标的关键之年，也是大厂回族自治县建县65周年。县人大常委会工作的指导思想是：坚持以习近平新时代中国特色社会主义思想为指导，深入学习贯彻党的十九大和十九届二中、三中、四中全会和中央经济工作会议精神，全面落实省市委全会工作部署和省委人大工作会议要求，增强“四个意识”、坚定“四个自信”、做到“两个维护”，认真贯彻落实县委十一届六次全会精神，紧扣全面建成小康社会目标任务，坚持稳中求进工作总基调，牢牢把握省委、省政府“五个确保”的要求，坚定北京城市副中心后花园定位，把“全民服务副中心”往实里深里做，以河北省“三创四建”活动和廊坊市“三个建设年”为统揽，持续推进“五城同建”抓环境、“六个小镇”抓产业、“七有保障”抓民生、“八项规定”抓党风，围绕中心，依法履职，勇于担当，为在服从服务中加快融入一体化发展，加快推进新时代建设经济强县、美丽大厂作出应有贡献。

按照这一指导思想，2020年县人大常委会将坚持“立法工作抓实施、监督工作抓支持、决定工作抓大事、任免工作抓圆满、代表工作抓履职、机关工作抓规范”的安排，具体做到五个方面：

一是在政治方向上保持定力。要强化政治引领，提高政治站位，深化思想认识，把思想和行动统一到县委十一届六次全会精神上来，统一到在服从服务中加快融入一体化发展上来，凝聚正能量，提振精气神，争作新贡献。要认真落实县委决策部署，严格执行重大事项向县委请示报告制度，保证新时代人大工作的正确政治方向。

二是在服务中心上凝聚合力。要强化担当担责，紧紧围绕“三创四建”活动和深化全民服务副中心行动要求，着眼全局发展，体现人大作为，在创新上支持、创业上鼓劲、创城上助力，更好地在服从服务中加快融入一体化发展。要围绕五城同建、六个小镇建设、七有保障等全县中心工作，确定工作要点和主要议题，专项开展视察调研，服务县委决策落实。要突出监督实效，适时听取和审议经济运行、园区项目、招商引资、基础设施建设、民生实事等情况报告，助推高质量发展。

三是在依法履职上展现效力。要坚决维护宪法法律权威，坚持以改革创新精神推进人大工作，依法履行人大职能，支持“一府一委两院”依法开展工作，促进公共权力规范运行。要发挥人大在推进法治建设方面的作用，做好《全域旅游条例》和《环境保护条例》贯彻实施工作。要围绕事关全局的重大事项依法作出决议决定，确保县委各项决策部署顺利推进。要坚持党管干部原则，依法选举和任免国家机关工作人员，并综合运用民主测评、履职评议等方式，加强对任命干部任后监督，确保县委人事意图圆满实现。

四是在代表工作上激发活力。要以强化民生实事票决项目的跟踪督办作为全年代表工作重点，创新代表工作方式方法，发挥代表引领带动作用，监督支持民心工程和惠民实事落地见效。要规范人大代表联络站运行，做到会场庄重、代表诚恳、选民满意，围绕人民群众关心关注的热点难点问题，进一步畅通民意反馈和民心沟通渠道。要促进代表依法履职，积极参与常委会视察调研、专项审议、执法检查等工作，为高质量发展集聚民智。要增强代表述职严肃性，拓展代表述职范围，扩大选民评议参与面，引导代表牢固树立“人民选我当代表、我当代表为人民”理念，充分发挥依法履职的主动性、积极性和创造性。

五是在自身建设上提升能力。要加强政治理论学习，深化“不忘初心、牢记使命”主题教育成果，持续推进常委会及机关的政治建设、作风建设、能力建设，领导干部做表率、打头阵。要深入贯彻全面从严治党要求，认真落实主体责任，要对照“四问”，工作中勇于担当、只争朝夕，发扬越是艰险越向前的精神。要规范管理，守正创新，积极探索新时代人大履职新举措，全力打造政治坚定、业务精通、充满活力、奋发有为的人大干部队伍。要加强对基层人大工作的指导，密切联系，进一步提高全县人大工作整体水平。

各位代表！新的一年，让我们更加紧密地团结在以习近平为核心的党中央周围，全面落实中央和省市委的决策部署，在中共大厂回族自治县委的坚强领导下，不忘初心、牢记使命，依法履职、勇于担当，说干就干、干就一流，在服从服务中加快融入一体化发展，奋力开创新时代加快建设经济强县、美丽大厂新局面！

大厂回族自治县人民政府工作报告

——2020 年 1 月 15 日在县第十六届人民代表大会第四次会议上

县人民政府县长　刘宝旺

各位代表：

现在，我代表县人民政府向大会作工作报告，请予审议，并请各位政协委员和列席会议同志提出意见。

一、2019 年工作回顾与总结

2019 年，县政府坚持以习近平新时代中国特色社会主义思想为统领，认真学习贯彻党的十九大和十九届二中、三中、四中全会精神，坚决落实中央和省市各项决策部署，在县委正确领导下，团结带领全县各族干部群众，说干就干、干就一流，经济社会发展取得新成就，较好地完成了县十六届人大三次会议明确的目标任务。

——主要指标在经济下行压力加大中保持平稳增长。预计全县地区生产总值完成 115 亿元，同比增长 6 %；固定资产投资增长 13.1%；规模以上工业增加值增长 4.8%，规模以上高新技术产业增加值增长 17.7%；社会消费品零售总额完成 26.1 亿元，增长 8.5%；财政收入累计完成 48.6 亿元，增长 7.4%，其中一般公共预算收入完成 30.6 亿元，增长 10.18%；城乡居民人均可支配收入预计达到 44800 元和 18350 元，增长 8%和 9%。

——项目建设在严格管控政策中呈现较好发展态势。在严格执行规划、土地、环保以及房地产等管控政策下，坚持稳中求进工作总基调，抓招商、上项目、促投资，开展“三深化、三提升”活动，健全保障机制、优化审批服务、提升行政效能，确保重点项目扎实推进。全县实施亿元以上项目 31 个，其中 10 亿元以上项目 11 个，总投资 248.8 亿元，本年完成投资 24.2 亿元。亿元以上项目中战略性新兴产业和现代服务业项目占比达到 60%以上。

——产业结构在转型升级阵痛中实现进一步优化。在新旧动能转换的阵痛下，针对基础设施、公共服务的短板弱项，谋划实施一批打基础、蓄后劲、利长远的产业项目和重点工程，为自治县创新发展、绿色发展、高质量发展夯实基础。预计三次产业结构比由 3.7∶28.6∶67.7 调整为 3∶27∶70，其中规上高新技术产业增加值占规上工业增加值比重达到 30%，同比提高 7.4 个百分点。

——环境质量在减排空间逐步收窄中持续改善提升。优良天数 246 天，同比增加 19 天，在全市排第 1，达标率 67.4%，在全市排第 2，重污染天数 9 天，同比减少 5 天；空气质量综合指数 5.18，在全市排第 1，同比下降 2.18%，下降率在全市排第 5；PM2.5 年均浓度 43 微克/立方米，在全市排第 2，同比下降 12.24%，下降率在全市排第 2。

——民生保障在财政支出规模趋紧中比例不断提高。在财政收入放缓的情况下，始终坚持以人民为中心的发展思想，着力从群众普遍关心的热点、难点问题入手，民生支出实现持续增长。全年财政民生支出 32.84 亿元，同比增长 16.9%，占一般公共预算支出的 82.56%。

一年来，我们聚焦完成全年目标任务，以开展“不忘初心，牢记使命”主题教育为契机，认真践行“守初心、担使命、找差距、抓落实”总要求，全力以赴抓好经济社会发展各项工作。

一是协同发展扎实推进。完善规划体系。对标对表北京城市副中心规划，启动国土空间规划编制、土地利用总体规划中期调整、省级试点村等规划编制工作，做好各镇国土空间规划、详细规划编制的前期准备工作。推进交通互连。外通内畅路网体系加速构建，京唐铁路（大厂段）建设扎实推进，首都环线高速梁家务互通连接线（大厂段）、迎宾大道东通建成通车，完成京秦高速大厂连接线绿化、祁陈路东段绿化等工程。做好服务保障。积极与北京市直部门、行业协会和通州区等开展对接，梳理出300余家北京疏解企业名单，确定70家符合产业政策和发展方向的企业重点跟进。与通州区签署公共就业服务机构合作协议书，针对市场需求完成技能培训1660人次，农村劳动力引导性培训1.2万人次。落实遏制贴边发展管控政策，对予以保留的4个公共服务设施项目完善手续，对24个合法建设项目制定处置方案和调整建设方案。积极承接项目。圆满完成“2·26”北京市与廊坊北三县项目洽谈会各项工作，签约中国人民大学出版传媒融合创新中心、国家京剧院文旅融合产业化基地等19个项目，总投资88.85亿元。其中，17个项目开工建设，累计完成投资11.49亿元，2个项目正在办理前期手续。

二是项目建设提质增效。加大招商引资力度。创新方式、压实任务，大力开展招商引资活动。全县新签约项目52个，计划总投资5.7亿元。其中，影视文创产业项目17个，计划总投资5575万元；高端制造产业项目17个，计划总投资3.4亿元；总部商务产业项目17个；高端农业项目1个，总投资1.2亿元。全力开展项目攻坚。成立“投资和项目建设攻坚年”行动领导小组，县四套班子领导分包重点项目，统筹协调用地、资金、环保容量等项目建设要素，做好帮扶工作。列入省重点项目2个，计划总投资60亿元，列入市重点项目6个，计划总投资69.1亿元，开工率100%。建立健全保障机制。实行重点项目周调度制度，每周对重点项目建设情况进行调度，充分发挥经济运行工作专班作用，强化会商机制和投资项目入统联席调度机制。大力优化营商环境。出台《大厂回族自治县中小企业转贷基金管理办法》等系列文件，解决企业融资难、融资贵问题。深化“双创双服”活动，对全县27家重点企业进行表彰奖励，奖励金额3100万元。推行服务企业“七项制度”，在土地、落户、入学、住房等方面切实解决企业实际困难。企业注册登记当日办结，开办时间压减至2.5个工作日，在全市率先实现100%注册登记全程电子化。全县净增市场主体2657户，占年任务的232%。对105家重点工业、服务业、科技型中小企业、出口企业及16个重点项目实施精准帮扶。累计帮助各类企业争取上级资金支持5343万元。

三是转型升级步伐加快。产业结构逐步优化。引导和支持企业开展院企、校企合作，对企业在新技术、新工艺、新设备、新材料运用、科技成果产业化等方面给予重点扶持，重点培育和扶持一批产学研结合紧密的精深加工企业。支持和鼓励有条件的企业建立研发机构，开发具有自主知识产权的新技术、新产品。大力培育影视文创、智能制造、都市食品三大产业集群，18家高新技术企业产值占比逐年提高。科技创新能力增强。实施科技型中小企业增长计划，科技型中小企业净增86家，占全年目标值的108%；高新技术企业新认定16家，占全年目标值160%。景隆重工获批省级企业技术创新中心，填补了我县的空白；组织企业申报科技项目54个，争取上级扶持资金1737万元。新兴产业加速壮大。以“影视文创产业集群”成功争列全省107个重点扶持产业集群为契机，大力发展“人才孵化、创意孵化、前期拍摄、后期制作、宣传发行交易”等环节，融合“影视+”文化、科技、金融，构建数字影视产业生态圈，影视文创企业已达200余家。成功举办首届县文化旅游产业发展大会，组织开展中国高校出版社联合书展、中央美院艺术邀请展、非遗精品展等一系列活动，推出精品旅游线路，新建千亩樱花园、改造提升万亩银杏林和潮白沙滩等生态旅游景点。工业技改持续加力。开展“百企转型”“一企一策”行动，为企业争取专项资金支持，帮助企业解决转型升级面临的问题。政府出资1000万元，鼓励企业通过科技创新、技术改造等方式增强产品市场竞争力。重点支持景隆重工、力准机械等企业扩大生产、提高技术含量、延伸产业链条、打造知名品牌，支持时硕微芯、力姆泰克等项目加大技术改造投资力度。技改项目和投资逐年增加，指标增幅在全市领先。农业品牌不断提升。与中国农科院、中国热带农业科学院沟通对接，引进先进技术、繁育新品种。热代万果园投入运营，大厂智慧农场项目加紧推进，品牌农业加快发展，蔬菜标准化生产面积达1.76万亩，沁心农业、鲜丰农业、聚沅绿色农业分别注册“京沁心”“华鲜菜蔬”“金丰聚沅”等“三品一标”蔬菜品牌，农产品抽检合格率100%。农业园区顺利通过国家科技部验收。

四是生态环境显著提升。“五城同建”扎实推进。国家园林县城巩固提升，新造林3100亩，精准提升1500亩；国家卫生县城即将抽检授牌，省级慢性病综合防控示范区成功创建；全国双拥模范县，在实现河北省双拥模范城（县）“三连冠”基础上，与通州空军搜救四旅签署创建全国双拥模范县意向书；全国文明县城全省测评位列第二，被中宣部确定为全国（第二批）新时代文明实践中心建设试点县；国家生态文明建设示范县完成创建规划编制，突出大气、水、土壤环境治理，力争2021年创建成功。污染防治成效明显。开展大气污染防治“零点行动”，实施饭店油烟治理，落实扬尘管控，对全县7家工业企业安装视频监控和PM10在线监测设备，推进燃煤、燃气锅炉改造提升和散煤清零，累计清理散煤2099吨，20台燃煤锅炉改造任务全部完成；开展水污染防治，全面落实河长制，实施鲍邱河、尹家沟污染治理。实施全域污水集中处理PPP项目，对5座污水处理厂和4个工贸小区污水处理站实时监测，完成县城7000吨一级A标准临时污水处理设施建设；开展土壤污染防治，启动《大厂回族自治县土壤污染防治与保护规划（2019—2035年）》项目编制工作；工业企业危险废物隐患排查工作全覆盖；推进网格化管理，制定排查表和责任清单，取缔9家“散乱污”企业。城乡环境持续改善。农村人居环境不断提升，完成10个村污水治理，实现44个村生活污水的有效管控，农村厕所改造完成11577座。开展农村生活垃圾治理，率先在全市建成餐厨垃圾处理厂、粪便无害化处理厂。

开展“五清三建一改”行动，清除村内垃圾和杂物13.5万立方米，清理沟渠105处，硬化村内街道17.55万平方米，节点绿化2.67万平方米；创建美丽庭院7000个，其中精品庭院1000个。违法整治成效显著。开展打击偷倒垃圾夜巡专项行动，建立有奖举报等长效监管机制。开展“1+5+2”专项行动，整改违法违规用地问题134个，拆除“一区三边”违法建设97处。投资520万元建设自然资源智能监管平台，坚决遏制新增违法行为发生。规范整治侵街占道、店外经营行为，“马路市场”“以街代市”得到有效治理。

五是改革开放不断深化。供给侧结构性改革精准有效。开展“服务民营企业高质量发展年”活动，成立工作专班，着力破解企业“七难”问题，“十大”专项行动有序开展。“放管服”改革纵深推进。推行注册资本登记制度改革，实行“一网通办”“零跑腿”“全程网办”服务模式。企业和群众办事申请材料压减60%以上，政务服务事项“最多跑一次”达到80%；建设工程项目从立项到竣工验收，政府部门审批时间比国家要求平均缩减50%。商事制度改革不断深化，“多证合一”“证照分离” 全面实施。民营经济改革成效显著。健全促进民营经济健康发展的体制机制，打造民营经济发展的“蓝天净土”。开展“双创双服”活动，实施民营企业精准、动态、个性化服务战略，举行企业管理与发展咨询诊断现场会，开展“订单式”教育培训，为全县中小企业负责人进行培训服务。我县“民营经济综合改革试点”工作圆满收官。开放步伐不断加快。坚持优商引智，借助“通武廊”产业协同创新发展恳谈会平台，推进精准招商；坚持攻坚克难，高新区体制机制改革不断深入，历史性遗留问题破题解扣；坚持对外开放，积极参加厦洽会、科博会、进博会等大型展会及高端论坛，成功举办“创新大厂·智享未来人工智能产业高峰论坛”等大型招商对接活动。农村集体产权制度改革扎实开展。全面推进农村集体经济组织成员界定工作，完成农村集体资产清产核资，数据完整录入全国管理系统，顺利通过市级检查验收。

六是城乡发展统筹协调。深入实施乡村振兴战略。完成精品观摩线路和市级农村人居环境整治精品片区（共30个村）建设。抓好示范区重点项目建设，小厂村特色村寨商业街、小镇客厅、旅游厕所等12个工程全部完工。推进农村股份合作制示范组织建设，东杨辛庄金盛苑果蔬、兰庄户小磨香油合作社成立运行。农村承包地确权登记颁证通过省级验收，65个村完成确权登记。特色小镇建设稳步推进。国家京剧院文旅融合产业化基地项目，成立了由县政府、国家京剧院、社会投资主体、运营主体组成的四方推进机构。影视小镇已完成投资13.78亿元，累计招商签约客户114家，影视文创产业集群初步形成。夏垫非遗古镇中国景泰蓝产业园项目，正在开展市场调研等前期准备工作。清真食品国际小镇、出版影视融合小镇正在完善概念性规划。加快补齐功能短板。全省新型城镇化和城乡统筹示范区试点稳步推进，城乡功能进一步完善。完成幸福路、和平路翻修及污水管网改造工程；实施背街小巷道路改造提升工程，多年“顽疾”根治；投资5000余万元，对城区62个老旧小区进行全面改造提升。精准提升管理水平。开展道路交通、环境卫生、乱停乱放等专项整治，查处违章建筑、占道经营等行为，对大安街亮化实施节能增效改造。构建覆盖大街小巷、社区楼院、公园市场的管理体系，建立违法建设信息管理平台，发挥“智慧城市”“数字城管”作用，“两违”和“一区三边”违法建设专项治理成效显著。加强市场管理，健全各项制度，镇村集贸市场经营规范有序。

七是民生保障不断强化。脱贫攻坚成效显著。大力开展就业脱贫，结合“全民大培训”行动，对困难群众进行就业培训，积极开发公益性岗位，安置贫困劳动力15人。完成建档立卡贫困人员、低保对象、特困人员保险代缴。落实教育扶贫政策，实施“雨露计划”，对贫困学生进行帮扶。解决困难群众住房保障问题，完成农村危房改造56户。实施产业扶贫，实现贫困群众稳定收入。实施健康扶贫，切实减轻贫困群众的医疗负担。为重点困难群众和农村居民设置了防贫保险。我县12户24人贫困人口全部脱贫。教育事业全面发展。以“办优质教育、办大教育、办开放式教育、做大教育产业支撑”为目标，对接北京教育资源，组织中小学校长和骨干教师参加通州区跟岗培训，中国人民大学附属中学大厂学校开工建设；完成职教中心新建搬迁，寄宿制学校加快推进，招聘中小学教师160名；推进普及高中教育，实现十二年免费教育；推行义务教育农村小学生营养改善计划，惠及全县9600名农村小学生。卫生事业持续提升。推进医药卫生体制改革，实施镇卫生院改造、急救中心新建、医疗信息化等工程，推行公立医院编制备案制、绩效薪酬分配、医共体建设等制度，被省医改办授予“县级公立医院综合改革示范县”荣誉称号。与北京儿童医院等15家北京市医疗机构、天津市肿瘤医院等3家医疗机构开通异地就医联网结报，与北京安贞医院、东直门医院等实现科室对接帮扶。社会保障不断加强。完善城乡居民养老保险制度，实施全民参保计划，城乡居民和企业职工养老保险、城乡低保保障、特困人员救助、未成年人救助和孤儿保障等工作扎实开展；深化智慧社保便民行动，城乡居民、机关事业单位和企业退休人员认证率达到100%。养老服务水平不断提升，中心敬老院获评省级三星敬老院，社区养老服务实现零的突破。在全市率先成立退役军人关爱基金会，退役士兵保险接续工作全省第一。就业扶持力度加大。强化就业服务平台建设，通过京津冀人才交流招聘会、“通武廊”招聘会等招聘活动，与通州区就业服务信息共享、互联互通。实现城镇新增就业人员6401人，安置下岗失业人员再就业612人，转移农村劳动力1272人，就业困难人员实现就业284人，城镇登记失业率0.52%。实施“创业孵化基地规范提升工程”，入驻孵化企业60家，被省人社厅授予“省级示范创业就业孵化基地”荣誉称号。县职教中心获评省级高技能人才培训基地、成功争列全市唯一的县级退役军人实训基地。住房保障稳步推进。落实“房子是用来住的，不是用来炒的”总要求，开展房地产市场专项整治，对全县7家在售企业和68家房地产经纪机构进行专项治理；分配公租房355套，为127户城镇低收入住房困难家庭发放住房补贴23.4万元。文化生活丰富多彩。实施“百、千”文化惠民工程，举办“乡村振兴·文化乐民”第二届百姓才艺大赛，借助“中国景泰蓝之乡”品牌效应，成功举办景泰蓝创新设计大赛。启动5个镇级综合文化站、30个基层综合文化服务中心新建或改造提升工程。

八是社会治理依法加强。法治政府建设有效推进。不断提高依法行政能力，完善依法行政制度体系；规范重大项目决策程序，提高政府决策的科学化、民主化、法制化水平；政务公开规范透明运行；严格做好规范性文件清理审查；强化执法监督、规范执法行为；办理行政复议案件9件、行政应诉案件6件。扫黑除恶专项斗争强力推进。突出重点行业领域的打击整治，对影响大局稳定、影响人民群众安全感的涉枪涉爆等严重暴力犯罪、电信网络诈骗、盗抢骗、制贩毒品、非法集资、食品安全、网络传销、黄赌等违法犯罪活动，进行专项打击。科技防范水平不断提升。完成雪亮工程、天网覆盖和平安技防更新工程、智能交通升级改造工程，对红绿灯及电子警察升级改造。实施“五大智慧工程”，完成6个智慧平安社区和1个智慧警务站建设，改造升级谭台检查站和观潮路检查站，完成环京边界智能防控和智慧路防。社会局面安全稳定。落实安全生产大排查大整治百日攻坚行动，开展20项专项整治，加大食品药品安全监管力度，安全形势持续稳定。加强金融领域监管，守住不发生系统性风险底线。开展民族团结进步创建，小厂村被国家民委命名为中国少数民族特色村寨。着力解决涉房、涉军、涉众等重点领域信访问题，圆满完成“一带一路”国际合作高峰论坛、世界园艺博览会、中华人民共和国成立70周年等重点时期安全保卫工作，发挥了首都政治“护城河”排头兵作用。

与此同时，审计、国防动员、外事侨务、广播电视、消防、方志、气象等各项工作都取得新进步。

一年来，我们大力推进政府系统党风廉政建设，严格执行中央八项规定和实施细则精神，认真落实政府党组党风廉政建设主体责任，扎实做好省、市大督查和巡视反馈问题整改，不断加大公共资金、民生建设等方面审计力度。坚决落实县委决策部署，自觉接受人大、政协和社会各界的监督，圆满办结人大代表建议56件、政协委员提案78件，办结率100%。

各位代表，一年来，我们走过的道路充满艰辛，取得的成绩来之不易。这是坚持以习近平新时代中国特色社会主义思想武装头脑、指导实践、推动工作的结果，是县委统揽全局、正确领导的结果，是县人大、县政协认真监督和鼎力支持的结果，是全县各级干部群众同心同德、拼搏进取的结果。在此，我代表县人民政府，向全县人民，向人大代表、政协委员，向奋斗在各条战线上的广大干部群众，向所有关心支持自治县发展的各界人士，致以崇高的敬意和衷心的感谢！

在总结成绩的同时，我们也清醒地认识到工作中还有很多不足和问题。主要是：在民生领域，特别是教育、医疗、养老、住房等方面，与人民群众的美好生活需要还有一定差距；产业结构还需更大力度的调整优化，面对严管严控，破解瓶颈制约、加快转型升级、推进高质量发展任重道远；实体经济特别是民营经济发展问题依然较多，用地、融资等困难仍未得到彻底解决；营商环境还需要进一步优化和改善；社会治理能力还需要进一步提高；一些政府部门和工作人员思想不解放、能力不适应、作风不扎实的情况不同程度存在。对此，我们将正视问题、创新突破，采取有效措施，认真加以改进和解决。

二、2020年发展目标和重点工作

2020年，是全面建成小康社会的决胜之年，是“十三五”规划收官和“十四五”谋划起步之年，是实现京津冀协同发展中期目标的关键之年，也是大厂回族自治县建县65周年。我们既要对宏观形势有清醒的认识和预判，更要对自身发展有客观的审视和把握。当前，我们正处于重要的历史性窗口期和战略性机遇期，同时也是结构调整阵痛期和转型升级攻关期，加快新旧动能转换、推进高质量发展的任务十分艰巨。只要我们坚定必胜信心，抓住历史机遇，保持战略定力，坚信“年年困难年年过，办法总比困难多”，就一定能够开创出大厂创新发展、绿色发展和高质量发展的崭新局面。

今年政府工作的总体要求是：坚持以习近平新时代中国特色社会主义思想为指导，深入学习贯彻党的十九大和十九届二中、三中、四中全会和中央经济工作会议精神，全面落实省委九届十次全会、市委六届九次全会和县委十一届六次全会工作部署，增强“四个意识”、坚定“四个自信”、做到“两个维护”，紧扣全面建成小康社会目标任务，坚持稳中求进工作总基调，牢牢把握省委、省政府“五个确保”的要求，坚定北京城市副中心后花园定位，把“全民服务副中心”往实里深里做，以河北省“三创四建”活动和廊坊市“三个建设年”为统揽，持续推进“五城同建”抓环境、“六个小镇”抓产业、“七有保障”抓民生、“八项规定”抓党风，在服从服务中加快融入一体化发展，统筹推进稳增长、促改革、调结构、惠民生、防风险、保稳定，保持经济运行在合理区间，确保新时代建设经济强县、美丽大厂取得新成效。

经济社会发展的主要预期目标是：地区生产总值增长6%；固定资产投资增长7%；一般公共预算收入增长6.5%；规模以上工业增加值增长4%；规模以上高新技术产业增加值增长10%；社会消费品零售总额增长8%；城镇居民人均可支配收入增长7.5%，农村居民人均可支配收入增长8%；全面完成市下达节能减排任务。重点抓好八方面工作。

（一）深化全民服务副中心，全面推进协同发展。加强规划对接。落实“1+5+12”协同发展规划体系，深度对接通州区与廊坊市北三县协同发展规划，完善规划体系。高标准编制“十四五”发展规划，科学编制国土空间规划、各类详细规划，确保规划体系符合上级要求、符合大厂发展实际。加强交通对接。做好京唐铁路（大厂段）建设保障工作，完成大厂站周边概念规划，启动玉兰广场设计建设。做好潮白河新公路桥建设前期准备工作。实施县镇村道路改扩建工程，对主要道路路口实施节点改造，加快全县城乡一体化公交系统规划建设，构建内通外畅的路网体系。加强项目对接。加大中南高科·廊坊（大厂）精尖科技转化基地、中发智造科技有限公司大厂智能制造产业基地等项目推进力度，加快实施投资 42 亿元的大厂城市科技广场、投资 8.5 亿元的幸福港和投资 3.5 亿元的未来生活广场项目建设。加强服务对接。深化“全民服务副中心”行动，每季度组织一次产业、功能对接活动；深化与中国人民大学、国家京剧院、京投发展、中关村科技园、金隅集团、北京软件协会等央企国企、高校、协会商会等对接合作；引进一批产业项目，实施一批市政基础设施和公共服务项目，推动协同发展取得新突破。

（二）全力抓项目促投资，确保经济平稳增长。打好招商引资组合拳。按照“全民大招商”的工作部署，开展招商引资、招商引业、招才引智，以培育主导产业集群为重点，吸引社会各界力量参与招商工作；办好招商活动，借助厦洽会、高交会等大型展会对接高端项目资源，建立招商引资项目库。开展重点项目建设年。实施重点项目 52 个，总投资 186.29 亿元，其中产业项目 11 个、基础设施项目 27 个、公共服务项目 14 个。坚持县领导包联重点项目，落实“六个一”工作机制，推行企业投资项目承诺制，做好重点项目帮扶工作，加快中国人民大学新校区大厂拓展区、国家京剧院文旅融合产业化基地等项目建设。大力发展民营经济。巩固深化民营经济改革成果，用足用好产业发展投资基金和转贷基金，扩大奖励容量；扶持企业转型升级，推广“互联网+”改造传统产业，催生新产品、新业态；开展“政银企”对接，着力解决企业融资难、融资贵问题。激发市场主体活力。深化商事制度改革，营造宽松平等准入环境，助推小微企业提升跨越。落实“双随机”抽查工作机制，完善抽查事项监管清单，推进“双随机、一公开”全覆盖。健全市场信用管理机制，发挥企业信用信息公示平台作用。加强经营异常名录和严重违法企业失信名单管理，健全市场主体信用档案、失信联合惩戒和“黑名单”制度。坚决治理多头检查、重复检查，不搞选择性执法、任性执法。打造一流营商环境。深化“放管服”改革，推行极简化审批服务，打造套餐式集成服务，建设“24 小时不打烊”自助便民服务厅。修订完善禁限目录，制定出台鼓励和支持发展类产业目录，加大主导产业政策扶持。缩减市场准入负面清单，推动“非禁即入”“一网通办、异地可办”“一窗受理、限时办结”“就近办”全面落实。建立政务服务“好差评”制度。

（三）突出科技创新引领，不断提高发展质量。提升科技支撑能力。提高政府发展性资金投入科技发展的比例，形成政府投入为先导、企业投入为主体、金融服务为补充的多元投入机制。加强科技创新主体培育，激发科技型企业创新活力。力争新增高新技术企业 5 家、科技型中小企业 30 家。加强与京津科研机构、大专院校的对接合作，推进重点实验室和技术创新中心建设。改造提升传统产业。依托“百企转型”行动，发挥技术改造专项资金、县级担保公司、“转贷基金”“政银保”的鼓励作用，推进民企转型升级，推动产业结构由中低端向中高端迈进。培育“专精特新”中小企业，扶持一批业内技术领先、产品质量优、市场份额高、发展前景好的中小企业。引导食品加工等传统产业加快调结构、促转型步伐。加快发展新兴产业。培育壮大影视文创、智能制造、都市食品三大主导产业。围绕装备制造、电子信息、新材料、节能环保等领域，引进一批优质项目和知名企业。举办第二届县文化旅游产业发展大会，做优旅游环境，推出精品旅游线路，推动文化产业和全域旅游发展。优化创业创新平台。发挥高新区引领作用，对接北京创新源头，加快技术市场一体化建设，促进实验室、科学装置、科技基础设施等资源共享；支持企业升级研发中心、建立院士工作站、研究生实践基地；推进景隆重工企业技术创新中心、京磁企业技术中心建设。发挥县“双创”示范基地、创业创新孵化基地作用，开展重大科技项目研发合作。

（四）统筹城乡协调发展，夯实县域发展格局。做好建县65周年省政府现场办公会筹备工作。围绕全市城乡基础设施建设年行动，高标准实施惠民实事工程，对谋划的10类105项政策需求和重点项目，加大与省市沟通对接力度，争取政策、资金、项目等发展要素汇集大厂。提升县城整体功能和风貌。补齐全国文明县城创建短板，建设图书馆、科技馆、文化馆、博物馆、档案馆。开展城市公共空间重要节点区域公共艺术设计，改善城市生活品质。完善游园广场配套设施，提高管护标准。增强园区承载能力。加强高新区基础设施建设，完成银杏运动公园、鲍邱河东侧公园、北区污水南输管线联通工程；实施102国道污水管网提升改造及人行道改造工程；实施中轴路贯通工程；实施辛半沟污水治理和水系景观建设。构建农业园区科技体系，与中国农科院、中国热带农业科学院、北京市农科院等开展深度合作。编制农业园区发展规划，加快推进大厂智慧农场项目。推进特色小镇建设。以国家京剧院文旅融合产业化基地项目为突破口，加大与省市部门对接力度，在土地供给、开发模式、建设运营等方面破题开路，推进启动区和回迁安置社区建设。支持影视小镇发展，打造影视产业集群。谋划推进其他特色小镇开发建设。深入实施乡村振兴战略。推进省级乡村振兴示范区创建，实施村企合作，发展乡村旅游。推进“四个农业”建设，实现以品牌建设为平台的现代农业发展。推进河道内村庄防洪整治，实施半边店、宋各庄搬迁工作。全面推进农村人居环境整治。深化厕所革命，推进旅游厕所全覆盖。加快村容村貌改善提升，开展“五清三建一改”行动，提高农村生活垃圾集中处理能力。

（五）突出绿色发展理念，加强生态环境建设。持续推进“五城同建”。按照全省“三创四建”活动安排部署，巩固深化创卫和园林县城成果，确保国家卫生县城2020年顺利授牌，决战决胜全国文明县城创建。按照国家生态文明示范县创建规划，重点在污水处理设施和全域水环境治理上下功夫，推进污水处理PPP项目建设。按照全国双拥模范县考评标准和实施细则，做好考评验收，确保全国双拥模范县挂牌成功。全力抓好污染防治。落实省市《打赢蓝天保卫战三年行动计划》，加强散煤治理、“散乱污”企业治理、扬尘治理、机动车污染治理、燃煤锅炉淘汰改造、秸秆垃圾禁烧、烟花爆竹管控等专项治理工作，确保大气综合指数低于5.18，PM2.5低于43微克/立方米。严格落实河长制，加强对河渠污染巡查管控力度，落实好鲍邱河、潮白河水体达标方案；推进县城污水处理厂提标改造，确保达标排放；动态监管域内涉水企业，完成地表水达标考核任务。推进土壤污染综合治理，加强涉重金属企业排查整治，严格管控固体废物和危险废物。不断加强造林绿化。以环京、环城镇、环村庄（“三环”）、沿路、沿河（“二沿”）为重点，新造林1500亩、营林1400亩。建设城市绿地，提高园林绿地养护管理标准，坚持建管结合、精细养护，推进园林标准化建设，争创国家森林城市。强力推进“1+5+2”专项行动。维护自然资源管理秩序，落实最严格的耕地保护制度，坚决遏制自然资源违法行为，严厉打击偷倒垃圾、偷排偷放等破坏生态环境行为。认真落实党中央、国务院和省委、省政府的决策部署，加大侵占农用地和违法占地、违法建设的治理力度，集中精力开展好百日攻坚行动。

（六）深化重点领域改革，破解制约发展障碍。深化供给侧结构性改革。巩固“三去一降一补”工作成果，做好发展数字经济、促进服务业创新发展、服务民营经济发展等重点工作。深化高新区改革。贯彻落实廊坊市关于深化开发区改革开放的实施意见，加快开放创新、科技创新、制度创新步伐，深入推进高新区“四项改革”，提升对外合作水平和综合竞争实力。深化财税金融体制改革。创新财政预算管理，强化财政资金绩效管理。用好政府债券。以服务实体经济为导向，健全金融机构考评机制，促进金融机构参与地方经济发展。深化医药卫生体制改革。以创建全省公立医院改革示范县为突破口，推动“四医联动”改革，完善分级诊疗、现代医院管理、全民医疗保障、药品供应保障、综合监督等管理制度。深化教育领域改革。健全教育管理机制，加强教师队伍建设，注重师德师风的培养，提高教育教学质量，办优质教育、大教育、开放式教育。深化农村集体产权制度改革。巩固清产核资工作成果，做好农村集体经济组织成员界定；壮大农村集体经济，规范农村“三资”管理，实现农村集体经济组织全覆盖。

（七）加快发展社会事业，提高民生保障水平。全面建成小康社会。县级小康监测指标体系共26项，针对我县尚未达标的6项，加大督导落实力度，确保如期全面建成小康社会。全力办好人民满意教育。加快实施县城寄宿制学校、城区四幼、新二中、田各庄中学新建工程。健全校长负责制，注重学校德育教育，加强师生教育管理。开展万人健身交流活动，推动冰雪运动发展普及。加快发展卫生健康事业。做好健康扶贫、异地就医直接结算、家庭医生签约工作，妥善处理医患关系。加快卫生健康信息化建设，完成中医医院扩建新增附属项目，加强与北京友谊、安贞、东直门等医院的合作,打造“健康大厂”。不断加强乡镇卫生院和农村卫生室建设，为引进副中心卫生健康项目留足空间、打好基础。健全完善社会保障制度。健全完善住房市场监管体系和住房保障体系，坚持“房住不炒”定位，促进房地产市场平稳健康发展。推进保障性住房建设和城镇棚户区改造，保障困难群体基本居住需求。推进就业创业工作，实施就业优先战略和更加积极的就业创业政策；推进社会养老服务体系建设，做好社区养老服务试点；推进困难群众救助、城乡低保统筹和特困人员供养工作；开展孤儿、困境未成年人和流浪乞讨人员救助工作。做好脱贫防贫保障工作。坚持“三落实”“四不脱”，实施重大疾病医疗保障、教育专项救助、社会救助、防贫保险、产业就业扶持、社会力量防贫六项防贫措施，推进控辍保学、健康扶贫、农村危房改造、饮水安全巩固提升、困难群众救助、低保兜底工作。丰富群众精神文化生活。充分发挥新时代文明实践中心平台作用，推进“百、千”文化惠民工程、“乡村振兴、文化乐民”百姓才艺大赛海选活动，更好满足群众美好精神文化需求。

（八）加强创新社会治理，保持安全稳定局面。加快推进法治政府建设。强化依法行政，规范行政执法，做好行政复议和行政应诉工作。推进“七五”普法，广泛开展宪法等法律法规“八进”宣传活动；落实普法责任制。深化“平安大厂”建设。坚持科技强警战略，建设公安执法办案中心，实现规范化、精细化管理。启动基层派出所改扩建、一站式诉讼中心等工程，深化“五大智慧工程”，打造立体化、信息化、智能化的社会治安防控体系。开展安全生产集中整治工作，以危险化学品、消防安全、“气代煤”工程、建筑施工、道路交通、校园安全、食品药品等行业领域为重点，排查消除各类安全隐患，确保不发生安全生产责任事故。防范化解重大风险隐患。加强国有资产管理，专项治理国有资产管理存在的问题。加强金融领域风险排查，提升风险防控预见性和科学性。加强对区域信贷、影子银行、非法集资等关键风险点的监管，确保不发生系统性、区域性金融风险。建立健全政府隐性风险监控机制，严控政府隐性债务增量。深化扫黑除恶专项斗争。聚焦依法严惩，加大攻坚力度，提高办案质量。聚焦“打伞破网”，强化追责问责，做到除恶务尽。聚焦“长效长治”，强化协作联动、建立长效机制，彻底铲除黑恶势力滋生土壤。与此同时，持续开展民族团结进步创建，推进少数民族特色村寨建设。探索民族工作新方法，打造“民族工作社区”。妥善处置好涉房、涉众等重点信访问题，确保圆满完成重大节日、重大活动和敏感时期的安保任务。

三、加强和改进政府自身建设

全力打造服务型政府，坚守为人民服务、对人民负责、受人民监督、让人民满意；全力打造学习型政府，不断增强理解力、执行力和落实力；全力打造创新型政府，深入推进社会治理体系和治理能力现代化建设；全力打造务实型政府，坚持发展第一要务，切实做到敢字为先、干字当头，勇于担当、善于作为；全力打造廉洁型政府，牢固树立纪律意识，不断加强和改进政府自身建设。

一是强化思想建设，提升政治站位。坚持以习近平新时代中国特色社会主义思想武装头脑、指导实践，巩固深化“不忘初心，牢记使命”主题教育成果，增强“四个意识”，坚定“四个自信”，做到“两个维护”，坚决贯彻落实中央、省、市和县委各项决策部署，奋发有为推进政府工作。

二是强化宗旨观念，提升服务水平。认真践行全心全意为人民服务的根本宗旨，始终把人民放在心中最高位置，时刻以群众的所思、所想、所盼为工作目标，扑下身子干实事，真心实意解民忧，着力解决群众的操心事、烦心事，以为民谋利、为民尽责的实际成效取信于民。

三是强化法治思维，提升治理能力。强化政府部门各级干部的法治思维、系统思维、辩证思维和底线思维，忠实履行宪法和法律赋予的职责，依法行政、依法办事，健全完善各项工作制度，自觉接受人大工作监督、政协民主监督、社会舆论监督，让权力在阳光下运行。

四是强化实干精神，提升行政效能。把想干事、能干事、会干事、干成事、不出事，作为检验政府系统各级干部的重要标尺，不断增强“八种本领”，切实做到“五个过硬”，以功成不必在我的境界和功成必定有我的担当，大胆创新突破，确保各项工作高效落实。

五是强化规矩意识，提升政府形象。坚持把政治纪律和政治规矩挺在前面，推动政府系统全面从严治党向纵深发展，严格落实中央八项规定及其实施细则精神，认真履行党风廉政建设和意识形态工作责任制，驰而不息纠正“四风”，做到敬畏组织、敬畏法纪、敬畏人民，以“公平、公正、公开、依法、透明、安全、稳定”为原则开展工作，倾力打造人民满意政府。

各位代表、同志们，新征程充满新机遇，新使命更待新作为。让我们紧密地团结在以习近平同志为核心的党中央周围，坚持以习近平新时代中国特色社会主义思想为指导，深入贯彻落实中央和省市各项决策部署，在县委的正确领导下，不忘初心、牢记使命，说干就干、干就一流，在服从服务中加快融入一体化发展，为新时代加快建设经济强县、美丽大厂而努力奋斗！

中国人民政治协商会议
大厂回族自治县第十届委员会常务委员会
工 作 报 告

——2020年1月14日在政协大厂回族自治县第十届委员会第四次会议上

冯 幸

各位委员、同志们：

我受中国人民政治协商会议大厂回族自治县第十届委员会常务委员会委托，向大会报告工作，请予审议，并请列席会议的同志提出意见。

2019年，我们和衷共济，担当奋进

一年来，县政协及其常委会坚持以习近平新时代中国特色社会主义思想为指导，在中共大厂回族自治县委的坚强领导下，在县政府和社会各界的大力支持下，紧紧依靠并团结带领政协各参加单位和广大政协委员，牢记使命任务，紧扣发展大局，倾情履职尽责，为新时代建设经济强县、美丽大厂贡献了智慧和力量。

一、筑牢思想根基，党的建设更加牢固

坚持把握政协性质定位，以党建引领政协实践，确保政协事业始终在党的领导下不断前进。

一是坚定正确的政治方向。坚持党对政协工作的全面领导，树牢“四个意识”、坚定“四个自信”、做到“两个维护”，确保政协工作始终沿着正确的方向不断进步。坚决维护县委权威，及时对标对表，在看齐过程中始终同党政中心工作保持高度一致。发挥党建引领作用，以“党建工作提升年”为抓手，成立政协机关党组，建立6个“党建委员活动小组”，实现党对政协工作的全面领导，使党的政治原则、方针政策，通过组织形式落实到政协各项工作中。加强对党员干部和党员委员的教育、管理和监督，既做到“懂政协、会协商、善议政”，更做到“守纪律、讲规矩、重品行”。

二是体现高度的政治站位。落实县委《关于新时代加强和改进人民政协工作的实施意见》要求，发挥政协党组把方向、管大局、保落实的作用，抓好意识形态和党风廉政建设。主动向县委报告重要工作、反映重大事项、沟通重要议题，一切重要事项在党的领导下开展，一切重要安排在广泛征求意见基础上报县委审批后实施。对党政各项决策部署第一时间传达贯彻，研究落实意见，转化为政协履职实际行动。履行从严治党主体责任，围绕贯彻执行中央“八项规定”及实施细则精神，发挥党组和主席会议成员的头雁效应，努力推动政协各项工作干在实处、走在前列。

三是锤炼过硬的政治素质。围绕学习贯彻习近平新时代中国特色社会主义思想、党的十九大和十九届四中全会精神、中央和省市县委政协工作会议精神，举办多种形式的学习研讨，把思想和行动统一到中央和省市县委的重大决策部署上来。发挥党员先锋作用，高标准开展“不忘初心、牢记使命”主题教育，引导党员干部不忘党员本色、不忘公仆本分，带头遵规守纪，带头发挥作用，带头主动作为，带头勤勉履职。发挥党员委员在本职工作中的带头作用、在政协工作中的主体作用、在界别群众中的代表作用，依托“党建委员活动小组”，做好凝心聚力的工作。

二、聚焦党政中心，助力发展广泛有序

坚持围绕中心履职尽责，将政协工作放在党委、政府工作大局中谋划推进，发挥协商民主重要渠道和专门协商机构作用。

一是紧扣专题协商建言。扎实开展“协商民主见效年”活动，制定《关于进一步提高协商议政质量的意见（试行）》，与县委办、政府办联合印发《关于制定县政协年度协商计划的办法》，实施年度协商计划将成为县政协一项重要的常态化工作。进一步丰富协商形式，开展6次双月协商和对口协商，关于“加强公共文化服务体系建设”协商报告，县委主要领导批示指出，此报告紧贴我县文化产业发展实际需要，站位全国谋划我县群众文化事业，为县委、县政府决策发挥了有益参谋作用；关于“加快农村雨污治理”协商报告提交后，县委主要领导要求，我县农村人居环境一定要站位“北京城市副中心的重要组成部分”来谋划实施，能力不足可分步实施，可借力北京国企；关于“规范小区物业管理”协商议题几度磋商，最终得到领导认可，明确指出，加强行业管理是关键，要树立行业标杆，正面引导为主，惩戒失信行为，清除不合格物业；关于“促进大厂产业转型升级”“助力全国双拥模范县创建”等协商报告均得到明确批示，并提出指导性意见。

二是突出调查研究献策。坚持深入一线开展调查研究，形成高质量的调研报告，为党政科学决策当好助手。春节上班伊始，乍暖还寒，就围绕“加快教育布局调整”课题开展联合调研，调研报告提出的问题和建议为召开全县教育大会提供了有益参考，县委常委会要求，相关部门要统筹抓好学前、中小学和高中阶段教育，全力打造知名院校，加快建设现代化教育强县；“三伏天”里调研忙，在一年最热的几天，围绕“加快职业教育发展”课题，赴江苏、福建、浙江等地开展专题调研，调研报告经县委常委会审议，明确“要瞄准国内一流水平，坚持办优质教育、大教育、开放式教育，做大教育产业支撑，扎实推进职教中心国际化、高质量发展，要持续抓好全民大培训，建强教师队伍，要加快建设景泰蓝博物馆，打造景泰蓝文化的新平台”；高质量完成“维护社会和谐稳定”调研课题。同时，上报市政协关于康养产业发展、乡村旅游、推进农业规模化经营的调研报告，均得到采纳。

三是注重民主监督资政。扎实开展“民主监督开创年”活动，助力县委、县政府广泛汇聚正能量。专题召开政协常委会议，听取县政府关于重点工作和惠民实事进展情况，法检两院工作情况通报。会同县直部门，围绕惠民实事进展情况联合做好视察监督，为更好推进工作落实提出意见建议；围绕旅发大会筹备情况开展视察，为我县成功举办首届旅发大会贡献了力量；围绕建设少数民族特色村寨、实施小学校园日托制管理等提案办理情况开展视察，为重点提案落实打下了坚实基础；围绕双拥模范县创建开展视察，凝聚各方共识，助力创建工作。对需要落实的月度协商议题进行监督性视察，促进协商成果转化落实。对发改、行政审批、应急管理、退役军人事务局等4个部门进行民主评议，促进部门作风转变，提高部门工作质量。

三、不忘为民初心，服务民生积极有为

坚持人民政协为人民，以协助党委、政府破解民生难题、增进民生福祉为己任，践行并落实好以人民为中心的发展思想。

一是牢记为民宗旨。推动政协工作向基层延伸，让群众感到委员就在身边，人民政协就在身边，在充分借鉴先进地区经验的基础上，深入开展“一村街一社区一委员”活动，活动涵盖全县105个行政村和16个社区居委会。通过活动开展，切实让委员从群众中来，到群众中去，自觉做党的政策宣传者、群众利益维护者、社会和谐促进者。实践验证，我们的工作符合中共中央《关于新时代加强和改进人民政协工作的意见》精神，取得了阶段成效，我们的委员不再只是大会委员，而是真正践行一线精神，带着温度、怀着感情去联系群众、为民建言。

二是推进成果转化。进一步完善审查立案机制和重点提案遴选制度，对大会收到的84件提案进行合并整理，立案72件，确定“关于提升我县医疗水平的建议”“关于小学校园日托制管理的建议”等10件重点提案。制定出台《提案工作条例》，对提案的提出、审查、处理、办理、督办作出详细规定。建立提案转化机制，如“规范小区物业管理”“加快小厂村特色村寨建设”等提案均作为协商议题专项督办。深化领办督办、提案“回头看”、联合督办等制度，提高提案办理质量，关于改造提升县城老旧小区、规范整治保健品市场秩序等群众关心关注的问题，通过提案方式得到转化落实，十届三次会议以来的72件提案均得到有效办复，委员对提案办理的满意率、基本满意率达到98.6%。

三是延伸履职触角。探索开展“双联双服”活动，加强政协班子成员与政协常委、各专委会与界别委员、机关干部与委员、委员与群众的经常性联系，使“政协声音”更接地气、更有底气。建立以柴东升、景海旭、赵艳、黄景仁、张国建委员为代表的“政协委员工作室”，使委员在政协岗与本职岗“双岗尽责、双岗有为”，目前5个工作室已全部挂牌开展工作。按照主题教育为民服务解难题的要求，深入一线开展调查研究工作，形成“完善旅游基础设施，有效促进农民增收”“加快我县文旅产业发展”“探索低效用地盘活机制，推进土地集约节约利用”“推动高质量发展模式建设美丽大厂”等调研报告，积极为百姓发声，为发展谋策。

四、广泛凝聚力量，团结联合氛围浓厚

坚持团结民主两大主题，把各方的智慧和力量最大限度凝聚起来，找到最大公约数，汇聚强大正能量，画出最大同心圆。

一是主动履行社会责任。赵艳、梁丽媛委员开展免费义诊和药品真假识别宣传活动，展现委员社会担当；景海旭委员就新修订的《中华人民共和国宪法》进行解读，现场解答法律咨询；陈伶委员进行城乡居民医保缴费及医疗保障政策宣传，并协调燕达医院为村民进行免费义诊；刘兴文委员结合自身岗位特点，为村民提供社保咨询服务；冯颖委员在所联系社区开展“暑期就业服务招聘北辰街道专场活动”；黄新丽委员免费为所联系社区建立图书阅览室；胡小建委员出资改善后店村电网；朱志国委员发挥“界别委员活动室”带头人作用，开展“不忘初心跟党走，砥砺奋进新闻人”“不忘初心、牢记使命、忠诚为民的好支书李兴瑞”宣讲活动，等等。

二是深化内外联谊交往。围绕“全民大调研”，到副中心规划展厅、通州区国际种业科技园区、中关村智造大街开展对接交流，汇集的调研成果为“全民服务副中心”行动提供了翔实的基础性资料；围绕加强政协党的建设，赴曲周、涉县学习党建工作经验，为建立“党建委员活动小组”提供依据和遵循；赴宁波、湖州、大连等地就“一村街一社区一委员”活动开展和“政协委员工作室”建立进行学习交流；赴湖北学习考察“四星创评”工作先进经验和做法；赴江苏、福建、浙江等地就发展职业教育进行学习考察。同时，接待通州区政协常委暑期读书班、蓟州区政协调研组以及其他省市县政协到大厂调研考察20余批次。这些活动的开展为委员搭建了宽松和谐的参观学习、交流交往、参政议政平台。

三是突出大团结大联合。加强同各人民团体、工商联和党外人士的团结合作，支持其履行职能、发挥作用。以纪念新中国和人民政协成立70周年为契机，组织赴中国政协文史馆和北京展览馆参观学习等多种形式的纪念活动。关心宗教界人士，及时反映诉求，持续关注乡村厕所革命，建言民宗局将县内16所清真寺旱厕改造项目列入今年财政预算。经常走访看望宗教界代表人士，主动关心台侨侨眷委员和年轻一代非公有制经济人士，扩大政协组织的团结面。配合全国和省市政协的有关调研、视察工作。主动邀请党政领导和部门负责同志，共同开展视察调研、专题协商等活动，推动政协工作纵深发展。

五、坚持守正出新，自身建设严谨有方

坚持在实践中不断创新，主动适应新形势新变化，探索具有政协特点的新途径，推动政协工作在继承中不断发展和创新。

一是提升履职能力素养。注重在工作一线历练干部，培养提笔能写、开口能说、问策能对、遇事能办的干部队伍。举办“科长讲堂”，与委员共同学习、共同进步；坚持周五学习制度，强化学习与研讨相结合，提高干部理论水平和业务能力；持续开展“专题学习周”，强化党性修养、提升业务水平、树立法律意识。落实“双联双服”制度，推动委员服务工作更加顺畅、有效，机关管理工作更加活跃、有序。教育引导干部讲服从，严落实，当好参谋助手；讲团结，重配合，发掘集体战斗力；讲原则，严要求，认真执行规章制度。推动形成了“合心、合拍、合力”的良好氛围。

二是强化委员责任担当。制定《委员履职积分管理细则（试行）》《关于授权主席办公会议对违纪违法政协委员及时作出处理的决定》《政协常委提交年度履职报告工作办法（试行）》《委员履职工作规则》，完善履职考核，畅通退出渠道，推进常委述职、委员考评等工作。号召委员撰写“我的2019履职计划”，创刊“委员作业”，宣传委员履职成效，展现委员履职风采。赴太行山干部学院举办政协委员履职能力提升班，激发履职热情，增强履职实效。赴大兴新机场、副中心办公区开展政协委员学习日活动，助力大厂在京津冀协同发展中更有作为。开展“四星创评”和优秀委员评选活动，激励委员立足岗位，争当模范。

三是推进机关效能建设。加强作风建设，坚持定规矩、亮底线、树榜样，使求真务实在政协蔚然成风。加强制度建设，深入开展“制度建设加强年”活动，修订完善机关《值班制度》《公务接待制度》等，做到用制度促规范，用规范促管理。加强政治建设，落实党风廉政建设主体责任，严格执行“三重一大”、“三会一课”、民主生活会、双重组织生活等制度，用足用好批评与自我批评这个武器；重视意识形态建设，做到安排工作有意识形态内容，落实工作有意识形态痕迹，完成工作有意识形态成果；组织机关党员到西柏坡开展党性教育，重温入党誓词，重走红色道路。

各位委员、同志们，一年来所取得的成绩，是县委高度重视、政府大力支持、政协积极主动、各方密切配合的结果。在此，我谨代表十届县政协常委会，向长期以来关心、支持和参与政协工作的各位领导、各位委员、各位朋友，表示衷心的感谢，并致以崇高的敬意！

在看到工作成果的同时，我们也清醒地认识到，工作中还有一些方面需要加强和改进，比如：建言献策实效还有待进一步加强；协商民主实践还有待进一步深化；民主监督方式还有待进一步拓展；界别履职活动还有待进一步丰富；机关服务效能还有待进一步提升等等。对此，我们将认真分析研究，切实加以改进，也希望各位委员、同志们提出建议，共同把县政协工作做得更好。

2020年，我们初心如磐，笃行致远

2020年是全面建成小康社会的决胜之年，是“十三五”规划收官和“十四五”谋划起步之年，是实现京津冀协同发展中期目标的关键之年，也是大厂建县65周年。县政协及其常委会工作总体要求是：以习近平新时代中国特色社会主义思想为指导，认真贯彻落实党的十九大和十九届二中、三中、四中全会以及中央、省市委政协工作会议精神，全面贯彻落实县委十一届六次全会和县委政协工作会议部署要求，精准把握人民政协新时代的新方位新使命，顺应时代特征、坚持党的领导、注重建言质量、提升履职实效，努力推动人民政协制度更加成熟更加定型，为推进新时代建设经济强县、美丽大厂作出新贡献。

一、聚焦党的领导，做好新时代表率

全面加强党对政协工作的领导，加强新时代政协党的建设。强化党组核心引领作用。政协党组要肩负起实现党对政协领导的政治责任，发挥主体作用，落实主体责任，强化意识形态和党风廉政建设，确保政协履职与县委、县政府中心工作同轴运转、同向推进，严格执行重大问题向县委请示报告制度，就政协年度工作、党组重要工作等向县委报告。政协机关党组要发挥好组织协调和战斗堡垒作用，从严要求、从严教育、从严管理、从严监督，引导机关干部强化一线意识、练就一等本领、干出一流业绩。坚持用新思想武装头脑。强化学习自觉，增强“四个意识”、坚定“四个自信”、做到“两个维护”，以持续的理论学习和思想武装促进政协工作质量不断提升。建立以政协党组理论学习中心组学习为引领，主席会议集体学习、常委会议专题学习、政协委员和机关干部培训学习等制度体系，推动实现学习贯彻全覆盖。在调查研究、建言献策的过程中深化学习，创设学习同履职实践相结合的学习载体。推进党的工作有效覆盖。全面贯彻落实新时代人民政协党的建设总要求，推进“党建委员活动小组”发挥作用，提升政协党建质量。完善政协党建组织体系，开展重要视察考察、集中学习培训、团组出访活动时，设立临时党支部，推动党建工作与政协工作相互融合、互为促进。充分发挥党员委员先锋模范作用，建立党员委员联系党外委员制度，宣传党的主张、贯彻党的部署，听取对县委和县政府、县政协工作的意见建议。

二、聚焦提质增效，实现高水平履职

把提质增效贯彻政协工作全过程，全力服务经济强县、美丽大厂建设。在助力中心工作上有新作为。积极投身打造“北京城市副中心后花园”和“全民服务副中心”行动，为推动副中心向我县产业、基础设施、公共服务三个延伸布局的具体项目落地上多谋良策。围绕助力“五六七八”总体布局献计出力，就重点工作开展情况进行调研，为助推党政决策转化积极出谋献策。围绕助力“三创四建”活动建言资政，发挥政协委员联系面广、包容性大的优势，为大厂高质量发展凝心聚力。在增进民生福祉上有新担当。继续开展双月协商活动，围绕做好优抚安置、促进乡村振兴组织专题议政性常委会；围绕交通智能化水平与副中心对接、办好学前教育组织专题协商会；围绕推进政务服务改革、提升医疗卫生水平、促进各民族交流交往交融组织协商座谈会。围绕改善人居环境、打造健康小镇开展民主监督，助力打造更高水平的健康大厂。组织开展以京唐高铁、大厂城市科技广场、人民大学三区一基地、新时代文明实践中心、文旅融合戏剧小镇建设等为重点的视察活动，为不断满足人民日益增长的美好生活需要建言助力。在提高建言质量上有新举措。做好重大课题调研，围绕加强宗教队伍建设、推进生态文明城建设、提高住房公积金放贷额度、加强社区村街基层社会组织治理等，聚合智力资源，做出精品文章。建立协商议政质量体系，深入研究提高协商议政质量的模式方式，制定建言资政质量的评价标准和评价办法。提高调查研究能力水平，制定加强和改进调查研究工作的制度，支持界别组带着课题进行视察考察，对调查研究工作进行专项评估总结。

三、聚焦双向发力，推动高质量发展

坚持一致性和多样性统一，找到最大公约数，画出最大同心圆。强化思想政治引领。深入学习贯彻习近平总书记关于加强和改进人民政协工作的重要思想。建立完善建言资政和凝聚共识双向发力的制度、程序和机制，团结带领政协各参加单位和广大政协委员，增强政治自觉，提高政治站位。深化“政协讲堂”内涵，搭建“界别课堂”载体，拓展“委员悦读”平台，开展“政协委员读书周”活动，建立以自我教育、自我提高为主旨的内外学习交流制度。坚持定期走访委员，寓思想政治引领于团结民主之中。提升合作共事能力。完善政协党组同各人民团体、工商联及党外人士的经常性联系制度。认真做好与各社会阶层人士的团结引导工作、与民族宗教界人士的沟通联系工作和与台侨侨眷的交流联谊工作。重视发挥人民团体和党外人士的作用，做好民族宗教界委员和党外人士专题学习考察、调研视察等工作。鼓励和引导政协委员广泛联系和动员各界群众，做好协调关系、理顺情绪、凝聚人心的工作。发挥团结联谊功能。积极协助县委、县政府做好经济界、工商联界和新社会阶层代表人士的工作，助推非公有制经济健康发展和非公有制人士健康成长。加强与大厂籍知名人士的联谊交往，宣传大厂发展成果、政协履职风采，最大限度凝聚人心和共识，汇聚智慧和力量。及时对接省、市政协工作安排，继续加强与各地政协的沟通联系，实现工作互动、资源共享。

四、聚焦自身建设，促进新形象塑造

努力做新时代政协事业的参与者、实践者，加强两支队伍和机关效能建设。强化委员责任担当。深化委员学习培训，分界别举办委员专题培训班。优化委员服务管理，发挥“双联双服”制度作用，严格委员履职考核，更好发挥委员主体作用。持续推进“政协委员工作室”创建和“一村街一社区一委员”活动，为委员发挥作用搭建更好平台。继续开展“四星创评”活动，进一步完善考核标准，提高创评的科学性。以“界别委员活动室”为依托，丰富界别活动形式，加强界别活动保障。加强委员能力建设，布置委员履职作业，完善委员履职档案，建设政治素质高、履职能力强、作风形象好的委员队伍。加强干部队伍建设。查找机关干部在距离一线意识、一线思维、一线标准、一线状态上的差距。树立鲜明用人导向，坚持新时期好干部标准，选好用准干部；加强机关干部系列培训，开展“机关干部读书周”活动，提高业务能力和水平；积极推进落实职务与职级并行制度；细化年度考核内容，增加敢于担当、工作实干实效等测评内容，加强考核结果分析运用。坚持严管与厚爱兼顾，完善干部能上能下机制，对不担当不作为的干部坚决予以问责；开展丰富多彩的文化体育活动，为干部工作和生活创造良好条件。提升机关服务效能。提高政协机关服务能力和工作水平，开展思想政治与业务能力提升、超前谋划与精细服务提质、一线要求与一流机关提效等活动。自觉把党风廉政建设和意识形态建设的各项要求融入政协工作，高标准执行中央“八项规定”及实施细则精神；认真贯彻落实党支部工作条例，中央和国家机关基层党组织建设质量提升三年行动计划，推进机关党组和党支部标准化、规范化，打造政治强、业务精、作风正、服务优的模范机关。

各位委员、同志们，使命因担当而光荣，履职因有为而精彩。让我们更加紧密地团结在以习近平为核心的党中央周围，在中共大厂回族自治县委的坚强领导下，只争朝夕，不负韶华，为助力新时代建设经济强县、美丽大厂交出高质量的履职答卷。

大厂概况

地　理

【区域位置】 大厂县位于北纬 39°49′17″至 39°58′56″，东经 116°48′20″至 117°03′55″，地处燕山南麓平原。辖区面积 176.3 平方公里，县域东西最长距离 22.22 公里，南北最长距离 17.89 公里，京哈公路和京秦电气化铁路在县境北部夏垫自西向东穿过。县城西至北京径距 47.9 公里，公路里程 56.5 公里；西南至石家庄和廊坊径距分别为 275.5 公里、47.5 公里，公路里程分别为 299.5 公里、65 公里；东、东南至唐山、天津径距分别为 135 公里、107 公里，公路里程分别为 167.5 公里、118.5 公里。

县域东北与三河市交界，至三河市区径距 13 公里，公路里程 18 公里；南与香河县接壤，至香河县城径距 13.2 公里，公路里程 17 公里，距京沈高速公路香河收费站 11 公里；西至友谊大桥与北京市接壤，至通州城区径距 27 公里，公路里程 30 公里。

县行政边界西北由东小屯村西高楼道起，往东至小定福煤矿路沟，往南沿幸福渠、鲍丘河古道，至吴辛庄扬水站；东南由扬水站起，往西沿三香沟、丰收渠至潮白河主航道；西南由半边店村西南沿潮白河主航道往北，至田各庄东北往东至谢疃村西，再往北至东小屯西高楼道止，全境界线长 109 公里。边境界线共 394 个拐点，最大间距 1690 米，最小间距 20 米，其中：西部与通州区交界长 15.1 公里，拐点 35 个；北部、东部与三河市交界长 73.7 公里，拐点 300 个；南部与香河县交界长 20.2 公里，拐点 59 个。

【地质地貌】 大厂县位于燕山纬向构造带的南缘。具体地质构造位置：三河至迁安弧形褶带以南和涞源至乐亭断裂带以北地区，属纬向构造带展布区。燕山运动早期，新华夏系开始产生发展，华北平原沉降带出现，并波及到纬向构造带南缘。从此，这一地区逐渐沉降为华北平原的北部边缘。燕山运动晚期至喜山运动，新华夏系进一步发展，除大规模沉降外，还形成一系列北北东走向的断裂带。冀中凹陷中的一组断裂带延入县域，即程各庄至夏垫断裂带。县域则被断裂带中的夏垫断裂和香河断裂所夹持。进入新生带后，两个断裂带间大幅度下沉，形成著名的大厂凹陷。大厂凹陷沉降的最深点在县域西南 25 公里的通州区觅子店一带，钻进3162米未穿透上第三纪地层。物探推测总深度超过5000米。县域正处在凹陷东部的翘起部分。县内地层表层为第四纪全新世粘土、亚黏土。钻探验证，地下上部为第四纪更新世河湖相夹海相及冰川沉积，厚 500 米至 600 米，下部为上第三纪河流相湖相碎屑岩沉积，最底部为中上元古代白云岩及白云质灰岩。地貌形态为平原区。但由于邻近燕山山区，地形上略有差异。西北部略高，最高高程 24.5 米，东南部略低，高程最低 10.5 米。流径县域的河流有鲍邱河、潮白河。

【建置沿革】 夏商时代，县域属冀州。

春秋、战国时属燕地。

秦时属渔阳郡。

西汉、东汉时属幽州渔阳郡路县（后改潞县）地。

三国时属魏。

西晋时属幽州潞县。

东晋十六国，先后属后赵、前燕、前秦、后燕、北魏的幽州渔阳郡潞县。

南北朝初期为北朝北魏地。534 年，北魏分裂为东、西魏后属东魏渔阳郡潞县地。550 年后为北齐渔阳郡地。

隋时属涿郡潞县地。

唐开元四年（716 年）析幽州潞县东部置三河县。从此，县域大部一直属三河县地。

五代十国初，属后梁三河县。923 年，李存勖灭后梁称帝，隶于后唐蓟州三河县。后晋天福元年（936 年）石敬塘割燕云十六州赂契丹，随三河入契丹，属蓟州。

辽开泰元年（1012 年）属辽南京道幽都府蓟州三河县。

宋宣和四年（金天辅六年，1122 年），金太祖攻克辽南京（今北京），随三河为金地。宣和五年（天会元年，1123 年），金以燕京（辽称南京，今北京）6 州还宋，随三河归宋。宣和七年（金天会三年，1125 年）复为金地。金天德三年（1151 年）升潞县为通州，遂属通州三河县。金贞元元年（1153 年），改燕京为中都路，置大兴府，属大兴府通州三河县。

元太祖十年（1215 年）克中都（今北京），随三河为元地。至元二十一年（1284 年），随三河为元地。至元二十一年（1284 年）置大都路总管府，属直隶中书省大都路通州三河县。

明洪武元年（1368 年）改大都路为北平府。永乐元年（1403 年），明成祖以北平为北京，进行大规模营建。又于永乐十八年（1420 年）改北京为京师，定都北京。永乐十九年（1421 年）正式迁都，遂属京师顺天府三河县。

清，属直隶省顺天府通州三河县。

1914 年改顺天府为京兆特别区。1928 年，国民党中央政府迁都南京，改京兆特别区为河北省，遂属河北省三河县。1938 至 1945 年 8 月，日本军队在三河县建立伪县政府，隶属河北省冀东道。

1938 年，为适应抗日战争需要，联合县人民政权逐步建立。1940 年，县域大部属蓟（县）宝（坻）三（河）联合县四区。1942 年 4 月属蓟宝三联合县四区第八小区。1943年7月属平（谷）三蓟联合县十区。1944年9月属三通（县）香（河）联合县二区。1946年1月，联合县撤销。县域大部属三河县二区。9月改为二、三区。1950年6月改为二、四区。

1952年10月，三河县大厂回族自治区建立。

1955年，在三河县大厂回族自治区的基础上建立大厂回族自治县。县名因政府机关设在回民居集的大厂村而得。最初隶属于河北省通县专区。1958年4月改属唐山专区。同年底并入蓟县。1961年7月归属天津专区。1962年6月，恢复大厂回族自治县建置，仍属天津专区。1974年1月，天津地区改为廊坊地区后，遂属廊坊地区。1989年4月1日，廊坊地区撤销，设立廊坊市。大厂县隶属廊坊市。至2019年年底无变化。

【气候】 大厂县属于暖温带半湿润半干旱大陆性季风气候，大陆度为62.2，历年平均降水量555.4毫米，历年平均气温11.9℃。7月最热，平均气温26.2℃。1月最冷，平均气温-4.6℃。气温年较差30.8℃。

冬季在内蒙古高压控制下，盛行自大陆吹向海洋的寒冷而干燥的冬季风。夏季在太平洋高压影响下，盛行自海洋吹向大陆的温暖的夏季风。春季是两种气流的交替时期。因此，干湿交替显著，四季比较分明。

春季(3月至5月)，冷空气势力明显衰退，温度回升较快。月平均气温由5.5℃升高到19.7℃，季平均气温13℃。降水量74.3毫米，占年降水量的13%，而蒸发量却为614.3毫米，占全年蒸发量的37%，相对湿度53%，为全年次小。平均风速2.3米/秒。大风日数平均6.6天，占全年的43%。由于温度迅速升高，降水稀少，空气干燥，风速大，蒸发强，因而形成“十年九春旱”的气候特点。

夏季(6月至8月)，在暖湿气团控制下，高温多雨，平均气温25.1℃，极端最高气温40.6℃。平均降水量387.6毫米，占全年降水量的70%。平均降水日数45天，占年降雨日数的52%。雨量一般集中在7月中旬至8月中旬。由于雨量高度集中，低洼地带易出现沥涝。

秋季(9月至11月)，副热带高压减弱南撤，蒙古高压开始活跃，气温明显下降，雨量减少。平均气温12.1℃，降水量84.4毫米，占全年降水量的15%，秋高气爽的天气对大秋作物的成熟和收获比较有利。但如果秋雨过少，形成“秋吊”，对小麦播种不利。

冬季(12月至2月)，在内蒙古高压控制下，寒冷干燥，平均气温-2.8℃，极端最低气温-27.3℃。土壤于11月29日稳定冻结，平均最大冻土深度51厘米，极大深度73厘米。降水量9.1毫米，占年降水量的2%，雨雪日仅有10天，盛行偏北风，平均风速2.4米/秒，2分钟平均最大风速20米/秒。

【气候资料统计】 大厂县2019年平均气温12.6℃，极端最高气温38.4℃，出现在7月4日，极端最低气温为零下15℃，出现在12月31日。年降水量417.1毫米，一日最大降水量53.1毫米，出现在7月29日。最长连续降水日数6天，降水量42.3毫米，出现在7月5日至10日。最长连续无降水日数73天，出现在2018年12月3日至2019年2月13日。年日照时数2515.5小时，日照百分率57%。无霜期221天。平均2分钟风速1.8米/秒，平均十分钟最大风速13.3米/秒，风向为NW（北西）和NNW（北北西），出现在10月28日和11月17日，年极大风速23.9米/秒，风向为NNW（北北西），出现在11月17日。大风日数12天，雾日数18天，霾日数6天，扬沙日数1天，未出现浮尘和沙尘暴天气。2019年大厂国家气象观测站未记录到冰雹。

【灾害天气】 2019年，遭受5次寒潮天气过程。秋冬影响大厂县的冷空气活动频繁，且势力较强，10月12日至14日、11月12日至14日、11月17日至19日、11月23日至25日和12月29日至31日大厂县出现寒潮大风天气过程，在降温最强的11月23日至25日天气过程中，48小时内最低气温降幅达到11.4℃。其中，10月28日、11月17日至18日、12月30日出现大风天气。

5月，出现2次强对流天气过程。5月17日傍晚至18日凌晨，全县出现短时强降雨，局地伴有雷暴大风、冰雹等天气，降雨量 19.4 毫米。5 月 26 日大厂县再次出现强对流天气，上午至傍晚前后全县出现雷阵雨天气，降雨量 21.3 毫米。强降雨天气导致城区低洼地带出现不同程度积水，对交通和市民出行产生较大影响，部分农田出现渍涝。冰雹、大风对果蔬种植和设施农业等有一定不利影响。

夏季出现阶段性干旱。全年降水总体偏少，月变化明显。6 月，全县降水量仅为 4.8 毫米，比常年（76.4 毫米）偏少 93.7%，属于降水异常偏少时段。7 月，全县降水量 142.4 毫米，比常年（175.0 毫米）偏少 18.6%，属于降水正常时段。8 月，全县降水量 76.3 毫米，比常年（136.2 毫米）偏少 44%，属于降水偏少时段。6 月下旬至 7 月初，大厂县干旱持续发展。根据国家气候中心监测，6 月 26 日至 7 月 5 日大厂县出现中度干旱，局地重旱，7 月 5 日至 7 日全县出现明显降雨，受其影响旱情基本解除。雨后全县再次出现轻度到中度干旱，7 月 22 日至 23 日、7 月 28 日至 29 日降雨过后，旱情再次解除。

秋冬季多大雾天气。2019 年，大厂县雾日为 18 天，集中出现在秋冬季节，大部分时段能见度小于 200 米，大雾天气给公众交通出行带来诸多不便。

自然资源

【土地资源】 类型　县域土壤系潮白河、鲍邱河冲积而成。由于受地质构造、气候、地下水位等诸多条件的影响，发育演变成多种不同类型。全县 5 个土类，9 个亚类，14 个土属，41 个土种。其中，以褐土为主，占全县总面积的 57.7%；次之为潮土，占 37.8%。县境北、中部地下水较深，土壤发育成为潮褐土。南部地下水较浅，土壤发育为潮土。东南部因地下水位高，水质差，又是汇土洼地，发育成盐化潮土。此外，沿二、三干渠附近太平庄、南贾各庄、亮甲台、冯兰庄一带，因地上高渠灌溉，大水漫灌等因素，造成不同的次生盐碱。

养分　土壤耕层有机质含量大都在0.8%至1.6%之间，加权平均值1.18%。全氮含量多为0.05%至0.1%，加权平均值0.08%，碳氮比的平均值8.9∶1，碱解氮含量多在32PPM至83PPM之间，加权平均值54PPM，占全氮的7.0%。由于土壤碳酸钙含量丰富，pH值8至8.5，呈微碱性反应。土壤耕层速效磷（单体磷）含量的加权平均值5.2PPM。速效钾含量多在30PPM至100PPM之间，加权平均值54.7PPM。

分布　北部潮褐土区：包括祁屯、马坊以北、鲍邱河以东及金庄、侯驸马一带。土壤主要为壤质潮褐土，其中中壤所占比例较大，尚有少部分潮土。有机质含量多在0.8%至1.2%，全氮0.05%至0.09%，速效磷2PPM至5PPM。

中部潮褐土区：包括夏垫南部，邵府镇、大厂镇大部，冯兰庄、王必屯和陈府镇北部。有机质含量在0.98%至1.53%，全氮0.06%至0.1%，速效磷2PPM至8PPM。

东南部低洼潮土区：包括冯兰庄东部，大厂镇南部、陈府镇中和南部，大仁庄、亮甲台及祁各庄北部。土壤有机质1%至1.4%，全氮0.07%，速效磷2PPM至8PPM。

沿河潮土区：分布在窄坡、小东关、陈家府一线西南，系潮白河泛滥沉积所成潮土，质地为轻壤至中壤，也有小部分重壤，土区地下水充足，且渠灌发达，土壤潜在肥力高，保肥供肥力强，旱涝保收，是县内重点粮棉产区。有机质含量在1.21%至2.54%，全氮0.07%至0.14%。

西南沙土区：位于祁各庄镇中、西部，是潮白河古道形成的缓岗。土壤为砂壤质潮褐土。有机质在0.65%至0.96%，全氮0.05%至0.06%，速效磷2PPM至4PPM。

【水资源】　地表水　大厂县地表水主要包括潮白河和鲍邱河2条主要河道。潮白河位于大厂县西侧，从大厂县祁各庄镇西部流过，从田各庄西北入境，流经谭台、窝坨、西关、宋各庄、半边店、陈家府，在定福庄南出境，河境内长16公里。鲍邱河位于大厂县东部，河发源于顺义县李遂镇以东丘陵地区，经顺义、三河从大厂县北贾各庄东北入境，自西北向东南流经夏垫、大厂、陈府3个镇，由许官屯村东入三河境内，河境内长13.9公里。2条河流主要是承接上游地区污水。

地下水　大厂县大部处于夏垫断裂与香河断裂之间的北北东向大厂凹陷的基底构造单元上，西和西北部分地带处在夏垫断裂西侧的孤山隆起区的东部边缘，此区自新生带以来沉积巨厚的松散物质，钻探深度538米时，仍为第三纪地层，覆盖在基底之上的第三纪以来沉积的松散物质均受着基底构造的控制。大厂县属于燕山山前冲洪积平原，由洵河、潮白河冲积而成，且处于冲积洪扇的中下部位，第四系地层分布全县，其中含水砂层厚度均占井深度的30％以上，个别的高达60％以上，含水砂层以中细砂为主，富水条件较好，水质良好。

水资源利用　2019年，全县实际总供水量3680万立方米，其中地表水供水总量1180万立方米，占总供水量的32%；地下水供水总量2210万立方米，占总供水量的60%；其他（污水回用和雨水利用）290万立方米，占总供水量的8%。2019年，全县实际总用水量3680万立方米，其中农业灌溉用水总量744万立方米，占总用水量的20%；林牧渔畜用水总量690万立方米，占总用水量的19%；工业用水总量340万立方米，占总用水量的9%；城镇公共用水总量310万立方米，占总用水量的9%；居民生活用水总量1006万立方米，占总用水量的27%；生态环境用水总量590万立方米，占总用水量的16%。

【地热资源】　大厂县域面积176平方公里，蕴含丰富的地热资源，主要位于大地构造单元——大厂凹陷中，西界为夏垫断裂，东界为香河断裂。凹陷中发育有第四系至第三系地层，厚800米至2500米，之下为中上元古界至下古界碳酸盐岩储热水层，在大厂县城至夏垫的大厂凹陷区，埋深1000米至2500米，水温 60℃至 70℃，单井涌水量 500 立方米/小时至 1200 立方米/小时，分布面积 100 平方公里左右，京东第一温泉度假村在此区域内。温泉于 1997 年 7 月成功打一眼地热井。成井时封闭第四系及第三系，取白云岩热水，井深 3200 米，年开采量 35 万吨。经过 10 年的开发利用，取得非常好的社会效益和经济效益，每年都有全国各地大量游客慕名而来。另有夏垫构造断裂带裂隙型储热构造含水层，分布在北起夏垫镇潘各庄村、二里半村，经岗子屯至祁各庄镇八百户村一带。埋深 599 米至 1600 米，在地质勘探钻孔和供水井中发现 43℃至 48℃热水异常。储热含水层埋藏浅，具有一定的开发利用远景。

【生物资源】 粮食作物　以小麦、玉米为主，其中小麦种植面积 846.67 公顷，玉米面积 1043.73 公顷，以及小面积甘薯等。

蔬菜作物　种植品种主要有西红柿、西瓜、黄瓜、芹菜、水果萝卜、生菜、丝瓜、油麦菜等，全县瓜菜占地面积 371.33 公顷，其中瓜果类占地面积 80 公顷、蔬菜占地 291.33 公顷。

【野生动物资源】 大厂县属平原地区少有大型野生动物。平时可见到的有野兔、田鼠、鼹鼠、家鼠、草蛇、青蛙、蟾蜍、蜥蜴等。鸟类有乌鸦、喜鹊、啄木鸟、麻雀等鸟类。人工饲养的野生动物有梅花鹿、野猪、蓝狐、貂、大雁、山鸡、耗子等。

【野生植物资源】 大厂县属暖温带亚湿润气候区，四季分明，适合各类植物生长。主要有多孔菌科云芝、木耳科黑木耳、伞菌科蘑菇、木贼科节节草（茎入药）、桑科葎草、蓼科马蓼、扁蓄（全草入药）、藜科灰菜、扫帚菜、苋科反枝苋、青箱属青箱（种子入药）、马齿苋科马齿苋（入药）、毛茛科毛茛（入药）、十字花科、荠菜（全草入药）、独行菜（全草入药）、蔷薇科委陵菜（全草入药）、豆科米口袋（全草入药）、草木栖、紫花苜蓿、蒺藜科、蒺藜（入药）、大戟科、泽兰（入药）、伞形科水芹、蛇床（子入药）、田旋花、圆叶牵牛（子入药）、裂叶牵牛（子入药）、打碗花、菟丝子（入药）、唇形科益母草（茎入药）、夏至草（入药）、茄科龙葵（入药）、洋金花（入药）、玄参科毛地黄（根入药）、紫葳科角蒿、苦苣苔科牛耳草、车前科车前（入药）、茜草科茜草、菊科苍耳（入药）、长叶艾、万年蒿、黄花蒿、因陈蒿（入药）、刺儿菜（入药）、旋复花、蒲公英、苦荬菜、鬼针草、泽泻科野慈姑、禾本科鹅冠草、马唐、狗尾草、白茅、稗草、莎草科羊胡子草、球穗莎草、小莎草、芦苇（根入药）、水葱、浮萍科浮萍、鸢尾科马蔺。

行政区划

【概况】 2019 年，大厂回族自治县辖 5 个镇（大厂镇、夏垫镇、祁各庄镇、陈府镇、邵府镇），1 个街道办事处（北辰街道办事处），2 个园区（河北大厂高新技术产业开发区、大厂现代农业科技示范园）。

【各镇所辖行政村】 大厂镇：大厂一村、大厂二村、大厂三村、大厂四村、小厂、小务、大马庄、于各庄、前丞相、芦庄、侯驸马、金庄、后店、六合庄、霍各庄、西马庄、河西营、小里庄、王必屯、袁庄、东彭府、西彭府、西杨辛庄、梁庄、东马各庄、西马各庄 26 个村。

夏垫镇：夏垫、北太平庄、兴隆庄、东庄、芮屯、毛场、王果子庄、赵沟子、苇子庄、韩家府、南王庄、土营、褚各庄、陈辛庄、南寺头、马坊、祁屯、二里半、潘各庄、北坞一村、北坞二村、北坞三村、北坞四村、东小屯、北贾各庄、北王庄、大棋盘、小棋盘、小定福、永太辛庄 30 个村。

祁各庄镇：祁各庄、冯兰庄、定福庄、亮甲台、陈家府、半边店、宋各庄、洼子、小东关、大东关、毛庄、西关、谢疃、窑坡、八百户、窝坨、辛杜庄、大小辛庄、谭台、田各庄 20 个村。

陈府镇：陈府、荣马坊、大坨头、小坨头、沙岗子、许官屯、北小庄、王唐庄、后营、王指挥屯、兰庄户、蒋店子、吴辛庄、东杨辛庄、马家庙、漫兴营、威武屯、南太平庄、侯官屯、东厂、刘各庄 21 个村。

邵府镇：邵府、南贾各庄、大仁庄、太平庄、尚各庄、牛万屯、双臼、岗子屯 8 个村。

【北辰街道办事处所辖居委会】 华安北路、华安南路、永安北路、永安里、幸福路、永安南路、步行街、北辰西街、荣昌苑、北新西街 10 个社区居委会。

【河北大厂高新技术产业开发区所辖社区】 蒋谭路、白云路、厂通路、滨河大道、迎宾大道、银杏、中轴西路、福泰、首创大街、新开大街、华清园、华夏 12 个社区。

人　口

【概况】 全县总人口133991人，比上年增加1508人，其中乡村人口68008人，城镇人口65983人，回族人口27372人，占全县总人口的20.4%。2019年内出生人口1440人，出生率11.49‰，年内死亡人口383人，死亡率5.64‰，人口自然增长率5.85‰。

民　族

【民族构成和分布】 大厂县是全国距首都北京最近的少数民族自治县，是全省 6 个少数民族自治县之一。全县总人口 133991 人，回族人口 27432 人，占全县总人口的 20.4%，主要分布在城区和大厂、夏垫、陈府 3 个镇的 26 个村。除汉族、回族 2 个人口较多的民族外，还有满族、蒙古族、壮族、朝鲜族、苗族、土家族、布依族、彝族、侗族、藏族、瑶族、白族、锡伯族、达斡尔族、黎族、傣族、土族、鄂温克族、哈萨克族、东乡族、纳西族、撒拉族、畲族23个少数民族。

宗 教

【伊斯兰教】 伊斯兰教是大厂回族自治县的主体宗教，县内有清真寺16座（含北坞女寺1座）。2019年，大厂县伊斯兰教领域的管理工作随着形势的发展和变化融入一些新的内容和特色。主要表现在以下几个方面：在宗教界大力弘扬爱国、爱教、爱家乡做奉献的优良传统，坚持宗教中国化方向，巩固和谐清真寺创建活动成果，继续开展宗教活动场所安全年创建活动、和谐清真寺创建活动，以实际行动迎接中华人民共和国成立七十周年；进一步落实完善宗教领域的社会保障措施，让宗教界人士充分感受党的宗教政策的温暖；做好全国人大、政协“两会”召开期间和国庆期间的安保工作，确保大厂县政治安定、民族团结的大好局面；引导回族群众有序朝觐，充分展示新时代中国穆斯林的崭新形象。

【天主教】 天主教是大厂回族自治县除主体伊斯兰教外信仰人数较多的宗教，截至12月底，有天主教信徒31名，分布在大厂县2个镇3个村庄（祁各庄镇的谭台村、八百户，陈府的荣马坊村），县内没有神甫和教堂，天主教属于家族式信教，这些信徒从事宗教活动分别是到香河县和北京市通州区进行。

侨 务

【概况】 大厂回族自治县有归侨2户，为缅甸归侨黄志远和马来西亚归侨黄光业，侨眷 13 人，台属 4 人为县政协委员。县委、县政府对归侨侨眷的工作、生活非常重视和关心，每逢重大节日都进行走访慰问，送去节日的问候和祝福。

精神文明建设

【精神文明建设宣传】 充分利用大厂县“报台站网”等宣传主阵地作用，大力宣传大厂县精神文明建设取得的新进展、新成果，展示自治县精神文明创建风采，营造浓厚的社会氛围。同时，依托京东新城网“文明大厂”专栏，刊发精神文明建设信息，成为展示大厂新形象和正能量的窗口。

【党报党刊发行】 创新方式方法，突出工作重点，坚持近年来的好经验、好做法，切实保障订阅经费、严格规范发行秩序，大厂县在廊坊市率先完成廊坊市委下达的 2020 年度重点党报党刊发行征订工作。同时，加大各单位报刊征订督导检查力度，营造良好工作氛围。

【大力加强公民道德建设】 发挥道德养成馆道德宣传主阵地作用。中央电视台、《河北日报》、《廊坊日报》等媒体记者，廊坊市妇联以及大厂县城区二幼、城区三幼、二中等单位分别参观大厂县道德养成馆。同时，积极向河北省、廊坊市推荐大厂县思想道德建设先进典型。王德芹当选“时代新人·河北好人”，何强、牛迎春、铁大庆等 10 人当选“时代新人·廊坊好人”。

【全国文明县城建设】 在张家港举办“创建全国文明城市专题培训班”，对全县 30 名创城骨干分 5 批次进行重点培训。开展“全民服务副中心、创建全国文明城”系列活动，启动实施五镇（社区）综合文化活动中心、商场超市新设卫生间、窗口单位新增母婴室等公共设施建设。开展交通秩序、市场秩序、治安秩序整治工作，实现公共秩序大提升。持续开展老旧小区改造、街头游园规范、城区路段硬化等工作，进一步提升公共服务能力。发挥道德养成馆道德宣传主阵地作用，组织开展各层面参观学习活动。开展 2018—2019 年度“身边好人”评选活动，积极向省、市推荐大厂县思想道德建设先进典型。文明单位、文明社区、文明村镇、文明校园创建活动常态化，广泛开展“我们的节日”系列主题活动。持续开展“扣好人生第一粒扣子”等活动，未成年人思想道德建设有声有色。在2019年全省测评中，大厂县取得第二名的好成绩。以县、镇（园区、街道）、村（居委会）三级新时代文明实践中心为平台，在全县开展全民文明素质大提升培训活动，组织全县16个单位在全县、各镇、街道7个新时代全民实践中心开展主题宣讲、党的建设、道德、文化、法律、科普等培训活动，举办160场，受益群众11200人次。

【学雷锋志愿服务】 全县发展注册志愿者6744人，建成学雷锋志愿服务站75个，志愿服务组织发展到66个。动员全县各志愿服务组织和广大志愿者组织开展志愿帮扶、“3·5”学雷锋日、文明交通引导、志愿服务中高考以及“我们的节日”志愿服务活动。做好学雷锋志愿服务先进典型宣传推选活动，大厂县郭满、胡悦荣获“廊坊市最美志愿者”称号；护卫天使女子中队护学行动获评“廊坊市最佳志愿服务项目”；职业技术教育中心扶贫志愿服务队获得“最佳志愿服务组织”称号；永安北路社区、荣昌苑社区荣获“廊坊市最美志愿服务社区”称号。

【文明家庭创建活动】 赵德平、关松发2户家庭荣获省级“文明家庭”称号，李卫红、崔志东、王军、李淑丽等9户家庭获得市级“文明家庭”称号。

【身边好人】 开展2018—2019年度“身边好人”评选活动。动员全县各单位广泛参与身边好人评选活动。大厂县评出149名个人及孝老爱亲、敬业奉献、诚实守信等9个团体300名，形成有地域特色和时代特征的“大厂好人”群体。

【创建文明单位】 做好2019年度廊坊市文明单位推荐工作。经过申报、征求意见、考核等步骤，大厂县45个单位（村镇、社区）被评为“2019年度廊坊市文明单位”。

（刘雅征）

政 治

中共大厂回族自治县委员会常委会议

【第十一届县委第六十四次常委会议】 于1月11日召开，县委书记谷正海主持。主要内容：研究干部问题；传达学习国家和河北省领导赴大厂县视察调研工作精神，安排部署全县重点工作。

【第十一届县委第六十五次常委会议】 于1月15日召开，县委书记谷正海主持。主要内容：研究审议《关于拨付大厂回族自治县鼎鸿投资开发有限公司基础设施建设资金的意见》；研究审议《关于列支大厂回族自治县宝生钢铁制品有限公司土地回购资金的意见》；研究审议第十一届县委第四次全体会议相关事宜；研究审议大厂县政府党组提交的有关事宜；研究审议大厂县人大党组提交的有关事宜；研究审议大厂县政协党组提交的有关事宜；研究审议关于召开2019年“全民服务副中心”行动动员部署大会安排方案；传达学习河北省扫黑除恶专项斗争视频会议暨廊坊市扫黑除恶专项斗争领导小组2019年第一次（扩大）会议精神，研究全县贯彻落实意见；传达学习中办、国办转发《中央农办、农业农村部、国家发展改革委关于深入学习浙江“千村示范、万村整治”工程经验扎实推进农村人居环境整治工作的报告》的通知；传达学习总书记习近平关于意识形态工作的重要论述、中央和河北省委有关意识形态工作文件精神和廊坊市委意识形态工作领导小组《关于加强意识形态工作的实施意见》，研究全县贯彻落实意见，听取关于2018年度意识形态工作情况报告和2018年度意识形态工作督查考核的情况报告；传达廊坊市委办公室、政府办公室《关于2018年度全市文明城市创建工作省级评测（复检）结果的通报》，听取大厂县全国文明县城创建工作汇报；研究审议大厂县机构改革组织实施工作方案；研究审议关于补选大厂县人大代表和政协委员提名人选的意见；研究干部问题。

【第十一届县委第六十六次常委会议】 于1月15日召开，县委书记谷正海主持。主要内容：传达学习《习近平扶贫论述摘编》，听取大厂县2019年脱贫攻坚工作谋划。

【第十一届县委第六十七次常委会议】 于1月24日召开，县委书记谷正海主持。主要内容：研究审议大厂县“两会”有关事宜；研究审议关于选派年轻干部到各镇工作锻炼的意见。

【第十一届县委第六十八次常委会议】 于1月28日召开，县委书记谷正海主持。主要内容：研究干部问题。

【第十一届县委第六十九次常委会议】 于1月30日召开，县委书记谷正海主持。主要内容：会议传达学习《市委办公室关于认真传达学习贯彻落实〈中共第九届河北省委专题会议纪要〉主要精神的通知》《市委市政府关于落实省委专题会议纪要〔2019〕第2号（总第50号）的实施意见》和河北省自然资源厅专题会议相关精神，听取大厂县党政班子成员和县人大、政协主要负责人工作汇报，以及相关县直部门表态发言，并对全县主要经济指标运行情况进行安排部署。

【第十一届县委第七十次常委会议】 于2月20日召开，县委书记谷正海主持。主要内容：集中学习；听取中国人民大学新校区大厂拓展区项目和国家京剧院文旅融合产业化基地项目工作开展情况及任务清单、责任分工的汇报；听取大厂县政协关于2019年双月协商、对口协商、调研及视察课题的报告；研究审议大厂县《关于坚持发展新时代“枫桥经验”，进一步加强和创新基层社会治理的实施意见》；研究审议2019年大厂县扫黑除恶专项斗争工作要点；研究审议大厂县纪委提交的有关事宜；传达学习中纪委办公厅《关于坚决纠正和防止纪律处分决定执行不到位问题的通知》；研究审议关于大厂县政协成立机关党组的意见。

【第十一届县委第七十一次常委会议】 于3月13日召开，县委书记谷正海主持。主要内容：集中学习；研究审议《关于调整县安全生产委员会组成人员的意见》；研究审议《关于调整县城乡规划审议委员会组成人员的意见》；研究审议《大厂回族自治县社区戒毒社区康复工作实施方案》；研究审议《大厂回族自治县全民大转变工作方案》；研究审议《2019年全国文明县城创建工作方案》和《关于调整大厂回族自治县全国文明县城创建工作指挥部的通知》；研究审议《关于县委议事协调机构组建和人员配备的初步意见》；研究审议《大厂回族自治县机构改革科级以下人员划转工作实施办法》；研究审议大厂县机构改革编制调整意见；研究干部问题。

【第十一届县委第七十二次常委会议】 于4月10日召开，县委书记谷正海主持。主要内容：研究审议大厂县经济发展促进大会有关事宜；研究审议关于拨付大厂回族自治县鼎鸿投资开发有限公司基础设施建设资金的意见；研究审议关于拨付三号社区新民居项目建设资金的意见；听取关于入企调研总结及任务分解情况的报告；研究审议大厂县2019年脱贫攻坚工作要点；研究审议《大厂回族自治县深入学习推广浙江“千万工程”经验全面推进农村人居环境整治实施方案》；研究审议《大厂回族自治县省级乡村振兴示范区创建工作方案》；传达学习河北省委办公厅、政府办公厅《关于解决部分退役士兵社会保险问题的实施意见》，研究审议大厂县关于成立部分退役士兵社会保险接续专班的意见；研究审议关于开展“河北发展、人大尽责”主题实践活动的实施方案；听取关于大厂县“人大代表联络站”集中上站情况的报告；听取关于大厂县农村人口落户问题相关情况的汇报；研究审议《中共大厂回族自治县委政法委员会2019年重大活动期间和重要节点维护稳定工作总体方案》；传达学习中共廊坊市委《关于开展政治生态建设状况监测评估工作的实施意见》，研究全县贯彻落实意见；传达学习廊坊市委2018年度落实全面从严治党主体责任和党风廉政建设责任制专项检查情况的反馈意见，研究全县整改方案；传达学习河北省委办公厅、政府办公厅《关于全面深入持久开展民族团结进步创建工作铸牢中华民族共同体意识的实施方案》，研究全县贯彻落实意见；传达学习廊坊市宗教工作督查整改座谈会议精神；传达学习《关于落实1月26日省委专题会议纪要精神责任分工的意见》，研究全县贯彻落实意见；传达学习河北省委《关于进一步加强党的政治建设坚决当好首都政治“护城河”的实施意见》；传达学习河北省信访工作联席会议办公室《关于认真贯彻落实省领导重要批示精神再接再厉做好信访工作的通知》；传达学习廊坊市扶持壮大农村集体经济工作推进会精神，研究全县贯彻落实意见；研究审议大厂县《关于对农村党组织实行“星级化”管理的意见（试行）》、县直部门考评细则、2018年度评星定级结果及关于授予农村党支部书记“突出贡献奖”的意见；研究审议关于河北省、廊坊市对大厂县考核指标体系的情况汇报；研究审议关于对大厂县党组设置进行规范调整的意见；研究干部问题。

【第十一届县委第七十三次常委会议】 于5月8日召开，县委书记谷正海主持。主要内容：传达学习河北省委副秘书长、信访局局长杨燕伟在廊坊市调研时的讲话精神，廊坊市信访工作和涉房领域信访突出问题化解工作会议精神；传达学习中共中央办公厅、国务院办公厅《地方党政领导干部食品安全责任制规定》；传达学习河北省委办公厅《贯彻落实省委〈关于进一步加强党的政治建设坚决当好首都政治“护城河”的实施意见〉重点任务分工方案》；传达学习河北省委《关于进一步提高科学决策民主决策依法决策水平的意见》；传达学习廊坊市委《关于认真贯彻落实<中共河北省委关于进一步严格党内政治生活加强民主集中制建设的若干意见>的通知》；传达学习廊坊市委组织部、市编办《关于认真学习贯彻习近平总书记在中央机构编制委员会第一次会议上的重要讲话的通知》；研究干部问题。

【第十一届县委第七十四次常委会议】 于5月24日召开，县委书记谷正海主持。主要内容：集中学习；传达学习廊坊市扫黑除恶专项斗争领导小组第十三次全体（扩大）会议精神，研究全县贯彻落实意见；传达学习廊坊市委办公室、市政府办公室《关于依法处置卓达集团非法集资案件打好防范化解重大金融风险攻坚战的通知》，研究全县处置意见；研究审议关于2018年度县管领导班子和领导干部综合考核暨绩效管理考评情况的报告；研究干部问题。

【第十一届县委第七十五次常委会议】 于6月17日召开，县委书记谷正海主持。主要内容：集中学习；研究审议《大厂回族自治县2019年推进京津冀协同发展工作重点》；研究审议《关于拨付大厂回族自治县鼎鸿投资开发有限公司基础设施建设资金的意见》；听取服务企业七项制度实施情况的汇报；研究审议大厂县教育大会有关事宜；听取大厂县涉房领域重点信访案件情况汇报；听取大厂县关于抵御“三股势力”向本地务工经商群体渗透的专项治理活动的情况报告；传达学习廊坊市农村人居环境整治“五清”工作观摩会议精神，听取全县工作进展情况；听取关于大厂县人大代表联络站5月10日上站情况的汇报；研究审议大厂县政协党组提交有关事宜；听取关于大厂县戏剧小镇建设工作进展情况的汇报；传达学习赵乐际在市、县巡察工作推进会上讲话精神，研究全县贯彻落实意见；研究审议《中共大厂回族自治县委全面依法治县委员会工作规则》《中共大厂回族自治县委全面依法治县委员会协调小组工作规则》《中共大厂回族自治县委全面依法治县委员会办公室工作细则》；传达学习廊坊市公安工作会议精神，研究全县贯彻落实意见；研究审议关于2018年度大厂县经济发展绩效考核情况分析报告；研究审议《大厂回族自治县公共检验检测认证中心主要职责内设机构人员编制规定》的报告；研究审议缪小斌和任建国任免职事宜。

【第十一届县委第七十六次常委会议】 于6月24日召开，县委书记谷正海主持。主要内容：集中学习；听取大厂县关于王东峰在6月23日会议上强调的扶贫脱贫和当前十项重点工作的情况报告；传达学习2019年廊坊市生态环境保护重点工作会议精神；听取关于2018年月度协商座谈会议情况的总结报告；传达学习廊坊市巡察工作推进会议精神，研究全县巡察工作整改落实意见；传达学习廊坊市“新中国成立70周年庆祝活动信访保障工作”动员会议精神，研究全县贯彻落实意见；听取全国文明城市创建工作办公室关于赴安徽、江苏等地学习考察文明城市创建经验的工作报告；传达学习《河北省网络安全工作责任制实施细则》，听取全县网络安全和信息化工作汇报；传达学习廊坊市公务员工作会议精神，研究全县贯彻落实意见；研究审议大厂县公务员职务与职级并行制度实施方案。

【第十一届县委第七十七次常委会议】 于6月28日召开，县委书记谷正海主持。主要内容：研究审议关于调整北辰街道办事处编制的意见；研究干部问题。

【第十一届县委第七十八次常委会议】 于7月4日召开，县委书记谷正海主持。主要内容：传达学习中纪委办公厅印发《关于贯彻习近平总书记重要批示精神深入落实中央八项规定精神的工作意见》的通知（中纪办发〔2019〕9号）和廊坊市委深入贯彻落实中央八项规定精神调度会议精神。

【第十一届县委第七十九次常委会议】 于8月9日召开，县委书记谷正海主持。主要内容：集中学习；传达学习7月29日廊坊市扶贫开发和脱贫工作领导小组专题调度会议精神；听取2019年上半年落实党风廉政建设监督责任情况报告；听取关于倪永利严重违纪违法案审查调查情况及处理意见的报告。

【第十一届县委第八十次常委会议】 于8月15日召开，县委书记谷正海主持。主要内容：集中学习；研究审议第十一届大厂县委第五次全体会议相关事宜；研究审议大厂县政府党组关于2019年上半年经济运行工作的报告；研究审议《关于大厂高新技术产业开发区实行封闭式管理的实施办法》；研究审议《大厂回族自治县2019年全国双拥模范县创建工作方案》；关于公布实施《大厂回族自治县全域旅游条例》和《大厂回族自治县环境保护条例》有关情况的报告；听取大厂县人大代表联络站7月10日上站情况的报告；听取关于“规范小区物业管理、提升物业服务水平”协商会议的报告；听取大厂县委2019年上半年意识形态工作情况报告；传达中共河北省委宣传部授予赵德平“燕赵楷模·时代新人”称号的决定；传达学习廊坊市委书记冯韶慧慰问“燕赵楷模·时代新人”赵德平时讲话精神和赵德平先进事迹座谈会精神；传达学习廊坊市基层党建重点工作推进会议精神，研究全县贯彻落实意见。

【第十一届县委第八十一次常委会议】 于8月22日召开，县委书记谷正海主持。主要内容：集中学习；研究审议大厂县政府党组提交有关事宜；研究干部问题。

【第十一届县委第八十二次常委会议】 于9月11日召开，县委书记谷正海主持。主要内容：传达学习中央、河北省“不忘初心、牢记使命”主题教育第一批总结暨第二批部署会议和廊坊市主题教育动员会议精神；传达学习中央纪委国家监委贯彻总书记习近平重要批示精神深入落实中央八项规定精神电视电话会议精神，研究全县贯彻落实意见；研究审议《关于在全县开展“不忘初心、牢记使命”主题教育的实施意见》；研究审议大厂回族自治县关于深入推进“无诉讼乡（镇）、村（街）”创建工作的实施意见；听取关于当前六项重点工作进展的情况汇报；关于大厂县各级党员干部违法占地自查情况的报告；听取关于徐超严重违纪案审查调查情况及处理意见的报告。

【第十一届县委第八十三次常委会议】 于9月30日召开，县委书记谷正海主持。主要内容：研究审议大厂县政府党组提交有关事宜；研究审议关于赴浙江学习考察民生实事项目人大代表票决制工作情况的报告；听取大厂县人大代表联络站9月10日上站情况报告；研究审议大厂县政府党组提交关于大厂高新区有关事宜；传达学习和春军和冯韶慧在河北省委第六督查组《关于上报霸州市和大厂县两个正面典型情况报告》上的批示精神；研究审议关于在主题教育中排查整顿软弱涣散农村（社区）党组织的情况报告；研究审议关于2019年上半年县域经济高质量发展考核测评结果的分析报告；传达学习河北省人防系统腐败问题全面调查整顿工作会议和廊坊市委办公室、市政府办公室《关于印发〈全市人防系统腐败问题全面调查整顿工作方案〉的通知》精神，研究部署全县相关工作。

【第十一届县委第八十四次常委会议】 于10月29日召开，县委书记谷正海主持。主要内容：集中学习；研究审议大厂县政府党组提交有关事宜；研究审议大厂县扶贫办提交的《关于全县拟脱贫退出贫困户情况报告》。

【第十一届县委第八十五次常委会议】 于11月8日召开，县委书记谷正海主持。主要内容：集中学习；听取“不忘初心、牢记使命”主题教育专项整治工作汇报研究下步推进举措；研究审议《关于落实市委第一巡察组反馈意见的整改工作方案》。

【第十一届县委第八十六次常委会议】 于11月20日召开，县委书记谷正海主持。主要内容：集中学习；研究审议大厂县政府党组提交有关事宜；研究审议大厂回族自治县妇女第五次代表大会安排方案、开幕式闭幕式议程安排；传达学习廊坊市化解涉房信访问题约谈汇报会议精神，研究全县贯彻落实意见；研究审议大厂县农村集体产权制度改革工作进展情况报告；研究审议大厂县政协党组提交有关事宜；研究审议大厂县妇联第五届候选人有关人选事宜；研究干部问题。

【第十一届县委第八十七次常委会议】　于12月4日召开，县委书记谷正海主持。主要内容：集中学习；研究审议大厂县政府党组提交有关事宜；传达学习河北省扶贫办关于做好2019年脱贫攻坚成效考核发现问题整改工作的通知，研究全县贯彻落实意见；研究审议《大厂县2020年农村实事工程财政奖励资金管理和使用办法（试行）》；研究审议《关于深化县纪委监委派驻机构改革的实施意见》；研究审议《中共大厂回族自治县委关于进一步推进新时代巡察工作高质量发展的实施意见》；听取大厂县“扫黄打非”领导小组办公室2019年重要节点“扫黄打非”工作汇报；研究审议大厂县委常委“不忘初心、牢记使命”主题教育专题民主生活会方案；研究审议大厂县委常委班子“不忘初心、牢记使命”主题教育专题民主生活会检视剖析材料；研究干部问题。

【第十一届县委第八十八次常委会议】　于12月19日召开，县委书记谷正海主持。主要内容：传达学习河北省第九届委员会第十次全体会议精神，研究部署大厂县当前重点工作；研究审议大厂县政府党组提交有关事宜；研究审议人大常委会党组提交有关事宜；研究审议大厂县政协党组提交有关事宜；传达学习中共中央办公厅《关于加强新时代民营经济统战工作的意见》；传达学习廊坊市政法机关学习贯彻《中国共产党政法工作条例》暨创新发展新时代“枫桥经验”推进基层社会治理现代化工作会议精神及全县贯彻落实意见。

【第十一届县委第八十九次常委会议】　于12月27日召开，县委书记谷正海主持。主要内容：集中学习；研究审议关于调整政协委员和政协常委数量的请示；研究审议大厂回族自治县全国新时代文明实践中心试点建设工作方案；研究审议大厂县委关于2019年意识形态工作情况报告；研究审议关于2019年落实党风廉政建设监督责任的情况报告；通报《关于大城交叉巡察组巡察县交通运输局、自然资源和规划局党组的情况报告》；研究审议大厂回族自治县融媒体中心职能配置、内设机构和人员编制规定；研究干部问题。

县委办公室工作

【概况】 中共大厂回族自治县委办公室为县委工作机关，机构规格正科级，挂县委保密机要局（县国家保密局、县国家密码管理局）牌子。内设研究室、督查室、值班室、改革协调组、行政事务组、信息综合组、公文处理组、保密机要组。2016 年 7 月，成立中共大厂回族自治县委全面深化改革领导小组办公室，简称“县委改革办”，与县委办公室 1 个机构、2 块牌子。2017 年 10 月，成立公务接待办公室，为县委办公室下属股级事业机构。2019 年，县委办公室在县委的坚强领导下，深入学习贯彻习近平新时代中国特色社会主义思想和中共十九大精神，紧紧围绕县委中心工作，坚持“服务县委、协调部门、人民满意”，持续强化理论武装、统筹抓好各项工作，政治站位、理论水平、业务能力、服务质量等逐步提高，圆满完成全年各项目标任务。

【文稿调研】 2019 年，起草整理各类文稿 270 篇，其中起草县委十一届四次和五次全会报告、2019 年“全民服务副中心”行动动员部署大会讲话、全县经济发展促进大会讲话、全县“不忘初心、牢记使命”主题教育动员部署会议讲话等重要文稿 20 篇，整理领导讲话 30 篇，各类纪要 30 篇，月份工作重点 12 篇，汇报、报告、致辞等各类文稿 70 篇，专题访谈稿 5 篇，调研文章 3 篇。

【督导检查】 采用现场督查、会议督查、电话督查等形式，对县委重大决策部署、重点工作进展、重要会议落实等方面进行督查，促进工作决策落实；认真落实省、市督查组交办事项，确保督查工作顺畅开展，全年办理督查事项 70 件。

【值班备勤】 在做好县委值班室的值班日常工作的同时，健全完善县委值班室各项工作规章制度，强化重点时期和日常值班工作的督导检查，全县上下政令畅通；严格界定紧急情况重大事件报送工作的范围、时限、程序，确保紧急情况重大事件能够第一时间请示报告、妥善处置、反馈情况；严格执行领导外出报备制度，起草报备市委文件 7 件，接收处理县内报备 65 件；在国家法定节假日和重点时期，多次对全县各单位值班工作情况进行督导检查，对存在问题单位下发限时整改通知，促进全县整体值班工作上水平。

【信息服务】 2019 年，累计向省、市委报送长短篇信息 1200 篇；累计梳理编发《领导工作安排》332 期，及时为县委领导提供信息服务。信息工作荣获“2019 年度全市党委信息工作优胜单位”称号。

【办文办会】 认真贯彻执行公文处理工作的各项规章制度，认真处理公文收发，确保政令畅通。2019 年，签收并传阅上级文件 760 件；分类归档文件永久 380 件，30 年 600 件，短期 150 件；审核各类公文 289 件，实际发文 279 件；以“严细深实”的作风，扎实做好全县性重要会议的承办工作，全年牵头承办全县性重要会议 40 个；间接指导、服务保障各类全市性会议 58 个。

【行政事务】 充分发挥县委机关“运转中枢”作用，及时接受、处理、归档各级来文、来电，严格印章使用签批制度，科学分配党刊征订任务。2019 年，接收办理上级文件通知 110 个；接收处理各级来文来电 4000 个；记录、领取各类通知、文件 900 份，全部高效办结；办理县委印章使用 105 次；办理县委办公室印章使用 206 次；全面做好县委机关工会工作，积极为干部职工落实各项福利。

【公务接待】 严格内部管理制度、接待费用审批制度、节俭接待制度，做到接待工作规范系统化，全面提升公务接待工作质量和水平。2019 年，接待到大厂县调研指导、督导检查、参观考察等 200 次，其中接待省部级以上领导调研考察 11 批次，接待厅级领导 80 批次。

【保密安全】 起草印发《关于深入做好保密管理工作的紧急通知》和《关于扎实稳妥做好保密工作的通知》等制度文件；加强保密宣传教育，制作印发《保密工作须知摘编》《保密警示教育读本》《党政机关干部保密工作简明手册》《领导干部泄密隐患防范手册》《密件经手责任重》等宣传教育材料4000份（套）；深入开展保密安全风险大排查活动，调整完善全县各单位保密机构设置；组织开展涉密人员（领导小组全体成员）逐一签订《保密承诺书》，认真组织开展全县保密工作自查自评，深入政法委、统战部、高新区等重点部门进行保密安全大检查，为新中国成立70周年营造良好的保密安全环境；圆满完成经洽会、高考、中考等敏感期间的保密任务，从根本上杜绝失泄密事件发生。

（刘月东）

纪检监察工作

【概况】 中共大厂回族自治县纪律检查委员会、大厂回族自治县监察委员会负责全县纪检监察工作，依照党章和宪法履行监督职责，内设办公室、组织部、宣传部、第一监督检查室、第二监督检查室、第三监督检查室、第四监督检查室、第五监督检查室、第六监督检查室、第七审查调查室、第八审查调查室、第九审查调查室、第十审查调查室、第十一审查调查室、党风政风监督室、信访室、案件监督管理室、案件审理室、纪检监察干部监督室19个职能室（部）。

【政治监督】 站位全县发展大局，认真履行政治监督职责。围绕京津冀协同发展，特别是全民服务副中心建设，对重点项目引进落地、贴边区管控、优化营商环境、违建别墅拆除、农村人居环境整治等方面进行监督检查，有效保障政令畅通。将“形式主义、官僚主义”问题作为监督检查、审查调查和巡察工作重点，发现党内政治生活不严肃问题2个，落实党的决策部署敷衍塞责问题1个，组织处理5人、党纪处分1人。协助县委组织全县59个单位的党委（党组）书记签订《2019年度落实党风廉政建设主体责任承诺书》。制发《关于开展政治生态建设状况监测评估工作的实施意见》，探索实施政治生态监测评估，拧紧管党、治党螺丝。

【专项治理】 坚持有什么问题就解决什么问题，什么问题突出就集中整治什么问题的原则，推进各专项整治活动有效开展。开展违反中央八项规定精神和“四风”（形式主义、官僚主义、享乐主义和奢靡之风）问题专项整治，印发《违规吃喝问题“明白纸”》10000份，广泛接受群众监督，给予党纪政务处分2人，诫勉谈话2人，组织处理7人。开展领导干部利用名贵特产类特殊资源谋取私利专项整治，各级党员干部签订873份《承诺书》。开展人防系统腐败问题专项治理和全面调查整顿，追缴易地建设费3230万元，处罚43.5万元，对1人进行警示谈话、3人提醒谈话。严把党风廉政意见回复工作，审核回复2306人次，对73人做出审核情况说明。集中力量整治群众身边腐败和作风问题，办结涉及群众身边的腐败和作风问题线索109件，给予党纪政务处分22人、组织处理47人。深挖严查涉黑涉恶腐败和“保护伞”，核查涉黑涉恶案件线索5件，给予党内警告1人，开除党籍、公职1人，运用第一种形态处置11人。

【廉政宣传教育】 利用廉政短信、微信公众号、廉政巡讲、廉政微电影等多种形式开展廉政文化宣传教育，广泛宣传习近平新时代中国特色社会主义思想和中共十九大精神，深入宣传中央和省、市、县纪委全会精神，推进宣传《中华人民共和国宪法》《中华人民共和国监察法》等法律法规和《中国共产党党章》《纪律处分条例》等党纪党规，协助县委组织召开政治性警示教育大会2次，通报典型案例15个，发送廉政微信46期、廉政短信8期2900条，创编的廉政微电影《妈妈的粗茶淡饭最干净》，荣获中宣部宣教局主办的第三届社会主义核心价值观主题微电影三等优秀作品。

【巡察工作】 聚焦全面从严治党新要求，坚持问题导向，开展三轮县委常规巡察，巡察16个县直单位党组织，37个村级党组织。在廊坊市率先启动村级巡察，在实践中总结经验，为被巡察村把脉开方，解决一批涉及民生领域的问题，一批乡村治理的苗头性问题和一批基层组织建设不规范问题。截至12月底，发现问题545个，移交问题线索36个，其中村级巡察发现问题230个，移交问题线索11个。强化巡察成果运用，推进巡察问题整改，印发《关于围绕村级巡察发现共性问题开展自查整改的通知》，提炼出4个方面15个共性问题，在全县范围内组织开展自查整改。

【纪律审查】 坚持有贪肃贪、有腐反腐，聚焦中共十八大以来不收敛不收手，问题线索反映集中、群众反映强烈，政治问题和经济问题交织的腐败案件，处置问题线索189件次，立案58人，结案59人，给予党纪政务处分57人（科级干部8人），高质量查办2起留置案件，收缴违纪违法资金219.58万元。综合运用“四种形态”（党内关系要正常化，批评和自我批评要经常开展，让咬耳扯袖、红脸出汗成为常态；党纪轻处分和组织处理要成为大多数；对严重违纪的重处分、作出重大职务调整应当是少数；严重违纪涉嫌违法立案审查的只能是极少数）处理196人次，其中第一种形态138人次，占比70.4%；第二种形态41人次，占比20.9%；第三种形态10人次，占比5.1%；第四种形态7人次，占比3.6%。下发纪律检查建议书12件，监察建议书5件，督促案发单位加强教育、建章立制、堵塞漏洞，发挥县委反腐败协调小组职能，进一步规范案件线索的移送受理工作，通报移送37件次，涉及24人。

【队伍建设】 县纪委常委会认真贯彻民主集中制，严肃党内政治生活，研究制定发挥纪委委员职能作用的意见，建立特约监察员制度办法等相关制度。县纪委监委领导班子成员带头遵守中央八项规定精神，为全县党员干部作表率。扎实开展“提质增效、苦干实干”活动，充分发挥机关党支部教育管理党员干部的堡垒作用，认真开展组织生活会、民主评议党员、谈心谈话等活动，组织80名党员干部赴西柏坡、红旗渠学习培训，加强理想信念宗旨和党性党风党纪教育；推荐优秀干部参加中、省、市纪委监督检查和审查调查 21 人次，在实践中培养锻炼干部；积极组织全县纪检监察干部参加中、省、市纪委各类培训 700 人次，全面提升业务能力。同时，进一步强化自我监督，制作大厂县纪检监察干部“十个严禁”手卡，对干部工作、生活、行为及时提醒，开展内部监督检查 20 次，批评教育 3 人，坚决防止“灯下黑”。

（刘文栋）

组织工作

【概况】 中共大厂回族自治县委组织部内设办公室、研究室、党代表联络办公室、干部组、干部档案管理组、干部监督组、考核组、公务员组、干训人才组、组织一组、组织二组、机关机构编制组、事业机构编制组，机构编制监督检查组(机构编制电子政务管理组)。机构编制委员会办公室于 2019 年 1 月合并于组织部。县委组织部在省和市委组织部门的精心指导和县委的正确领导下，全面贯彻落实全国、省、市组织工作会议精神和县委十一届四次全会部署，牢牢把握党要管党、全面从严治党指导方针，紧紧围绕“北京城市副中心后花园”定位和“全民服务副中心”思路，加强工作创新、狠抓工作落实，各项组织工作取得新成效，为新时代加快建设经济强县、美丽大厂提供坚强组织保障。

【党员发展】 规范机关党建管理，针对机构改革后县直单位撤并重组的实际情况，联合县直工委及时做好党组织组建、支部选举、党员关系结转等项工作的跟踪指导，确保机关党建秩序不乱、队伍不散、工作不断。积极开展 “五好党支部”（支部班子好、党员管理好、组织生活好、制度落实好、作用发挥好）创建活动。此外，下力度培树窗口部门党建典型，深挖行政审批局、税务局、交通局党员服务窗口涌现出的优秀事迹，积极向省和市推介，形成辐射带动效应，营造比学赶超的良好态势。扩大非公和社会组织党建覆盖。截至12月底，全县有非公企业186家，建党组织77个（其中单独组建52个，联合组建25个），覆盖非公企业168家，党组织覆盖率90.3%；社会组织30家，建党组织14个（其中单独组建10个，联合组建4个），覆盖社会组织29家，党组织覆盖率90%。同时，加强对“两支队伍”（党支部书记、党建指导员）的培训。5月下旬和6月初，联合高新区工委在影视小镇党群活动服务中心开办2期非公企业党组织书记、党建指导员示范培训班，培训人员48人次。10月，组织非公企业党务工作者赴韶山开展“看左邻右舍，学发达地区，找发展差距，励图强之志”为目的考察学习活动。抓好党员日常教育管理，科学制定全县2019年度发展党员工作指导计划，全县新发展党员104名，解决3年以上不发展党员村25个。加强党员经常性教育，先后发放《中国共产党支部工作条例》《党章电视辅导教材》《“三会一课”动漫讲堂》《发展党员工作手册》等系列辅导教材。集中开展走访慰问党员活动，春节前夕，走访慰问各类帮扶对象89人，发放慰问金、慰问品6.85万元；“七一”期间，走访慰问各类帮扶对象113人，发放慰问金、慰问品13.8万元；国庆期间，对2名中华人民共和国成立前入党的农村老党员进行走访慰问，发放慰问金4000元。同时，加强电教片推介力度，先后报送《忠诚守望幸福》和《坚守》等4部电教片，在廊坊市电教工作会议上进行典型发言。

【干部培训】 突出全覆盖、经常化，大规模培训干部。坚持全覆盖、多渠道、高质量开展干部培训工作，先后举办各类培训班10期，培训各级干部900人次。思想引领导学，2月19日至3月2日在红旗渠干部学院举办“学习红旗渠精神”专题培训班，分6期对300名科级以上干部进行集中培训。县委书记谷正海亲自谋划、安排、指导，其他县领导身体力行，带头参加培训、带头研讨交流。

举办学习贯彻习近平新时代中国特色社会主义思想专题培训班。先后邀请省委党校管理学教研部副主任刘晓辉、省委党校党建部教授陈秀梅分别围绕坚持底线思维，着力防范化解重大风险、网络强国等方面作专题辅导，培训全县乡科级干部300人次。举办大厂县基层干部京津冀协同发展专题研讨班。协同县委党校分别邀请通州区委党校惠学刚教授、市委党校基础教研室主任刘菲围绕京津冀协同发展作专题辅导，培训全县乡科级干部300人次。为进一步提升大厂县文明城市创建工作水平，增强干部的工作主动性，提高执行力，在张家港市委党校永联分校、南通市委党校，举办全国文明县城创建专题培训班，对全国文明县城创建工作指挥部成员单位、窗口单位和其他单位科级干部及相关创建单位部分中层干部进行培训，培训5期，每期45人。

【干部考核】 对乡镇（街道）、园区、县直单位实施分类考核；参照省、市下达的考核指标，对乡镇（街道）、园区、县直单位实施重点考核；对科级干部实行以“定职责、定目标、履职考核”为主要内容的“两定一考”工作机制。同时，强化指标督导调度，采取每季度对指标进行调度，开展不定期专题调度。2019年上半年绩效考核，大厂县在全省17个优化开发区（县、市）中综合排名第八位，在廊坊市居第一位。

【党员干部队伍建设】 2019年，全县调整干部11个批次，除去机构改革过程中机关事业单位撤并正常划转的干部之外，调整干部149人次，其中提拔44人，职务调整86人，免职19人。同时，对全县540名科级以上公务员进行职级套转和晋升信息核对工作。12月底，完成全县科级干部的职务职级套改工作。严格执行干部选拔任用预审备案制度，2019年上报预审报告11批次涉及调整干部116人次。在常委会研究通过后，将县委常委会研究通过的干部任免呈报名单、领导班子调整职数备案表上报监督科备案。

【人才队伍建设】 形成党委“一把手”抓战略、抓规划，政府抓投入、抓保障，组织部门主要领导抓协调、抓推进的人才工作领导格局。研究并实施《县委人才工作领导小组议事规则》和《人才工作领导小组办公室工作制度》，不断提升党管人才科学化水平。建立县处级领导联系企业人才制度，26名县处级领导深入100家企业联系点，采用走访慰问、开展谈心等形式，加强与企业高层次人才的沟通联络。协调教育、社会事务、住建、园区等相关部门，深化拓展燕赵英才服务卡制度，积极解决企业人才落户、子女入学、住房问题。2次开展职工落户政策宣讲会，3次召开企业人才落户工作协调会，2次召开企业职工专业技术职称申报工作会，先后为43名企业人才办理落户手续，为56名人才子女解决上学问题。赴天津武清开发区、北京市海淀区学习考察人才保障房的先进经验和成熟做法，3次召开企业人才保障房工作协调会，起草完成推进企业人才保障房配租的实施方案。借势京津冀协同发展优势，加强与通州区的人才合作服务，成立大厂通州就业服务行动专项小组，建立定期沟通协调机制，召开专项行动座谈会议，共同协商两地的就业服务活动。2019年，分别与京津冀地区人社部门联合，举办春季大型招聘洽谈暨对接京津人才交流招聘会、“公共就业服务共建共享，推动京津冀协同发展”通州专场招聘会、秋季京冀就业扶贫劳务协作对接专场招聘会等大型招聘会。

【“不忘初心，牢记使命”主题教育】 聚焦学习贯彻习近平新时代中国特色社会主义思想这条主线，推动理论学习往深里走、往心里走、往实里走。坚持将个人自学贯穿始终，为全县8900名党员统一发放必读书目，并以问答形式编印《主题教育口袋书》，党员人手1册，随时随地开展学习。坚持抓好交流研讨，9月组织县、乡两级理论学习中心组同步进行5—7天的集中学习研讨，全县各级理论学习中心组交流发言1300人次。坚持打造特色载体，依托大厂评剧歌舞团创演优势，编排现代评剧《焦裕禄》，在全县进行6次巡演，组织广大党员干部群众免费观看演出，增强主题教育的吸引力和感染力。坚持把调查研究作为学习教育的“催化剂”，检视问题的“放大镜”，整改落实的“敲门砖”，明确提出把解决单位部门的突出问题和群众反映强烈的热点、难点问题作为调查研究的重点。全县各级领导干部围绕部门职责和群众反映强烈的热难点问题选定调研课题584个，累计走访群众2100户，化解矛盾126起，当即解决问题144个，真正把调研过程和调研成果转化为解决实际问题的生动实践。同时，县级领导和各级党组织书记，分别深入所在党支部、分管领域、工作联系点讲党课360次。坚持把检视问题作为推进主题教育的关键所在，专门印发关于做好主题教育检视问题工作的通知，要求全县党员干部以自我革命、刀刃向内的精神真正把问题找准找实。县委常委会征求到意见建议364条，梳理汇总为5个方面72条，检视问题16个。对检视出的问题，坚持立行立改、即知即改。在县委常委会示范带动下，全县各级领导班子和领导干部，从政治、思想、作风、能力、廉政等方面，检视出问题592个，564个整改到位，28个长效推进。坚持把推进整改落实作为落实“两个维护”（坚决维护习近平总书记党中央的核心、全党的核心地位；坚决维护党中央权威和集中统一领导）的重要检验，作为体现主题教育成效的重要标尺，作为推动全面从严治党的重要抓手。在着力增强全县各级各部门抓整改落实和专项整治的政治自觉、思想自觉和行动自觉的基础上，聚焦专项整治抓整改。围绕推进专项整治，县委常委会专题安排部署，定期听取汇报，研究推进措施，协调解决问题。县委主题办和各专项整治牵头县领导每周调度，强势推进落实。针对9个专项整治，实施项目化管理，抓好协调联动，由牵头单位逐项建立工作台账，列出“问题、原因、措施、成效、责任”5项清单，确定整治任务104项，梳理问题228个，明确整改措施320项。

【机构编制】　2月，大厂县积极推进党委政府机构改革工作，制定党政各部门“三定”（定机构、定职能、定编制）方案，并全部印发。审核全县各机关事业单位在编人员花名册，积极完成机构改革后干部及人员转隶工作。同时，集中开展机构改革后续工作“回头看”工作，对全县各单位职能、机构设置配置、人员编制及领导职数配备、党政机构改革方案和“三定”规定落实等情况进行跟踪评估。按照中央和省市关于加强市场监管、文化市场、交通运输、农业等领域综合行政执法改革工作的要求，积极与相关部门沟通，探索各个系统综合执法工作，协助各相关部门制定大厂县深化的实施意见。大厂县规范县级执法队伍的名称，明确事权，完成相关执法挂牌工作，积极指导相关单位制定大厂县相关领域的实施方案。以大厂县党委、政府机构改革为契机，对事业单位进行清理规范，积极探索并开展事业单位改革工作。推进承担行政职能的事业单位改革。除行政执法机构外，将主要或部分承担行政职能的事业单位，行政职责全部划入机关，原有事业单位调整为从事公益服务事业单位或并入相关事业单位。对完全承担行政职能的事业单位，并入相关党政机构或调整为主管部门的内设股室。积极探索从事公益服务事业单位改革。探索强化事业单位公益属性，科学配置机构编制资源，激发事业单位生机与活力，不断提高公益服务水平和效率，促进公益事业健康有序发展。推进从事生产经营活动事业单位改革。从事生产经营活动的事业单位要逐步转为企业或撤销。全县有经营类事业单位4家，撤销没有开展经营业务的3家经营类事业单位，收回经费自理事业编制14名。1家转企事业单位改革工作在积极研究政策。编办拟定下发《关于完善机构编制实名制信息有关问题的通知》，要求各单位上报本单位（系统）机构编制实名制信息（行政单位在编人员统计表、事业单位在编人员统计表），全面摸清全县各机关事业单位人员底数，为编制使用核准制度实行打下数据基础。根据省委编委《关于进一步改进和规范机构编制管理工作的通知》（冀机编〔2018〕9号）和市委编办《关于严格执行编制使用核准制度的通知》（廊编办〔2019〕97号）中有关编制使用核准的具体要求，结合工作实际，拟定大厂县编制使用核准制度并认真贯彻落实，严防超编进人、混编混岗等问题发生。按照《大厂回族自治县机构改革实施方案》（大发[2019]3 号）的通知要求，全面贯彻“先立后破、不立不破”的原则，认真梳理涉及整合、注销、名称变更及隶属关系调整的党政机关、社会团体、事业单位，确保机构改革期间统一社会信用代码赋码换发证工作连续稳定，防止出现空档期，稳妥推进机关、社会、事业单位统一社会信用代码赋码换发证工作。起草《关于使用政府向社会购买服务劳务派遣人员操作规程的通知》，并根据通知要求，对环保、气象、法院及检察院 4 家单位出具使用政府购买服务劳务派遣人员的联审意见。

（杨　涛）

宣传工作

【概况】 中共大厂回族自治县委宣传部（简称“县委宣传部”）为县委主管意识形态方面工作的工作机关，机构规格正科级，加挂精神文明建设委员会办公室、政府新闻办公室、新闻出版局（县版权局）牌子，内设办公室、理论股、新闻股、文化股、宣传教育股、文明创建股、新闻出版（版权）股。2019 年，县委宣传部在县委的正确领导和上级宣传部门的指导下，以习近平新时代中国特色社会主义思想和中共十九大精神为指导，全面贯彻省、市、县委全会精神，自觉承担举旗帜、聚民心、育新人、兴文化、展形象的使命任务，推动宣传思想文化工作守正创新。县委宣传部在文明县城创建年度测评位列河北省第二，中省主流媒体宣传成绩位列廊坊市第一，部机关被廊坊市委宣传部、廊坊军分区政治工作处授予“全民国防教育工作先进单位”称号，被廊坊市委、市政府授予“2019 年度廊坊市文明单位”称号，为自治县发展提供有力思想保证和强大精神力量。

【宣传队伍建设】 以增强“四力”（脚力、眼力、脑力、笔力）为重点，锤炼宣传思想干部不断掌握新知识、熟悉新领域、开拓新视野，增强本领能力，加强调查研究，努力打造一支政治过硬、本领高强、求实创新、能打胜仗的宣传思想工作队伍。扎实深入开展“不忘初心、牢记使命”主题教育，持续兴起学习宣传贯彻习近平新时代中国特色社会主义思想热潮。坚持部务会、每周例会、集体决策、民主生活会等制度，抓好各项工作的集体谋划和督导落实，定期调度重点工作完成情况，不断提高领导班子的凝聚力和战斗力。同时，根据工作实际，对机关工作制度进行修订完善并认真执行。全力开展增强“四力”教育实践工作，组织宣传文化系统干部学习总书记习近平关于加强宣传思想工作队伍建设的重要论述。加强理论中心组、党员干部学习，以重要文件会议精神、上级要求、业务知识培训为主要内容，不断增强干部队伍综合素质和业务能力。圆满完成2019年度文化名家暨“四个一批”（为适应宣传文化事业发展需要，在宣传文化系统内选拔的有过硬的思想政治素质、较大的专业成就、本科以上文化程度、年龄在50周岁以下的一批全面掌握邓小平理论和“三个代表”重要思想、学贯中西、联系实际的理论家；一批坚持正确导向、深入反映生活、受到群众喜爱的名记者、名编辑、名主持人；一批熟悉党和国家方针政策、社会责任感强、精通业务知识的出版家；一批紧跟时代步伐、热爱祖国和人民、艺术水平精湛的作家、艺术家）人才推选、政工专业职务业务考试及上报推选2017-2018年度宣传思想文化工作创新案例工作。以宣传思想文化工作整体情况、重点工作和特色亮点为主要内容，认真做好宣传信息、动态信息和调研报告编辑报送工作。密切关注社会热点，及时掌握舆情动态，加大舆情信息编辑及报送工作力度。

【廉政建设】 加强机关支部建设，认真落实“三会一课”（支部党员大会、党支部委员会、党小组会；党课）制度，组织开展现场教学、廉政课堂、理论学习等形式多样、主题鲜明的活动。突出思想教育引领带动作用，将廉政教育纳入部机关理论中心组学习重要内容，引领班子成员进一步提高政治站位、保持政治定力，自觉与总书记习近平重要讲话精神对表对标，更加注重从政治上看问题，把落实党风廉政建设作为检验是否做到“两个维护”的重要标尺。严格执行党的路线方针政策和县委的决策部署，确保政令畅通。践行中央“八项规定”精神，认真履行《关于新形势下党内政治生活的若干准则》和《中国共产党党内监督条例》，坚决抵制“四风”（形式主义、官僚主义、享乐主义和奢靡之风）。强化宗旨意识，坚决执行党的群众路线，以实际行动树立公正廉洁、光明磊落的形象。主要负责人始终把党风廉政建设放在心上，抓住手上，既管好自己，又抓好班子，带好队伍，充分发挥领导、组织、表率作用。班子成员在分管领域既抓好分管业务工作，同时把党风廉政建设各项要求融入具体业务中，实施同步安排、同步推进、同步落实。班子成员坚持以上率下，在全面从严治党、坚定理想信念、加强作风建设、陶冶道德情操、形成风清气正的政治生态等各方面发挥好示范带头作用，积极引领全体党员带头转作风、治歪风、树新风。

【意识形态】　把意识形态工作纳入《县委工作要点》，把意识形态工作与经济社会发展一同部署、一同落实、一同检查、一同考核。制定印发县委意识形态工作领导小组关于《加强意识形态工作的实施意见》等文件，有效指导各级党组织做好意识形态工作。县委常委会定期研究意识形态和宣传思想文化工作，先后召开21次常委会议，传达学习总书记习近平系列重要讲话精神和省市委决策部署，并围绕关于进一步加强阵地管理工作进行专题研究，形成抓落实、聚合力的工作局面。坚持督查与巡察相结合，1月对全县各单位2018年度意识形态工作进行督查。将意识形态工作纳入县委第四轮和第六轮巡察内容，先后对20个单位进行专项巡察，开展全方位督导，规范相关工作，同时按照六届市委第二轮县级“交叉”巡查工作安排，对固安县交通局、住建局意识形态工作责任制落实情况进行监督检查。

持之以恒加强理论武装。以县乡两级党委（党组、总支、支部）理论学习中心组为重点，制定印发县委理论学习中心组专题学习《安排意见》。组织县委理论学习中心组集中学习19次，全县各级党委（党组）中心组按照每月1次开展集中学习。利用京东新城网“干群学习园地”、县委理论学习中心组学习秘书微信群、大厂县理论学习宣传微信群和学习公共邮箱，定期推送学习要点。通过专题培训、定期调度、组织交流座谈会等形式，推动各级党员下载学习使用“学习强国”学习平台，全县有8000人参与学习，学习使用率廊坊市领先。开展“学习强国”学习平台知识竞答和“我爱我的祖国”微视频及摄影作品征集活动。大厂县代表队参加廊坊市“学习强国”知识竞答活动，取得决赛第二名。将总书记习近平系列重要讲话精神特别是对河北的重要指示批示精神等作为学习重点，着重组织各级理论学习中心组开展“不忘初心、牢记使命”主题教育，集中学习交流研讨和中共十九届四中全会精神专题学习研讨。9月，连续6天组织县委理论学习中心组成员分别围绕5个专题，采取专家辅导、集中交流研讨、观看警示教育片、个人自学等形式进行学习。同时，订购《习近平新时代中国特色社会主义思想学习纲要》8807册，确保全县党员干部人手1本。向县委理论学习中心组及时印发学习资料2000份。以“理论大讲堂”为依托，采取“请进来、走下去、动起来”的方式，面向基层开展对象化、分众化、互动化和通俗化宣讲活动，深入解读政策理论、传播先进文化。邀请廊坊市委宣讲团开展新时代理论进基层大讲堂和“礼赞新中国、奋斗新时代”庆祝新中国成立70周年联合宣讲等活动，邀请刘琦先进事迹巡回宣讲报告团作专题宣讲。以县处级领导干部和理论社科骨干为成员，分别成立县委宣讲团和县委“走基层”宣讲团，深入分管部门和基层一线，开展中共十九届四中全会精神集中宣讲50

场。各级各部门主要领导带头在宣讲站、单位和网络平台中开展中共十九届四中全会精神宣讲活动100次，培训干部群众2万人次，发放资料1万册，实现县域全覆盖。围绕“全民服务副中心”等内容开展调研，撰写调研报告，其中《大厂县立足服务北京城市副中心建设，全力打造副中心后花园的调查与研究》确定为廊坊市2019年度哲学社会科学研究课题项目。组织开展“来自脱贫攻坚一线的报告”主题征文和习近平新时代中国特色社会主义思想朗读音频征集展播活动，累计征集作品200个。

【对外宣传】　坚持党管媒体原则，始终把正确的舆论导向放在首位，以县级融媒体中心为平台，宣传党的主张、引导社会舆论、传播先进文化，形成时时登网站、天天听广播、每晚看新闻、周周读报纸，有效凝聚全县上下发展合力。组织开展新闻发布会、“新闻媒体大厂行”等活动，对外提升形象、推介大厂，累计在中央、省、市级主流新闻媒体刊发稿件2000篇，位居廊坊市前列，实现“中央级媒体月月有报道，省级媒体周周有新闻”，提升大厂对外知名度、美誉度和影响力。重点做好突发事件舆论引导应急工作，坚持“属地管理”和“谁主管、谁负责”的原则，全力指导、协调配合主体部门，及时提出合理化建议。

【对内宣传】　推动传统媒体和新兴媒体在体制机制、内容渠道、经营管理等全面互补、深度融合，大厂融媒体中心中央厨房（技术系统）在廊坊市率先建成并试运行，现有“一报两台一网”（“一报”：《大厂新农民》；“两台”：大厂电视台、大厂电台；“一网”：京东新城网）、“二微一端”（“二微”：京东新城微信、京东新城微博；“一端”：爱大厂手机客户端）、抖音平台和直播平台。抖音、微信公众号分别获评“廊坊市政务新媒体十佳”“廊坊市优秀政务新媒体”，成为更好引导群众、服务群众的崭新平台。组织筹划的“我和我的祖国”主题快闪活动，引起强烈反响，新华社、“学习强国”、河北电视台等聚焦播发。积极组织参加省和市组织的“好记者讲好故事”演讲比赛活动，大厂县选手分别荣获廊坊市一等奖和河北省二等奖，并在河北省进行巡讲。

加大与中央和省、市主流权威媒体通联力度，采取新闻发布、媒体大厂行、专题专版形象宣传等举措，全方位、立体化做好网上网下对外宣传报道工作。主题教育宣传报道工作中，在新华社、中新社、光明日报、河北日报等中央、省、市媒体刊发《农民团长赵德平：紧跟时代用情创作、初心不改服务为民》图片故事、《河北大厂“星级化”管理激发干事创业热情》等重头深度报道。2019年，在中、省、市各级各类媒体刊发稿件1000条次，刊发形象宣传11个，中省级对上宣传廊坊市考核第一。积极推树典型，河北省委宣传部、省委主题教育领导小组办公室联合发布授予赵德平“燕赵楷模•时代新人”称号。廊坊市发布并授予赵德平“廊坊楷模•时代新人”称号，并在大厂县组织召开赵德平先进事迹座谈会。深入开展国防法规进机关、进社区、进校园、进农村、进企业“五进”活动，营造新时代加快建设经济强县、美丽大厂的浓厚氛围。

【文化产业】 助力“五城同建”（创建国家卫生县城、创建国家园林县城、创建国家生态文明建设示范县、创建全国双拥模范县、创建全国文明县城）和文化产业、全域旅游发展，元旦和春节期间，组织开展吉庆大厂、特色大厂、情暖大厂三大类18项系列文化活动，累计受众10万人次。以“喜迎七十华诞·文明实践在大厂”为主题，组织开展彩色周末等28项城乡文化活动，实现文化惠民“零距离”。印发《关于倡导讲品位讲格调讲责任抵制低俗庸俗媚俗的实施方案》《“传统文化进校园”活动实施方案》《“喜迎七十华诞·文明实践在大厂”送文化下乡惠民巡演暨文化扶贫活动安排方案》等文件，大力弘扬优秀传统文化和社会主义先进文化，广泛开展以国学诵读、书法文化、戏曲文化、非物质文化遗产项目等为重点的传统文化活动进校园、进乡村等活动。组织大厂评剧歌舞团演艺有限责任公司在5个镇村街开展5场送文化下乡惠民巡演，并做好河北省服务农民、服务基层文化建设先进集体推荐上报工作。深入做好廊坊市2019—2020年文艺精品创作选题库、“礼赞新中国•讴歌新时代”美术、摄影创作等推荐报送工作。鼓励扶持精品剧目走向市场，由大厂评剧歌舞团创演的国家艺术基金资助项目、大型现代评剧《秋月》在中央电视台戏曲频道播出。创编大型评剧现代戏《焦裕禄》，在河北省、廊坊市进行多场演出。组织第一届大厂县旅游发展大会“精品剧目展演”文艺演出工作，在文化中心组织8场免费剧目展演。组织开展革命主义题材电影《古田军号》，现实主义题材电影《那时风华》等放映及庆祝中华人民共和国成立70周年优秀电影展映展播。组织人员参加河北省电影业务人才研习班和廊坊市电影工作培训班。整理汇总影视拍摄制作基地、知名景点等，推荐上报电影拍摄选景地。大力支持院线影院建设，位于县城中心位置的盛世影城成功加入院线。深入县域重点文化企业，动员企业参加深圳文博会。大厂县上会签约项目1个、展览展示企业2家，签约项目和参展数量位居廊坊市前列。河北京锐景泰蓝有限公司参展作品获得第十五届文博会“中国工艺美术文化创意银奖”。建立大厂县文化企业重点监测与培育名单库，努力培育规上文化企业。截至12月底，大厂县规上文化企业11家（比上年增加2家），即将入统企业3家。积极争取上级扶持，申报入统国家文化产业发展项目库企业1个，申请省级宣传文化发展专项资金项目1个。大力支持花丝镶嵌、景泰蓝、金漆镶嵌等企业创新发展，大厂金漆非遗博物馆群开馆。中国交通广播《走进大厂特别直播—大厂有礼·景泰蓝》节目组在京东景泰蓝展厅与工艺大师、青年企业家代表进行访谈，专题推介大厂景泰蓝。

（刘雅征）

统战工作

【概况】 中共大厂回族自治县委统一战线工作部（简称县委统战部）为县委主管统一战线工作的职能部门，机构规格正科级，内设办公室、综合股、统战政策培训中心，加挂县委台湾工作办公室（县政府台湾事务办公室）、县政府侨务办公室牌子。县委统一战线工作领导小组办公室设在县委统战部。2019年，县委统战部坚持以习近平新时代中国特色社会主义思想为指导，紧紧围绕“不忘初心、牢记使命”主题教育，深入开展“统战部全面规范提升年”，把稳政治方向，强化使命担当，以说干就干、干就一流的工作作风，着力推进统一战线工作全面提升，为加快建设新时代经济强县、美丽大厂贡献力量。

【民族宗教工作】 县委县政府高度重视，专题召开多次县委常委会议和全县宗教自查工作会议进行安排部署，书记、县长亲自动员部署，宗教办牵头调度督导，各相关部门认真开展自查和整改。2019年，县委主要领导先后对宗教工作批示指示17次，相继召开5次常委会议，1次统一战线领导小组会议，由县委常委、统战部部长组织召开15次宗教工作领导小组会议，传达学习中央、省、市关于宗教工作有关精神，研究推进大厂县宗教问题整改工作。在建立县、镇、村三级宗教工作网络基础上，于2018年建立县级领导联系宗教活动场所制度，2019年根据县领导职务调整，重新以县委文件形式印发《县级领导干部联系宗教活动场所和教职人员制度的意见》，每个县领导联系1个宗教活动场所及1名宗教教职人员，在宗教活动场所分别确定1名宗教工作联络员，确保宗教活动依法健康有序开展。民宗局每年组织宗教教职人员开展以坚持宗教中国化方向为主要内容的学习培训。县委统战部每年订阅150份《中央民族报》分发到各清真寺、各回民村街学习，真正将党的声音、外地经验传导到基层。宗教办定期组织基层宗教干部开展宗教业务知识培训。开展多轮针对基督教私设聚会点、阿文标识治理方式方法学习培训。5月，由统战部制定《关于集中开展宗教政策法规专题培训的实施方案》，利用1个月时间集中在全县范围内开展宗教工作专题培训，统战和民宗干部深入各镇、街道、高新区统筹组织镇、村宗教干部、社区居委会人员、物业负责人和宗教活动场所人员开展培训工作，培训人员200人，培训效果成效显著。

【非公经济工作】 以“学习贯彻十九大精神，强化高质量发展意识”为主线，加强对年轻一代民营企业家的常态化培养。2019年，组织召开学习传达全国“两会”精神及总书记习近平系列讲话培训会2次，民营经济发展政策宣讲会1次，参与培训会企业家300人次。围绕“非公经济企业健康发展和非公有制经济人士健康成长”，以感情联系为切入点，进一步加强与非公经济人士的感情联系。全年，走访企业50家，收集意见建议30条。组织部分民营企业家赴永清县燕南春酒文化博览园、廊坊新奥集团学习考察，并就如何充分利用地缘优势和文化底蕴发展工业旅游产业进行交流。与通州区、三河市、香河县工商联召开座谈会，就四地加强联系合作，建立北京城市副中心与廊坊北三县工商联联盟，共同推进非公经济发展进行交流研讨，并初步拟定合作协议。以少数民族特色村寨创建为抓手，打造小厂村民族特色商业街，筹建民宿试点。2018年年底，组织大厂镇、规划局、财政局、发改局、审批局主管副职成立工作专班，专题研究小厂特色商业街建设工作，每周组织召开现场调度会及时解决招投标、规划调整、现场施工等一系列工作，2019年4月20日顺利进场施工，多次组织相关部门和同济规划设计院进行深入讨论研究，确保商业街建成后能够正常运营。为促进商业街改造顺利推进，分3批次组织小厂村民赴天津、蓟县、北京等商业街和民俗先进地区进行参观学习，拓宽视野，破解顾虑，思想观念全面转变，积极性、主动性、参与性明显增强。

【港澳台统战工作】　圆满完成廊坊市台办与台湾“中华两岸交流促进会”共同组织开展的“青春梦·廊台情”台湾青年代表团到大厂县交流参访的接待任务，适时适地的向台湾同胞推介自治县的人文、自然和经济资源，着力扩大大厂在台湾的影响、知名度、美誉度。积极推荐大厂台资企业（廊坊顶津食品有限公司、廊坊味全食品有限公司）参加河北省第十七届“冀台成果展”。通过参展参会，展示大厂县的形象，达到“互惠互利，共同发展”的目的。以中华人民共和国成立70周年为载体，精心组织台侨台属代表实地参观金漆镶嵌有限责任公司、京东工艺品有限公司和万亩银杏林。倡导台属利用亲缘关系，向岛内亲友“打一个问候电话、发一封信件、提一条建设性建议、提供一条招商信息”，为进一步推进两岸经济和文化交流，为早日实现祖国统一，中华民族伟大复兴出力献策。

【党外代表人士工作】 开展新春送福、社区义诊、暖冬援助、中华人民共和国成立70周年书画展、观看爱国主义影片《烈火英雄》、县内参观考察、交通知识讲座等系列活动。党外知识分子统一思想、凝聚共识。进一步增强新时代建设“经济强县、美丽大厂”的动力。为切实加强对全县党外知识分子的政治引领、团结凝聚、联系服务，激发广大党外知识分子爱国报国热情，根据实际，制定印发《关于在党外知识分子中开展“弘扬爱国奋斗精神、建功立业新时代”活动方案》，引导广大党外知识分子坚持用习近平新时代中国特色社会主义思想凝聚共识，自觉弘扬爱国奋斗精神，增强“四个意识”，坚定“四个自信”，践行“两个维护”，不断巩固共同思想政治基础。印发《关于推进全县党外知识分子深入学习贯彻习近平新时代中国特色社会主义思想的工作方案》。利用微信群、“学习强国”APP学习平台等组织好学习。通过加强政治引领和思想引领，不断增进对习近平新时代中国特色社会主义思想的理解和认同。

（李　俊）

网信工作

【概况】 2019年1月，中共大厂回族自治县委网络安全和信息化委员会办公室（简称县委网信办）正式成立。县委网信办为县委网络安全和信息化委员会的办事机构，规格正科级，加挂大厂回族自治县互联网信息办公室牌子，内设综合办公室、网络传播和社会工作股、网络安全和舆情应急股3个股室。2019年，在县委、县政府的坚强领导下，县委网信办坚持以习近平新时代中国特色社会主义思想为指导，认真学习贯彻全国和省、市网络安全和信息化工作会议精神，紧紧围绕贯彻落实县委十一届四次、五次全会精神，坚持“说干就干、干就一流”的工作标准，抢抓机遇、守正创新，全面推进网上正面宣传、网络综合治理、网络安全保障、信息化驱动引领和网信体系构建等方面工作，争当首都河北政治“护城河”排头兵，助力“五城同建”(创建国家卫生县城、创建国家园林县城、创建国家生态文明建设示范县、创建全国双拥模范县、创建全国文明县城)，为新时代加快建设经济强县、美丽大厂提供强大网上舆论支持和可靠网络安全保障。

【县委网信办成立】 1月30日，在政府三楼会议室召开县委网信办干部大会，任命刘浩洋为县委网信办主任，主持全面工作。随后，举行挂牌仪式，标志大厂县委网信办正式成立，投入运转。

【县委网信委会议】 7月25日，县委书记、县委网络安全和信息化委员会主任谷正海主持县委网络安全和信息化委员会召开的第一次会议。会议传达学习总书记习近平关于网络强国的重要思想和省委、市委网络安全和信息化委员会第一次会议精神，研究审议《中共大厂回族自治县委关于调整县委网络安全和信息化委员会的通知》《中共大厂回族自治县委网络安全和信息化委员会工作规则》《中共大厂回族自治县委网络安全和信息化委员会办公室工作细则》《中共大厂回族自治县委网络安全和信息化委员会2019年工作要点》，对全县网信重点工作进行安排部署。

【网络安全活动】 9月16日至22日是2019年国家网络安全宣传周，宣传主题是“网络安全为人民，网络安全靠人民”。中共大厂回族自治县委网信办按照市委网信办的统一安排部署，结合廊坊市首届网络文化节的深入开展，在网络安全宣传周期间，围绕关键环节，突出“组合拳”，组织开展“线上+线下”形式多样的重点宣传活动10场，参与1万人次，受到中央、省、市媒体的广泛关注，河北省委网信办官方微信公众平台“河北网信管理执法”以及廊坊市委网信办官方微信、微博平台也对大厂县特色活动予以报道，取得良好的效果。

（李海鹏）

党校工作

【概况】 中共大厂回族自治县委员会党校内设办公室、教研函授室、党风廉政建设教研室和培训部。2019年，县委党校配合全民大培训工作，加强对全县科级以下各级不同层次党员干部的理论培训。全年，举办培训班22期，协助培训8期，培训2400人次；终止函授教育招生工作，还有中南大学网络教育在校生100名；深入开展社会调研，撰写调研文章、论文、讲稿16篇，充分发挥党校干部培训、思想引领、理论建设、决策咨询作用，为培养高素质专业化干部队伍做出积极贡献。

【党员干部培训】 2019年，新增开设专家讲堂班6期，邀请通州区委党校、廊坊市委党校和相关领域专家教授，以习近平新时代中国特色社会主义思想、中共十九大、党的十九届四中全会精神、党史知识、国学知识、京津冀协同发展等为主要内容，培训科级干部800人次。县委党校成立以常务副校长为团长的宣讲团，采取巡回辅导的方式深入基层开展培训工作。党校教师以《习近平总书记在庆祝改革开放40周年大会上的中央讲话精神》《弘扬宪法精神，推动宪法实施》《不忘初心，牢记使命，为实现中华民族伟大复兴的中国梦不懈奋斗》《以永远在路上的执着 把全面从严治党引向深入》《践行入党誓词 增强党性修养》等10个专题，深入县直机关单位、5个镇、街道、园区、企业等部门巡回辅导15次，培训600人，圆满完成大培训工作任务。根据不同部门、不同人员的需要开展专题培训。其中以《全面系统学习党章 积极向党组织靠拢》

为题，举办县直系统预备党员和发展对象培训班 1 期。以《不忘初心，牢记使命，做忠诚干净担当的好干部》和《不忘初心 才能永远年轻》等为题，举办“不忘初心、牢记使命”主题教育专题培训班 7 期。以《加强制度建设，提高治理能力，推动新时代金融工作高质量发展——党的十九届四中全会精神解读》为题，举办中央十九届四中全会精神专题培训班 3 期。以《深入学习党的十九届四中全会精神 以党章为指导做坚定践行者》为题，在新时代文明实践中心做专题辅导 1 期。

【理论研究】 2019 年，提出“如何做好用学术讲政治”课题，并围绕县委、县政府中心工作，深入基层和群众开展调研，实地考察大厂县现有的社会文化资源环境，每人撰写出调研文章 1—2 篇。在此基础上，教师及时将调研成果形成教学案例进课堂，努力打造精品课。同时，党校将教师调研报告和讲稿整理编辑成《2019 年工作集册》，作为县委党校的一项理论成果，供全县党员干部学习参考之用。除此之外，鼓励教师积极踊跃投稿。5 月，组织教师开展读书会活动，每人选定 1 本好书，利用 1 个月时间，深入研读所选书目，并要求积极撰写书评，积极在报纸杂志上投稿，积极参加各种征文活动。

【函授教育】 中南大学网络教育停止招生，对剩余 100 名在校生的教学管理工作更显重要。中南大学对后续教学管理工作高度重视，2 次派巡视员从长沙到大厂党校巡视督导考务工作。县委党校高标准完成全年在读学员授课辅导、论文答辩、考试考务等各项工作，确保学员顺利毕业。

（李　雪）

信访工作

【概况】 大厂回族自治县信访局内设办公室、查办室和网络信息中心（局属财政全额拨款事业单位）。2019年，信访局在县委、县政府正确领导和县联席会议统筹指挥下，不断强化举措，全力推进“事要解决”，圆满完成各级“两会”、第二届“一带一路”国际合作高峰论坛、亚洲文明对话大会、新中国成立70周年庆祝活动、中共十九届四中全会等重要时期信访工作，为建设经济强县、美丽大厂做出贡献。全年，信访局接待群众来访1156件次4379人次，同比件次下降20.7%（初访357件1253人，同比件次上升0.6%），集体访170批次2914人次，同比批次下降34.8%（初访45批750人，同比批次下降34.8%）。受理网上信访事项668件次，同比件次上升61%。发生赴市以上越级访166件次1098人次，同比件次下降10.8%，其中进京访52件次663人次，同比件次下降19.2%；赴省访25件次51人次，同比件次下降44.4%；到市访89件次384人次，同比件次上升12.7%。发生进京非正常上访5人次，同比上升66.7%。

【深化信访隐患排查化解】 坚持抓早、抓小、抓苗头，以“信访矛盾隐患集中排查化解年”活动为载体，围绕重点领域、重点群体、重点问题、重点人员，深入开展矛盾纠纷排查化解活动，对排查出的隐患，由县联席办挂账督办，及时调度，加大化解，切实把矛盾纠纷化解在初始。2019年，全县累计新排查矛盾隐患357件，全部明确责任单位和化解时限，化解286件，化解率达到80%以上。

【强化领导干部接访督访】 严格按照河北省、廊坊市联席会议《县级领导干部“接待日”制度实施细则》要求，落实县级领导干部接待日制度，每天都有1名县级党政领导干部在县群众工作中心坐班接访，依法就地解决群众诉求。特别是对涉房、涉众、涉地等领域突出问题，加大接访、约访力度，推动群众合理合法诉求及时得到妥善解决。2019年，县级党政领导接访约访案件142件次，全部明确处理意见，有效推动盛世尚水城小区物业纠纷、路劲国际城项目溢价售房、湖韵蓝湾项目拖欠工资等问题的解决。

【解决群众问题】 充分发挥联席会议对全县信访工作的组织领导、统筹协调、整体推进和督促落实作用，推动重点地区、重点领域、重点群体问题解决，努力将各类问题消化在基层。2019 年，县联席会议对 2018 年的 38 件次重复访、7 件次涉房案件、23 件次市领导包联案件，全部明确县级包案领导进行化解。截至 12 月底，办结 60 件次，办结率达到 88%以上。12 月底，办结 60 件，没有超期未结案件。

【提升信访基层基础工作】 按照国家信访局关于“人民满意窗口”创建的要求， 4 月 9 日至 14 日，组织人员实地到国家信访局推荐的“人民满意窗口”创建示范单位——安徽省宣城市信访局进行实地考察，积极开展“人民满意窗口”创建工作，取得初步成效。充分发挥联席会议牵头抓总作用，5 月进一步完善联席会议制度，对县联席会议召集人、成员单位及工作职责进行调整，在原有联席会议召集人基础上，针对突出问题，将相关县处级领导充实到县联席会议，联席会议召集 9 人。坚持不懈抓好信访事项“三率”（及时受理率、按期办结率、群众满意率）工作，及时把群众来信、来访办理情况，按要求准确录入系统，做好后续工作，“三率”工作水平稳步提升。

【依法规范信访工作秩序】 以违法信访行为整治为重点，坚持教育引导和依法打击相结合，进一步规范信访秩序，净化信访环境。深入开展信访法规集中宣传活动，始终坚持把教育引导落实到每一个环节，特别是在热情接待、积极处理的同时，把讲清形势、说清政策、理清思想放在重要位置，引导信访群众依法、依政策按规定程序反映问题。同时，对那些有越级、进京“非访”动向或蓄意组织、煽动进京“非访”借机达到个人非法意图的信访人，申明利害关系，依法及时训诫，坚决依法打击。2019 年，训诫违法上访人员 100 人，行政拘留 28 人。

【提升支部党建工作水平】 牢牢掌握意识形态工作领导权，组织局党员干部深入学习中共十九大和十九届四中全会精神，深入推进党风廉政建设和反腐败工作，坚持把党风廉政建设和反腐败工作与全局中心工作任务同部署、同研究、同检查、同落实。积极配合县委第七巡察组完成对局党支部的常规巡察工作。严格按照上级安排部署，开展好“不忘初心、牢记使命”主题教育，努力让所有党员干部实现理论学习有收获、思想政治受洗礼、干事创业敢担当、为民服务解难题、清正廉洁作表率的具体目标。

（秦 斌）

机关工委工作

【概况】 中共大厂回族自治县委县直机关工作委员会是县委派出机构，内设综合办公室、党建办公室。2019年，县直机关工委加强学习，提高机关党员干部的整体素质；抓好意识形态工作，落实工作主体责任制；以党的政治建设为统领，全面提高县直机关党的建设质量；扎实深入开展“不忘初心、牢记使命”主题教育，务求实效；深化“三深化三提升”（深化“双创双服”活动，全面提升高质量发展水平，必将进一步激发活力、增强动力，加快新就动能转换；深化纠正“四风”和作风纪律专项整治，全面提升工作效能和营商环境，必将进一步改进作风，为各项事业发展提供坚强政治保障；深化20项民心工程，全面提升保障改善民生水平，必将更好地满足人民日益增长的美好生活需要）活动，强化窗口服务品牌创建，建设模范机关；强化帮扶责任，巩固脱贫攻成果；做好全县征兵宣传、新兵役前集训管理和县直民兵武装工作。

【组织建设】 认真学习中央、省、市、县委重要文件以及重要会议精神，学习《中国共产党章程》和《中华人民共和国宪法》及党的十九大精神和中共十九届二中、三中、四中全会精神，抓好意识形态工作，落实工作主体责任制。

深入开展“不忘初心、牢记使命”主题教育，将学习教育、调查研究、检视问题、整改落实贯彻主题教育始终，以实际行动推进主题教育向纵深发展，确保广大党员干部“理论学习有收获、政治思想受洗礼、干事创业敢担当、为民服务解难题、清正廉洁作表率”。扎实推进“两学一做” 学习教育常态化制度化，强化组织领导，强化责任落实。建立工委班子成员分包联系点制度，每名班子成员分包 15 个基层党组织联系点，定期调研指导。成立 3 个督导组,定期到各基层党组织督导检查。紧跟机构改革，及时优化调整党组织设置。2019 年，新成立党组织 53 个，撤销党组织 52 个，更名党组织 3 个，按程序选举、调整党内职务 267 名、增补委员 136 名，对届满的 11 个党组织全部发放换届书面提醒函，督导按时完成换届工作。及时更新县直党员信息库，接转党组织关系 967 名，重新核实 2673 名党员信息，做到底数清，情况明，确保涉改单位党支部各项工作正常开展。强化对基层党组织书记、党务干部培训，先后对基层组织书记和党务工作者开展培训 3 次，参训人数 269 人次。加强党员队伍建设，新发展党员 18 名，按期转正 29 名。强化对入党积极分子和发展对象的教育培养，严把党员入口关。2019 年，集中培训 2 次，参训人数 197 人次。严格党内组织生活，全面落实“三会一课”制度，领导干部带头参加组织生活、带头开展谈心谈话、带头上党课。集中调阅 153 个基层党支部工作手册，规范支部手册使用。严格党费收缴工作，督导各基层党组织及时、足额上缴党费。

【思想建设】 狠抓意识形态和思想政治教育工作，深入学习宣传贯彻习近平新时代中国特色社会主义思想、中共十九大精神和十九届二中、三中、四中全会精神。采取集中诵读原文、现场交流、演讲比赛、考试答题等多种形式深入学习，举办“不忘初心、牢记使命”主题教育知识竞赛活动，使广大党员干部在学懂、弄通、做实上下功夫。开展党员祭先烈暨重温入党誓词等庆祝中国共产党 98 周年和中华人民共和国成立 70 周年系列纪念活动，举办读书会、诗书画作品展等活动。开展“为党旗增辉 为社会奉献”“助力高考学子”“我为创城作贡献”“宪法宣传”等一系列党员志愿服务活动，参加活动的党员9000人次。开展党员帮扶活动，确定第九批帮扶困难党员27人，其中生活补贴类24人，临时救助类3人。对各基层组织在基层党建的好经验、好做法和先进典型，利用多种媒体，大力宣传推介，用典型推动基层党建整体上水平。充分发挥党建手机报、微信公众平台宣传教育作用，发送党建信息8300条，微信图文信息6600条。

【作风建设】 按照县纪委、监察局的总体部署，县直工委高度重视纠正“四风”和作风纪律专项整治工作，狠抓党风廉政建设。深入开展“三深化三提升”活动群众满意度测评和机关内设机构目标绩效考核管理，持之以恒正风肃纪。坚持问题导向，以开展“三深化三提升”活动群众满意度测评为抓手，突出整治重点，带头纠正“四风”，坚决整治形式主义、官僚主义等突出问题。紧盯窗口单位和重点部门，进一步整治不担当、不作为、慢作为、乱作为等突出问题，切实解决广大群众和市场主体反映强烈的问题。改进文风会风，着力解决文山会海问题。坚决反对特权思想和特权现象，严格执行中央“八项规定”及其实施细则精神，推动县直机关转作风、优服务、提效能。坚持把打造党建服务品牌作为贯彻“不忘初心、牢记使命”主题教育的生动实践和做好群众工作的有力抓手，在县窗口单位和服务行业持续深入地开展优秀服务品牌创建培育和宣传推广活动，积极探索以党建品牌引领为民服务新风、提升群众工作内涵的现实路径。高起点规划党建服务品牌建设，实实在在树立、培育和打造党建服务品牌。坚持“群众满意”的努力方向，常态化开展“党员志愿服务活动”、行政服务窗口“四零”承诺服务（服务受理零推诿、服务方式零距离、服务质量零差错、服务结果零投诉）全领域组织“党员先锋岗”“党员责任区”“党员示范窗口”等系列创建活动，广泛动员窗口单位和服务行业党员职工及时梳理群众诉求、实时代理群众事务、即时处理群众难题。坚持品牌建设与宣传推广两手抓，切实把品牌创建的新成果转化为为民服务的新优势和党建创新的新突破。坚持民主生活会制度，开展批评与自我批评，全体党员干部形成履职尽责想干事、提高能力能干事、把握标准会干事、不做虚功真干事、形成合力共干事、廉洁自律来干事的工作格局。严格落实公车管理制度、办公用房使用制度、建立健全集体学习日制度、请销假制度等长效机制，不断推进党风廉政建设深入发展。

【人民武装】　根据军分区、县人武部指示精神，做好全县征兵宣传、新兵役前集训管理和县直民兵武装工作。采取多种方式做好征兵宣传工作，走访慰问抗战老兵、退（转）军人。做好2019年度民兵组织整顿工作，建立民兵电子档案、民兵个人档案，完成编制应急连民兵、交通运输分队。抓好民兵应急连拉动点验、军事训练、演习演练和防汛应急战备等各项工作。

（杨　倩）

老干部工作

【概况】　中共大厂回族自治县委老干部局内设办公室、党建工作股（关心下一代工作委员会办公室）、服务管理股。所属财政拨款事业单位1个（老干部教育与活动中心）。挂靠在老干部局的老年组织4个（老年大学、关心下一代工作委员会办公室、老年人体育协会、老区建设促进会）。2019年，大厂县老干部工作在县委、县政府的正确领导和组织部的直接领导以及市委老干部局的正确指导下，以人为本、服务为先，立足新起点，紧紧抓住落实老干部政治、生活待遇这条主线，切实从政治上尊重、思想上关心、生活上照顾老干部，着力解决改革发展中老干部工作遇到的重点、难点问题，较好地完成各项工作任务。

【政治待遇】　重阳节前夕，组织20名县处级离退休干部参加经济社会发展情况通报会，会议由县委书记谷正海主持，县委副书记、政府县长刘宝旺通报大厂县上半年经济社会发展情况；凡重要文件，由专人组织老干部学习传阅；全县重要会议都邀请部分老干部代表参加；以推进“两学一做”（学党章党规、学系列讲话，做合格党员）学习教育常态化制度化和开展“不忘初心、牢记使命”主题教育为契机，组织多项参观考察活动；春节、中秋节、国庆节、重阳节等重大节日期间，在县四套班子领导带领下，老干部局全体人员分别陪同到老干部家中走访慰问，了解情况，解决老干部生活中存在的问题，送去党和政府的亲切关怀；按照分级负责的精神，县四套班子领导分别联系曾任县级实职的离退休干部，乡科级单位班子成员联系本单位离退休干部；按规定为离退休干部订阅报纸杂志，对因身体原因不能亲自领取报刊的老干部，各支部联络员每月负责送到家中；按照“统一指导、分级管理、原单位负责”的原则，做到党组织按就近原则统一组建，理论学习统一参加，发挥作用统一组织，服务设施统一使用，文体活动统一参加。

【生活待遇】 严格落实离休干部“三个机制”（离休费保障机制、医药费保障机制、财政支出机制），从根本上保证离休干部各项生活待遇的落实。全年累计为 21 名离休老干部报销医药费 108.8 万元，科室全员努力提高办公效率，每季度利用半天时间核销完毕，减少老干部等待时间，医药费实行银行化发放。为老干部建立医疗健康档案，对生病住院的老干部随时关注走访，并送去慰问品和慰问金。对患重大疾病的老干部，县领导和局领导多次到医院和家中慰问。5 月 7 日，组织全县离休及处级退休干部 25 人进行 1 次全面体检，做到有病早发现、早治疗，无病早预防、早保健。为增强老干部的健康意识，获取更多的健康知识，8 月 30 日，由县委老干部局、就业服务局组织的居民健康知识讲座在大厂县就业服务局南楼三层培训教室召开，讲座聘请教师为县医院内科主任赵艳，有 80 名老干部及群众参加。对特困离退休干部家庭困难情况进行汇总梳理，经局党总支会议和局务会研究，并广泛征求老干部党支部书记、委员意见，确定帮扶对象 45 人，帮扶资金 14.3 万元，12 月底发放到位。

【老年大学】 老年大学活动场地2700平方米，有书画室、棋牌室、乒乓球室、台球室、音乐室、排练厅、室外门球场、和园小区内2个标准门球场，老年健身器材18件套，每天到此活动的人数在150人左右。老年大学积极组织招生，协调文广新局、文联等单位骨干力量兼任老年大学教师。开设书法、绘画、声乐、舞蹈、门球、健身秧歌等8个专业课，全年培训学员2万人次。同时，老年大学和老年书画研究会坚持教、学、乐、为相结合的教学方针，举办书画展2次，县外采风2次，丰富学员精神文化生活。老年大学艺术团以饱满的热情，发扬"愉悦自我，欢乐他人"的奉献精神，自编自导自演文艺节目展现给社会，并到光荣院、武警中队、中小学校等单位进行义演，践行"老有所学、老有所为、老有所乐"的老年大学办学宗旨，在建设经济强县、美丽大厂进程中发挥着巨大的正能量作用。

【老年体协】 大厂县作为河北省老年体育示范县，始终把组织参加各类交流培训活动作为推进老年体育健身的动力，有效地调动各方面的积极性。2019年，参加全国、省、市各类老年人体育健身交流活动20次，选派参加交流活动的运动员177人次。参加的项目有乒乓球、门球、象棋、围棋、柔力球、健身球操、健身秧歌、手拍鼓、太极拳（剑）、广场舞、钓鱼11个。为进一步弘扬尊老、敬老、爱老、为老的传统美德，让全县广大老年人、老干部度过欢乐、祥和、健康、节俭的老人节，在国庆70周年和"九九"重阳到来之际，县委老干部局、老体协组织开展老年人乒乓球和门球交流活动，参与人数100人。开展老年体育健身活动，以分散为主，集中为辅，坚持每日活动，长年不断。在骨干人员和有创造力队员的不断创新中，柔力球、健身球、健身秧歌、健身腰鼓、广场舞等自编套路在省和市级展演中收到很好的效果。

【关心下一代工作】 为加强青少年革命传统教育，县关工委通过报告会和"五老"（老干部、老战士、老专家、老教师、老模范）艺术团快板、独唱、合唱、舞蹈等青少年喜闻乐见的形式，深入城镇、农村、学校、武警中队、工厂、社区积极参与各种社会活动和公益演出。为丰富孩子们的课余生活，支持乡村少年宫发展，县关工委先后向城区二小、陈府小学、祁各庄中心校、北坞回民小学的乡村少年宫捐赠价值2万元的学生书法绘画用品和小足球、乒乓球等体育用品。坚持配合有关部门，做好弱势群体、特殊群体的关爱工作。通过与镇、村和县妇联的调查了解，本着精准帮扶的原则，在9月1日开学之前，由关工委副主任李永彬、妇联主席李征等到家庭困难的学生家中开展捐资助学活动，为每名贫困学生发放爱心助学金1000元，助学5人，发放助学金5000元。12月9日，关工委又代表省和市关工委为何瑞瑞、刘佳龙、李祥霆等3名贫困儿童各发放爱心助学金8000元。关工委力求将实体关工委与网上关工委有机结合，将许多实体关工委的工作、活动及“五老”事迹等移植到网上展示展出，通过“大厂关工委”微信公众号和“大厂家庭公约交流成长群”网络平台有效提高关工委的知名度，吸引更多人参与关心下一代工作，拓宽延伸青少年思想道德教育阵地，为青少年健康成长成才提供更便捷、更精准、更贴心、更形象的服务，开创具有大厂特色的关心下一代工作新局面。

【老区建设促进会】 12月18日，召开《大厂革命老区发展史》新书出版发行会议及新书捐赠工作，向县直单位、教育系统中小学、各镇街道及老区村和新农村代表捐赠新书200册。县人大原常委会副主任张自新被廊坊市认定为“老区革命母亲”。坚持节日慰问与日常慰问走访相结合，通过宣扬“老区革命母亲”的英雄事迹，勉励全县人民要继承和弘扬革命老区的光荣传统和奉献精神，珍惜今天的和平环境，努力奋发，不断开创老区建设新局面。为促进老区的教育事业发展，老促会对城关一小、城关二小、城关一幼等6所学校和王卓琳等7位贫困儿童进行资助，发放资助金3.4万元。

（李　岩）

党史编研工作

【概况】 中共大厂回族自治县委党史研究室是县委负责党史研究的事业单位，主要任务是征集、整理、编写大厂县有关党史资料，研究党的历史经验，弘扬党的优良传统，为社会主义建设服务。2019年，党史研究室在县委、县政府正确领导和市委党史研究室的指导下，坚持以中共十九大精神为指导，全面开展各项工作。

【党史二卷本的修改工作】《中国共产党大厂历史第二卷（1950—1980）》（以下简称《二卷本》），主要记述大厂1950年至1980年的历史，编写工作2010年年初正式启动，2016年7月完成县内征求意见，2016年12月呈送廊坊市党史研究室征求意见。2019年4月，廊坊党史工作上，市党史对书稿提出修改意见。为进一步做好修改工作，5月22日，赴大城党史研究室学习，请教二卷本编写经验；12月24日至26日，参加廊坊市党史二卷本编写交流会。二卷本的修改工作在有序进行中。

【完成《大厂回族自治县2018年大事记》的编写发放工作】 为全面反映2018年大厂县经济社会各项事业发展和主要工作情况，为今后的工作提供经验借鉴，党史研究室对大厂县2018年的大事、要事记录整理，形成8万字的文稿，汇编成《大厂回族自治县2018年大事记》，印刷后发放至全县各部门、单位。

【供稿工作】 按照上级党史部门的安排部署，党史研究室先后完成《中共河北年鉴（2020）》和《中共廊坊年鉴（2020）》中有关大厂回族自治县内容的编纂工作。经领导审核后，分别上报省、市党史部门。

【党史宣传】 参加“庆祝新中国成立70周年正文活动”，上报题为《始终把人民放在心中最高位置》的纪念文章，荣获二等奖；采访曾获全国科技进步贡献奖，2次荣膺河北省劳动模范，被大厂县人民政府授予创业荣誉勋章的王茂春老人，撰写完成《执着科研担使命 勇于开拓记初心》人物事迹文章，报送廊坊市委党史研究室；为纪念新中国成立70周年，廊坊市委党史研究室联合《廊坊都市报》，开展“红色寻踪 廊坊记忆”系列报道，党史研究室供稿的介绍大厂回民队革命事迹的文章《神勇无匹战冀东 威震敌胆写传奇》，被刊登在11月5日的《廊坊都市报》上。

（李洪泼）

档案工作

【概况】 大厂回族自治县档案馆是县委的直属事业机构，内设办公室、档案业务室。2019年，按照廊坊市档案馆《关于2019年度档案统计年报工作安排的通知》要求，对大厂县各单位应进未进馆档案进行一次摸底统计，完成全县各单位统计数据的收集、录入、汇总和上报工作，制订出具体接收计划；对馆库内重点档案和字迹模糊档案进行抢救维护；配合每年6月9日“国际档案日”宣传活动，广泛宣传档案工作在全面建成小康社会、全面深化改革、全面依法治国、全面从严治党中的重要作用；数字化工程2019年申请财政拨付资金15万元，完成馆库档案3.7万页的扫描整理工作。

【档案管理】 档案管理做到“一训二争三指导”。“一训”：认真做好全县档案员的培训工作。在县档案馆人员变动较大及乡镇、县直机关档案新人偏多的情况下，为使全县档案工作顺利开展，与廊坊市档案馆进行沟通，聘请专家授课。“二争”：继续加大沟通协调。档案馆加强领导、落实责任，积极协调，切实解决阻碍综合档案馆建设的瓶颈问题。同时，进一步明确责任分工，按照县委、县政府要求，明确时间节点，加快推进档案馆新馆建设工作。积极申请档案数字化工程专项经费，力争2020年年底完成全部馆藏档案的数字化扫描的同时推进立档单位向档案馆移交电子档案。同时，按河北省、廊坊市馆要求，对现有档案数字化软硬件设施更新换代。“三指导”:选派业务骨干，深入烟草局、环保局等单位，对其年度文书档案和业务档案的收集、整理和装订进行专业指导，提升档案保管的质量和档案的规范化；汛期前对全县各部门档案工作进行一次全面执法检查，确保暑期档案的保管安全；对未进馆档案存量较大的单位进行重点指导，确保在入馆之前档案的安全。

【档案利用】 2019 年，档案馆接待档案资料利用者 836 人次，提供利用 1316 卷（册），其中为县委、县政府领导决策提供服务 658 卷次；为县政协、人事劳动局、检察院、武装部等单位编写资料提供服务 439 卷次；在解决土地纠纷、工资待遇、购房贷款等方面提供服务 219 卷次。

（宋俊桂）

大厂回族自治县人民代表大会常务委员会

常委会例会

【大厂县十六届人大常委会第十五次会议】 1 月 20 日，第十六届人大常委会召开第十五次会议。会议讨论通过代表资格审查报告；审议通过《关于召开县第十六届人民代表大会第三次会议的决定（草案）》等 8 个会议文件；讨论通过拟提交县第十六届人民代表大会第三次会议的人民政府、发展改革局、财政局、人大常委会、人民法院、人民检察院 6 个工作报告；表决通过有关人事任免事项。

【大厂县十六届人大常委会第十六次会议】 2 月 28 日，第十六届人大常委会召开第十六次会议。会议讨论通过县第十六届人大常委会 2019 年工作要点；表决通过有关人事任免事项；向新任命同志颁发任命书；组织新任命同志向宪法宣誓。

【大厂县十六届人大常委会第十七次会议】 4月25日，第十六届人大常委会召开第十七次会议。会议传达学习全国“两会”精神和中央、省、市、县委要求；听取审议并通过县人民政府《关于高新区项目建设情况的报告》《关于2018年环境状况和环境保护目标完成情况的报告》《关于〈突发公共卫生事件应急条例〉贯彻执行情况的报告》。

【大厂县十六届人大常委会第十八次会议】 6月21日，第十六届人大常委会召开第十八次会议。会议审议县人民政府《关于大厂戏剧小镇和国家京剧院文旅融合产业化基地项目情况的报告》《关于全县教育布局调整情况的报告》；按照《关于开展专项工作满意度测评的实施方案》要求，对2个报告进行专项工作满意度测评；表决通过代表资格变动情况的报告。

【大厂县十六届人大常委会第十九次会议】 8月23日，第十六届人大常委会召开第十九次会议。会议集中学习县委十一届五次全会精神；听取和审议县人民政府《关于大厂回族自治县国民经济和社会发展第十三个五年规划实施情况中期评估报告》《关于2019年上半年国民经济和社会发展计划执行情况的报告》《关于2019年上半年财政预算执行情况的报告》《关于2019年财政收支预算调整方案的报告》《关于第一届大厂回族自治县文化旅游产业发展大会筹备进展情况的报告》《关于全国双拥模范县创建工作情况的报告》；按照“河北发展、人大尽责”主题实践活动要求，对发展和改革局、财政局、文化广电和旅游局和退役军人事务局工作报告进行专项工作满意度测评；表决通过有关人事任免事项，向新任命同志颁发任命书，并组织新任命同志向宪法宣誓。

【大厂县十六届人大常委会第二十次会议】 9月20日，第十六届人大常委会召开第二十次会议。会议学习传达县委“不忘初心、牢记使命”主题教育动员部署会议精神；听取和审议并批准县人民政府《关于大厂回族自治县污水集中处理PPP项目实施方案的报告》。

【大厂县十六届人大常委会第二十一次会议】 10月30日，第十六届人大常委会召开第二十一次会议。会前，县人大组织全体委员就全县惠民实事进展情况进行视察，先后对小厂特色民族村寨工程、密涿高速南连接线道路建设工程、职中全民服务副中心大培训新校区进行实地视察。会议专题学习总书记习近平在国庆期间重要讲话精神；批准县人民政府《关于2019年财政收支预算调整方案的报告》；审议县人民政府《关于扶贫脱贫攻坚工作情况的报告》《关于承办人大代表建议情况的报告》《关于2019年全县惠民实事进展情况的报告》《关于2018年全县财政总决算报告》《关于2018年度本级财政预算执行及其他财政收支情况审计工作的报告》，并对以上5个报告进行专项工作满意度测评；表决通过县人大常委会关于实施民生实事项目人大代表票决制的决定；书面审议县人大常委会学习考察组关于赴浙江学习考察民生实事项目人大代表票决制工作情况的报告。

【大厂县十六届人大常委会第二十二次会议】 12月20日，第十六届人大常委会召开第二十二次会议。会议专题学习十九届四中全会精神；批准县人民政府《关于2019年财政收支预算调整的报告》《关于大厂回族自治县农村生活垃圾清扫、保洁、清运一体化处理PPP项目中期评估有关事宜的报告》《关于提请审议大厂回族自治县生活垃圾焚烧发电项目（一期）PPP项目实施方案的报告》；审议县人民政府《关于2018年全县国有资产管理情况的报告》；县人民法院《关于执行工作的专项工作报告》；县人民检察院《全面加强审判监督专项工作报告》，并对以上3个报告进行专项工作满意度测评；表决通过代表资格变动情况的相关报告和有关人事任免事项。

【大厂县十六届人大常委会第二十三次会议】 12月27日，第十六届人大常委会召开第二十三次会议。会议批准县人民政府《关于调整2019年惠民实事安排计划的报告》；表决通过人事任免事项，组织新受任人员向宪法宣誓。

主要会议

大厂回族自治县第十六届人民代表大会第三次会议于2019年1月25日至27日在民族宫召开，会期两天半。会议有10项议程：听取和审议大厂回族自治县人民政府工作报告；审议关于大厂回族自治县2018年国民经济和社会发展计划执行情况与2019年国民经济和社会发展计划（草案）的报告（书面），审查和批准大厂回族自治县2018年国民经济和社会发展计划执行情况的报告与2019年国民经济和社会发展计划；审议关于大厂回族自治县2018年全县预算执行情况和2019年全县预算（草案）的报告（书面），审查大厂回族自治县2018年全县预算执行情况的报告和2019年全县预算（草案），批准2018年县本级预算执行情况的报告和2019年县本级预算；听取和审议大厂回族自治县人大常委会工作报告；听取和审议大厂回族自治县人民法院工作报告；听取和审议大厂回族自治县人民检察院工作报告；审议《大厂回族自治县全域旅游条例（草案）》（书面）和《大厂回族自治县环境保护条例（修订草案）》（书面）；审议设立大厂回族自治县第十六届人民代表大会社会建设委员会的决定（草案）；决定大厂回族自治县第十六届人民代表大会各专门委员会主任委员人选；选举事项。

大会通过关于大厂县人民政府工作报告的决议、关于县2018年国民经济和社会发展计划执行情况与2019年国民经济和社会发展计划的决议、关于县2018年全县预算执行情况和2019年全县预算的决议、关于县人大常委会工作报告的决议、关于县人民法院工作报告的决议、关于县人民检察院工作报告的决议；进行选举事项。大会主席团由县委常委，县人大常委会主任、党组副书记、副主任、党组成员和办公室主任，县政协主席，老干部代表，各代表团团长组成，28人。主席团常务主席建议由谷正海、刘宝旺、张洪涛、杨振新、丁然5人担任。大会执行主席由主席团常务主席和各代表团团长担任。第一次全体会议和第三次全体会议执行主席由谷正海、刘宝旺、张洪涛、杨振新、丁然担任。第二次全体会议执行主席由张洪涛、杨振新、铁金、杨学锋、陈桂林、王宝忠、杨建民、王开印、杨明辉 9 人担任。主席团下设秘书处、议案审查委员会、7 个代表团。大会秘书长由关松发兼任，副秘书长由齐金通、宋涛、张东庆、刘伯岩、宋琳、王立忠 6 人担任。议案审查委员会主任委员由丁然担任，委员由门秀娟、付金良、白战红、刘波、庞连海、黄向东担任。7 个代表团，每团设团长 1 人，副团长 1 人。县直第一代表团团长杨学峰，副团长门秀娟。县直第二代表团团长陈桂林，副团长马青山。大厂镇代表团团长铁金，副团长杨海莲。夏垫镇代表团团长王宝忠，副团长左小永。祁各庄镇代表团团长杨建民，副团长刘胜利。陈府镇代表团团长王开印，副团长李文志。邵府镇代表团团长杨明辉，副团长刘连发。

立法工作

根据县委关于文化产业和全域旅游的战略部署，按照“河北发展、人大尽责”主题实践活动关于创制性立法的工作要求，立足县情实际，坚持科学、民主、依法立法原则，在县委统一领导下高质量完成《全域旅游条例》和《环境保护条例》制定修订工作，7 月 25 日经河北省第十三届人大常委会第十一次会议审查批准，报经县委同意后，于 10 月 1 日起正式施行。同时，通过召开新闻发布会、专题宣讲及媒体访谈等形式，多渠道、多视角宣传解读，促进 2 部条例顺利实施。

监督工作

加强经济运行质量监督，就财政预决算、发展计划执行、“十三五”规划中期评估等内容，听取和审议专项报告，提出针对性建议。以提升项目质量、促进产业集聚为重点，深入高新区进行视察调研，助推经济高质量发展。强化人大预算审查监督职能，推进人大预算联网监督工作，加快实现全口径预决算审查监督，确保财政资金更多用于保障和改善民生。对全县国有资产管理情况开展座谈调研，并专题听取专项报告，针对问题提出审议意见。加强重要领域监督，按照“三项联动监督”工作要求，对扶贫脱贫攻坚、大气污染防治、优化营商环境和环境保护等项工作，通过视察调研、听取报告、满意度测评等方式，促进相关工作依法有序开展。加强惠民实事监督，组织各级人大代表视察全县惠民实事进展情况，专门听取审议工作报告，并审查批准年度计划调整，确保发展成果更多惠及全县人民。对京唐城际铁路建设、密涿高速南连接线道路、小厂特色民族村寨等工程进行视察，并于12月底看望戏剧小镇项目一线工作人员，全力支持助推重点工程建设。

依法选任

坚持党管干部与人大依法选任相统一，完善任前审查和任后履职监督机制，严把程序关，认真执行颁发任命书和向宪法宣誓制度，确保县委人事意图圆满实现。2019年，补选市、县人大代表3批14人次，任免国家机关工作人员5批40人次，组织受任人员向宪法宣誓3批18人次，切实增强国家公职人员的宪法观念和依法履职意识。

代表联络站

按照“定期上站、急事急办、大事规范、集中交办”的原则，规范人大代表联络站运行，每次集中上站都提前谋划，结合全县中心工作确定主题，确保人大代表联络站上站效果。2019年，围绕服务北京城市副中心、重点项目建设、争创双拥模范县、农村人居环境整治、全县2020年民生实事项目谋划等主题，全县17个人大代表联络站开展6次集中上站活动，认真了解民意、倾听民声、收集民智，向县委常委会提交专题报告5篇，为县委科学决策提供翔实依据。每次上站后及时收集整理影音及文字资料，梳理汇总意见建议。对征集的意见建议，及时转交政府相关部门限期答复，重点建议每半年由县政府负责集中交办。2019年，累计上站人大代表1261人次，接待选民763人次，征集意见建议549条，梳理形成代表建议267件，其中办结150件，列入规划102件，反馈政府决策参考48件。按照全国和省、市人大常委会有关文件要求，结合大厂县实际，以代表联络站为平台，在廊坊市率先推行县、镇两级人大代表述职评议工作，有效规范代表履职的法定性和实效性。12月下旬，县、镇两级人大代表提交书面报告进行述职，并分别以城区街道和各镇为单位组织召开述评大会，首批61名代表面对面向350名选民进行述职，认真听取选民意见建议，以无记名投票方式进行民主测评，满意度达到100%的40人、95%的19人、90%的2人。

代表工作

为进一步提高人大代表业务素质，增强履职能力，4月，组织30名县人大代表利用1周时间赴江苏南京举办培训班，学习总书记习近平关于坚持和完善人民代表大会制度重要思想，并采取专题授课、现场教学和集中交流等方式，确保培训效果。5月，组织部分驻县市人大代表赴中国政法大学珠海培训基地参加市人大举办的学习培训班，学习中共十九大精神和人大监督工作方法等内容。全年，组织代表参加县内及省市业务培训12批、160人次。对县十六届人大三次会议期间代表提出的意见建议分类整理，会同政府依法交办。同时，加强全程督办和重点督办，通过听取和审议报告，提出工作建议，促进代表建议落实到位。县十六届人大三次会议期间代表提出的58件建议全部依法办理，其中解决37件、规划解决21件，办复率、回访率、代表满意率均达到100%。推进民生实事项目代表票决制，是人大代表依法讨论决定重大事项，也是民生实事项目从“为民作主”到“由民作主”的重要体现。县人大常委会根据省、市要求，在深入浙江宁海等地深入调研的基础上，经县委常委会审议，制定出台大厂县《关于开展民生实事项目人大代表票决制工作的实施方案（试行）》。按照“县委领导、人大主导、政府主办、代表主体”的原则，对项目征集筛选、审议票决、监督评估等3个阶段6个环节进行具体部署。

扎实开展“河北发展、人大尽责”主题实践活动

按照省、市人大常委会和县委要求，深入开展“河北发展、人大尽责”主题实践活动。县人大常委会及时组织召开动员会议，制订工作方案，推进大厂县创制性立法、三项联动监督、民生实事项目人大代表票决制、直选代表向选民述职、人大基层组织建设、专项工作满意度测评工作取得新成效。

自身建设

县人大常委会以“不忘初心、牢记使命”主题教育为主线，增强素质、转变作风、提高效能。完善常委会和专委会组成人员集体学习制度，邀请各领域专家举办12期人大讲堂，系统学习党的十九届四中全会、全国“两会”和省市县委全会精神，以及相关法律和经济形势分析等方面知识。组织党员干部赴天津平津战役和周恩来邓颖超纪念馆，接受党性教育，增强依法履职的责任感和使命感。同时，按照省、市人大常委会安排，组织人大代表和机关干部先后到广东、浙江、黑龙江等地学习考察，为更好对标先进、学习经验、提高素质奠定基础。坚持民主集中制原则，修订完善常委会、专委会工作制度和议事规则，建立规范高效的运行机制，提高工作水平。坚持目标管理机制，按照年度工作要点，单月安排人大代表上站，双月安排人大常委会议，每周五召开工作例会，细化责任分解，逐项督促落实，确保各项工作有序开展。严肃工作纪律，认真落实中央“八项规定”，推动机关工作高效运行，展现良好的工作状态和精神风貌。改善办公条件，在县委、县政府和社会各界的关心支持下，于11月顺利完成机关搬迁工作。加强信息宣传，全年编发《人大工作》期刊12期，编印工作简报35期，上报工作信息40篇。注重对外联系，始终保持与北京通州、浙江景宁、云南峨山等10个兄弟单位日常工作联系，学习交流工作经验。同时，积极参与五城同建、脱贫攻坚等中心工作，圆满完成各项工作任务。

办公室工作

【概况】　2019年，大厂回族自治县人大常务委员会办公室在县委和县人大常委会党组的领导下，认真贯彻落实习近平新时代中国特色社会主义思想及中共十九大和十九届二中、三中、四中全会精神，紧紧围绕人大常委会年度工作要点，积极履行人大常委会机关各部门的工作职责，充分发挥机关工作人员的积极性、主动性、创造性，较好地完成全年各项工作任务。

【文字服务】 坚持把提高文字服务水平作为机关一项重要工作，切实把好草拟、审核关，力求公文符合政策、法律法规，领会文件精神，贯彻领导意图，努力提高文字的思想性、理论性、政策性、可操作性，通过办文服务，发挥人大各科室的参谋助手作用。对所有来文来电都及时准确地签收办理，未发生耽搁送阅、影响工作的现象。公文制发、文件收发和传阅都有时间要求和规定手续，操作符合规范。特别是在立法工作方面，相关科室负责人加班加点、精益求精，在文本起草、修改、报批等方面做大量卓有成效的工作。2019 年，大厂县《全域旅游条例》制定和《环境保护条例》修订工作圆满完成，并经河北省人大常委会批准于 10 月 1 日正式施行。

【会务服务】 为人民代表大会会议、常委会会议和主任会议服务是人大机关工作的核心内容。县人大常委会机关紧紧围绕人大常委会工作计划，认真履行工作职责，圆满完成县第 16 届人大 3 次会议、8 次常委会议、18 次主任会议的组织协调服务工作。每项工作都做到周密细致、滴水不漏，树立人大干部严谨、规范、高效的良好形象，保证人大常委会工作的有序开展。同时，通过电视台等媒体及时将“三会”（人民代表大会会议、人大常委会会议、人大常委会主任会议）情况进行发布，增强人大工作的公开性和透明性，广泛接受人民群众的监督。

【信息宣传】 加强领导，提高站位，注重提升信息收集广度和深度，重点宣传县镇人大工作先进经验和先进事迹。2019 年，撰写《人大工作》期刊 12 期，编发简报 40 期，从主要工作动态、代表工作、机关建设等方面全面地反映人大工作情况和人大干部队伍精神风貌。同时，按照要求，及时向县委宣传部、县直机关工委报送意识形态、党建等方面的工作信息。

【人大信访工作】　根据人大工作新形势和新任务的要求，进一步加强信访工作，健全和完善处理人大代表和人民群众来信来访工作办法、接待来访等各项制度，进一步规范人大信访工作程序。2019 年，人大常委会机关受理群众来信来访 12 件次。按照信访案件办理程序转交并及时督促“一府两院”（人民政府，人民法院、人民检察院）做好办理工作，为化解社会矛盾、保障社会和谐起到积极的促进作用。

【机关搬迁工作】　按照县委关于人大常委会机关搬迁工作的总体要求，认真谋划部署，积极对接协调，扎实高效推进装修、物品采购、搬运等工作。搬迁期间，全体机关干部加班加点、密切配合，做到人员安全、物品安全、资料安全，确保机关搬迁与正常工作两不误。11 月 15 日，人大常委会机关搬迁工作圆满完成。

【用心服务代表】　按照进一步深化人大代表联络站建设要求，各站开展联系选民、向选民述职、视察、调研、执法检查等活动，加强对代表履职工作的管理，激发代表履职的能力。各人大代表联络站发挥建在基层、贴近群众的优势，宣传贯彻党的路线方针政策，宣传人民代表大会制度和宪法法律，增强人民群众的民主意识、法律意识、国家意识。2019 年，组织开展人大代表联络站上站 5 次，累计参加活动县镇两级人大代表 972 人次，接待选民 763 人次，征集代表、选民意见建议 549 条，梳理汇总后形成 316 件意见建议，以县人大常委会党组名义向县委常委会提交上站专题报告 5 篇。积极组织市、县两级人大代表参加视察活动和重点问题讨论，征求代表意见，充分发挥代表参政议政作用。及时向县级人大代表寄送县人大常委会公报以及相关学习资料，让代表及时掌握相关情况。开展代表小组活动，坚持组织代表培训，征求代表对全县经济、法治、社会各项事业发展的意见和建议，充分发挥代表促进经济社会发展的作用。为强化司法监督，发挥代表作用，促进司法公正，组织部分县人大代表参加刑事诉讼案件庭审旁听观摩。为做好代表建议意见的办理工作，人大常委会相关科室会同县政府办联合召开交办会，逐一落实承办单位，对代表建议意见办理完成的时间和程序提出要求。在常委会分管领导的带领下，深入代表建议重点承办单位，通过走访、座谈、征询意见、实地查看、重点督办、电话催办等多种形式，加大对代表建议的办理情况进行跟踪督办和专题调研力度，不断提高代表建议落实解决率。截至12月底，第十六届人大三次会议提出的58件意见和建议全部得到落实。积极主动深入各镇主席团对各镇代表工作进行实地考察调研，听取工作汇报并提出指导性意见，要求逐步完善规范镇人大主席团建设，加强镇人大代表业务培训，努力提高代表工作实效。同时，通过以会代训形式，对镇人大履行人大主席和副主席职责、开展人大工作等方面进行工作指导。

【自身建设】 将意识形态工作作为重要议事日程，纳入党建工作责任制和领导班子、领导干部目标管理的重要内容，当成“一把手工程”，形成以支部为单位，支部书记为网格负责人，其他支委和党员为具体责任人的意识形态网格体系，真正做到上下扭成一股绳，齐心协力抓落实的良好局面，保证人大办公室工作正确的政治方向。重点把深入研读学习十九大报告、深入学习十九大精神作为首要任务，进一步增强“四个意识”，坚定“四个自信”，在机关形成学习贯彻十九大精神的深厚氛围，从而用十九大精神指导具体工作。深入推进“两学一做”学习教育常态化、制度化，进一步转变作风，不断提升机关工作人员理论水平和业务水平。严格落实周五学习制度，制订年度学习计划，从加强学习入手，组织机关全体人员认真学习习近平新时代中国特色社会主义思想以及中央、省、市、县委有关文件精神，不断提高政治素质。学习地方组织法、监督法、代表法等相关法律法规，提升业务能力和水平。同时，重点学习省、市、县委全会精神等，提高政治敏锐性和应变能力，强化法制观念和法律意识，增强工作水平和履职能力。从建立和完善科学、严密的管理体系入手，不断强化内部管理，着力提升工作效能。完善制度体系，修订出台包括学习、考勤、会议、财务、事务管理、车辆管理、公文处理、公务接待等项工作在内的各项制度，进一步明确工作职能，强化责任意识。加强督导调度，依照常委会年度工作要点，逐月细化工作举措，建立完善定期的机关工作例会制度，对近期工作逐项安排、逐项检点，做到及早部署，细化程序，层层分解、责任到人。充分发扬民主，工作中坚持民主集中制的原则，充分发扬民主，广泛听取意见，注重发挥每名机关干部的主观能动性，努力构建团结和谐、积极进取的工作氛围。常委会机关始终坚持把纪律和规矩挺在前面。结合机关工作实际，着力强化党风廉政建设和纪律作风建设，树立良好的人大工作形象，展现良好的工作状态和精神风貌。狠抓作风建设，倡导“说干就干、干就一流”的工作作风，廉洁高效地推进各项工作。

（李长峰）

大厂回族自治县人民政府

常务会议

【十六届县政府第三十一次常务会议】 于1月13日召开，县长刘宝旺主持。主要内容：集中学习；研究审议《刘宝旺同志在中共大厂回族自治县第十一届委员会第四次全体会议上的讲话》；研究审议《政府工作报告》《大厂回族自治县2018年国民经济和社会发展计划执行情况与2019年国民经济和社会发展计划（草案）的报告》《大厂回族自治县2018年全县预算执行情况和2019年全县预算（草案）的报告》和2019年惠民实事安排；研究审议《大厂回族自治县“投资和项目建设攻坚年行动”实施方案》；研究审议《进一步加大招商引资力度推进重大项目落地的实施方案》；研究审议《政府投资项目管理办法（修订稿）》；研究审议小厂特色商业街项目；研究审议第一届旅游产业发展大会筹备方案；研究审议《省级乡村振兴示范区创建工作方案》；研究审议关于拨付大厂回族自治县鼎鸿投资开发有限公司基础设施建设资金的意见；研究审议关于列支大厂回族自治县宝生钢铁制品有限公司土地回购资金的意见。

【十六届县政府第三十二次常务会议】 于2月14日召开，县长刘宝旺主持。主要内容：集中学习；研究审议关于密涿高速公路梁家务互通连接线（大厂段）两侧新建并行道路工程投资事项的意见；研究审议《大厂回族自治县民兵训练基地改扩建项目实施意见》；研究审议关于落实转业志愿兵（士官）安置政策的意见；研究审议《大厂回族自治县污水集中处理PPP项目工作推进方案》。

【十六届县政府第三十三次常务会议】 于3月4日召开，县长刘宝旺主持。主要议定事项：研究审议关于调整县安委会组成人员的意见；研究审议大厂回族自治县2019年安全生产工作要点；研究审议关于职教中心、城关小学、第二幼儿园原址地上附着物及国有资产的处置方案；研究审议关于将资产划拨给夏垫污水处理厂的意见；研究审议关于拨付大厂回族自治县鼎鸿投资开发有限公司基础设施建设资金的意见；研究审议关于拨付老旧小区改造2019年预算的意见；研究审议《大厂回族自治县社区戒毒社区康复工作实施方案》。

【十六届县政府第三十四次常务会议】 于3月22日召开，县长刘宝旺主持。主要内容：研究审议关于拨付大厂回族自治县鼎鸿投资开发有限公司基础设施建设资金的意见。

【十六届县政府第三十五次常务会议】 于4月1日召开，县长刘宝旺主持。主要内容：集中学习；研究审议《102国道污水管网提升改造及人行道改造工程项目建议书》；研究审议关于收储周松祥两宗国有土地使用权的意见；研究审议《京唐铁路大厂段建设土地及地上物征收和补偿工作实施方案》；研究审议关于调整京唐铁路（大厂段）建设工作指挥部组成人员的意见；研究审议《大厂回族自治县重点燃气企业奖补办法》；研究审议2019年脱贫攻坚工作要点；研究审议关于县级劳动模范待遇的规定；研究审议关于拨付三号社区新民居项目建设资金的意见；研究审议《大厂回族自治县村镇志》编修工作实施方案；研究审议关于制定大厂回族自治县巡游出租汽车运价的意见；研究审议大厂回族自治县关于规范清真熟食行业管理工作的指导意见；研究审议《大厂回族自治县县内医共体理事会章程》；研究审议《大厂回族自治县关于推进公立医院人员编制备案制管理工作实施方案》。

【十六届县政府第三十六次常务会议】 于4月9日召开，县长刘宝旺主持。主要内容：研究审议《经济发展促进大会筹备工作情况的报告》、《经济发展促进大会奖励评审办法》、《经济发展促进大会方案》、经济发展促进大会拟授奖企业名单、《大厂回族自治县服务企业七件制度》、《大厂回族自治县省级乡村振兴示范区创建工作方案》；研究审议《大厂回族自治县深入学习推广浙江“千万工程”经验全面推进农村人居环境整治实施方案》；研究审议《关于对农村党组织实行“星级化”管理的意见（试行）》、县直部门考评实施细则、《全县农村党支部2018年度评星定级结果》、《关于授予农村党支部书记“突出贡献奖”的意见》；研究审议《入企调研报告及任务分解》。

【十六届县政府第三十七次常务会议】 于4月28日召开，县长刘宝旺主持。主要内容：研究审议《大厂回族自治县2019年推进京津冀协同发展工作重点》；研究审议关于拨付大厂回族自治县鼎鸿投资开发有限公司基础设施建设资金的意见；研究审议关于拨付2017年14个村气代煤土石方工程剩余工程款的意见；研究审议《大厂回族自治县城乡规划管理实施细则》。

【十六届县政府第三十八次常务会议】 于6月12日召开，县长刘宝旺主持。主要内容：集中学习；研究审议《大厂回族自治县城乡低保扩面提率专项行动工作实施方案》；研究审议关于拨付大厂回族自治县鼎鸿投资开发有限公司基础设施建设资金的意见；研究审议关于在原祁各庄第五中学校址建设新第二回民中学的意见；研究审议关于财政资金申请有关问题的意见；研究审议关于增加财政国库集中支付代理银行的意见；研究审议关于2019年新增政府一般债券资金的意见；研究审议关于加快推进整合全县供热资源的意见；研究审议关于启动生活垃圾焚烧发电项目征地拆迁工作的意见；研究审议关于拨付鲍邱河综合治理工程三个临时一体化处理设施和运行服务采购项目设备款的意见；研究审议关于启动大厂戏剧小镇综合开发招商项目的意见。

【十六届县政府第三十九次常务会议】 于7月26日召开,县长刘宝旺主持。主要内容：集中学习；研究审议关于成立国有人力资源公司的意见；研究审议社会事务局、教育局、公安局、北辰街道办、高新区5个部门政府购买服务使用劳务派遣人员实施方案；研究审议关于调整非居民天然气价格的意见；研究审议关于收储廊坊德汇房地产开发有限公司国有土地使用权的意见；研究审议关于收储春和房地产开发有限公司国有土地使用权的意见；研究审议关于收储中关村京东硅谷一期项目2宗国有土地使用权的意见；研究审议关于调整北京中基太业投资有限公司开发用地范围的意见；研究审议《大厂高新技术产业开发区管理委员会关于实行封闭式管理的实施办法》；研究审议关于实施大厂回族自治县职业技术教育中心迁扩建3个项目的意见；研究审议关于大厂回族自治县农村小康厕所终端厕屋所需资金的意见；研究审议关于省级乡村振兴示范区精品动线花卉摆放项目所需资金的意见；研究审议关于划拨专项政府债券资金的意见；研究审议关于老旧小区改造二期工程中暂缓部分工程（新风小区）实施的意见；研究审议关于中止8个城中村污水处理工程的意见；研究审议关于大厂县新建垃圾焚烧发电项目(一期)的意见。

【十六届县政府第四十次常务会议】 于8月21日召开，县长刘宝旺主持。主要内容：集中学习；研究审议《大厂回族自治县中小企业转贷基金管理办法》；研究审议《大厂回族自治县工业企业改造资金管理办法》；研究审议《大厂回族自治县中小企业发展专项资金管理办法》；研究审议《大厂回族自治县科普经费使用管理办法》；研究审议《大厂回族自治县防贫保险实施方案》；研究审议《大厂回族自治县人民政府关于2019年财政收支预算调整方案（草案）的报告》；研究审议《大厂回族自治县人民政府关于2019年上半年财政预算执行情况的报告》；研究审议关于拨付大厂回族自治县鼎鸿投资开发有限公司基础设施建设资金的意见；研究审议关于城关小学（城区第一小学）迁建工程洽商变更事项的意见；研究审议关于密涿高速公路大厂东互通连接线（大厂段）设计方案变更的意见；研究审议关于启动实施大香线中央隔离带绿化补植工作及明确施工主体的意见；研究审议《供热应急接管协议》；研究审议《污水集中处理PPP项目实施方案》。

【十六届县政府第四十一次常务会议】 于9月21日召开，县长刘宝旺主持。主要内容：集中学习；研究审议关于充实消防力量相关事宜的意见；研究审议关于批准实施《引入社会中介机构参与结算评审工作付费办法》的意见；研究审议《大厂高新技术产业开发区薪酬管理办法（审议稿）》；研究审议《大厂高新技术产业开发区绩效考核操作办法（审议稿）》；研究审议《大厂高新技术产业开发区关于科级以下主办职位竞聘及人员安置的实施方案（审议稿）》；研究审议《关于解决历史遗留的未批先建建筑物产权手续办理等有关问题的暂行办法》；研究审议《关于历史遗留的未批先建建筑物产权手续办理工作的实施方案》；研究审议关于将祁各庄学区招聘劳务派遣教师费用列入政府结算的意见；研究审议关于拨付大香线（六合庄至气象局段）绿化工程款的意见；研究审议关于拨付大香线市政化工程款的意见；研究审议关于拨付“渔林湾”违法建筑拆除工程所需资金的意见；研究审议《大厂回族自治县集中供热燃煤锅炉治理工作方案》；研究审议《大厂回族自治县农村生活垃圾清扫、保洁、清运一体化处理PPP项目中期评估工作有关情况的报告》；研究审议关于推进“五大智慧工程”建设的意见。

【十六届县政府第四十二次常务会议】 于9月30日召开,县长刘宝旺主持。主要内容：研究审议《国家京剧院文旅融合产业化基地（大厂）项目征地拆迁工作总体方案》；研究审议《国家京剧院文旅融合产业化基地（大厂）项目集体土地征收补偿安置方案》；研究审议《国家京剧院文旅融合产业化基地（大厂）项目国有土地房屋征收补偿安置方案》和《大厂回族自治县人民政府征收公告》；研究审议大厂回族自治县住房和城乡建设局等三部门关于加快推进城镇棚户区改造工作指导意见；研究审议关于对生活垃圾焚烧发电项目提前开工建设予以容错免责的意见。

【十六届县政府第四十三次常务会议】 于10月29日召开,县长刘宝旺主持。主要内容：集中学习；研究审议全县拟脱贫退出贫困户情况报告；研究审议关于深入推进政务服务系列改革的实施意见；研究审议全面深化工程建设项目审批制度改革实施方案；研究审议关于京唐铁路（大厂段）冯兰庄集体土地补偿标准的意见；研究审议大厂回族自治县人民政府关于2018年全县财政总决算报告；研究审议大厂回族自治县人民政府关于2019年财政收支预算调整方案的报告；研究审议关于2018—2019年造林绿化验收结果和拨付奖补资金的意见；研究审议关于拨付大厂回族自治县鼎鸿投资开发有限公司基础设施建设资金的意见；研究审议预算外资金拨付事宜。

【十六届县政府第四十四次常务会议】 于11月20日召开,县长刘宝旺主持。主要内容:研究审议关于建立健全脱贫防贫长效机制的实施意见；研究审议自然资源和规划局、生态环境局、气象局、统计局等单位政府购买服务相关事宜；研究审议《大厂回族自治县县级储备粮管理办法》；研究审议关于拨付工业园区建设投资开发有限公司基础设施建设资金的意见；研究审议关于鼎鸿公司住宅项目土地出让金中社会保障调节基金和城乡统筹调节基金延缓计提的意见；研究审议关于预拨王必屯村棚户区改造搬迁补偿安置资金的意见；研究审议鲍邱河达标治理方案；研究审议大厂回族自治县生活垃圾焚烧发电项目（一期）PPP项目实施方案。

【十六届县政府第四十五次常务会议】 于11月28日召开，县长刘宝旺主持。主要内容：研究审议《大厂回族自治县人民政府与大厂回族自治县鼎鸿投资开发有限公司补充协议》；研究审议《大厂回族自治县人民政府与北京中基太业投资有限公司补充协议》；研究审议其他协议事项。

【十六届县政府第四十六次常务会议】 于12月18日召开，县长刘宝旺主持。主要内容：集中学习；听取关于惠民实事工程项目预算评审时间过长核实情况的通报；研究审议关于调整2019年惠民实事安排计划的报告；研究审议关于2018年全县国有资产管理情况的报告；研究审议关于2019年财政预算收支调整意见的报告；研究审议《大厂回族自治县关于规范农村教师待遇的实施办法》；研究审议关于2018年招聘政府购买服务教师与2019年招聘政府购买服务教师同时享受同等待遇的意见；研究审议《大厂回族自治县村庄违法占地清理百日集中行动实施方案》；研究审议《大厂回族自治县清理违法侵占农用地专项行动实施方案》；研究审议《大厂回族自治县政策法规宣传培训工作实施方案》；研究审议《大厂回族自治县中心城区声环境功能区划分方案》；研究审议《潮白河（大厂段）水质改善项目方案设计》；研究审议关于将交通运输局人员经费及办公经费列入基本支出的意见；研究审议关于将交通运输局缴纳养老保险制度改革实施准备期养老保险及职业年金所需资金列入2019年预算调整的意见；研究审议关于拨付“气代煤”工程补贴款的意见；研究审议《大厂回族自治县重污染天气应急实施方案》；研究审议《大厂回族自治县关于河道内村庄防洪整治的实施方案》；研究审议关于新民居三号社区项目13号楼进行预售的意见；研究审议关于拨付建档立卡贫困户等重点对象危房改造补助资金的意见；研究审议关于拨付2017—2019年“气代煤”工程补贴款的意见；研究审议《大厂戏剧小镇--国家京剧院文旅融合产业化基地暨王必屯村村庄整理项目招商合作协议》；研究审议大厂县污水集中处理PPP项目实施方案调整情况的报告；研究部署当前重点工作。

办公室工作

【概况】 大厂回族自治县人民政府办公室（简称“县政府办”）内设秘书组、综合一组至七组、督查室、金融办、信用办、大气办、后勤组、信息中心。2019年，政府办公室在县委、县政府的正确领导下，在县人大、县政协的监督支持下，按照“说干就干、干就一流”的工作标准，牢记初心使命，勇于担当作为，充分发挥参谋助手、督促检查、组织协调等职能作用，积极参与政务、精心办理事务、努力搞好服务，高质量完成全年各项目标任务。

【文字工作】 充分发挥以文辅政作用，在吃透上情、把握下情、了解外情的基础上，加强综合文稿的思想性、指导性和操作性，努力做到谋之有道、参之有方、言之有理。2019年，出色完成政府工作报告、经济工作讲话、京津冀协同发展汇报和廊坊市经济工作会议汇报等综合材料的撰写。起草领导讲话、工作总结、典型发言等综合材料500篇，制发县政府文件35件，办公室文件78件。同时，通过专报、办公室文件等形式，及时编发县政府领导各类重要讲话和会议纪要，为县政府各部门开展工作提供指导。

【公文运转】 规范公文收发、传签、归档等各个流程，制定工作人员保密守则，严肃保密纪律。同时，针对廊坊市电子公文内外网改革要求，全面加强信息化建设，全程电子化办公，并明确专人负责文件收发。全年，运转各类公文5000件，无一疏漏、误时、误事现象。

【会务接待】 全面提升会务服务水平，做精做细各类重大活动、重要会议的保障及服务工作。特别是对县政府常务会议、县长办公会议，提前对需要审议的议题进行认真审核，并报县政府领导审定同意后提交会议研究，从源头上确保会议的权威性和高效性。2019年，圆满完成国家和省市领导到大厂县调研、廊坊市项目集中开工拉练、北京市与廊坊北三县项目推介洽谈会等重大活动、重要会议组织协调工作。

【督导督办】 按照“围绕中心、服务大局、真督实查、推动发展”的工作思路，结合县委、县政府中心工作和重要部署，建立健全督查工作机制，加大督办检查落实力度，创新方式方法，确保政务督查与政府决策合拍、与领导思路同步，有效推动市、县重大决策和重点工作的贯彻落实。围绕县委全会任务分解、市和县政府工作报告分解、惠民实事倒排工期、省和市沟通事项、112项重点工作和20项民心工程，做好周汇总、月通报和季报告等工作。2019年，先后下发督办通知30次，编发30项惠民实事情况通报10期，112项重点工作情况通报35期，政府部门与上级沟通对接情况通报9期，政府工作报告责任分解落实情况通报3期，上报市政府分解任务落实情况6次。围绕省市重点项目和全市集中开工项目推进、大气水土污染防治、土地卫片专项整治等工作，做好定期督查反馈。围绕县委书记、县长批办事项，每月汇总落实情况报告。开展蓝天保卫战反馈问题、省市重点工作大督查交办事项和法治政府建设专项督查，确保问题整改到位，法治政府建设顺利推进。

【调研工作】 践行一线工作法，强化调研的针对性和全面性，制定年度计划，重点围绕协同发展、民营经济、乡村振兴、转型发展等方面，在充分学习借鉴先进地区典型经验的基础上，科学合理建言献策。先后撰写《关于全县农业农村工作的调研报告》《入企调研报告》《关于我县城镇功能性基础设施建设情况的调研报告》等多篇调研材料，并印发全县各部门学习参考。同时，结合“不忘初心、牢记使命”主题教育，政府办公室立足实际，围绕如何强化服务意识、提升效能质量的目标，多次赴通州区、市政府办公室学习交流，撰写《务实笃行、履职尽责，不断开创新时代办公室工作新局面》调研报告。

【金融防控】 积极搭建服务企业对接平台，召开全县经济发展促进大会，定期组织召开金融产品政策发布会、“政银企”洽谈会、银企联谊会等金融活动，为企业融资提供多种渠道。推进金融扶贫，设立县级金融服务中心、镇级金融服务部和村级金融服务站，实现金融服务网络全覆盖。开展金融扫黑，围绕非法小额贷款和融资、非法抵押贷款和非法高利贷等8个方面进行“回头看”，再次摸排涉黑涉恶有用线索，确保排查到位。加大非法集资宣传力度，开展集中宣传日，全面讲解各类诈骗行为，同时开展隐患排查，力争抓早抓小，对发现问题及时进行处置，对参与集资人进行登记造册，并对重点人员协调相关部门进行严盯死守，防止在重要活动期间出现不稳定因素。

【政务信息】 坚持把政务信息作为向领导反馈工作成效的重要渠道，围绕经济社会发展新情况、新问题，及时向省和市及县领导反馈经济运行、项目建设、社会治理、民生保障等重点工作和阶段性热点和难点问题，实现质和量双提升。2019年，上报政务信息240篇，《大厂县全面推进“一网一门一次”放管服改革》等60篇被上级采用，《大厂县在全市率先实现粪便无害化处理》等3篇得到廊坊市委书记冯韶慧肯定性批示。

【建立健全信用体系】 进一步完善社会信用体系建设框架和运行机制，制定印发《大厂回族自治县社会信用体系建设2019年工作要点》。不断完善信用信息数据库，扩大信息归集覆盖面，与县内有关部门进行信息共享对接，加强全县信用记录建设和信用信息归集。加大对“双公示”工作的督导力度，截至12月底，公示行政许可17124条，行政处罚1053条。同时，加强红黑名单管理，完善守信联合激励和失信联合惩戒机制。加强信用文化宣传，充分利用信用平台，大力宣传社会信用体系建设有关知识和政策，在全社会营造良好的诚信氛围。积极与市信用办及县行政审批局进行平台对接，实现数据共享，并依照《大厂回族自治县企业和个人守信激励与失信惩戒办法》，实施联合奖惩。

【合理解决民生诉求】　加大政府信息公开力度，加强政府网站建设，及时公布县政府重要决策部署和与群众生活密切相关的信息，提高群众知情权。2019年，全县主动公开政务信息1553条。同时，制定群众来信来电办理流程和信访接待制度，在接到群众诉求后，第一时间交办相关部门进行办理，并明确完成时限。全年，处理“12345”市长热线电话及群众诉求电话3000件。

【后勤保障】　优化后勤服务人员的服务意识、服务质量，制定工作标准，加强环境卫生管理，明确专人全天候、无间断负责机关各项卫生保洁工作。加强车辆及外来人员管控，对外来人员进行登记，严禁外来车辆和无关人员进入机关。加强公务用车使用管理，发挥平台作用，做到登记一辆使用一辆。进一步规范食堂管理，努力做到营养均衡、勤俭节约、食用安全。

【队伍建设】　“不忘初心、牢记使命”主题教育开展以来，县政府办公室紧紧围绕总要求、总路径，把学习教育贯穿始终，重点学习习近平新时代中国特色社会主义思想及中共十九大和十九届二中、三中、四中全会精神，先后开展5次专题学习研讨。深入开展谈心谈话，做到把问题谈透、把意见谈深、把批评谈好。同时，全面梳理检视问题，班子成员主动做到把自己摆进去、摆问题摆出来，剖析问题症结，明确解决措施。始终坚持“小分工、大合作”原则，倡导“群言堂”，努力营造风清气正、团结一致、和谐融洽的工作氛围。鼓励干部之间相互支持、相互尊重，相互补台不拆台、相互鼓励不贬损。坚持民主集中制，凡是有关人事、重大工作安排、重大财务支出等事宜均由主任办公会集体研究，集体决策，发挥班子整体效能。建立科学规范的工作流程，实行程序化管理，先后完善重大决策督促落实、公务接待规范管理等制度，切实做到各项工作有章可循、有规可依。同时，借鉴市政府办公室各项规章制度，重新修订政府办公室工作守则、行为规范、值班工作规范和学习制度等各项规章制度。全面落实党风廉政建设责任制，促进办公室党风廉政建设任务的落实。深入学习习近平关于廉洁从政系列重要讲话及《中国共产党廉洁自律准则》和《中国共产党纪律处分条例》，开展廉政课堂、道德讲堂活动，引导干部职工树立正确的世界观、人生观、价值观，时刻保持清醒的头脑，自觉抵制和防范“四风”等各种不正之风的侵蚀，干净干事、公道处事、正派做人。

人民代表建议和政协委员提案办理工作

2019 年,大厂回族自治县人民政府承办人大代表建议 58 件，其中工建交方面 16 件，文教卫方面 16 件，农林蓄水方面 7 件，社会保障方面 2 件，其他方面 17 件；政协委员个人和联名提案合并后审查立案 72 件，其中经济建设方面 9 件，政治建设方面 1 件，城市建设方面 15 件，社会事业方面 41 件，文化建设方面 3 件，生态建设方面 3 件。在承办单位的共同努力下，所有人大建议、委员提案全部答复完毕，办复率、回访率、代表满意率均达到 100 %。

地方志工作

【概况】 大厂回族自治县地方志办公室是大厂县政府办公室管理的主管全县地方志编修工作的事业机构，内设 1 个办公室。2019 年，大厂县地方志办公室在县委、县政府的正确领导和市方志办的指导下，以弘扬时代精神为主旋律，秉笔直书服务社会，围绕全县发展思路及目标，结合新时期地方志工作实际，扎实推进各项工作全方位开展。

【年鉴编修】 3 月，地方志办公室全面启动《大厂年鉴(2020)》编修工作，与《大厂年鉴(2019)》相衔接。地方志办公室以创精品年鉴为目标，合理制定年鉴操作规程及编修方案，采用分类编修法，大致分为类目、分目、条目3个层次。年鉴文稿由县直有关部门、各镇、城区街道办事处、各园区等提供材料，经本部门主管领导审定，由县地方志办公室统一编修。全书分特载、大厂概况、政治、社会团体、法治 军事、综合行政管理、建设 环保、交通 邮政、农业 水利、工业 信息业、商贸 流通、财政 税务、金融、教育 科技、文化 旅游 卫生、开发区建设、镇城区街道办概况、人物、附录等类目，全面、准确、科学地记述2019年大厂回族自治县经济和社会发展状况。9月，完成40万字的终稿。

【供稿工作】 按照上级地方志部门的要求，地方志办公室认真收集整理大厂县政治、经济、社会发展等资料，认真核实文字、数据等，高质量完成《河北年鉴（2020）》《廊坊年鉴（2020）》等供稿任务；积极为清华大学年鉴资料库提供大厂年鉴资料。

【技术指导】 地方志办公室工作人员对《小厂村志》《许官屯村志》《双臼村志》等编修方案、编目结构、文字等内容进行实时技术指导。随时与编修人员联系、沟通，结合各村实际情况，制定切合的方案，打破千篇一律的模式，打造精品志书。

【村镇园区志编修】 为保护、传承、挖掘大厂传统农村生活和农村文化，留住历史、留住乡愁，更好地服务于大厂县经济社会发展，根据《大厂回族自治县地方志“十三五”规划》要求，4月启动《大厂回族自治县村镇园区志》编修工作。编修采用“横排门类，纵述史实”的修志体例编写，横不缺项、纵不断代。篇目设计采用类目、分目、条目三级层次编写，全面、真实、准确地记述大厂县各镇（街道、园区）、村，自然、政治、经济、文化、社会发展的历史与现状，反映事物的产生、发展、演化进程，突出历史特性、时代特点和区域特色，传承历史文明，展现时代风貌，服务发展需求。截至2019年年底，小厂和双臼等村完成村志初稿。

（刘 俊）

中国人民政治协商会议大厂回族自治县委员会

主要会议

1月25日至1月26日，政协大厂回族自治县第十届委员会第三次会议在大厂民族宫隆重召开。会议主要内容：听取并审议政协大厂回族自治县第十届委员会常务委员会工作报告；听取并审议政协大厂回族自治县第十届委员会常务委员会关于第十届二次会议以来提案工作情况的报告；会议同意免去张春秋、李建军副主席职务的辞呈，补选何培启、陈贵峰为县政协副主席；补选王海涛、祁亚峰为政协常委；列席县人大第十六届三次会议，听取并讨论县政府工作报告及其他报告；通过大会政治决议。

委员提案

政协提案工作在县委、县政府的高度重视和大力支持下，经过广大委员和各承办单位的共同努力，提案工作创新逐渐融入新常态，为助推大厂经济社会高质量发展起到应有的作用。2019年，收到委员个人和联名提案整理合并后审查立案72件，并提交县政府承办。其中：经济建设方面9件，政治建设方面1件，城市建设方面15件，社会事业方面41件，文化建设方面3件，生态建设方面3件。总体来看，提案内容丰富，重点聚焦全县发展稳定的重点领域和关键环节，紧密关注事关人民群众切身利益的热点、难点问题。提案议题集中，总体质量较高，充分表达社会各界的呼声和愿望，饱含政协委员和政协各参加单位的心血与智慧，有效推动自治县改革发展大局和民生改善，促进全县各族群众共享惠民成果。10件重点提案是落实县委、县政府中心工作的具体体现，包括规范小区物业管理、建设少数民族特色村寨、小学日托制管理等，发挥重点提案的示范带动作用，以重点提案办理落实为抓手，更好地服务发展、助推民生改善。

成立机关党组

2月，贯彻落实中央和省、市、县委印发的《关于加强新时代人民政协党的建设工作的若干（实施）意见》要求，设立中共大厂回族自治县政协机关党组。其中，党组书记1名，由薛福生担任，党组成员4名，由肖志华、韩丽秦、王海涛、祁亚峰担任。

开展“四年”建设活动

【党的建设】　发挥党建引领作用，开展“党建工作提升年”活动。2月，成立政协机关党组，形成政协党组、机关党组、机关党支部三级联动。建立6个党建委员活动小组，实现党对政协工作的全面领导，使党的政治原则、方针政策，通过组织形式落实到政协各项工作中。发挥党员先锋作用，高标准开展“不忘初心、牢记使命”主题教育，引导党员干部不忘党员本色、不忘公仆本分，带头遵规守纪，带头发挥作用，带头主动作为，带头勤勉履职。

【制度建设】　开展“制度建设加强年”活动，制定《关于进一步提高协商议政质量的意见（试行）》，与县委办、政府办联合印发《关于制定县政协年度协商计划的办法》，实施年度协商计划将成为县政协一项重要的常态化工作。

加强作风建设，坚持定规矩、亮底线、树榜样。修订完善机关《值班制度》和《公务接待制度》等，做到用制度促规范，用规范促管理。加强政治建设，落实党风廉政建设主体责任，严格执行“三重一大”（重大问题决策、重要干部任免、重大项目投资决策，大额资金使用）、“三会一课”、民主生活会、双重组织生活等制度。制定《委员履职积分管理细则（试行）》《关于授权主席办公会议对违纪违法政协委员及时作出处理的决定》《政协常委提交年度履职报告工作办法（试行）》《委员履职工作规则》，完善履职考核，畅通退出渠道，推进常委述职、委员考评等工作。号召委员撰写“我的年度履职计划”，创刊“委员作业”，宣传委员履职成效，展现委员履职风采。

【协商建设】 扎实开展“协商民主见效年”活动，坚持围绕中心履职尽责，将工作放在党委、政府工作大局中谋划推进，发挥协商民主重要渠道和专门协商机构作用。进一步丰富协商形式，开展6次双月协商和对口协商调研活动，关于“加强公共文化服务体系建设”协商报告，县委主要领导批示指出，此报告紧贴大厂县文化产业发展实际需要，站位全国谋划大厂县群众文化事业，为县委、县政府决策发挥有益参谋作用；“加快农村雨污治理”协商报告提交后，县委主要领导要求大厂县农村人居环境一定要站位“北京城市副中心的重要组成部分”来谋划实施，能力不足可分步实施，可借力北京国企；关于“规范小区物业管理”协商议题几度磋商，最终得到领导认可，明确指出，加强行业管理是关键，要树立行业标杆，正面引导为主，惩戒失信行为，清除不合格物业；关于“促进大厂产业转型升级”“助力全国双拥模范县创建”等协商报告均得到明确批示，并提出指导性意见。坚持深入一线开展调查研究，形成高质量的调研报告，为党政科学决策当好助手。春节上班伊始，就围绕“加快教育布局调整”课题开展联合调研，调研报告提出的问题和建议为召开全县教育大会提供有益参考，县委常委会要求，相关部门要统筹抓好学前、中小学和高中阶段教育，全力打造知名院校，加快建设现代化教育强县；“三伏天”里调研忙，在一年最热的几天，围绕“加快职业教育发展”课题，赴江苏、福建、浙江等地开展专题调研，调研报告经县委常委会审议，明确“要瞄准国内一流水平，坚持办优质教育、大教育、开放式教育，做大教育产业支撑，扎实推进职教中心国际化、高质量发展，要持续抓好全民大培训，建强教师队伍，要加快建设景泰蓝博物馆，打造景泰蓝文化的新平台”；高质量完成“维护社会和谐稳定”调研课题。同时，上报市政协关于康养产业发展、乡村旅游、推进农业规模化经营的调研报告，均得到采纳。

【民主建设】 扎实开展“民主监督开创年”活动，听取县政府关于重点工作和惠民实事进展情况及法、检两院工作情况通报。围绕惠民实事进展情况联合做好视察监督，为更好推进工作落实提出意见建议；围绕旅发大会筹备情况开展视察，为大厂县成功举办首届旅发大会贡献力量；围绕建设少数民族特色村寨、实施小学校园日托制管理等提案办理情况开展视察，为重点提案落实打下坚实基础；围绕双拥模范县创建开展视察，凝聚各方共识，助力创建工作。对需要落实的月度协商议题进行监督性视察，促进协商成果转化落实。

自身建设活动

【委员培训】 强化委员责任担当，5 月赴太行山干部学院举办政协委员履职能力提升班，激发履职热情，增强履职实效。赴大兴新机场、副中心办公区开展政协委员学习日活动，助力大厂在京津冀协同发展中更有作为。7 月 1 日，组织机关党员到西柏坡开展党性教育，重温入党誓词，重走红色道路。加强对党员干部和党员委员的教育、管理和监督，既做到“懂政协、会协商、善议政”，更做到“守纪律、讲规矩、重品行”。

【党建委员活动小组】 县政协根据界别设置情况组建6个“党建委员活动小组”和“界别委员活动室”，推动政协党的组织对党员委员全覆盖和政协党的工作对委员全覆盖，真正实现支部建在界别上，委员聚在党旗下。

【一村街一社区一委员】 深入开展“一村街一社区一委员”活动，推动政协工作向基层延伸，让群众感到委员就在身边，人民政协就在身边，在充分借鉴先进地区经验的基础上，活动涵盖全县105个行政村和16个社区居委会。

【双联双服】 县政协根据《中共中央关于加强人民政协工作的意见》和《中国人民政治协商会议章程》精神，开展以“主席（副主席）联系常委、常委联系委员、委员联系群众，专委会联系界别委员、界别委员联系群众和机关干部服务委员、委员服务群众”为主题的“双联双服”活动。活动的开展，加强政协领导与常委、政协各专委会与委员、委员与界别群众的经常性联系，“政协声音”更接地气、更有底气，也为党委政府提供决策参考。为政协服务委员、委员服务群众拓宽渠道，发挥委员主体作用，为政协工作提质增效点燃新引擎。

【政协委员工作室】 建立以柴东升、景海旭、赵艳、黄景仁、张国建委员为代表的“政协委员工作室”，委员在政协岗与本职岗“双岗尽责、双岗有为”。

【四星创评】 根据《关于新时代加强和改进人民政协工作的实施意见》（中办发〔2019〕40号）文件精神和《中国人民政治协商会议章程》的有关规定，为进一步激发全体政协委员的履职热情，按照县委的决策部署和县政协的工作安排，围绕中心，服务大局，扎实履职，岗位建功，在新时代加快建设经济强县、美丽大厂进程中更好地发挥作用、履行职责，在全县政协委员中开展评选优秀委员及“公益之星、创业之星、建言之星、监督之星”（简称“四星”）评选活动。

【内外联谊交往】 围绕“全民大调研”，到副中心规划展厅、通州区国际种业科技园区、中关村智造大街开展对接交流，汇集的调研成果为“全民服务副中心”行动提供翔实的基础性资料；围绕加强政协党的建设，赴曲周、涉县学习党建工作经验，为建立“党建委员活动小组”提供依据和遵循；赴宁波、湖州、大连等地就“一村街一社区一委员”活动开展和“政协委员工作室”建立进行学习交流；赴湖北学习考察“四星创评”工作先进经验和做法；赴江苏、福建、浙江等地就发展职业教育进行学习考察。同时，接待通州区政协常委暑期读书班、蓟州区政协调研组以及其他省市县政协到大厂调研考察20批次。

（薛福生）

社会团体

大厂回族自治县总工会

【概况】 大厂回族自治县总工会内设办公室、女工部、私营企业联合会。2019年，总工会在县委、县政府和市总工会的正确领导下，以习近平新时代中国特色社会主义思想和中共十九大精神为中心，深入开展“不忘初心、牢记使命”主题教育，以抓好工会意识形态和构建和谐劳动关系为根本，坚持“组织起来、切实维权”的工作方针，建强队伍，善调机制，充分发挥党联系职工群众的桥梁和纽带作用，为打造全民服务副中心，奋力开创新时代加快建设经济强县、美丽大厂新局面贡献力量。

【组织建设】 强化机构改革单位组建新工会组织。2019年年初，大厂县开始县级机构改革，为保持工会工作的连续性和稳定性，维护广大职工的根本利益，下发《关于全县机构改革涉改单位依法规范工会组织建设的通知》，要求涉改新组建单位依法进行调整或重新组建工会组织，要求新组建的工会组织及时启用新的工会公章，设立新的工会账户，进行法人资格登记。加强行业工会组建工作。依托县文化产业协会将大厂县从事景泰蓝、花丝镶嵌等非遗的11家企业全部组织到工会中来，成立大厂回族自治县文化产业（非物质文化遗产）工会联合会。组织开展全县机关、企、事业单位基层工会组织建设情况调研活动。10月，在全县范围内组织开展调研活动，基本摸清全县基层工会组织底数，为加强基层工会组织建设，充分发挥工会组织作用，提供重要依据。截至12月底，全县有机关、企业、事业单位345家，职工23478人，成立工会组织179家（其中：县直机关单位 56 家，建会 52 家；事业单位 54 家，建会 54 家；企业单位 235 家，建会 73 家），会员 15362 人。扎实推进网上工会建设，抓好网上工会的推进工作。通过“河北职工服务网”网站，把各级工会适合在网上实现的业务和服务上网运行，构建线上受理、线上线下办理、一键通达的网上职工服务体系，让广大职工“一键找到工会”“一网享受服务”，走好网上群众路线，为广大职工提供好普惠性、常态性、精准性的服务，真正把平台建成“网上职工之家”，努力打造“智慧工会”，实现工会工作在互联网时代下的转型升级、创新发展。截至 12 月底，有 2225 名职工完成网上工会会员认证。

【扶贫济困活动】 春节、端午节及中秋节、国庆节期间，组织开展“送温暖”活动，走访慰问困难职工 14 人次，累计发放慰问款物 25000 元。组织开展 2019 年度“职工医疗互助”活动，募集互助金 260500 元，88 家机关企事业单位的 5195 名职工参与。对符合救助条件、需要救助的职工及时开展“医疗互助”工作，为 36 名大病职工发放医疗互助金 120450 元。同时，将“职工医疗互助”中有关救助范围、标准、申报程序及相关注意事项等依照上级文件相关规定进行细化说明，以明白纸形式下发至各基层工会，并在新城网、大厂工会会员之家等新闻媒体进行发布，从而大大缩短职工申请办理时间，提高工作效率。7 月，协同顶津食品有限公司组织开展夏季“送清凉”慰问活动。深入基层看望慰问奋战在一线的环卫工人，送去价值 17000 元的防暑降温物品。8 月，联系建达工程有限公司，为 2 名困难职工子女继续办理爱心助学金，每人 2000 元。

【劳模管理】 劳模评选。3 月，组织开展省级劳动模范、先进工作者和先进集体评选工作。工作中，县工会严格按照评选推荐的范围、条件、比例和分配的名额，认真进行评选推荐。经过层层审核把关，推荐授予大厂县供电公司“河北省先进集体”，大厂县供电公司王玉涛、县建达工程咨询有限公司王立国被授予“河北省劳动模范”称号，城区第二小学张艳秋被授予“河北省先进工作者”称号。

关爱劳模活动。“五一”节前夕，利用1周的时间组织安排市级以上132名劳模进行免费体检；5月和11月先后2次对在册的省部级劳模进行调查摸底，为5名省级劳模申请拨付困难救助金，其中5月份申请的3名困难劳模发放救助金20185元；9月，为46名退休劳模发放荣誉津贴92640元；9月29日，为迎接中华人民共和国成立70周年，弘扬时代劳模精神，组织召开“携手共奋进、建功新时代”劳模代表座谈会。

【开展新城工匠评选活动】 在全县广大职工群众中营造学先进、赶先进、争先进的氛围，提高全县广大干部、职工工作积极性，紧紧围绕“北京城市副中心后花园”定位和“全民服务副中心”的工作思路，激发广大职工投身建设“经济强县、美丽大厂”的干劲和热情，3月，在全县企事业单位一线职工中，组织开展“点亮光荣火炬，评选新城工匠”活动。活动紧紧围绕“精益求精、敬业专注、品质至上、技艺超群、传承创新”的评定思路，评定出建设系统、景泰蓝行业等各行各业的“新城工匠”35名。5月24日，在县民族宫隆重召开大厂县首届“新城工匠”表彰大会。专门录制“新城工匠”宣传片，编辑印制大厂“新城工匠”宣传图册，介绍“新城工匠”人物事迹，展示新时期职工新形象。同时，积极在“大厂工会会员之家”微信公众号及大厂新城网等新闻媒体上做好“新城工匠”的宣扬、推介工作。

（赵　磊）

中国共产主义青年团大厂回族自治县委员会

【概况】 中国共产主义青年团大厂回族自治县委员会内设1个办公室。2019年，团县委以服务中心、服务社会、服务青年为切入点，以丰富多彩的活动为载体，扎实有效地开展各项活动，团结带领全县广大团员青年在更好更快发展实践中成长成才、建功立业。全县有团员4774名。

【青年志愿者活动】 联合县文明办、教育局、满有爱心公益救助协会和各个中小学校、幼儿园组织开展“全民公益，满有爱心”教育实践活动，通过爱心义卖的方式培养学生们的理财能力和交流能力，让他们懂得和理解感恩的意义。在全县范围内开展“情暖童心—红领巾微心愿圆梦行动”，通过微信公众号、报纸等平台大力宣传，引导爱心企业、爱心人士积极参与到关爱活动中，认领心愿卡，进行一对一帮扶完成儿童的小小心愿。按照团省、市委要求，每月第1个周六确定为“寸草心爱老敬老行动”集中活动日，联合社会公益组织、爱心合作伙伴商家、社会爱心人士等力量，组织青年志愿者200人，先后开展不同主题的爱老敬老活动6期，服务人数达300人，累计志愿服务时长3000小时，各项指标均排在全市前列，引导社会各阶层自觉践行“老吾老以及人之老，幼吾幼以及人之幼”的高尚情操。

【团干部培训】 作为全县共青团工作的领导部门，重视团的工作，抓好组织建设既是职责所系，也是工作所需。团县委严格履行“第一责任人职责”，带领全体机关干部讲政治、做表率，不断强化自觉意识，真正做到“团委书记带头抓，班子成员主动抓，分管人员具体抓”。团县委坚持把党的最新理论成果和党风廉政建设相关内容纳入到理论中心组和党员干部学习长效机制，积极开展“不忘初心、牢记使命”主题教育，带领机关党员干部读原著、悟原理，足时足量参与学习，认真查摆问题短板，强力推动整改落实，全方位提高指导工作和掌握大局的能力。坚持每月至少召开1次领导班子专题会议用于研究团建工作，每半年组织基层团干部召开1次专题座谈会议，分析工作中的新情况、新问题，征求意见建议，谋划工作部署，切实将团的工作放在心里，抓在手上。团县委班子成员以身作则，从基层基础建设、工作制度落实、实践活动开展等能够量化的日常工作入手，推行领导班子分包重点工作机制，确保“班子成员人人有责任，机关干部个个有任务”，从源头上形成工作合力。团县委邀请北华航天工业学院副教授吴建征，以《新时代坚持和发展中国特色社会主义的政治宣言和行动指南——从“新”解读十九大》为主题到县委党校为100名青年进行精彩授课。组织50名青年代表到国家博物馆复兴之路主题陈列馆进行参观学习，接受“沉浸式”精神洗礼。组织150名团员青年到县规划馆、影视小镇、民族宫进行参观学习，直观感受自治县的发展历程。

【青年创业活动】 为充分发挥服务青年职能，提高全县青年创业就业成功率，团县委积极联络优质资源，拉动社会力量，精心打造共青团服务青年创业就业的品牌项目——“梦想启航”青年学社，邀请各行业的知名专家讲师分领域、分人群、有针对性的开设精品课程。按照计划，青年学社第一课—助力公考·申论高分技巧专场于12月21日正式开讲。

【青年文明行动】 开展“我的中国梦”主题教育实践活动，以培育社会主义核心价值观为引领，组织全县各级团、队组织开展入团入队仪式、18岁成人礼、主题团队日等教育实践活动；清明节期间，开展祭扫革命烈士墓活动；在全县各中小学团员和少先队员中开展“我的中国梦——培育和践行社会主义核心价值观活动”，以“3·5”学雷锋日、“五四”青年节、“六一”儿童节等为契机，利用学校广播站、队室、宣传栏、黑板报、墙报和手抄报等校内宣传载体，集中持续宣传社会主义核心价值观要求，使学生熟记熟背、入脑入心，并集中组织开展主题团、队日活动；团县委联合税务局团支部、供电公司团支部和农商行组织团员青年50人到怀柔区生存岛开展户外拓展训练，重走长征路，进行“体验式”爱国主义教育；团县委和税务局团支部组织青年栽植青年林，深刻践行总书记习近平提出的绿水青山就是金山银山的理念，倡导绿色发展新风尚。在纪念“五四”运动100周年热潮之中，一张来自共青团系统的邀请函传遍大厂县每个角落，税务、供电、外卖、快递、医疗、消防、武警、交警、农村青年等各行各业200名一线青年应邀齐聚大厂民族宫，齐声唱响“光荣啊，中国共青团”，振奋激昂的团歌响彻天地。

【青少年维权行动】 为抓实预防青少年违法犯罪和维护青少年合法权益工作，团县委拉动社会力量，联合“爱自然生命力体系”和河北省心理咨询师协会，打造共青团关心青少年健康成长的品牌项目——青少年维权心理辅导系列讲座，分别在祁各庄中心学校和大厂高级实验中学举办2场专题讲座，为200名学生和老师进行精彩授课，使学生们懂得如何应对校园暴力、如何疏导学习压力，有效增强学生的自我保护意识，营造出全社会共同关注青少年健康成长的良好氛围。

（毛　鑫）

大厂回族自治县妇女联合会

【概况】 大厂回族自治县妇女联合会内设1个办公室。2019年，县妇联坚持服务大局、服务基层、服务妇女，努力为妇女儿童办实事、办好事，切实维护妇女儿童合法权益。

【文明家庭创建】 举办庆“三八”暨最美文明家庭、十佳美丽庭院表彰工作会议。3月7日，在县行政服务中心北楼一层大会议室举办庆“三八”暨最美文明家庭、十佳美丽庭院表彰工作会议。对2018年度涌现出的“三八”红旗集体、“三八”红旗手等先进集体、先进个人和最美文明家庭、十佳美丽庭院示范户进行表彰。“三八”红旗手代表马艳平、巾帼建功标兵代表廊坊天工巧匠工艺品有限公司总工艺师王静、最美文明家庭代表胡悦进行典型发言。积极向河北省、廊坊市推报优秀妇女典型，2人获省级“三八”红旗手、巾帼建功标兵等荣誉，5个集体获市级巾帼文明岗、优秀妇女组织等荣誉，6人获市级“三八”红旗手、巾帼建功标兵等荣誉。王书平家庭被评为省级“最美家庭”，王一婷等5个家庭被评为市级“最美家庭”。开展“最美文明家庭”评选活动。3月5日，联合县文明办共同制定下发《关于开展2019年“最美文明家庭”评选活动的实施方案》，并召开专题会议，对大厂县常态化寻找“最美文明家庭”活动进行安排部署。县妇联全体机关干部、各镇（园区、街道）妇联主席、各村街（社区）妇联主席130人参加。通过个人、村、镇层层筛选推荐上报，县妇联、文明办对上报的44户“最美文明家庭”基本情况及主要事迹材料逐户进行认真审核，并经纪委、政法、卫健、信访等有关部门联合审核，评选出孝老爱亲、夫妻和睦、敬业奉献、教子有方、绿色节俭、热心公益等“最美文明家庭”候选家庭34户，并在新农民报进行公示、表彰。

【巾帼建功】 3月8日，妇联联合县人社局组织举办春风行动暨妇女专场招聘会，邀请进场招聘企业50家，提供操作工、销售、文员、保洁绿化等500个岗位，适合女性的岗位200个，达成就业意向妇女100人。招聘活动中，巾帼志愿者们发放优惠政策明白卡、《农村建档立卡贫困人口扶贫手册》、《就业指导》、《就业创业扶持政策早知道》、《高校毕业生就业政策问答》、妇女维权知识、健康知识等宣传资料1000份。县妇联充分发挥龙头带动作用，帮助更多妇女增加收入，培树省级巾帼巧手脱贫示范基地1个，省级巾帼乡村旅游点1个，在廊坊好生活宣传大厂县廊坊天工巧匠有限公司王静助力精准脱贫帮扶妇女就业事迹。10月26日，开始与县职教中心、河北国铁职业培训学校联合在职教中心、就业服务局相继组织4期家政服务培训班，240名妇女参加母婴护理员培训。10月30日上午，在职教中心举办大厂县巾帼家政技能竞赛，35人报名参加比赛。经过宝宝呛奶急救和泡奶粉2轮比赛，18名选手分别获得一、二、三等奖。

【维护妇女儿童合法权益工作】 开展维权宣传咨询活动。结合“三八”维权周、“12·4”法制宣传日等深入社区、市民广场等开展普法宣传咨询活动，通过悬挂横幅、宣传展板、发放宣传资料、现场讲解等多种形式对《河北省妇女权益保障条例》《中华人民共和国反家庭暴力法》《中华人民共和国未成年人保护法》等相关知识进行广泛宣传。活动中，发放宣传册、宣传页、宣传挂历等宣传资料1000份，解答10名妇女政策法规、健康、就业等方面的问题，营造妇女学法律、家庭创平安、和谐共发展的良好氛围。此外，“三八”维权周活动期间，还开展“三八”维权周微信竞答等活动，通过新媒体形式向群众普及法律知识。镇村妇联组织充分发挥村（社区）“妇女之家”“12338”妇女维权热线等维权工作阵地的作用，确保维权服务进村街、进家庭、到身边。继续加大信访工作力度。认真接待妇女群众来信来访，全年接待妇女来访咨询4件次，全部给予妥善解决，较好维护妇女合法权益。举办“木兰有约”、婚姻家庭矛盾纠纷调解培训等活动。邀请廊坊市“木兰有约”法治宣讲团分别在祁各庄、陈府、夏垫开展3次法治宣讲活动，讲解《民间借贷相关法律知识》《防范电信诈骗》等贴近群众生活的相关知识，200人受益。

【妇女儿童帮扶工作】 结合春节、母亲节、儿童节、“9·1”等时间节点，组织巾帼志愿者将耀华房地产、神华公司、农村商业银行、云峰地产、大统食品、福连公司、地税局、关工委、老促会等9个爱心集体和15名爱心个人的爱心款物送到贫困妇女儿童手中。慰问儿童151名，妇女13名，送去慰问款物17.35万元。

【巾帼志愿服务】 妇联充分发挥巾帼服务联盟作用，与各志愿服务组织紧密合作，开展“福到万家”送春联、“弘扬雷锋精神 助创文明县城——为群众送温暖”公益活动、“纪念国际家庭日，关注家庭建设，促进家庭幸福”家风宣传等创城、创卫、大气污染防治、个人信息安全保护、送温暖等志愿服务活动10次。志愿者们弘扬奉献友爱互助进步的志愿服务精神，积极参与志愿服务活动，传播文明理念，传递社会正能量，努力构建文明和谐、崇德向善的社会环境。

【队伍建设】 加大妇女干部培训力度，提升整体素质，改进工作作风，为妇女群众多办暖心事。同时，按照妇联改革工作要求，健全和完善全县妇联组织，加强妇联组织区域化建设，达到100%完成镇级妇联换届。达到100%村级妇联完成“会改联”，11月21日在金建宾馆三层演播厅隆重召开圆满召开大厂回族自治县妇女第五次代表大会，同时以县、镇、村级妇联换届为契机，选优配强妇联班子，充分发挥各级妇联组织的作用，进一步筑牢妇联组织基础，增强妇联组织联系和服务妇女的能力。

（吴习颖）

大厂回族自治县科学技术协会

【概况】 大厂回族自治县科学技术协会内设1个综合办公室，为股级机构，是中共大厂县委领导下的人民团体，是党和政府联系科技工作者的桥梁和纽带，是推动科学技术事业发展的重要社会力量，属独立建制单位。2019年，在县委、县政府的坚强领导下，在市科协正确指导下，县科协领导班子团结协作，拼搏进取，围绕科协系统改革方案要求，强力推进各项改革任务落实。认真做好加强基层组织建设工作，指导镇、街道、高新区科协组织建设，推进基层科协组织力建设有序推进。加强机关作风整顿，立足实际找差距，积极整改勇担当，高标准完成科协承担的各项工作。

【服务企业科协和创新工作】 按照县委安排和部门工作职能，积极组织科协干部职工观摩工业企业，深入高新区对景隆重工、佳美体育和顶津食品等企业进行调研。调研重点围绕“企业生产经营状况、存在问题”和“技术人才合作供需要求”方面问题。科协着力为企业引智搭建平台、搞好服务，与太库沟通建立科技工作者之家，指导高新区科协组织建设，推进基层科协组织力建设有序推进。推荐优秀青年企业家刘佳欢参加河北省新时代“冀青之星”主题选树活动并成功入围，借此机会用典型激励、示范带动大厂县内一批青年人进位争先。5月30日，是第三个“全国科技工作者日”。科协牵头组织相关部门和部分科技工作者广泛参与，开展以“礼赞共和国、追梦新时代”为主题的全国科技工作者日系列活动。于5月23日、24日协同相关部门，在永安小区广场和市民广场相继开展宣传活动，活动中设展板16块，发放《科普常识》《安全小常识》等宣传资料500份，惠及群众200人。5月27日，在卫计局会议室与20名医疗工作者进行座谈。5月28日，联合卫计局、高新区部门，分别带领县人民医院和中医院组成的20人医疗服务队，深入景隆重工和顶津食品2家大型企业200人企业科技工作者进行义诊。5月29日，协同高新区共同组织企业科技工作者代表和教师代表50人，分别参观规划馆、京东工艺品公司、影视小镇、景隆重工和顶津食品公司。

【科普宣传工作】 1月21日，邀请农业局费继兰到陈府镇开展全民素质大提升培训活动，受益群众30人。4月8日、9日，邀请中国科学院老科学家徐德诗走进大厂县祁各庄镇、大厂镇、永安里社区、牛万屯村为200名镇村、社区干部群众进行4场主题为《不畏天灾，科学应对》的科普讲座。10月11日，邀请解放军307医院门诊部原主任韩莉到大厂县陈府镇政府和夏垫镇政府为镇、村两级的干部群众150人作题为《生活方式与生命质量》的科普报告。9月16日，在市民广场开展集中宣传活动，14个单位参加，现场发放资料2000份，受益群众300人。科协邀请中科院老科学家科普演讲团高文斌于9月17日到大厂县道德养成馆和大厂镇政府为县直各机关主管副职和村两委班子140人作题目为《心理管理能力的培养与提升》的科普报告。9月18日，科协联合县卫健局、高新区和北辰街道办事处共同组织县医院、中医院2支义诊队伍，分别进入永安里社区和首创大街社区为社区居民讲授健康知识、开展义诊活动，惠及群众150人。9月19日，科协协同高新区、教育部门组织县职教中心学生50人，到县内时硕微芯、力准机械、西波尔、影视小镇4家重点企业进行参观学习。9月21日，组织教育和体育局工作人员、各学校优秀教师和学生代表50人到中国科技馆和中国航天员中心参观学习。“全国科普日”系列活动组织达到非常好的预期效果，县科协被河北省科协等5部门评选为“2019年河北省全国科普日活动优秀组织单位”。加强现代化、网络化科普宣传。与电视台合作开办科普大篷车电视宣传栏目，每周四和周日在大厂电视台“风景线”栏目的“科技与生活”板块中播出，每期15分钟。与新农民报合作开辟“科普与百姓生活专栏”，与为人民服务网合作开辟科普园地，科协和相关部门定期供稿及时调整宣传内容，随时收集关注群众点击率和意见建议，把这个媒体宣传平台做得更好。同时，不放松传统科普宣传方式，编排科普宣传读本，摘编科普知识，编印成册，分发到社区、学校以及在各种集中活动中发放。

【开展科普进校园工作】 第二届流动科技馆自2019年1月7日入驻县城区一小，经专业人员的安装调试，于3月4日起陆续接待学生参观、体验、学习，展览内容以科技馆特色的互动展品为主，包括基础科学、健康生活、数字生活、安全生活等，截至3月20日，接待19所中小学校2700名师生；11月29日，邀请北华航天工业学院教授张博洋、郝朔和陈艳红老师为一小、二小、祁各庄中心校、田各庄学校学生做4场科普报告，受益师生640名；4月20日、21日，组织中小学生参加第八届河北省青少年机器人竞赛，其中二中李玖隆、刘昀鹏和韩日新获机器人创意比赛一等奖；与教体局、团委、妇联共同确定开展联合共建青少年科学工作室工作，选定田各庄学校为共建单位，并联合社会事务局、总工会，共同推荐田各庄学校赫立娟参加第七届“河北省科普事业贡献奖”评选并成功入围。

【开展创城、创卫工作】 1月—6月，科协全体干部职工坚持每周到所包的粮食局家属楼和文广西里小区开展“访社区、进万家、解民忧、聚民意”入户走访活动，发放创建文明城市、卫生县城明白纸、宣传册，并征求意见填写入户走访活动信息卡。按照县创卫办要求，对2016年以来的档案资料进行整理，以创卫工作为契机，加强管理，落实责任，加强日常保洁，着力开展好控烟工作，成功创建县级卫生单位。7—12月，每周六上午，科协全体干部职工到所包的迎春小区开展文明县城入户宣传走访工作，为住户发放市民文明手册、明白纸和调查问卷，征求住户对开展文明县城工作的意见和建议。10月，县创卫办和科协联合举办的“争做城市主人、勇当创卫先锋”创卫知识有奖竞活动，广大市民踊跃参与，通过现场竞答和微信竞答的方式答题，参加人数17144人次，其中2216名群众获得奖项。科协还在大厂回民一中、二中、一小、二小学校开展创卫知识竞答活动，并购买900份科普图书等作为奖品发给4所学校的学生们，掀起全民参与“创卫”的新高潮。

（何　亮）

大厂回族自治县工商业联合会

【概况】 大厂回族自治县工商业联合会在县委、县政府的正确领导下，在市工商联和县委统战部的具体指导下，以中共十九大精神和习近平新时代中国特色社会主义思想为指引，深入开展“不忘初心、牢记使命”主题教育活动，坚持政治建会、团结立会、服务兴会、改革强会，不断增强工商联凝聚力、影响力和执行力，积极引导广大非公有制经济人士自觉做爱国敬业、守法经营、创业创新、回报社会的表率和践行“亲清”新型政商关系的典范，弘扬优秀企业家精神，为新时代加快建设经济强县、美丽大厂做出贡献。

【构建“亲清”新型政商关系】 2019年，先后邀请发改局、社会事务局、审批局、税务局、供电公司、高新区、金融机构等召开银企座谈会、民营经济发展政策宣讲会、优化营商环境座谈会、非遗商会银企座谈会等10次，进一步贯彻落实总书记习近平在民营企业家座谈会上的讲话精神，丰富服务企业手段，不断为企业搭建转型升级的优质平台，构建新型政商关系。2019年，县工商联与县检察院联合举办2期“护航民企检察开放日”活动，为民营企业宣传普及相关法律政策，提供法律咨询指导，加强对发展非公经济合法权益的司法保护，减轻企业负担，为促进大厂县服务保障民营经济发展打下良好的基础。组织专项培训活动，推动转型升级， 先后组织企业代表30人次赴浙江、湖南、山东等地参加省市县相关部门组织的金融知识培训班、决策与管理能力提升研修班、青年企业家培训班、民宿与全域旅游培训班等学习培训，更好地了解资本市场，拓宽融资平台。组织部分民营企业家赴永清县燕南春酒文化博览园、廊坊新奥集团学习考察，并就如何充分利用地缘优势和文化底蕴发展工业旅游产业进行交流，为推动企业转型升级、加速推进县域工业旅游产业发展提供良好发展思路。

【助力推进区域经济社会发展】 为贯彻省委、省政府关于推动北三县与通州区协同发展的决策部署，提升重点平台承接北京非首都功能疏解的能力和水平，在与北京城市副中心“统一规划、统一政策、统一标准、统一管控”中实现融合发展，促进大厂县与北京城市副中心的经贸、商务往来。12月，与通州区、三河市、香河县工商联联合签订《北京市通州区工商联与廊坊市三河市、大厂回族自治县、香河县工商联（商会）联盟合作框架协议》，充分发挥工商联桥梁纽带作用，建立四地相互连接、考察交流平台，相互提供所在地区在经贸、文化、投资、商务、旅游项目等方面的信息资源和优惠政策。加强联盟地区非公经济人士及青年人才培养互动机制，加强队伍建设和项目精准对接。建立联合服务机制，为联盟地区会员企业提供金融、科技、法律、人才等方面服务，开创对接融合发展新局面，为推进县委“全民服务副中心”行动做出贡献。努力创新基层调研方法，将工作重心下移开展走访调研活动。全年，深入润昌汽车内饰件有限公司、时硕微芯、兴安木业、力准机械等60家非公企业进行走访调研，实地了解企业的经营状况，听取企业诉求，汇集企业实际困难，及时向相关职能部门反映，协调解决。2019年，撰写《关于全力推动民营经济高质量发展的调研报告》《关于大厂文旅产业现状及未来发展建议》《关于破解企业用工难问题的调研报告》等调研报告4篇。同时，针对企业在发展过程中遇到的融资难等问题，在召开银企座谈会的基础上，深入开展银企一对一对接交流，为燕达彩钢、时硕微芯等多家企业协调贷款1500万元。工商联积极开展“大走访、大调研”活动，通过为非公企业开展政策宣讲、法律帮扶、银企对接、名校学习等活动，不断激发大厂县非公经济人士参与诚信经营的主动性、自觉性。通过开展“大走访、大调研”活动，县工商联收集整理出80家会员企业基本情况、产品展示图片以及县委、县政府先后出台的相关涉企政策，编印工商联（总商会）《会员企业名录》第一辑，提高政策文件的知晓率，为县域内会员企业之间增进了解域外来访企业交流奠定基础，促进非公企业来大厂县投资的信心和决心。

（韩　啸）

大厂回族自治县文学艺术联合会

【概况】 大厂回族自治县文学艺术界联合会（简称“大厂县文联”）成立于1990年2月，内设1个综合办公室，是中共大厂县委领导下的由全县性文艺协会及文学艺术工作者组成的群众团体，是县委、县政府联系文艺界的桥梁和纽带。主要职能：贯彻落实党的文艺工作方针，为全县文艺工作者协会做好联络、协调、服务和指导工作，团结全县文艺工作者，听取和反映文艺界的情况和意见；组织召开县文联代表大会、县文联基层协会例行会议以及组织召开全县文艺工作者专题会议；宣传、动员、组织广大文艺工作者致力于发展繁荣大厂文艺事业，组织文艺工作者深入生活、创作优秀作品；组织文艺研讨和学术交流工作，与有关部门共同组织相关艺术活动的评奖工作；协同有关部门，组织县内外艺术界的民间文化交流活动；维护团体会员和文艺家的知识产权等合法权益；承担县委、县政府交办的有关事项。

【基层协会】 大厂县建有美术协会、摄影协会、书法协会、诗词协会、作协会等5个基层艺术组织。县级会员达到242人。

【服务基层】 坚持不懈地服务基层，开展送春联下乡活动，把群众作为服务的第一对象，将发展惠民用于文化乐民，20名文艺工作者深入5集4村3企业（“5集”：大厂镇、夏垫镇、祁各庄镇、陈府镇、邵府镇；“4村”：许官屯村、西马庄村、大东关村、袁庄村；“3企业”：沧州银行、大厂民族宫、京锐釉料有限公司），书写春联5000副，把县委、县政府对全县人民的祝福送到千家万户，进一步丰富城乡群众文化生活，展现大厂县青年音乐爱好者的魅力，举办“我和我的祖国2019大厂好声音青年歌会”，活动突出“我爱你中国”主题，唱响“我和我的祖国”旋律，充分展现全县音乐界对伟大祖国的挚爱和对美好生活的向往。进一步繁荣舞蹈事业、推进舞蹈创作、展示舞蹈风采、提高舞蹈水平，6月23日至24日，在文化广场举办“舞动你的奇迹—2019年大厂县舞蹈大赛暨第四届廊坊市舞蹈大赛大厂赛区选拔赛”，32支参赛队伍、1000名参赛人员、5000名观众共同创造大厂舞蹈事业的新辉煌。

【创新活动】 组织文艺志愿者深入多个小区进行五城同建(创建国家卫生县城、创建国家园林县城、创建国家生态文明建设示范县、创建全国双拥模范县、创建全国文明县城)宣传。深入西关村为贫困户武文胜送去20次温暖，并对贫困户家庭进行整体装修。组织戏曲进校园、诗词进校园、书法进校园活动，大力弘扬中华传统文化。6月，县文联组织全县书法爱好者和全县少年儿童开展以文明县城创建为主题的系列书法创作活动，举办“书写文明语，共建文明城”创城书展暨“文明从这里开始”全县少儿绘画大赛优秀作品展，300副优秀主题作品在民族宫展出，有力助推文明县城创建。

【重点突破】 按照县委、县政府建设北京城市副中心后花园目标定位和全民服务副中心的工作思路，积极寻找切入点，在城市副中心的建设发展中找准定位。下半年，先后组织艺术骨干 2 次赴通州台湖艺术小镇、环球影视城、大运河森林公园、宋庄书画基地等实地采风考察，同时积极与通州区文联进行对接，与平谷文联共同打造大厂书画之乡。9 月 21 日，为喜迎新中国 70 华诞，与平谷区文联共同举办“新时代祖国颂”庆祝中华人民共和国成立 70 周年诗书画作品展，展览汇聚大厂、平谷艺术家经典之作，展现艺术家良好的政治素质和艺术水平，表达艺术家对伟大祖国的无限挚爱，成为 2019 年书法艺术的经典集萃。

【思想教育】 以“不忘初心，牢记使命”主题教育活动为契机，提升政治站位。先后组织调研座谈 20 次，撰写体会文章 20 篇，撰写《关于新时代文艺发展方向的调查报告》《关于实现文艺发展大跨越的调查报告》等调研报告 4 篇，查找问题 40 个，并全部整改到位。首先狠抓制度建设，先后制定和完善干部学习、财务管理、请销假等 8 项制度。每半年召开 1 次党风廉政建设会议，每半年召开 1 次民主生活会，用制度倒逼每名干部守法守纪、尽职尽责。其次，狠抓意识形态工作，制定县文联对文艺协会的管理办法，印发《关于进一步加强文艺界意识形态工作管理的意见》，提出重大活动文联必须参与、重要作品文联必须审核、重要节日文联必须有活动的要求，将意识形态的领导权牢牢抓在手上。最后，狠抓担当担责。抓精品创作，让更多的正能量释放出来；抓阵地建设，让传统文化活起来；抓人才，让优秀人才站起来，从而使文艺界风清气正，主流创作氛围逐步形成。

（杜 雪）

大厂回族自治县计划生育协会

【概况】 2019 年，大厂回族自治县计划生育协会在县委、县政府正确领导下，在廊坊市协会指导下，以“健康廊坊、健康家庭”建设为主线，以巩固提高计生协工作质量为目标，稳步推进机构改革，深入提升服务群众能力，强基固本，做亮品牌，创新承担宣传教育、生殖健康服务、优生优育指导、计划生育家庭帮扶、权益维护和流动人口服务 “六项重点任务”。

【亲情关爱】 卫健局、计生协于春节前上门为所有亲情关爱家庭送去肉、米、面、油等慰问品；制订县级“亲情关爱”活动实施方案，为全县57户帮扶对象建立帮扶档案，并且为每位亲情关爱家庭成员107人投保意外伤害护工补贴保险。

【群众自治】 按照组织建设好、制度规范好、村（居）务公开好、宣传服务好、计生诚信好、文明建设好的“六个好”标准，继续开展计生基层群众自治示范村（居）创建活动。

（王秀菊）

大厂回族自治县残疾人联合会

【概况】 大厂回族自治县残疾人联合会内设综合办公室1个股室，主要开展残疾人组织联络、康复、教育、就业、文体宣传、信访维权和用品用具等业务工作。2019年，残联在县委、县政府的正确领导下，在省、市残联的精心指导下，深入学习贯彻习近平新时代中国特色社会主义思想和中央十九大精神，不断强化政策落实，加强组织建设，持续开展脱贫攻坚工作，扎实推进残疾人康复、教育、就业、社会保障、文化体育、信访维权等工作，全面完成各项工作任务。

【扶贫助残】 残联结合部门职责，从社会救助保障、精准康复服务方面入手，认真开展实施产业帮扶、实用技术培训、精准康复服务、托养照料服务、家庭无障碍改造服务、残疾大学生救助、残疾人应急救助、有线数字电视免费安装、人身意外伤害保险帮扶、志愿帮扶、免费乘坐县域内公交车 11 项帮扶行动，多方面解决贫困残疾人家庭的困难，助力贫困残疾人精准脱贫。

【残疾人就业】 积极收集残疾人就业需求信息，及时掌握残疾人的求职情况和社会各用人单位的空岗信息、招聘信息，为残疾人职业指导和职业介绍提供内容和条件；按照要求收集、整理和录入残疾人培训、就业的相关信息，做到数据真实、资料齐全、录入及时，确保应录尽录；2019 年，新增城镇残疾人就业 77 人，扶持残疾人个体创业 5 人，开办残疾人实用技术培训班 1 期 90 人。

【残疾人康复】 为 12 例 0 岁至 14 岁残疾儿童提供康复训练，发放康复补贴 142500 元；为 72 名精神病人补贴住院费用、服药费用 46500 元；为 2 名听力障碍儿童申请免费安装电子耳蜗并提供康复训练服务；完成家庭医生签约 328 人；新验配助听器 92 台；全年免费发放轮椅、手杖等康复器材 90 件，受益家庭 85 户；继续实施“阳光家园计划”，为 40 名智力、精神和重度残疾人提供托养服务；实施残疾预防行动计划，广泛开展残疾预防知识宣传，提高全社会残疾预防意识。

【残疾人维权】 坚持“保障残疾人权益、共建和谐社会”的宗旨，大力维护残疾人合法权益，进一步促进残疾人权益保障水平的提高。切实做好残疾人信访接待工作，及时掌握残疾人状况，把问题解决在基层，解决在当地，解决在萌芽状态。2019 年，接待包括就业登记、康复训练、医疗救助在内的来电来访 35 人次，均得到满意的答复，未发生一起进京访、集体访、越级访。认真贯彻落实惠及残疾人的法律法规和政策措施，与县司法局法律救助中心合作，切实为残疾人提供全面优质的法律服务。认真做好残疾人机动轮椅车燃油补贴工作，按照补贴对象和对补贴车辆的要求，为 12 名残疾人发放燃油补贴 3120 元。按照有线数字电视补贴要求和标准，为视力、听力言语残疾人家庭有线数字电视进行全补，为肢体、智力、精神残疾人家庭有线数字电视进行半补。

【残疾人文化体育】 开展形式多样的宣传活动，在主要街道、繁华地段设置宣传台，向过往行人发放《残疾人康复知识手册》2000册；组织沿街相关单位悬挂宣传标语10幅，滚动播放电子屏幕宣传标语100条；在乡村广播站播发信息20条。组织开展各类文娱活动，提高残疾人生活质量。为帮助残疾人进一步参与社会活动，在全国“助残日”期间，举办 展牌宣传、免费观影、广场义诊等活动。在残疾人文化进家庭活动中，组织残疾人到北京国际鲜花港免费游园，为残疾人能更好地融入社会、共享阳光发挥桥梁、纽带作用。进一步推进残疾人体育运动健康稳定发展。做好残疾人运动员的培养选拔工作，参照残疾人运动员选拔条件和比赛项目内容，认真做好筛查统计工作，确定1名选拔对象。摸底上报体育健身指导员14名，逐步提高残疾人体育健身指导服务能力和服务水平。开展智力残疾人“特奥日”和肢体残疾人“健身周”活动，带动基层残疾人健身活动广泛深入开展。

【残疾人居家托养】 2019年，确定居家托养40人，将给予的每人每年1500元居家托养专项费用拨付至燕郊冶金医院，由冶金医院按协议对40名居家托养人员进行医疗康复服务。

【残疾人两项补贴】 认真对持证重度残疾人生活补贴进行身份审核，做好贫困重度残疾人生活补贴、护理补贴的身份审核工作，协助民政部门为困难重度残疾人发放生活补贴、护理补贴300万元。

（李建菊）

大厂回族自治县伊斯兰教协会

【概况】 大厂回族自治县伊斯兰教协会（简称县伊协）是全县各族穆斯林群众的爱国宗教团体，是县委县政府联系穆斯林群众的纽带和桥梁。县伊协在县民宗局楼内与民宗局合署办公，有专兼职工作人员3人。2019年1月，大厂县实施机构改革，县委政府决定，原县伊协继续从事伊协工作。

【伊斯兰教领域管理】 在宗教界大力弘扬爱国爱教爱家乡做奉献的优良传统，坚持宗教中国化方向，反对沙化、阿化和清真泛化，巩固和谐清真寺创建活动成果，继续开展宗教活动场所安全年创建活动、和谐清真寺创建活动，以实际行动迎接中华人民共和国七十周年；进一步落实完善宗教领域的社会保障措施，让宗教界人士充分感受党的宗教政策的温暖；引导回族群众有序朝觐，充分展示新时代中国穆斯林的崭新形象。

【和谐清真寺创建】 县委县政府高度重视，大力支持全县宗教界开展创建活动。县委书记谷正海、县长刘宝旺深入清真寺慰问穆斯林群众，与穆斯林群众一起欢度传统节日；县委常委、统战部部长康建军走遍全县半数以上的清真寺，深入基层，与各清真寺寺管会主任、阿訇和信教群众代表座谈，实地了解各清真寺创建活动开展情况；在创建活动开展过程中，县伊协坚持因地制宜、循序渐进的原则，充分调动各清真寺寺管会的积极主动性，充分发动广大穆斯林群众积极参与，通过开展创建活动，各清真寺寺管会的民主管理水平不断提高，寺管会和阿訇为信教群众服务的意识不断增强，宗教界人士和信教群众爱国爱教的意识更浓。

【书写穆斯林】 大厂县伊协秘书长海宝明撰写一系列庆祝中华人民共和国70周年的文稿，其中《七十年，大厂回族人的北京故事》《回首七十年满眼幸福感》在河北省伊协主办的河北穆斯林杂志发表。

【穆斯林朝觐】 朝觐是伊斯兰教的5项功课（念清真言、礼拜、斋戒、天课、朝觐）之一。2019年，有18名穆斯林群众获得朝觐资格，顺利完成朝觐功课。为引导穆斯林有序朝觐，县伊斯兰教协会帮助回族群众正确填报报名材料；对朝觐报名的回族群众加强爱国主义教育培训，强化回族群众的爱国爱教意识；

教育朝觐归国的回族群众崇尚简朴之风，简化出国、回国接送程序，传承伊斯兰教勤俭节约的优良传统，不给清真寺和家庭亲友增加过多的负担。

【欢度圣纪节】 11月8日上午，县四套班子领导到大马庄村清真寺与回族干部群众一起欢度节日。大马庄村党支部书记马路臣代表全村干部群众表示，不辜负县委政府的殷切希望，竭尽全力为大厂的发展做贡献。县领导为大马庄清真寺送去4000元慰问金。

（海宝明）

法治 军事

政法

【概况】 中共大厂回族自治县委政法委员会内设综合办公室、政治处、维稳办、扫黑办、网格化服务管理中心和2个事业科室（综治中心、信息化建设中心）。

【稳定工作】 2019年，大厂县结合实际情况，有针对性地做好各类利益诉求群体稳控工作。重点做好“金吉通”“善心汇”“卓达”“e租宝”等非法集资人员的教育稳控工作。督导各镇（街道、园区）、公安、社会事务、教育和体育等部门原电影放映员、民办教师、“邪教法轮功”等重点群体、特殊人群进行排查梳理并做好稳控工作，对新排查出的各类纠纷逐一登记造册，明确责任人，边排查，边调处。对省挂账的2个重点建设项目进行风险评估，组织相关单位对建设项目进展情况进行及时通报和风险隐患排查。对重要节点进行风险评估，围绕全国“两会”、新中国成立70周年系列庆典活动等重大活动和重要节点，及时掌握影响稳定的重点村街、重点群体、重点环节、重点领域，将不稳定隐患化解在萌芽状态，确保各个重要节点平稳度过，保障各项重大活动顺利举行。

【安保工作】 2019年，组织协调全县各级各部门做好全国和省市党代会、全国“两会”、暑期、“第一届大厂回族自治县文化旅游产业发展大会”、新中国成立70周年系列庆典活动、澳门回归20周年等重大活动和重要节点安全保卫工作。督导公安、交通、应急、市场监督等部门分别做好社会面管控、安全生产监管、道路安全整治和视频卫生整治等工作，确保重要时期县域的和谐稳定。强化谭台治安检查站“过滤网”作用，对进京人员、车辆、物品实施安全检查，加强铁路护路联防工作，巡逻守护，确保重要时期县域的和谐稳定。

【扫黑除恶工作】 2019年，先后5次向县委常委会议提交扫黑除恶相关议题，传达学习上级文件、会议精神，研究部署扫黑除恶工作。组织召开扫黑除恶领导小组及办公室会议、重点案件调度会、案件会商会议11次，确保各项措施落实见效。研究出台《大厂回族自治县2019年扫黑除恶专项斗争工作要点》《中央扫黑除恶督导“回头看”反馈意见整改工作实施方案》《关于开展全县扫黑除恶问题整改“回头看”的实施方案》，对标上级督导检查反馈意见，明确全年目标要求和任务。7月、11月，县扫黑办对各镇（街道）、园区和县直重点部门进行实地督导检查。督查工作采取查阅相关资料、听取工作汇报、个别座谈、实地走访填写问卷等方式，对存在问题的部门下发督办函，限期整改。县扫黑办会同县电视台制作扫黑除恶抖音小视频，点击量突破3600万人次。研究制作扫黑除恶成果展，全面展示大厂县扫黑除恶专项斗争工作成效。利用展牌和自制的宣传资料，向企业、学校、村街、农贸市场等人员密集场所延伸，印制宣传品2万份，发放至各相关部门和社会群众。

【基层基础工作】 2019年，全县累计排查矛盾隐患93件，全部化解。同时，建成9个行业性专业性调委会，在各镇、街道建成婚姻家庭调委会、戒毒康复站和心理咨询室。开展网格化管理和信息录入工作，将全县划分综治网格180个，网格员完成培训并开展信息采集上报工作。网格员通过手机APP终端上报矛盾纠纷、安全隐患等各类信息980条。2019年，在创新中心建成集智慧综治、智慧城管、智慧园林等为一体的智慧城市指挥中心，总面积3000平方米。其中，智慧综治作为核心，面积1000平方米。县、镇两级综治中心全部建成投入使用，80%的村完成综治工作站建设并投入使用。“雪亮工程”在全县新装监控探头1500个，并与公安部门实现联网。对镇、村综治中心组成人员进行调整，安排业务能力强的人员参与综治维稳工作，确保各项工作举措落到实处。为全县农村家庭每户投保10元的农村治安保险，以出险理赔为补充，减少群众人身财产损失，发挥保险业对平安建设补位作用。全年，理赔14起，理赔金额5.31万元。牵头做好精神障碍患者排查登记，为清查登记的466名精神障碍患者投保责任人险，对23名3级以上严重精神障碍患者监护人落实以奖代补资金，按季度发放。2019年，组织夏垫镇和县直有关单位完成铁路沿线彩钢房整改加固35处、摘除广告牌匾3处、拆除围栏1处、加固围栏4处418延米，新修缮厂区围墙60延米，清理堆土堆物（含垃圾）16处、570立方米，砍伐铁路两侧树木1.2万棵。暑期安保期间，政法委聘请42名专业护路队员24小时在岗执勤，圆满完成铁路护路任务。

【综合治理】　深入推进“无诉讼乡（镇）、村（街）”创建工作，整合基层法庭、司法所、人民调解员、人民陪审员等各方面力量，把矛盾纠纷控制在乡镇（街道），化解在基层；健全人防、物防、技防互为支撑，专门队伍、群防队伍、志愿者队伍多方协同，民警包片、居民互助、商业保险互为补充的“大防控”格局，提升基本要素掌控能力，发挥治安防控整体效能；坚持共建共治共享，大力推进平安大厂建设，推动社会治理重心下移，把人力、财力、物力更多投到基层，以网格化管理、社会化服务为方向，健全基层综合服务管理平台，强化城乡社区自治和服务功能。

重点围绕“乡村振兴”、“双创双服”、打造城市副中心后花园、全民服务副中心行动提供和谐稳定环境，严厉打击污染大气、破坏生态环境等行为，保障群众生产生活安居乐业，全县经济发展健康平稳。开展公益诉讼、诚信建设等工作，为企业家创立公平公正环境，为民营企业保驾护航。依法审慎办理涉企案件，做到查办案件与规范行为并重、采取强制措施与保障合法权益并重、惩治犯罪与挽回损失并重，最大限度减少司法办案对涉案企业正常生产经营活动的影响。

【队伍建设】 2019年，按照全市政法队伍建设工作总要求，以学习宣传贯彻习近平新时代中国特色社会主义思想、中共十九大重要讲话精神为主线，认真落实中央、省委、市委政法工作会议精神和部署要求，深入推进思想政治、业务能力、纪律作风建设，全力打造新时代政法队伍。以学习宣传贯彻《中国共产党政法工作条例》为牵引，不断加强党对政法工作的领导，对条例的学习贯彻，将条例纳入政法系统“不忘初心、牢记使命”主题教育学习目录，推动全县政法机关持续深入学习。将中央和省市县委关于主题教育的相关要求在全县政法系统落实落地，不划阶段、不分环节，积极推进学习教育、调查研究、检视问题和整改落实措施。主题教育中，全县政法系统领导班子开展专题学习30轮次，形成调研报告76篇，征求意见建议100条。

【“三定”方案编制工作】 根据中共大厂县委、县政府《关于印发〈大厂回族自治县机构改革实施方案〉的通知》要求，经县委组织部审核，县委办批准后印发《中共大厂回族自治县委政法委员会职能配置、内设机构和人员编制规定》（大办字〔2019〕46号），明确和细化县委政法委的主要职责、内设机构及人员编制情况。

（徐佳琪）

法 院

【概况】 大厂回族自治县人民法院按照编制50人以下的基层法院内设机构不超过5个的规定，将原有的18个内设机构合并5个内设机构：立案庭（诉讼服务中心）、综合审判庭、执行局、政治部、综合办公室。院党总支及其下设6个支部：机关第一党支部、机关第二党支部、机关第三党支部、大厂法庭党支部、祁各庄法庭党支部、夏垫法庭党支部，在职干警78人。2019年，人民法院在县委正确领导下，在人大和上级法院监督指导下，以习近平新时代中国特色社会主义思想为指导，深入贯彻中共十九大和十九届二中、三中、四中全会精神，围绕“努力让人民群众在每一个司法案件中感受到公平正义”目标，忠实履行宪法法律赋予的职责，各项工作取得新进步。全年，受理各类案件6453件，同比上升39.77%，审执结6176件，结案率95.71%，位居廊坊市法院第2位。

【依法履职】　2019年，受理刑事案件114件，审结113件。依法严惩黑恶势力犯罪，审结涉恶案件1件3人。审结故意伤害、强奸、抢劫等严重暴力犯罪案件32件。保持反腐高压态势，审结贪污、贿赂等职务犯罪案件3件。依法稳妥审结涉案金额较大、受害人数众多的诈骗犯罪案件8件。扎实推进刑事诉讼制度改革，对认罪认罚的57名被告人依法从宽判处，对16件轻微刑事案件适用速裁程序快审快结。审结民事案件3177件，其中妥善处理人身损害、婚姻家庭、劳动争议等涉民生案件346件，民生司法保障不断强化。设立道交一体化调解委员会，快调、快立、快审化解道交纠纷106件。坚持监督、支持行政机关依法行政与保护公民合法权益并重，审结行政案件31件。部署开展“涉民生”“腾房行动”“燕赵利剑”等集中执行活动9次，拘传55人，拘留40人，罚款50000元，公布失信被执行人489人，公开审判拒不执行法院判决裁定犯罪案件1件1人，执结案件2715件，起到有力的震慑作用。

【服务大局】　围绕县委“北京城市副中心后花园”定位和“全民服务副中心”思路，研究出台《关于为全民服务副中心行动提供司法服务和保障的实施意见》，扎实推进扶贫攻坚，开展入户走访、普法宣传等活动。依法公开审判恶势力团伙张某、尹某、林某3人强迫交易犯罪案件，针对案件中发现的问题，向相关重点行业和部门发出司法建议。建立健全涉黑涉恶犯罪及“保护伞”深挖彻查工作机制，开展涉虚假诉讼和“套路贷”案件专项排查，发布涉恶案件典型案例。坚持依法平等保护原则，审慎采取查封扣押措施，审结涉民营企业案件367件，营造安心经营、放心投资、专心创业的法治化营商环境。促进房地产市场健康发展，审结建设工程、商品房买卖等案件289件。防范化解金融风险，审结民间借贷、金融借款、融资担保等案件465件。

【司法为民】 坚持“让数据多跑路、让群众少跑腿”，完善“12368”热线、互联网、移动客户端等多元诉讼服务平台体系，实现网上立案172件，网上送达1283次。开通京津冀跨域立案服务，进一步实现就近能立、多点可立、少跑快立。加大司法救助力度，减、缓、免交诉讼费。认真落实大厂县《关于深入推进“无诉讼乡（镇）、村（街）”创建工作的实施意见》，强化诉源治理，创新工作机制，积极构建各方面力量共同参与的矛盾纠纷化解新格局。推进诉调对接，优化繁简分流，民商事案件诉前化解率31.52%，简易程序适用率86.46%，调撤率45.14%。

【狠抓队伍】 坚持党的领导，认真落实向党委请示报告制度，不折不扣贯彻好中央和各级党委决策部署。扎实推进“不忘初心、牢记使命”主题教育，开展书记讲党课、重温入党誓词、赴董存瑞纪念馆学习等活动，切实提升政治站位，树牢“四个意识”，坚定“四个自信”，做到“两个维护”。注重司法能力建设，组织干警参加业务培训50次。对标先进，到通州、三河、崇礼等法院交流学习。加强法院文化建设，完成院志编纂、院史馆建设工作，微电影《法官日记》荣获第六届亚洲微电影艺术节金海棠奖好作品奖。认真开展突出问题集中整治加强内部管理活动，聚焦薄弱环节，堵塞管理漏洞。严格落实从严治党“两个责任”（落实党委主体责任、纪委监督责任），开展廉政谈话、签订廉政承诺书，邀请纪委领导讲授廉政知识，筑牢廉洁自律防线。

【接受监督】 主动接受人大监督和政协民主监督，向人大常委会专题报告执行工作，严格贯彻落实人大决议及常委会审议意见。主动邀请人大代表、政协委员视察工作、旁听庭审、见证执行。依法接受检察机关法律监督，认真落实检察长列席同级法院审委会制度。广泛接受社会监督，网上直播庭审385件，公开裁判文书1947份。

（张淑杰）

检　察

【概况】　大厂回族自治县人民检察院内设第一检察部、第二检察部、第三检察部、政治部和办公室。现有在职干警41名，核定政法编制25名。2019年，在县委和上级院的正确领导下，在县人大及其常委会的有力监督下，在县政府、县政协及社会各界的大力支持下，以习近平新时代中国特色社会主义思想引航定向，深入学习贯彻中共十九大精神，坚持“说干就干、干就一流”工作作风，充分发挥检察职能作用，为新时代建设经济强县、美丽大厂提供有力司法保障。

【刑事检察】　负责普通刑事犯罪案件的逮捕、起诉，开展相关立案监督、侦查监督、审判监督及相关案件的补充侦查，办理相关刑事申诉案件。对本地监察委员会移送职务犯罪案件的审查逮捕、起诉。审判监督及相关案件的补充侦查，办理相关刑事申诉案件。2019年，检察院深入开展扫黑除恶专项斗争，严打各类刑事犯罪。办理审查批准逮捕案69件78人，提起公诉案94件118人，决定不批捕11件19人，决定不起诉21件22人，所办案件准确率始终保持100%。向侦查机关、审判机关发出检察监督文书6份、量刑建议83份，均得到采纳。对49件事实清楚、证据充分、被告人自愿认罪悔罪的刑事案件适用认罪认罚从宽制度，适用率82%。受理监委移送审查起诉案件3件3人，依法作出批准逮捕决定并提起公诉3件3人。办理恶势力犯罪案件1件4人。3月，被廊坊市人民检察院评为“扫黑除恶专项斗争先进集体”。

【民事检察】 办理向人民检察院申请监督的民事案件的审查，对本级人民法院民事诉讼活动进行监督，对审判监督程序以外的其他民事审判程序中审判人员的违法行为提出检察建议。2019年，检察院办理民事审判监督案件2件、民事执行监督案件1件。

【行政检察】 办理向人民检察院申请监督的行政案件的审查，对本级人民法院行政诉讼活动进行监督，对审判监督程序以外的其他行政审判程序中审判人员的违法行为提出检察建议。2019年，检察院办理行政审判监督案件1件、行政非诉执行监督案件1件。

【检察公益诉讼】 负责公益诉讼、生态环境和资源保护等检察工作；办理公益诉讼案件及公益诉讼申诉案件。2019年，检察院办理针对食品安全、建筑污染、河道污染等问题立案16件，开展对大厂县域英雄烈士纪念设施调研保护，督促相关单位履职整改，适时启动公益诉讼，努力维护公共利益。

【未成年人检察】 负责未成年人检察工作的综合业务，以“预防青少年违法犯罪，促进青少年健康成长”为主线，在办理各类青少年犯罪案件过程中，始终坚持“惩治、教育、挽救”方针，努力实现打防并举、标本兼治，以防为主，重在治本的目标，以减少和预防青少年犯罪，努力为青少年健康成长创造安全、稳定的社会环境。2019年，检察院办理公安机关移送涉及未成年人审查批捕案件3件6人，办理公安机关移送涉及未成年人审查起诉案件4件7人，其中对2名未成年犯罪嫌疑人作出附条件不起诉、不起诉决定。为增强未成年人法律意识、预防和减少违法犯罪，狠抓“一号检察建议”落实，开展法治进校园活动，走进大厂县城区第一小学、第二小学开展法制宣传，检察长、副检察长分别担任县一中、二中、实验中学法治副校长，为在校师生讲授法制课，促进未成年人学法、守法、懂法、遵法，为构建平安和谐校园打下坚实的基础。

【控告申诉检察】 负责受理检察院管辖的控告、申诉、信访案件；承办检察院管辖的国家赔偿和国家司法救助案件；负责接待群众来访、处理群众来信事项。坚持把化解社会矛盾贯穿办案始终，进一步拓宽控告申诉渠道，建成开通远程视频接访和举报网站，实现网上受理举报申诉、网上解答群众咨询，以更加便捷和快速的方式做好信访接待工作。进一步完善信访工作机制，严格落实院领导轮流接访制度和信访案件首办责任制，以高度负责的态度、严谨细致的作风认真做好信访接待工作。通过依法处理、教育疏导，千方百计解决群众的合法合理诉求，把执法办案的过程变为昭示法理、阐明事理、沟通情理的过程，努力实现案结事了、息诉罢访。2019 年，检察院积极学习新时代“枫桥经验”，注重化解矛盾、案结事了，妥善解决群众来信来访。利用“12309”检察服务中心和检察服务热线，扎实开展好信访接待工作，全年接待来访 4 件 5 人，来信 3 件，提供法律咨询 53 人次，均做出妥善处理，并及时答复来访人，做到“群众来信件件有回复”，保持涉检越级访零记录。

【刑事执行检察】 负责对看守所和社区矫正机构等执法活动监督，对刑事判决、裁定执行、强制医疗执行、羁押和办案期限进行监督，开展羁押必要性审查，办理罪犯又犯罪案件；办理上级人民检察院指定县人民检察院管辖的司法工作人员利用职权实施的非法拘禁、刑讯逼供、非法搜查等侵犯公民权利、损害司法公正犯罪的侦查；维护监管场所稳定，保护被监管人员合法权益，保障国家法律的统一正确实施。2019 年，检察院对监管场所进行安全检查 16 次，对在押人员进行个别教育 188 人次，集体教育 10 次，受教育 400 人次。办理羁押必要性审查案件 3 件 3 人，向公安机关发出《纠正违法通知书》9 份，向司法行政机关发出《纠正违法通知书》6 份，均得到采纳并纠正。

【案件管理】 负责案件受理、流转，办案流程监控，扣押、冻结款物的监管，以检察院名义制发案件文书的监管，组织办案质量评查，业务统计、分析。充分发挥案件管理、监督、服务、参谋的职能，为执法办案工作的开展提供优质、高效的服务，实现办案活动的规范化管理，强化内部监督制约，提高办案质量和效率，促进公正廉洁执法。2019 年，检察院受理提请批准逮捕 80 件 97 人，受理移送审查起诉 115 件 140 人，入库保管公安机关随案移送涉案物品 13 件，出库涉案物品 7 件，受理监察委移送审查起诉案件 3 件 3 人。设立律师阅卷室，为律师阅卷提供方便，接待并安排辩护律师阅卷 37 人次，扫描、制作并上传电子卷宗 119 件 355 册，为律师阅卷刻录电子卷宗光盘 58 张，进一步保障律师权益，规范司法行为。网上发起流程监控 6 件，录入辩护与代理 37 人次，公开案件程序性信息 159 条，法律文书 118 条，网上录入、分配侦监业务各类案件 76 件，公诉业务各类案件 141 件。向检察院办案部门发出《流程监控通知书》6 份，全部收到回复。

【办公室工作】 积极发挥参谋助手作用，服务保障整体工作。在信息工作中，做到“三勤”（勤与院党组沟通，了解决策部署情况；勤与上级院沟通，了解上级院在一定时期的信息报送重点；勤与各部门沟通，了解各项检察工作开展情况）。2019 年，编发信息 13 期，被廊坊市检察院转发 10 篇。在机要收发上，做到标准高、质量高、不误不漏，确保上情下达和下情上报的准确及时。接收上级院县委及相关部门文件 697 件，机要通道接收文件 323 件，传真 265 件，无一错漏、延误。在档案管理工作上，做到全面、整洁、有序，及时归档。在保密工作上，积极开展保密自查，组织开展保密知识教育，坚持保密巡视员每月巡视检查制度，有效防止各种失泄密事件的发生。强化办文、办会、办事能力，提高服务质量。在办文上，努力提高文稿写作水平，严把文稿质量关，撰写领导讲话、专题报告、经验材料、工作总结、各种活动方案、汇报材料、请示等文稿 60 篇，做到优质高效。在办公会上，认真做好各种会议的组织、记录、情况反馈等工作。在办事上，认真做好办公室各种事务工作和领导交办的临时性工作，有效保障检察工作的顺利开展。

【队伍建设】 始终坚持党对检察工作的绝对领导，坚定正确的政治立场、政治方向和政治原则，着力加强检察政治工作的基础建设，努力建设一支信念坚定、执法为民、敢于担当、清正廉洁的高素质检察队伍。严格执行“八项规定”，持之以恒纠正“四风”，严格落实主体责任和“一岗双责”。充分发挥好“第一种形态”作用，对苗头隐患抓早抓小，不断将全面从严治党、全面从严治检引向深入。2019 年，认真落实“一岗双责”，以责任清单的形式明责、知责、领责。坚持开展廉政谈话制度，注重发挥警示教育的警示一点，震慑一片的作用，多渠道搜集教育素材，适时开展警示教育，先后开展各层面警示教育 4 次，触角直接延伸到各个科室、每名干警，切实抓好全面从严治检。持续推进执法能力建设，参加上级培训 21 期 30 人次，举办政治理论专题培训班 2 期 30 人次、岗位练兵 20 人次，其他类型培训 6 期 16 人次，取得阶段性成果。开展庭审观摩活动等以听促学、以评代赛，以议代训的岗位练兵活动，切实提高干警的审查判断证据能力、法律适用能力。让检察权在阳光下运行，利用“两微一端”（“两微”：大厂检察院微信、大厂检察微博；“一端”：大厂检察手机客户端）等新媒体，及时传递检察机关好声音、正能量，外网更新文章 60 篇，官方微博发出 60 条信息，检察微信编发 160 期，有利提升检察工作的宣传效果；主动邀请人大代表、政协委员及社会各界人士视察评议检察工作 11 次，更好地保障群众的知情权、参与权、监督权和建议权。

（杨　策）

公　安

【概况】 大厂回族自治县公安局内设 29 个机构（以大厂县人民政府办公室 2010 年 11 月 18 日印发的《大厂回族自治县公安局主要职责内设机构和人员编

制规定的通知》为准），分别是指挥中心（加挂办公室牌子）、治安管理大队（加挂爆炸危险物品监管大队牌子）、国内安全保卫大队、出入境管理大队、刑事侦查大队（加挂大厂县禁毒委员会办公室牌子）、交通管理大队、法制大队、政治处、纪检监察室（加挂警务督察大队牌子）、警务保障室、经济犯罪侦查大队、巡警特警大队、公共信息网络安全监察大队、环境安全保卫大队、警卫大队、食品药品安全保卫大队、派出所（设大厂镇、夏垫镇、祁各庄镇、邵府镇、陈府镇、城区、工业园区、潮白河工业区8个派出所）、看守所、拘留所、谭台公安检查站、扫黑除恶专项工作中队、驻京工作大队。2019年以来，大厂县公安局紧紧围绕全县经济社会发展大局和上级公安机关的总体部署，以增强人民群众的安全感和满意度为总目标，扎实做好安保维稳、打击犯罪、治安防控等各项工作，圆满完成各项保卫任务，有力维护社会稳定，为大厂县经济社会发展创造良好的社会、法治和服务环境。

【严打整治】 坚持“严打”方针不动摇，以纵深推进扫黑除恶专项斗争为主攻方向，深入推进对涉枪爆、黄赌毒、盗抢骗、食药环等影响群众安全感的违法犯罪打击整治行动，开展好“利刃”“亮剑”“云剑”专项行动，不断提高侦查破案能力和执法办案水平，有效维护全县社会治安大局的稳定。2019年，立各类刑事案件492起，破获各类刑事案件185起，抓获各类犯罪嫌疑人193名（其中网上逃犯37人），发现受理治安案件674起，行政案件876起，查处治安违法人员192人（治安拘留159人），查处行政违法人员876人。在“保民生·促和谐”打击整治传销专项行动中，公安局按照构建社会主义和谐社会的总体要求，坚持“打防结合、综合治理、标本兼治、重在治本”的方针，着力构建打击传销长效监管机制，扎实开展打传工作以及创建“无传销社区”活动。2019年，成功捣毁传销窝点5个，抓获传销人员23人。

【扫黑除恶专项斗争】 坚决贯彻落实各级党委政府及上级公安机关的部署要

求，在县委、县政府及县委政法委的领导下，充分发挥主力军作用，强力开展扫黑除恶专项斗争，紧紧咬住“深挖根治”这一阶段性目标，坚持“有黑扫黑，有恶除恶，有乱治乱”，全面、持续、深入开展线索排查、专案侦办、打击处理、集中收网等工作，迅速形成对黑恶势力犯罪的压倒性态势。年内，抓获黑恶痞霸犯罪嫌疑人 15 人，人员移送起诉率 93%，破获刑事案件 23 起；打掉恶势力团伙 2 个，抓获团伙成员 7 人，破案 16 起。受理各类线索 132 条，办结 131 条，办结率 99.24%。在廊坊市公安局委托第三方公司组织的群众安全感满意度调查结果中，大厂县 8 项指标中 2 项排名全市第一，2 项排名全市第二。

【治安防范及安全监管】 坚持打防管控结合，强力推进社会治安管理工作的同时，严厉打击各类违法犯罪活动，努力提高全县群众的安全感和满意度。2019 年，指挥中心受理群众报警 5827 起，其中刑事案件 153 起，治安案件 669 起，交通事故 4501 起，火警 25 起，求助 475 起，举报投诉 4 起。在道路交通方面，以“安全、有序、畅通”为工作目标，以营造良好的道路交通环境、预防道路交通事故和提高道路通行效率为工作中心，统筹安排，硬化措施，持续做好辖区道路交通安全管理工作。持续依托酒驾醉驾、假牌套牌、国省道突出违法和农村面包车“四大整治行动”及违规停车专项整治、电动三轮车和四轮车治理、行人机动车突出违法治理等专项行动，采取现场查处和非现场抓拍相结合的方式，加大查处力度，始终保持严管高压态势。同时，充分发挥护学岗作用，强化疏堵保畅，大力整治道路交通秩序及道路交通安全隐患大排查工作，严查各类交通违章行为，有力维护全县交通安全和谐稳定。2019 年，处理各类道路交通违法行为 147214 起，查扣电动三、四轮车 606 辆，拦截、劝返违规车辆 14681 辆次。同时，加快推进老旧车淘汰治理工作，廊坊市定的 2 批淘汰任务量全部完成。治安管理方面，针对县域实际，在全县范围内组织对危爆物品、易制毒化学品、重点人员、重点行业、重点部位，开展横向到边、纵向到底的拉网式摸排，深入开展人员密集场所、9小场所消防安全检查，严格落实散装汽油实名销售，对涉危涉爆危险品从业人员建立跟踪档案，确保全县社会大局持续稳定。2019年，检查行业场所460家次，当场整改45处。在网络安全方面，严格落实“7×24”网上巡查制度，开展不间断的网上巡查处置工作。此外，还加大涉网线索的配合侦查力度，配合其他部门对多起案件涉网线索开展落地核查工作，并将有关情况向办案部门做出反馈。8月，在廊坊市公安局网安支队的指导和大力协助下，公安局所队联动迅速破获1起利用QQ群传播淫秽物品案，抓获犯罪嫌疑人1名。在巡逻防控方面，针对社会治安形势和应急处突斗争需要，充分发挥巡控主力军作用，严密辖区巡控网，压缩犯罪分子活动空间，切实提高街面见警率和管事率，降低可防性案件发案。2019年，处置各类警情172起，盘查可疑人员4056人次、可疑车辆3361辆次。

【重大活动安全保卫】 针对重大安保活动、重要节日多、安保时间长等特点，公安局周密部署、狠抓落实，围绕重点人员管控、扫黑除恶、治安防控等几个方面，筑牢环京护城河安全防线，强化稳控措施，排查治安隐患，努力创造良好的治安环境。2019年，圆满完成元旦、春节、各级“两会”、“5·18”国际经贸洽谈会、中高考、“一带一路”论坛、亚洲文明对话、暑期警卫、新中国成立70周年大庆等重大活动、重要节日、重点时期及接待各级领导考察等保卫任务。

【基层基础设施】 根据河北省公安厅通知精神和建设标准，公安局结合实际情况，按国家标准建设廊坊市最高标准的加密系统机房。拟新建一栋综合业务技术用房及其附属用房，主要包括信息通信用房、警务技能训练用房、锅炉房和泵房。年内，备案手续进行最高限价评审，待评审完毕后，组织招标。为实现网络传递、无纸办公的现代办公模式，安装办公自动化设备，使县局机关与全局各警种和部门的公文、图表、文字资料的传递均能通过办公自动化在网上进行，实现公文的收发、报递、审批、传阅、下发、立卷、归档和查询等全程自动流转处理。

【“五大智慧工程”建设】　为全面贯彻落实市委、市政府《关于筑牢首都政治“护城河”全力推进“五大智慧工程”建设的意见》精神，5月8日，县委、县政府制定印发《关于筑牢首都政治“护城河”全力推进“五大智慧工程”建设实施方案》（大办〔2019〕11号），公安局立即按方案要求抓紧统筹实施，“五大智慧工程”[智慧平安社区、智慧警务站、智慧边界防控、智慧视频监控（天网工程）、智慧路防工程（智慧警卫通道）]的各项建设工作陆续开展。年内，完成6个小区（永安小区、佳美铭居、吉祥公寓、安馨丽景、耀华西苑、金鼎御园）的“智慧平安社区”建设，新建成1个智慧警务站（孔雀城智慧警务站），升级改造谭台公安检查站、观潮路公安检查站，G95大厂东口检查站建设在有序开展中；环京边界智能防控建设前端及后端设备安装调试完成，联入政法网，各功能使用满足实际需求，并完成京哈铁路、公路沿线5个小区（佳美铭居、吉祥公寓、安馨丽景、耀华西苑、金鼎御园）的暑期通道科技建设任务。

【惠民实事工程和民心工程建设】　2019年，县政府把“天网覆盖和平安技防工程设备更新”和“智能交通升级改造工程”两项工作列为惠民实事工程，同时将交通秩序整治工程列为民心工程。其中，天网覆盖和平安技防工程设备更新项目，年内，将全县天网覆盖和平安技防工程中所有不能使用的监控设备进行更换；智能交通系统升级改造工程，分2期进行施工建设，一期工程于5月27日全面投入使用。二期工程于9月底全面投入使用。

交通秩序整治工程。公安局紧紧围绕“保安全、保畅通”的核心任务，采取源头监管、加强道路交通安全管理、持续加强宣传教育提示和深化农村道路交通安全综合治理等工作措施。大力整治道路交通秩序，同时开展天网覆盖和平安技防设备更新工程，推进智能交通系统升级改造工程，实现主干公路机动车交通守法率达到85%以上，城区主干路机动车交通守法率达到90%以上，主要路口行人交通守法率达到85%以上。

【大气污染防治】 加强对涉气排污企业、涉危废企业的日常摸排检查。积极配合市场监督管理局、镇政府等部门开展联合执法。对重点企业定期组织“回头看”，防止死灰复燃。2019年，公安局与市场监督管理局、环境生态保护局等部门开展联合执法52次，检查散乱污企业90家次，实现联合执法的规范化、常态化。依托“河北省道路交通安全监管服务平台”监管辖区重点企业28家，重点车辆1733辆，重点驾驶人696人，坚持一月一走访制度，开展安全大检查，确保做到车辆安全技术状况不达标、驾驶人违法未消除、管理制度不落实隐患“三清零。严格按照《中华人民共和国治安管理处罚法》和《烟花爆竹安全管理条例》等法律法规，坚决遏制违法违规燃放活动，保障社会公共安全和公民人身、财产安全，进一步改善大厂县空气环境质量。对全县烟花爆竹销售点和烟花爆竹批发点，全部安装《廊坊市烟花爆竹实名登记管理系统》，进一步规范烟花爆竹买卖行为。特别是重污染天气预警期间，部署警力对全县村街进行高密度巡查，及时发现和制止违规燃放烟花爆竹行为。对发现秸秆，垃圾焚烧行为，第一时间劝阻和制止。其间，开展联合执法16次，出动警力42人次，警车16车次；制止、查处违规焚烧行为6起。

【创城及“放管服”改革】 按照文明办要求，公安局大力开展交通秩序整治、文明宾馆、文明窗口创建工作。持续开展电动三、四轮车整治及机动车、非机动车整治工作，积极配合县直各部门开展路口文明交通志愿服务，2019年，在县城主次干道两侧及公共区域，科学合理有效施划补划机动车停车位1315个，停车指示箭头1356个，施划非机动车停车位200平方米，斑马线234平方米，全县施划停车位3666个，基本实现城区停车位能施划尽量覆盖施划。制作创城宣传展板1800块，对全局窗口单位工作人员开展创城知识培训8次，设置学雷锋志愿服务站7个，并购置饮水机、医药箱、雨伞等便民设施，进一步提高公安机关服务水平，拉近与群众的距离。同时，安排专人检查督导全县 2 家三星级以上宾馆饭店创城活动，确保全部达到创建标准。在推进网上公安建设工作，完善一体化政务服务网事项认领及实施清单编制工作，认领事项 37 项，编制实施清单 37 项，为政务服务事项“一次登录、一网通办”打牢基础。加快推进“互联网＋监管”事项梳理工作，推动监管事项全覆盖，认领监管事项 36 项，为提升事中事后监管规范化、精准化和智能化水平提升有力支撑。推进交通违法处理便民措施，将违法处理窗口前移。交警大队在县城区交警大队违法处理室、夏垫中队警务站、谭台治安检查站、车管所业务大厅、县劳动局西侧 24 小时车管服务站内增设违法处理自助设备。加大车管科技管理创新，推行 24 小时无人自助车管服务。在县社会事务局西侧增设 24 小时车管服务站，于 5 月 5 日开始投入使用，各项业务正常开展，运行平稳，受到社会一致好评。新建智慧便民警务站，购置安装身份证申领自助服务设备、流管业务全自动申报机、出入境自助签注一体机和公安交管自助一体机各 2 套。

【队伍管理】　以强化思想教育、人事管理、教育训练、公安宣传、从优待警等工作为切入点，围绕中心思路和重点公安工作，充分发挥政治工作的教育引导和激励作用，为圆满完成各项中心任务提供强有力的思想、组织、能力和机制保障。大力抓好思想政治工作。深入开展“践行新使命，忠诚保大庆”主题实践活动和“不忘初心、牢记使命”主题教育活动，紧密围绕市局和县委、县政府中心部署，配合重点工作，对“两节两会”“禁燃禁放”“打击传销”“扫黑除恶”等多项活动进行集中宣传，刊稿 15 篇。其中，国家级 2 篇，省级 3 篇，市级 10 篇。年内，公安局 1 个集体被市公安局记集体三等功，1 个集体受到省公安厅表彰，2 个集体受到市公安局表彰，1 个集体受到市信访局表彰；5 名民警被市公安局荣记个人三等功，2 名民警受到省级表彰，7 名民警受到市公安局表彰，1 名民警受到市信访局表彰。

（桑　蕊）

司法行政

【概况】 大厂回族自治县司法局内设办公室、政治处、法制事务综合股、社区矫正工作管理股、公共法律服务股；6 个司法所：大厂司法所、夏垫司法所、祁各庄司法所、陈府司法所、邵府司法所、北辰街道司法所；下属 2 个事业单位：河北新新律师事务所、大厂回族自治县公证处。2019 年，司法行政工作在县委、县政府的坚强领导下，在河北省厅、廊坊市局的精心指导下，以习近平新时代中国特色社会主义思想和中共十九精神为指导，努力开创司法行政工作新局面。

【普法工作】 充分发挥普法主管部门职责，督促各单位严格落实“谁执法谁普法”责任制，围绕“三八”妇女节、“4·5”国家安全日、“6·5”环境保护日、“6·26”国际禁毒日、“12·4”国家宪法日等重大节日及扫黑除恶工作开展主题宣传活动 100 场次，发放宣传资料 30 万份。组织开展普法宣传月活动，制定印发《大厂回族自治县“弘扬宪法精神 增强法治观念 建设法治政府”普法宣传月活动实施方案》，全县各相关单位深入机关、学校、企业、社区、乡村、市场等开展普法宣传活动 40 场次，发放宣传资料 10 万份，组织宪法法律知识考试 1 次。2019 年，大厂镇小厂村成功通过全国民主法治示范村复核验收工作。

【人民调解工作】 认真贯彻落实全国司法厅（局）长会议精神，进一步强化人民调解组织建设，加强人民调解员培训，培树先进典型。在巩固现有镇村两级调委会、行专调委会的基础上，积极推进道交纠纷“网上数据一体化处理”改革试点工作，开通一体化平台，创新人民调解新模式。截至 12 月，成功调处各类矛盾纠纷 116 件。为解决渔具城人群集中、人流量大、矛盾纠纷多发的情况，投资创建国际渔具城人民调解室，为基层群众提供调解服务。邀请律师对全县2500名调解员进行分片业务培训，先后组织10名骨干调解员赴湖南、廊坊等地参加人民调解专题培训，拓宽广大调解员化解矛盾纠纷的工作思路和视野，提升人民调解实战能力。

【社区矫正和安置帮教工作】　充分运用GPS定位（手机、手环）、人脸识别、指纹签到等信息技术手段，随时掌握社区服刑人员的行踪去向。运用梳理、清查、走访、谈话等方式对社区服刑人员进行重大节日、重大活动前的全方面排查，根据重点人员界定范围结合矫正人员平时表现分级管理，并制定监管措施。全力推进刑罚执行一体化建设，强化社区矫正工作措施。河北省厅派驻北三县片区3名监狱、戒毒警察对大厂县2019年入矫的社区服刑人员开展警示教育活动2次。2019年，组织全县社区矫正人员集中教育培训870人次，个别谈话646人次，对矫正对象进行心理辅导181人次，对在册的68名社区矫正对象全部实施GPS手机定位监管，未有脱管、漏管和虚管现象的发生，全县262名刑满释放人员全部落实帮教责任人和帮教措施。

【法律服务工作】　按照河北省、廊坊市关于进一步推进公共法律服务体系建设的要求，从加快平台建设、优化公共法律服务资源、提高法律服务供给能力等方面着手，积极推进公共法律服务体系建设。截至12月，大厂县建立镇(街道）公共法律服务中心6个，村（居）公共法律服务站115个。继续做好法律援助工作，进一步拓展法律援助范围，全年承办法律援助案件126件。为服务企业零距离，组织律师开展民营企业法治体检专项活动，营造良好的营商法治环境。各律师所为34家民营企业担任法律顾问，全年办理案件1159件。

【公证工作】　公证处充分发挥公证服务、沟通、证明、监督的职能作用，全力服务县政府中心工作。全年，办理公证270件，有效维护和保障公民的合法权益。

【法制工作】 制定下发《大厂回族自治县2019年法治政府建设实施方案》，细化任务分解，明确部门职责及工作完成时限，并于7月份成立督导组对全县相关部门法治政府建设情况进行督导检查。做好规范性文件立项和合法性审查工作，强化规范性文件管理，全年审查规范性文件和各类文件15件，提出审查意见100条。组织对全县40个部门的规范性文件开展清理工作，其中拟继续有效的67件，废止10件，修改4件，实效26件。坚持重大决策事项合法性审查制度，组织法律顾问列席政府常务会议，对重大决策事项进行法律把关。全年审查政府常务会议、专题会议议题文件及合同等30件。全面推行三项制度（行政执法公示制度、执法全过程记录制度、 重大执法决定法制审核制度），起草印发《大厂回族自治县全面推行行政执法公示制度执法全过程记录制度重大执法决定法制审核制度实施方案》，明确职责权限，加强督察问责。严格执法证件管理，加强行政执法培训。对全县23个行政执法部门的603名行政执法人员的执法证件进行年度审验。组织举办行政裁决事项梳理工作专题培训班、领导干部依法行政专题培训班。在9月的法治政府推进会上，县长刘宝旺对司法局工作给予充分肯定。认真履行行政复议职能，按照《中华人民共和国行政复议法》等法律法规承办案件。2019年，受理行政复议案件9件。

全面依法治县工作统筹推进。成立由县委书记任主任的县委全面依法治县委员会，制定《年度工作要点》，明确县委全面依法治县委员会及办公室和各协调小组人员组成，制定相关工作规则和工作细则。召开县委全面依法治县委员会第一次、第二次全体会议，强化与县委、各协调小组的工作衔接，形成推动依法治县整体合力，促进全县依法行政能力和水平整体提升。

（张　建）

人民武装部

【概况】 大厂回族自治县人民武装部按照民兵训练基地改扩建计划安排，于2019年2月13日由小河营村拥军路199号搬迁至大厂县大安西街288号（原农机管理站），下辖7个基层武装部（5个镇武装部：大厂镇武装部、夏垫镇武装部、祁各庄镇武装部、陈府镇武装部、邵府镇武装部；1个县直武装部；1个城区街道办事处武装部）。2019年，大厂回族自治县人民武装部坚决贯彻上级决策指示，按照分区党委年度工作部署和首长指示要求，以习近平新时代中国特色社会主义思想为引领，以“不忘初心、牢记使命”主题教育和“传承红色基因、担当强军重任”主题教育为主线，以“稳固基础、力争上游”为目标，牢固树立真抓实干、紧张快干、埋头苦干的思想，在抓具体抓深化抓结合中，稳步推进各项工作和建设，确保上级指示精神在末端“最后一公里”的有效落实。

【军事训练】 坚持以战领建、抓建为战，加强训练演练。6月24日至7月5日，按照军分区关于民兵轮训的要求，组织民兵到霸州民兵训练基地进行为期12天的封闭式训练。11月21日至12月1日，对基干民兵进行补训，由人武部主官全程跟班作业，确保训练备勤正规有序、精准落实。做到工作制度正规化、管理秩序规范化、后勤保障高效化。7月8日和10日，组织基干民兵参加大厂县防汛办牵头的县域潮白河流域堤顶漫溢、水上救援、转移安置等科目的预演和实演，主要领导和政府各部门全程参观指导，并对民兵的表现给予高度评价。

【征兵工作】 兵役登记率在全区率先达到100%。利用多种形式进行征兵宣传，积极开展征兵宣传进校园、进街道、进社区活动。在大学生摸底调查的基础上，利用专武干部包村的特点，重点做好有参加意向的大学生的宣传工作。经过严把体检关、政审关，周密组织役前训练，9月3日，大厂县召开由公安、教育、卫生、民政、纪检、各镇及相关征兵工作负责人参加的审批定兵大会，顺利完成新兵审批定兵任务。9月10日，在民族宫召开2019年度入伍新兵欢送大会，自9月12日起，陆续完成新兵的交接运输工作，全部安全顺利抵达部队驻地。

【学生军训】 9月1日至17日，先后组织全县高中和职教中心2000名学生进行军训，参与训练现役教官35人，训练效果显著，得到县委、县政府和全体教师学生及家长的一致好评。

（李春朋）

综合行政管理

行政审批管理

【概况】 大厂回族自治县行政审批局成立于2017年3月，内设办公室、政策法规股、综合一股、综合二股、综合三股、综合四股、综合五股7个股室和2个所属事业机构（项目服务中心、公共资源交易中心）。首批划转各类行政许可及其他事项125项，整体入驻县政务服务中心。成立以来，立足于构建行政审批运行新机制，优化流程，锤炼队伍，不断提升审批效能和服务质量，推行“五个一”（一局一章管审批、一厅一网联办事、一化一图促规范、一审一管明职责、一窗一次提效率）运行模式。在2019年度政务服务工作考核中，县行政审批局被评为县级优胜单位，是全省10家县级优胜单位之一，也是廊坊市唯一一家优胜单位；党支部被廊坊市委评为“2019年廊坊市先进基层党组织”；在全市工程建设项目审批制度改革考核中被评为优秀等次，在“互联网+政务服务”“一网通办”考核工作中获得优秀等次，被县人大评为“优秀承办单位”。

【改革实现企业群众办事不求人】 作为“一网、一门、一次”改革前沿阵地，县行政审批局积极搭建集行政审批、政务服务、公共资源交易三大平台于一体的综合性服务平台，“只进一扇门，最多跑一次”成效明显。以提高“一门集中”办理度为目标，对标先进地区，按照涉建项目相关事项集中入驻、便民便企高频事项能进则进原则，围绕打造工程建设项目“闭合审批链”，力推更多事项集中进驻县政务服务中心。持续推动相对集中行政许可权改革和行政审批制度改革，适时启动第二批事项集中划转。《大厂回族自治县深入推进政务服务体系改革的实施意见》经第十一届县委第84次常委会议通过，将105项行政许可和其他事项统一划转至县行政审批局，将县政务服务中心集中入驻事项调整为336项，其中新增事项159项，将向基层延伸事项由11项增加至38项。本次调整，大厂县事项划转率达到91.5%，面向企业和群众高频事项集中进驻率达到98%，提前完成省市目标任务。

【工程建设项目审批制度改革成绩显著】 立足大厂县实际，强化顶层设计，代政府起草《大厂回族自治县工程建设项目审批制度改革方案》，并经县政府常务会议审议通过后印发实施。全力推进“一张表单”“一个窗口”“一套机制”落实，并通过工程建设项目全流程、全覆盖改革，努力构建科学、便捷、高效工程建设项目审批和管理体系，有效解决工程建设项目“环节多、审批繁、落地慢”等难题。

【商事制度改革实现企业开办无堵点】 推行照章同发、环节减半。大厂县在实现企业全程电子化登记率100%、企业注册登记可当日办结基础上，在政务服务大厅实行企业注册免费公章刻制服务，凡是新设立企业在领取营业执照后，可在厅内免费刻制公章且立等可取，将营业执照发放与公章刻制压减合并为一个环节，全县企业开办时间进入“1时代”。采取提前告知、证照联办。发挥行政审批相对集中优势，解决企业“准入不准营”问题，企业注册窗口在受理营业执照申请时，办理相关许可证件股室会提前介入，对经营场所提前进行实地查看，推行证照联办，在准入环节最大限度降低企业投资风险。推行“一窗受理、并行办理”。在政务服务大厅开通一站式综合服务专区，实行企业开办申请材料一次提交、同步办理、信息共享、限时办结。2019年，全县净增企业1353户，完成市下达目标任务338.25%，同比增长53.58%。

【公共资源配置改革实现阳光交易无死角】 在廊坊市首批推进公共资源交易全流程电子化，取消政府采购项目原件评审及纸质投标文件，使公共资源交易像“网购”一样方便、快捷，降低交易成本，方便市场主体；积极探索推进网上异地评标，最大限度将招标人、投标人与评标专家从地域上实现物理隔离，防范对评标过程人为干扰，为招投标活动提供更加公开、公平、公正环境。2019年，公共资源交易中心完成各类交易项目407项，成交额达217600万元，为财政节约（增加）资金8450万元。在廊坊市公共资源交易全过程电子化抽查中大厂县获得优秀等次。

【创新推出最高限价评审】 在廊坊市率先推行第三方价格评审机构对政府采购货物和服务类项目开展最高限价评审基础上，创新思维，把各项工作做精做实。创新工作方式，在效率上下功夫。在坚持一次性告知、网上预审同时，推行“容缺”办理，可先提供电子版资料，纸质资料容缺后补，避免业主单位因同一项目重复跑路。创新分配方式，在“选择”上下功夫。打破常规，根据评审机构工作表现和质量合理分配项目，对日常表现好、工作质量高、完成工作周期短的机构，提供多轮排序选择机会，有效保证评审效率。创新监管方式，在“准确”上下功夫。加强对评审过程和结果监管，规范评审业务流程，实现评审工作实事求是。不定期对评审项目实行评审机构交叉互查，确保评审结果准确性，切实把好项目评审工作质量关。2019年，评审项目166项，为财政节约资金3815万元，节资率达9%。

（张大超）

发展和改革

【综述】 2019年1月28日，按照《大厂回族自治县机构改革实施方案》要求，将原发展改革局、原科学技术局、原工业和信息化局、原商务局、原粮食局、原物价监督检查所等6个部门的职责整合，重新组建大厂回族自治县发展和改革局，作为县政府工作部门。在发展和改革局加挂科学技术局、工业和信息化局、商务局、粮食和物资储备局牌子。发展和改革局机关编制80名，其中行政编制17名，工勤编制1名，锁定事业编制62名，正股级领导职数22名（包括党建工作办公室主任），副股级领导职数11名。发展和改革局下设22个职能股室和3个事业机构，职能股室包括：办公室、人事教育股、计划财务股、安全维稳办公室、国民经济综合股、农村经济和科技发展股、发展战略和规划股、项目建设办公室、投资管理股、能源环保股、价格调控股、价格成本监审调查股、粮食和物资储备股、涉外经贸管理股、内贸服务业运行股、民营经济发展股、科技创新发展股、信息产业股、生产行业管理股、工业运行监测协调股、政策法规股、党建工作办公室。事业机构包括：企业服务中心、投资促进中心、综合执法队。

2019年，大厂回族自治县发展和改革局在县委、县政府的正确领导下，在县人大、县政协的监督指导下，在上级各主管部门的支持帮助下，深入学习贯彻中共十九大、中央经济工作会议和省市县委全会精神，以习近平新时代中国特色社会主义思想为统领，坚定“民族团结、生态优先”总原则、“北京城市副中心后花园”定位和“全民服务副中心”思路，紧紧围绕全县经济社会发展目标，创新实干、服务发展，各项工作都取得良好的成效。

【主要经济指标平稳增长】 机构改革后，发展和改革局承担着固定资产投资、规上工业增加值增速、规上工业营业收入利润率、规上工业高新技术产业增加值增速、新增规上工业企业个数、新增科技型中小企业个数、社会消费品零售总额、实际利用外资、外贸进出口等9项主要经济指标。为确保所承担的各项经济指标顺利实现首季“开门红”、半年“双过半”、三季度好于上半年、圆满完成全年目标任务，全局上下提高政治站位、凝神聚力、创新实干，将全部工作重心、工作力量都转移到确保各项主要经济指标稳定增长上来。成立经济工作专班，专班下设固投、工业、科技、商贸4个工作小组。2019年，深入500

家（次）重点企业开展调研，切实为企业解决实际问题。经济专班采取“日走访、周调度、月督导、季评析、年考核”的方式，加大对各项经济指标的分析研判力度，加强与省和市对口部门的沟通联系，全力确保各项主要经济指标稳定增长，真正做到“以日保周、以周保月、以月保季、以季保年”，各项主要经济指标圆满完成全年目标任务。

【“双创双服”活动深化开展】 发展和改革局充分发挥全县“双创双服”（创业创新、服务发展、服务民生）活动领导小组办公室职能作用，研究制定《关于2019年在全县深化开展“双创双服”活动的实施意见》；对活动领导小组办公室成员进行调整；组建县“双创双服”活动工作专班，下设综合协调、双创、服务企业、服务项目、优化营商环境等5个工作组，进一步健全完善分工负责、问题解决、督查考核、包联帮扶、宣传报道、平台服务等工作机制；积极指导各镇、街道、园区及各专项活动牵头单位制定具体活动实施方案，成立工作专班，推动活动开展；充分发挥省政企服务直通信息化平台作用，积极指导帮助重点企业、项目单位完善企业信息，利用平台反映问题、表达诉求，并及时将工作动态、扶持政策、通知公告等信息上传至平台，强力服务发展、服务民生；对活动开展情况实行台账式管理，并实行定期督查、通报等制度，全力确保全县“双创双服”活动深化开展，圆满完成全年各项目标任务。同时，充分利用各类媒体对活动进行宣传报道，制定印发《关于加强“双创双服”活动宣传工作的通知》，组织召开“双创双服”活动新闻发布会，对活动开展以来出现的典型事例、经验做法、明显成效等及时汇总、整理。全年编发《大厂县成功组织开展第一期企业公众开放日活动》等简报100期，其中廊坊市活动办转发4期，转发期数廊坊市排位领先，营造良好的舆论氛围。2019年度，考核活动办获评优秀档次。

【服务实体经济多措并举】 大力培育市场主体，2019年全县净增市场主体2657

户，占年任务的232.1%。积极组织全县相关企业申报高新技术企业和科技型中小企业，2019年净增高新技术企业16家、净增科小86家，分别占年任务的160%和107.5%，均超额完成全年目标任务。组织筹备全县经济发展促进大会，县委、县政府从经济发展特别贡献、突出贡献、发展贡献、科技创新贡献、文化产业发展引导示范五方面，对全县27家重点企业进行表彰奖励，奖励金额达3100万元，进一步坚定企业发展信心。实行县领导及有关部门包联重点企业工作制度，针对包联调研存在的突出问题，按县委主要领导的谋划部署，研究制定《大厂回族自治县服务企业七项制度》（大办字〔2019〕64号），明确解决途径，落实责任部门，确保工作实效。制定《大厂回族自治县服务民营企业高质量发展年活动方案》并强力推进，积极帮助企业争取上级各类平台、项目、资金等支持。2019年，发展和改革局为全县271家次企业争取上级资金支持5343万元，其中味全食品新建日产192吨巴氏奶产能项目获省级专项资金2250万元；力准机械获2019年第三批省级战略性新兴产业发展专项资金450万元；时硕微芯小型化低损耗军用声表面滤波器贯军标产线项目被列入河北省第二批新一代信息技术研发及产业化项目获得专项支持资金400万元；力姆泰克伺服控制系统、机器人关键部件产业化项目获市级战略性新兴产业发展专项资金398万元；景隆重工年产100台套锚杆支护机器人项目获河北省人工智能专项补贴资金300万元。积极组织全县重点企业管理人员、财务人员多次开展“面对面”的精准培训，全县服务民营企业水平与效率进一步提升。制定《大厂回族自治县“投资和项目建设攻坚年”行动实施方案》并强力推进，县领导及各有关部门积极开展各项招商工作和重点项目包联帮扶工作，北京市与廊坊北三县项目推介洽谈会在大厂成功举办。

【精准帮扶水平实现新提升】 充分发挥河北省政企服务直通信息化平台作用，及时在平台上发布工作动态、扶持政策、通知公告等各类信息2500条；2019年，大厂县各类企业通过平台直接反映问题63个，线下问题录入109个，全部得到解决；作为“双创双服”活动牵头部门，对全县105家重点工业、服务业、科小、出口企业及16个重点项目均制定包联帮扶方案，并积极协调县四套班子领导及有关部门对全县重点企业及项目单位实施精准帮扶。2019年，全县收集各类企业及项目单位提出问题159个，全部解决。

【六大专项行动深入开展】 制定印发大厂县《“双创双服”政策大宣讲活动实施方案》《“双创双服”改革创新案例评选活动实施方案》等专项行动方案，在全县深入开展问题大协调、政策大落实、服务大提质、民生大走访、效能大提升、改革大突破六大专项行动。2019年，全县开展政策宣讲、培训类活动270次，受众人员15000人次；组织政银企对接、产学研对接活动20次，服务企业380家次；组织就业招聘会12场次，实现就业1800人次；走访群众12000人次，深入民心工程现场800次，摸排问题400个，全部解决；形成以《大厂回族自治县服务企业七项制度》为代表的20条改革创新案例和亮点经验做法。

【各项民心工程深化实施】 按照省市深化开展“三深化三提升”（深化“双创双服”活动、提升高质量发展水平；深化作风纪律专项整治、提升工作效能和营商环境；深化20项民心工程、提升保障改善民生水平。）活动要求，大厂县委、县政府高度重视、精心谋划，制定《关于2019年大厂县深化实施民心工程的意见》，20项民心工程实施单位均制定具体工作方案，成立工作专班，明确工作目标、责任分工、责任领导和完成时限，深入开展“民心工程大走访”活动和“民心工程现场督导月”活动。2019年，大厂县20项民心工程进展顺利，完成全年目标任务。

【县域营商环境实现新提升】 牵头成立县优化营商环境工作专班，起草拟定大厂县《关于持续深入优化营商环境推进经济社会高质量发展的实施方案》和《营商环境专项整治工作方案》，发挥优化营商环境工作专班办公室职能，扎实开展提速企业开办、项目落地和政务服务效能，强化社会诚信体系，加强知识产权保护，提升园区综合承载能力等各项工作；印发《大厂回族自治县中小企业应急转贷基金管理办法》《大厂回族自治县中小企业发展专项资金管理办法》《大厂回族自治县工业企业技术改造专项资金管理办法》，为中小企业降低融资成本，拓宽融资途径；全县纳入地方债务平台欠款偿还任务 5050.34 万元，全部拨付清偿到位；按照《中国营商环境评价指标体系》中 18 个一级指标和 87 个二级指标要求，对各指标任务进行分解，明确牵头单位和责任部门，强化责任落实，开展县域营商环境评价指标体系自评工作对各指标任务进行分解，明确牵头单位和责任部门，经过自评各环节监测评价，大厂县被授予“中国百佳营商环境县市”称号。

【重点项目建设】 作为全县重点项目管理部门，认真贯彻落实省、市、县项目建设工作举措，在项目推进、精准服务、政策保障、管理创新上不断加大工作力度。严格落实廊坊市重点项目周调度制度和县“投资和项目建设攻坚年”行动要求，成立重点项目调研督导组，深入各主管单位和项目建设一线，对省市重点项目、参加廊坊市集中开工项目和攻坚年项目逐一督导，与项目主管单位面对面了解项目建设中存在的困难和问题，能解决的及时解决，不能及时解决以专报形式提交县政府协调解决，为重点项目顺利推进全程保驾护航。2019 年，大厂县省重点项目开工率 100%，累计完成投资 94000 万元，年度投资计划完成率 78.6%。廊坊市重点项目开工率 100%，累计完成投资 26000 万元，年度投资计划完成率 33.8%。参加廊坊市一季度集中开工项目开工率 75%，累计完成投资 50800 万元，年度投资计划完成率 35.7%。参加廊坊市三季度集中开工项目开工率 80%，累计完成投资 18300 万元，年度投资计划完成率 80.3%。充分发挥省和市项目管理电子平台作用，做好亿元以上项目建设情况调查统计工作，将重点项目实施计划、现场图像资料和实际进度等信息登录电子台账，供上级发改部门核查。2019年，全县实施亿元以上项目31项，总投资3188000万元，其中完工项目9个，总投资356000万元，在建项目22个，总投资2832000万元。深入落实“双创双服”活动各项举措，组织开展精准服务重点项目专项活动，帮助项目单位解决遇到的实际困难和问题，并及时反馈包联和帮扶信息。2019年，在上级部门大力支持和相关部门共同努力下，帮助项目单位解决问题7个，获得项目单位好评。同时，配合协同相关部门，做好助力项目发展的各项工作。协同自然资源和规划部门做好需省级层面协调解决问题项目反馈工作，赢得上级对大厂县项目用地政策支持。配合生态环境部门做好重点项目列入环保正面清单工作，助力大厂县省重点项目秋冬季顺利施工。配合公安部门做好打击重点项目建设中违法行为，为重点项目顺利推进保驾护航。2019年，完成对《大厂回族自治县新增禁止和限制类产业目录(试行)》的修订完善，起草制定《大厂回族自治县鼓励和支持发展的产业目录》和《关于加强与规范政府投资项目管理的实施意见》，为推动全县项目建设高质量发展进一步提供政策支持。

争列重点，破解制约。在县委、县政府主要领导亲自谋划、亲自部署、亲自推动下，积极组织园区和各相关部门筛选项目，精心组卷、全力跑办，力争更多项目列入省、市重点项目计划。2019年，国家京剧院文旅融合产业化基地项目和中国人民大学新校区大厂拓展区项目成功列入省重点新开项目，争列项目数量占全市省重点计划新开工项目总量（11个）的18.2%，位居廊坊市前列；富邦德石油钻探专用设备研发基地等6个项目成功列入廊坊市重点项目，申列成功率100%，争取上级用地指标137亩，有效破解项目用地制约。

履职尽责，科学评审。认真履行县评审委员会办公室职责，一方面，结合自身职能，认真研究上级政策，对每一个上会评审的项目是否符合国家产业政策及全县经济社会发展规划提出科学合理意见，供评审委员会决策参考；另一方面，全力做好评审会办公室各项日常工作。2019年，全县有17个项目和事项参加评审，均一次性顺利通过，为节约政府投资，提升项目质量做出应有的贡献。

【协同发展工作取得新进展】 站位发展大局，全力推动与通州区协同创新。充分发挥协同发展领导小组办公室职能作用，深入研究《通州对北三县的对接需求》和《通州区与北三县协同发展2019年先行启动重点事项》，站位协同发展大局和全县发展实际，分析提出符合大厂及区域发展需求、能够切实落地落实、助推协同发展的一系列对策建议。同时，积极与中央、省、市协同办及北京市、通州区发改部门沟通对接，全力争取支持北三县与通州区协同发展的政策措施尽快出台。经与省、市发改委沟通，河北省关于支持环京县（市、区）承接北京非首都功能疏解和产业转移的政策将出台。

借势京冀平台，大力承接北京产业转移。“2·26”北京市与廊坊北三县项目推介洽谈会上，大厂县19个项目成功签约，截至12月，中国人民大学出版传媒融合创新中心、中航试金石无损理化力学测试项目等17个项目开工建设，累计完成投资114900万元。北京天坛玛金莎座椅有限公司、盛恩医药医学研发项目加快推进。10月25日北京科博会期间，大厂县有8个项目签约，其中产业项目4个（中医药大数据平台开发与运营、智能化无人化装备研制、惯性器件与卫星导航产品的研制、太赫兹测试技术研发应用创新中心），总投资10000万元，2019年计划投资2650万元，完成投资2650万元。校企合作项目4个（国家动漫游戏综合服务平台京东动漫人才培训基地、机电一体化专业工业机器人人才培养基地、影像与影视技术专业校企共建实训基地、影视技术应用人才孵化基地），全部在职教中心挂牌办公。为做好项目服务，加快项目落地落实，每月对签约项目督导调度，协调解决项目落地中存在的困难问题，力促项目早日投产达效。

积极争取支持，申报协同发展预算内项目、资金。发展和改革局抢抓建县65周年省政府现场办公会议机遇，全力破解当前大厂县经济社会发展面临的政策、资源制约，梳理协同发展可争取政策、项目、资金情况，积极跑省进厅，争取上级项目、资金、政策支持。先后多次组织中国人民大学出版传媒融合创新中心、中国人民大学附属中小学、河道内村庄防洪整治、公立寄宿制学校新建、密涿高速公路大厂东互通连接线两侧并行道路等项目申报京津冀协同发展2020年中央预算内投资计划、京津冀协同发展2020年工作要点项目。为进一步争取省级协同发展政策支持，经与省协同办进行初步沟通，力争将大厂列为京津冀协同发展先行先试示范区，全力争取省、市发改委在重点领域协同创新方面给予大厂更多政策倾斜。

加强统筹协调，全面落实中央、省、市最新政策精神。认真贯彻落实中央省市领导重要指示批示精神和京津冀三省市常务副省（市）长联席会议、北三县与通州区协同发展工作领导小组会议等会议精神，发挥协同办职能作用，结合大厂县重点工作，及时制订工作方案，细化、实化目标任务和责任分工，研究提出可操作、能见效的落实措施及意见建议。同时，加强对协同发展工作任务的协调调度，每月督导工作开展情况，确保件件有着落、事事有回音。

强化生态协同，完成国家生态文明先行示范区中期评估。为全面总结评估京津冀跨区域国家生态文明先行示范区创建工作总体进展情况、成功经验、存在问题，提出指标调整的建议以及下一步做好生态文明示范区创建工作的需求，发展和改革局在前期资料分析、重点部门座谈、实地调研走访的基础上，完成对全县京津冀跨区域国家生态文明先行示范区中期评估，为2020年生态文明示范区创建工作总体评估验收奠定基础。

坚定发展方向，研究制定下一步工作计划。认真分析梳理全县协同发展取得的成果、在推动协同创新工作中遇到的困难问题和体制机制障碍、推动协同发展的建议及需要上级帮助协调解决的问题等，形成50篇分析和报告，全力争取上级在政策、资源、项目等方面支持。同时，针对存在的问题，研究提出2020年大厂县与通州区协同发展对接项目20个，明确下一步工作思路、方向及计划，在推进京津冀协同发展方面升级加力，努力开创协同发展工作新局面。

【京唐铁路建设稳步推进】 制订完成征收补偿实施方案。制定《京唐铁路（大厂段）建设土地及地上物征收和补偿工作实施方案》，提交县政府常务会议审议后实施；完成大厂站位置调整及方案重新设计工作。按照《北京通州区与廊坊北三县地区协同发展规划》要求，大厂站的位置调整到厂通路以北，邵府村南侧区域。截至12月，完成新路由和站址的设计工作，确定土地红线；全面启动实施土地征收补偿工作。4月，京唐铁路土地征收工作全面启动，组织召开专题会议30次，安排专人全程参与京唐铁路（大厂段）的定测、地勘、清登、评估等相关工作，组织邵府镇、祁各庄镇进行土地征收工作，积极与省、市相关部门反馈大厂县诉求和工作进度，按照省、市政府安排的时间节点全力推进土地征收补偿工作。截至12月，大厂段红线内征收面积51.3公顷，大临用地（2个拌和站、1个制梁场、施工贯通便道）总面积21.09公顷，施工便道等临时用地，控制性节点用地6处，均全部交付施工单位，工作进度廊坊市第一。

【各项计划规划科学编制】 “十三五”规划中期评估圆满完成。按照国家、省、市要求和县委、县政府安排部署，发展和改革局牵头对全县“十三五”规划实施情况进行中期评估，及时总结成果、发现问题、研判形势、提出对策，确保“十三五”规划确定的工作目标和各项任务圆满完成，推动全县经济社会实现高质量发展。经过前期资料收集、部门调研、拟定大纲、起草初稿、补充调研、研读修改、征求意见、修改完善等一系列工作，完成《全县“十三五”规划实施情况中期评估报告》，提请县第十六届人大常委会第十九次会议审议通过；提前启动“十四五”规划编制工作。为做好全县“十四五”规划编制工作，明确未来5年全县工作重点，结合县实际采用公开招标方式，选定国内水平高、实力强的咨询公司编制大厂县“十四五”规划。发展和改革局完成“十四五”规划编制工作方案，在进一步修改完善，将关于开展“十四五”规划编制工作的请示上报县政府；年度国民经济和社会发展计划报告制定印发。深入贯彻落实中央、省、市、县全会精神及各级经济工作会议精神，抢抓京津冀协同发展、北京城市副中心加快建设等重大战略机遇，全面掌握2018年全县国民经济和社会发展运行动态，科学研判2019年全县经济社会发展走势，对2019年主要经济指标进行合理安排，编制《2018年国民经济和社会发展计划执行情况与2019年国民经济和社会发展计划（草案）的报告》，提交县第十六届人民代表大会第三次会议审议通过，为全县国民经济和社会事业发展明确目标任务和工作重点。同时，加强对2019年上半年全县国民经济和社会发展计划执行情况的跟踪督导，完成2019年上半年计划执行情况报告，提交县人大、政协常委会审议通过。

【招商引资工作】 抢抓机构改革机遇，发展和改革局设立投资促进中心，作为负责招商引资工作的专职机构，明确招商重点及方向，组建招商引资团队，探索市场化招商机制，聚力“招大引强”，开展精准招商，为县域经济发展积蓄新动能。

依托平台持续招大引强。依托“2·26”北京市与廊坊北三县项目推介洽谈会、廊坊“5·18”国际经贸洽谈会等平台，积极宣传推介大厂，签约引进中国人民大学出版传媒融合创新中心、金诺佳音音频创作项目等23个重大项目。对外开放组织招商专场。前后2次赴深圳借助人工智能行业论坛、高交会等平台，委托深圳市人工智能协会，组织“河北·大厂新经济产业招商推介会”和“河北大厂高新区专题推介会”等专题招商推介会，与深圳市人工智能行业协会及深圳市宝安区模具行业协会分别签署产业发展框架合作协议，推动大厂与深圳两地在人工智能、模具行业等领域的互动合作，深入对接深圳五鑫科技有限公司、企屯屯大数据网络有限公司等10家人工智能领域企业。组织高新区参加在北京召开的第42届中国电子制造系列论坛并进行专题推介，精准招商工作初见成效。探索创新市场化招商机制。积极对接京津冀开发区创新发展联盟产业促进中心、东方龙商务咨询有限公司、河北产融招商咨询服务有限公司、广州商企投资管理有限公司等招商平台探索通过市场化招商机制，开展委托招商。

【服务民营企业亮点纷呈】 发展和改革局多次深入各镇、园区进行实地调研，在调研中通过与企业主要负责人进行座谈，进一步摸清企业生产经营现状、技术工艺、生产流程及遇到的各种问题，研究应对举措，对照国家产业政策要求，积极为企业争取各项优惠政策。

在省级技术改造专项资金扶持方面。组织河北力准机械、廊坊百德食品等4家企业申报省级技改专项资金支持，4家企业均列入省级千项技改项目库，其中百德食品通过省、市工信部门的审核，获批102万元专项资金支持。同时，充分发挥县级技改专项资金的引领带动作用。2019年，为全县11家企业发放技术改造专项资金473万元。在为企业争取省市资金和荣誉方面。省级“专精特新”：2019年，推荐上报合世壁机械、益恒建业、春和食品、溢洋油脂、京潮鑫港等5家企业获“河北省第四批‘专精特新’中小企业”称号，每家企业获省级奖励资金20万元。市级“专精特新”：经推荐上报万福肉类、溢洋油脂、春和食品、益恒建业、祥程肉制品5家企业获得“2019年度廊坊市‘专精特新’中小企业”称号，每家企业获市级奖励资金10万元。填补国内空白：组织推荐河北冠泰、力准机械分别获市级“填补国内空白产品”称号，每家获得市级奖励资金20万元。拓宽企业融资渠道、助力中小微企业发展。对《大厂回族自治县中小企业转贷基金管理办法》《大厂回族自治县工业企业技术改造专项资金管理办法》《大厂回族自治县中小企业发展专项资金管理办法》进行反复修改和论证，进一步完善扶助企业政策条款，制定更加符合大厂县企业发展实际的资金管理办法，同时起草制定大厂县《“政银保”合作支持中小微企业贷款的实施方案》，谋划设立“政银保”合作专项资金10000万元，用于发挥财政资金引导和激励作用，以市场化手段撬动银行、保险资金支持企业加快发展。2019年，企业服务中心持续发挥5000万元转贷基金“杠杆”作用，进一步将转贷资金利率由3%降到1%，累计办理转贷72笔，运行转贷资金31000万元，有效缓解企业发展过程中的资金难题。聚合优质服务资源，扩宽服务企业范围。不断寻求与更多的第三方专业服务机构开展务实合作，免费为其提供办公场所，旨在进一步扩大服务范围，建立多角度、综合性的专业企业服务平台，为县域企业提供全方位服务。2019年，组织大厂企业申报2019年河北省工业新产品新技术开发项目。牵头开展河北省技术创新示范企业认定、复核评价和总结工作。积极筹办河北省中小企业“百场万家”公益服务活动，80家企业的管理人员120人参会。通过企业服务中心集聚效应，接待企业咨询人数100次，涉及企业50家，为企业提供用工、项目代理、转贷资金申报等服务30次。

【产业集群培育特色鲜明】 按照县委、县政府主要领导安排部署，加大跑省进市工作力度，积极对接省和市发改、工信部门，经过精心组织申报，大厂县影视产业集文创群成功列入河北省107个省级重点特色产业集群名单。严格按照《廊坊市县域特色产业振兴工作方案》要求，委托第三方编制机构编制《大厂回族自治县影视文创产业集群规划》，进一步明确发展目标，理清发展思路，突出工作重点，完善配套措施，为特色产业高质量发展提供指引。主动协调沟通各镇、园区及县直部门，收集汇总大厂县影视文创产业发展相关材料，并组织专家团队座谈交流，深入相关企业调查研究，推动影视文创产业集群加快发展。对全县35家重点文化旅游企业开展包联帮扶，积极协调各有关部门加快解决企业存在的困难和问题，为培育壮大影视文创产业集群奠定基础。

【气源保障工作】 制订印发《大厂回族自治县2019年采暖季天然气保供方案》和《大厂回族自治县天气迎峰度冬应急预案》，成立大厂县冬季供暖气源保障工作领导小组，组建工作专班，坚持“日报告”的工作机制和管理办法，确保在冬季供暖期间及时发现并解决问题。在采暖季到来前，充分总结上一采暖季气源保障工作经验的基础上，提前布局，超前谋划，及时了解掌握农村新增住户与新投产企业。并据此科学测定迎峰度冬期间全县天然气调峰能力，筛选全县工业用气大户，列出“压非保居”企业清单40家，其中规模以上18家（含高新技术5家）。遇到突发事项，根据气税比，分三级进行逐级停气。经发展和改革局与大厂百川公司沟通，要求加强与总公司联系，争取用气数量，确保大厂县用气指标不能有一丝缺口，分配指标在原5963万立方米上增加到7473万立方米，不存在缺口问题。如遇极寒天气或其他特殊情况，百川公司可通过LNG卸气站进行管道气补充，采暖季最高补充938万立方米，保障全县正常供气。

【污染防治工作】 “散乱污”工业企业整改提升方面。为切实深化“散乱污”工业企业专项整治，组建综合执法队，严格按照“散乱污”企业界定标准，组织专门人员对各镇、园区开展不间断巡查，对新发现的“散乱污”工业企业，发现一起，整治一起。对新发现的并被界定为规范改造类“散乱污”工业企业，按照先停后治，限期达标原则，责令企业进行规范改造，真正实现装备升级、质量提升，产品上档、节能环保。对完成整改、手续齐全稳定达标排放的企业，纳入日常监管，未完成整改的企业一律严禁恢复生产。2019年，由发展和改革局牵头的整改提升类“散乱污”工业企业16家，整改到位2家、关停取缔1家，其余13家在整改中。

开展成品油市场综合整治方面。夯实企业主体责任，确保企业落实各项制度，实行企业月轮回检查。在重大节日和关键敏感时期，开展专项执法检查。按照《大厂回族自治县2019年度成品油跨部门“双随机、一公开联合抽查工作实施方案”》的要求，积极与县直相关部门对县域内加油站进行联合抽查。按照省和市关于成品油市场整治要求，制订《大厂回族自治县成品油市场综合整治工作实施方案》《打击成品油违规、违法行为举报奖励办法》《大厂回族自治县关于开展成品油市场综合整治行动的通告》，并通过电视台、各镇广播和张贴公告等多种形式在全县进行广泛宣传，大力营造整治氛围。2019年，查处黑加油车5辆，黑加油点1处，均作出严肃处理。

【检查安全生产工作】 认真做好对全县65家规模以上工业企业安全生产指导工作。2019年，依托廊坊市工信局下派的第三方公司抽查全县15家工业企业安全生产情况，对各自存在的隐患和不足提出整改意见的基础上，借鉴廊坊市经验，发展和改革局委托第三方公司采取资料核对、现场查证的方式对全县65家规上工业企业和10家大型商超餐饮行业进行安全生产巡回指导和宣传教育工作。同时，通过指导企业做好风险分级管控和隐患排查治理“双控”机制建设，提高企业对安全生产的认识。针对企业安全管理人员及各职能管理部门不能及时获取有关的法律、法规、标准和规范，在安全检查、隐患排查时出现盲区和遗漏的问题，发展和改革局邀请第三方专家对安全生产新的法律法规和上级新的文件精神的进行专题培训。抓好信访工作。对原工信局负责的原宝生公司拖欠工人工资和保险、原服装厂刘某要求解决其退休待遇、原商务局负责的县城居民毛某反映的原物资总公司改制不彻底、职工卢某反映个人编制未落实、祁各庄镇大小辛庄曾某反映原金属木建材公司拖欠其工资、原粮食局负责的大厂镇小厂村张某反映原粮食局直属库改制不合理等问题，发展和改革局严格落实领导包案制，通过对相关信访人的接访、约访和耐心细致的劝解，得到信访人的理解、支持和配合，各个信访案件均在积极妥善解决之中。

【机关党建工作】 机构改革后，局党建办迅速摸清合并后的党员底数和党员身份，申请成立发展和改革局机关党委。针对党员人多、结构复杂的实际情况，本着便于管理原则，将354名党员按照党员身份划分9个党支部。严格按照《中国共产党章程》规定和组织程序完成机关党委和9个基层党支部的选举任命工作，为发挥战斗堡垒作用，顺利开展“不忘初心、牢记使命”主题教育奠定基础。局党委坚持由加强制度建设入手抓好党建工作。规范落实“三会一课”、党员组织生活会制度，健全完善党员经常性学习、谈心谈话、思想汇报、党性分析、党员活动日、民主评议党员、流动党员管理等项制度。同时，建设标准化党建活动阵地，经常组织开展党员活动，切实把规矩立起来，把党员意识强起来。局党委准确把握“守初心、担使命、找差距、抓落实”的总要求，注重把学习教育、调查研究、检视问题、整改落实贯穿始终。坚持在主题教育推进上求细，对每个环节的具体要求印发指导意见和制式规定，确保不落项缺项。在主题教育标准上求严，不符合要求的，返工整改。在主题教育效果上求实，坚持边学边改、立查立改，切实与分管工作结合起来，与服务发展结合起来，杜绝搞形式、走过场。主题教育中，先后召开学习、总结、研讨等专题会议 10 次，深入企业调研 60 人次，征求意见 300 人次，形成调研报告 15 篇，征求到意见建议 36 条，组织召开专题民主生活会，全面落实整改，全体党员干部在思想、政治、能力、作风、廉政等方面接受全方位的政治洗礼。

（冯大为）

统　计

【概况】　大厂回族自治县统计局内设办公室、综合股、工业与投资股、服务业股、能源与贸易股、政策法规股、县城乡调查队、县普查中心。统计局按照省、市统计工作总体要求，对标对表，以提升统计数据质量为抓手，不断深化统计管理体制改革创新，为推动自治县经济高质量发展提供高质量统计服务，把握新形势、适应新常态、采取新举措，说干就干、干就一流，圆满完成各项工作任务。2019 年，深化统计管理体制改革考核工作获得优秀等次。

【统计监测】　2019 年，统计局完成 30 个专业 2018 年年报工作和 2019 年以来各项定期报表任务，第一时间向社会发布县主要经济指标完成情况。对与考核相关 17 项指标进行月度监测与季度预警。

【提升统计服务水平】　除完善传统的《国民经济和社会发展统计公报》《国

民经济统计月报》《国民经济统计年鉴》外，编印《2018年月报合订本》《统计“四上企业”入统标准》等面向社会的统计服务产品，全方位提供统计服务。年初统计局组织专业人员根据工作需要协助县政府科学编印《2019年主要经济指标月（季）度预期目标分解表》，发送至县委、县政府主要领导、主管领导及全县各相关单位，为全年经济工作打下坚实基础。2019年，统计局撰写完成《2019年主要经济指标预计完成及工作措施》《统计局2018年经济发展绩效考核指标情况及2019年工作举措》《2019年上半年主要经济指标完成情况及第三季度经济指标预计》《大厂县2018年全面建成小康社会统计监测初步测算情况报告》《三次产业结构情况简析》《我县前三季度弱项指标分析》《地区生产总值全年预警分析》等经济分析报告24篇，及时、准确向县委、县政府反映经济发展中出现的新情况和新问题，并根据实际情况提出有价值的建议，做到超前预警、提前分析、靠前服务，其中3篇分析报告得到县委、县政府主要领导批示，5篇得到分管领导批示，多篇得到肯定或转发。

【经济普查工作】 2019年是第四次全国经济普查年。大厂县统计局在做好组建普查机构、普查资金落实、普查物资保障、普查宣传、两员先期培训和普查清查工作的基础上，完成全县第四次经济普查正式登记、审核、现场观摩、评估、改错等各阶段工作，顺利通过省市验收，得到上级部门充分肯定。县经普办严格按照普查方案要求，以数据质量为依托，以部门核算为切入点，严把数据质量关，狠抓关键环节，把握时间节点，倒排工期，挂图作战，全力推进大厂县经济普查工作。4月，积极配合市局在大厂县举办全市经普现场观摩活动，由于大厂县普查工作突出，在全市观摩活动中介绍经验，搞好宣传，严格培训。通过张贴宣传画、悬挂标语口号、发放宣传日历和一封信等形式，深入基层开展宣传，营造良好的普查氛围。精心组织培训，除组织各镇区街道普查业务骨干参加廊坊市组织的业务和数据处理培训会外，县普查办采取会议、讲座、现场问答、集中办公等方式下培两级，提高普查“两员”业务素质，编制底册，现场登记。普查办对上传至平台的清查数据，通过工商、审批、民政、编办等部门提供的登记资料，辅以天眼查等网络工具进行再比对再核实。分工协作，仔细审核。在做好自查的基础上，普查办和各专业人员经常加班加点，对上报数据随报随审，根据平台错误信息，针对表内、表间、排重、法产关系和汇总审核，重点关注空表、空值、奇异值、雷同值、整数值和重点指标间不匹配问题，加强对汇总数据审核及与年快报数据比较分析，对专业指标进行套表审核，随时把控质量。对重点指标评估测算，对不合理数据提出意见，及时联系普查员核实，对问题数据进行修正。结合快报，及时核算。普查办把数据评估贯穿登记全过程，坚持边登记，边评估，边匡算。及时与相关部门数据进行对比评估，结果由调查户签字确认，保留评估痕迹，做到科学准确，有依有据。核算组根据平时核算基础数据情况，对普查上报联网直报、非联网直报单位及个体户上报数据，评审大厂县经济总量合理性，确保普查数据真实反映实际，第四次全国经济普查工作圆满完成。

【加强统计法制建设】 学习贯彻落实国家、省、市深化统计体制改革相关意见。配合县政府，牵头学习省委省政府、市委市政府加强统计工作的意见，并以意见为抓手将统计工作进一步推进，确保落到实处。提高统计人员依法统计能力，组织全体干部职工认真学习《中华人民共和国统计法》《中华人民共和国统计法实施条例》《河北省统计条例》《统计违法违纪行为处分规定》等法律法规。加大统计法制宣传力度。在12月法制宣传月期间，统计局结合工作实际，深入开展送法进社区，送法进企业法治宣传活动，累计发放统计法律法规培训资料、统计法治宣传手册、宣传手提袋300份。同时，利用各种会议及各专业年报会和统计业务培训会，开展统计法律法规知识讲座，取得良好宣传效果。加大统计执法检查力度。按照2019年“双随机”统计执法检查工作方案要求，结合实际情况，重点对县域内“四上”企业（规模以上工业企业、具有建筑业资质等级的建筑业企业、限额以上贸易企业、规模以上服务业企业）和近2年内统计报表报送不及时单位进行统计执法检查，对辖区内抽查6家“四上企业”统计数据质量进行检查，同时加强对统计基层基础工作进行巡查，发现问题及时查处及时纠正。

（吴迎春）

审　计

【概况】　大厂回族自治县审计局是县政府主管审计监督的职能部门。2019年6月，积极推进成立本级党委审计委员会及审计委员会办公室，经县委组织部（编办）批准审计局增设县委审计委员会办公室秘书组，承担中共大厂回族自治县委审计委员会办公室相关工作，负责处理县委审计委员会日常事务工作。审计局内设办公室（县委审计委员会办公室秘书组）、法制和内审指导监督股、财政金融审计股、农业农村和生态环境审计股、固定资产投资审计股、社会保障审计股、经济责任审计股、企业综合审计股、行政事业审计股。

【政策措施落实情况跟踪审计】　审计局科学制定《大厂回族自治县2019年度重大政策措施落实情况跟踪审计工作安排意见》，重点围绕京津冀协同发展，聚焦防范化解重大风险、精准脱贫、污染防治“三大攻坚战”，以政策和重大改革任务推进情况为突破口，以资金、项目审计为重点，持续关注政府债务和隐性债务风险、减税降费实效、清理拖欠民营企业中小企业账款等情况进行跟踪审计。2019年，政策措施落实情况跟踪审计采取审计局领导小组办公室负责组织协调、相关业务股室具体实施的方式进行。

【财政审计】　2019年，审计局对县财政局2018年度县本级预算执行、决算草案及其他财政收支情况进行报送审计，8 月下旬出具正式结果报告，将报告分别上报县委审计委员会和县政府主要领导审阅后提交县委审计委员会第二次全体会议审议通过，经县政府审定后按规定程序向县人大常委会作报告。审计工作中重点关注县本级预算收支的完整性、财政财务收支真实合法效益、专项资金统筹整合、财政存量资金管理使用、网络安全建设和绩效、中央“八项规定”精神和国务院“约法三章”贯彻落实、“三公”经费和会议费管理使用情况等。2019 年，审计局按审计工作计划安排，统一组织对财政局、住房和城乡建设局、北辰街道办事处、公安局、行政审批局、民宗局等 6 个行政事业单位进行 2018 年度预算执行、决算草案和其他财政财务收支情况进行全面审计，揭示部门预算管理中存在的普遍性、倾向性问题，促进深化预算改革。

【经济责任审计】 9 月，受县委组织部委托，安排对全县 2017 年以来离任、转任、机构撤并所涉及的 52 名科级领导干部进行经济责任离任审计。完成 45 名科级干部经济责任离任审计。审计局党组高度重视此次离任经济责任审计工作，成立专门的领导小组，组织全体审计干部，分成 7 个审计组集中开展。利用 2 个工作日集体学习中办、国办新的《经济责任审计规定》。本次审计将重点关注领导干部特别是机构改革撤并单位的领导干部的履职情况。以促进权力规范运行，促进领导干部守法守纪、守规尽责、廉洁用权、干净干事为目标，按照“三个区分开来”要求，客观公正评价，准确界定责任。由过去注重财务收支和遵守财经纪律方面审计向更加注重领导干部政治担当、落实意识、履职效能、加强监管、履行党风廉政建设主体责任多角度审计转变。

【民生资金和民生领域项目审计】 2019 年，审计局对 2016—2018 年大厂县养老服务体系建设专项资金情况进行专项审计调查，本次审计调查重点是福利彩票公益金和财政一般预算安排支持养老服务体系建设资金，资金主要用于“养老服务机构建设补贴”“居家和社区养老服务设施建设补贴”等 10 个养老服务项目。审计局把扶贫领域审计作为一项重大政治任务来抓，认真开展2019年度全市扶贫审计项目工作，对4个镇10户危房进行延伸；建立扶贫审计监督平台，按季度上报扶贫审计报表。

【加强对省重点建设项目稽查力度】 根据机构改革职能划转要求，将原县发展改革局的重大项目稽查职责划入审计局，2019年年初，审计局对“十三五”规划重大工程项目推进情况进行摸底，并经市审计局同意，确定国家京剧院文旅融合产业化基地项目和中国人民大学新校区大厂拓展区项目为重点稽查和关注项目。审计局与县发展和改革局保持随时沟通联系，查看调阅项目相关材料，全面掌握项目进展情况和存在制约。这两个项目为2019年大厂县列入省重点项目，均为新开工项目，计划总投资60亿元，本年计划完成投资12亿元。其中，中国人民大学新校区大厂拓展区项目，园区、社区正在抓紧施工，累计完成投资7亿元。国家京剧院文旅融合产业化基地项目计划年内开工，正在积极开展土地整理、用地手续办理等各项前期工作。根据实际情况，审计局提出审计建议，建议县发展和改革局、高新区要加强协调督导，加大服务项目力度，加快推进。县自然资源和规划局探索加快创新土地收储、出让、再利用等方面政策，破解土地制约，同时积极与上级国土规划部门联系，尽早取得实际效果，保障项目落地实施。

【政府投资项目审计】 审计局认真落实《审计署关于进一步完善和规范投资审计工作的意见》要求，积极推进全县投资审计转型和全面发展。根据新修订的《大厂回族自治县政府投资管理办法》，按照全市投资审计改革工作要求，县政府投资审计项目列入市级审计机关2019年度审计项目计划，全部审计流程均在廊坊市政府投资审计平台上开展。2019年度，经县政府分管领导同意，将县交通运输局承建的大厂县侯谭线西段大修工程列入竣工决算审计计划。根据廊坊市审计局工作安排，此项目审计转入2020年开展。12月底，审计2018年

12月31日以前竣工项目28项。督促指导各乡镇对2016年度、2017年度农村“气代煤”土石方工程结算收尾工作，县城商业门店气代煤土石方工程结算审计全部完成。农村气代煤土石方工程结算审计完成大部分。按照河北省审计厅统一安排，组成专门审计组，对大厂县2013年—2019年8月31日人防工程项目审批及人防资金资产使用管理情况进行专项审计。

（李　凡）

人力资源和社会保障

【概况】　2019年1月，因机构改革需要，原民政局和原人社局合并为社会事务局。社会事务局是大厂县政府综合管理全县人事、民生保障工作的职能部门，下设1个二级局(就业服务中心）还没有报批成立；11个行政股室：办公室（信息化建设办公室）、事业单位人事管理股、专业技术与职称管理股、工资福利股、劳动关系与仲裁调解股（社会保险基金监督股、劳动人事争议仲裁院）、就业促进与失业保险股（农民工工作与职业能力建设股）、养老保险与工伤保险股、社会救助股、社会事务股、基层政权建设和社区治理股、婚姻登记处；7个下属事业单位：劳动保障监察大队、社会保险事业管理所（机关事业保险管理所）、农村社会养老保险事业管理所、工伤保险事业管理所、征地补偿和失地农民安置保障服务中心、中心敬老院（流浪乞讨救助站）、殡葬管理所。全局有干部职工137人，大专及以上学历131人。其中，科级干部12人，股级干部54人，党员71人。

2019年，大厂回族自治县社会事务局严格按照县委、县政府的工作部署，深入开展“全民服务副中心”行动，围绕“民生为本、人才优先”工作主线，扎实推进惠民实事和民心工程，深入开展“不忘初心、牢记使命”主题教育活动，抓重点、破难点、树亮点，以说干就干、干就一流的工作标准，进一步深化改革、开拓创新，统筹推进人社、民政各项工作高质有序发展，为加快建设经济强县、美丽大厂提供强有力的民生保障支撑。

【人才引进和管理】 与县委组织部、县直机关工委配合对大厂县政府系统44个机关事业单位4395名股级及以下工作人员进行考核评价，确定优秀等次696人，授予嘉奖奖励631人、三等功奖励65人。按照《大厂回族自治县机构改革科级以下人员划转工作实施办法》，结合部门职能和干部管理权限，配合县委组织部积极做好人员划转工作。大厂县政府系统机关事业单位涉及划转人员1660人，其中在编在职588人、编外403人、退休669人，并及时办理划转人员调配手续，确保人员不散乱，工作不断档。大厂县政府系统机关事业单位（教育系统除外），科级以下干部在编990人、编外135人、自收自支557人。按照县机构改革的安排部署，对编制、身份信息进行进一步核查，确保人员信息的准确、有效。坚持公开、平等、择优的原则，结合廊坊市人事部门核定的岗位设置审批方案，严格按照岗位职数，控制聘用数量，确保事业单位岗位聘用工作平稳进行。2019年度，43家事业单位专业技术岗位聘用方案全部审核完成，522人晋升岗位等级，其中正高级5人、副高级55人、中级281人、初级181人，入选廊坊市有突出贡献的中年优秀人才3人。

【就业再就业工作】 投资改造“大厂社会保障服务平台”，通过“大厂社会保障”“大厂就业”微信公众号以及《大厂新农民报》等信息宣传手段，主动链接企业，推送用工信息。做好人力市场工作创新内容，通过开发“智慧职介”微信小程序，实现企业、求职者在小程序上无缝对接。在“智慧职介”小程序管理后台审核通过135家用工企业备案信息，发布213条招聘信息，有201个用户注册个人信息，有32家企业完成人员面试。突出服务针对性，全年举办“春季大型招聘洽谈暨对接京津人才交流招聘会”“春风行动就业扶贫专场招聘会”

“民营企业招聘周专场招聘会”“妇女专场招聘会”“高校毕业生专场招聘会”“退役军人专场招聘会”等各类专场招聘会50场，累计为求职者提供3万个就业岗位，有效地解决用工单位“用工难”及不同群体就业困难人员就业等问题。2019年，大厂县成立青年就业见习基地26家，提供就业见习岗位464个，有见习人员就业的基地11家，参加就业见习51人。

【职业培训】 按照既定的工作目标要求，建专班、强举措、整资源、优平台，多措并举，扎实推进所承担的农村劳动力引导性培训、全民大培训和职业技能培训工程等各项工作。2019年，累计培训各级各类人员1511人，其中“百万燕赵工匠培养支持计划”240人，完成市任务（200人）的120%，县任务（240人）的100%；培训农村劳动力1051人，完成市任务（190人）的553%，县任务（1000人）的105%；培训城镇登记失业人员65人，完成市任务（50人）的130%，完成县任务（60人）108%。企业家培训155人，完成县任务（150人）的103%；技能大赛6场，完成县任务的100%。

2019年，推送就业创业政策、培训信息、就业信息等各类信息500条。发放各类宣传资料2.3万份，提供咨询服务4500人次，引导性培训农村劳动力1.2万人次。通过走访企业，与金隅天坛家具、康师傅顶津食品、味全、宝华生景泰蓝、和平铝业等40家达成培训意向600人，涉及木工、焊工、叉车、起重等10个工种。与应急管理局、质监等部门联合开展电工、焊工、叉车、安全管理等培训20期，培训1000人。与各镇、街道共同组织开展文明素质提升培训11期，培训400人。与燕安职业培训学校合作开展特种作业工种培训3期，培训200人。与石家庄海川职业培训学校合作开展创业培训10期，培训300人。母婴护理员2期，180人。联合职教中心等部门，在县职教中心和县就业服务基地成功举办焊接技能大赛、茶艺大赛、全域旅游礼仪大赛、景泰蓝设计创新大赛、家政服务大赛、信息化大赛和创业大赛等7场大赛，通过大赛提高从业人员的技能水平，扩大技能人才的影响力，为产业和企业发展提供技能人才支撑。

【劳务输出】 对标先进，积极对接与通州、武清工作交流，协同推进京津冀公共就业服务一体化发展。积极做好劳务对接，加强东西部合作，促进扶贫劳务输出转移。与通州区人社局签署公共就业服务机构合作协议书，加强在促进公共就业服务标准化、信息化、专业化方面合作共赢。与通州、武清签署合作备忘录和协议，通过京津冀人才交流会、通武廊招聘会、春季大型人力资源招聘洽谈暨对接京津人才交流招聘会、大厂高新区专场招聘会、通州区潞城镇专场招聘会等活动，实现与北京就业服务共享、互联互通。在10月6日京津冀人社事业协同发展第三次部省（市）联席会议上，北京市人社局局长徐熙、河北省人社厅厅长宋立民，对大厂县公共就业服务工作予以肯定；2019年秋季京冀就业扶贫劳务协作对接专场招聘会，在沽源县职教中心召开，同时在沽源县易地搬迁集中安置区比较大的九连城镇、黄盖淖镇设分会场针对易地搬迁贫困劳动力进行专场招聘，此次招聘会10家企业参与，提供就业岗位300个，有效缓解就业难、招工难的问题，同时帮助搬迁群众稳得住、有就业、能致富，拓宽就业渠道、积极促进稳定增收。大力拓展域外招工渠道和区域，积极与甘肃省临夏回族自治州积石山县劳务办、临夏县人社局、和政县劳务办沟通和考察通座谈。按照“加大对接、精准转移、力促增收”的工作思路，不断加强东西部劳务协作，建立劳务协作关系。充分发挥临夏地区农村劳动力资源丰富优势，结合特色产业开发和省内外劳务市场的需求，建立起宣传引导、劳务输出、服务保障的“一条龙”工作模式。大厂县选择经济效益好、规模大和用工规范的企业作为重点推荐单位，通过在举办现场劳务协作专场招聘会以及人力资源服务行业协会牵头，劳务经济带头人等有组织输出的方式，使当地富余劳动力既走出去，又挣得多、干得好。

【社会保障体系建设】 深入构建城乡“大保障”体制。进一步完善城乡居民养老保险制度。制定《大厂回族自治县关于建立城乡居民基本养老保险待遇确定和基础养老金正常调整机制的实施办法》，对缴费档次进行调整，并增设高龄基础养老金。大厂县城乡居保领域的经验做法受到人社部肯定，《创新保障机制，优化智能服务》专题片入选全国党员干部现代远程教育平台。深化智慧社保便民行动。通过“看看社保”APP,城乡居民、机关事业单位离退休人员和企业退休人员足不出户完成身份认证，认证率达到100%。继续实施全民参保计划。以政策宣传为抓手，以优质服务为助推，促进应保尽保。城乡居民养老保险参保率达到99.8%，工伤保险覆盖54855人。企业职工养老保险新增扩面2230人，完成扩面任务111.5%。失业保险新增参保企业160家，达到341家。失地农民参保28128人。落实改革部署，加强基金管理。稳步推进机关事业养老保险改革。全县有符合养老保险改革条件的机关事业单位130家，在职人员5750人，退休人员2588人。征缴养老保险费13900万元，支出养老金12000万元，征缴职业年金3509万元。贯彻落实社保降费减负政策。根据河北省、廊坊市方案，从5月1日起，城镇职工基本养老保险单位缴费比例降至16%，继续阶段性降低失业保险费率。同时，调整降低社保缴费基数。大厂县全面施行新的社保降费措施，仅企业养老保险即为全县参保企业减负3000万元。强化社保基金风险防控能力。以“五落实”（落实非现场基金监督常态化检查工作、落实审计问题整改工作、落实全国社保基金管理风险防控工作、落实全面开展社会保险待遇发放情况核查工作、落实社会保险基金风险评估工作）为抓手，统筹开展“社会保险基金风险防控提升年”活动，全面开展社会保险待遇发放情况核查、风险防控工作。以“风险防控市级互查”为契机，在机构设置、制度建设和运行、业务经办服务、基金财务管理、信息系统管理等方面进行深入完善。重视弱势群体，保障基本救助。进一步发挥社会救助“托底线、救急难”作用，切实解决群众突发性、紧迫性、临时性生活困难。积极探索各项救助工作，以建档立卡贫困户、重度残疾、重病患者、困境未成年人等弱势群体为重点对象，最大程度、最快捷的受理审批困难群众的申请，确保救助资金第一时间足额发放。2019 年，发放临时救助、低保救助、75 周岁以上老人生活补贴等各类救助金 846.62 万元，其中临时救助 8 人，低保救助 780 人，为 5870 名老人发放生活补贴，为 1807 名两残人员（困难残疾人、重度残疾人）发放生活补贴和护理补贴。按省、市低保扩面工作安排，重新审核录入低保群众 819 人，扩面率 1.22%，完成指标要求。

【新型农村社会养老保险】 2019 年，大厂县城乡居保参保人数 61442 人，其中待遇领取人员 20987 人。基金收入 5527 万元，支出 5822 万元，结余 7521 万元（按照省、市人社局要求，将 2320 万元基金上解到市城乡居民基本养老保险基金账户，开展委托投资运营）。

做好城乡居民养老金社会化发放工作。按时足额发放养老金是养老保险制度的生命线，必须始终高度重视。每月提前与财政、代发金融机构、各镇保障站等部门做好协调，在每月 15 日前将领取待遇人员核实确定，注销死亡人员，在每月 25 日前按时打印养老金发放表，做好及时拨款及时报送，确保养老金按时足额发放到位。全年为 996 名达到 60 周岁参保人员办理领取待遇手续。根据河北省社会保险事业管理局《关于实施城乡居民养老保险社银联网上线工作的通知》（冀社险涵〔2018〕103 号）要求，11 月，城乡居民养老保险成功通过省集中基金管控平台，与人民银行集中代收付中心对接发放，实现社银联网发放，不仅大大优化业务经办流程，而且消除社保待遇发放数据离库操作风险，确保基金支付安全，让更多“互联网＋社保”成果普惠于民。做好丧葬补助金和取暖补贴发放工作。自 2015 年 1 月起，实行城乡居民养老保险丧葬补助金制度，待遇领取人员死亡后发给一次性丧葬补助金 720 元。2016 年，大厂县在河北省首创建立的城乡居民养老保险取暖补贴制度。2017 年将取暖补贴标准由 2016 年实施之初的每人 310 元提高到每人 620 元。2019 年 11 月 8 日，为 20000

名领取城乡居民养老保险待遇人员发放取暖补贴1287万元。开展城乡居民养老保险人脸识别资格认证工作。3月和9月，开展2次城乡居保待遇领取资格认证工作。领取待遇人员使用“看看社保”人脸识别系统进行认证，2次认证成功率分别为97.4%和97.8%。发放城乡居民养老保险村级代办员补助金。社会事务局明确代办员工作职责，各镇对辖区内村代办员进行考核，并填报代办员补助金发放表。根据各镇考核情况发放代办员补助金，涉及105名代办员，每人发放380元，共计39900元，于12月20日全部发放到位。做好其他农村养老保险工作。农村干部养老保险：截至12月，农村干部养老保险参保人员1101人，其中领取待遇人员726人,发放养老金168万元。失地农民养老保险：按照县政府要求，农村养老保险所配合协助县征地补偿办公室做好被征地农民养老金发放工作。截至12月，领取待遇人员达到9775人，发放养老金7598万元。代课教师教龄补贴：按照上级要求，农村养老保险所配合协助教育局做好原民办代课教师教龄补助发放工作。1月—11月累计发放教龄补助115万元，涉及人员5044人次。

城乡居民养老保险扩面征缴发放任务。扩面情况：2019年度城乡居民基本养老保险参保人数达到61240人，截至12月23日，参保人员61442人；征缴情况：城乡居民养老保险征缴职责划归税务部门，截至12月8日，大厂县缴费人员30393人，完成比例97%，全市排名第二（税务部门下发名单，霸州第一）；发放情况：截至12月，大厂县领取待遇人员20987人，全部按时足额发放养老金。

【惠民实事工程】 创业服务基地形成良好带动效应。全年举办大型项目路演活动12场。组织各种专业培训、创客联谊等精准帮扶活动30场。邀请清华大学等知名专家开展创业培训10期，培训学员311名。截至12月，基地入驻孵化60家企业，入驻率达到100%，实际带动就业235人。9月，被评选为“河北省省级示范性创业就业孵化基地”，综合成绩排名河北省第七、廊坊市第一。

“全民大培训”带来明显成效。发挥技能培训联动作用，变“独唱”为“合唱”。打造县职教中心培训主阵地建设，成功争列为河北省高技能人才培训基地。建立大厂全民培训就业网，开发“大厂培训就业”微信小程序，实现“报名—开班—学习—应聘—就业—跟踪服务”一条龙服务。通过开展订单培训、联合培训，实现参训学员精准就业、定向就业、家庭就业。全年开办 11 个大类 70 个子项的各类培训班 100 期，培训学员 8000 人次，成功实现就业 4000 人。2019 年，实现新增就业人员 6401 人，安置下岗失业人员再就业 612 人，城镇登记失业率为 0.52%。城镇新增就业、城镇登记失业率，下岗失业人员再就业和就业困难人员再就业等项数据均位居廊坊市前 3 名。社区养老服务实现零的突破。与高新技术产业开发区和北辰街道办事处共建社区居家养老中心。截至 12 月，高新区蒋谭路社区居委会的颐康苑居家养老服务中心、厂通路社区居委会颐景园的朵安泽养老服务中心和北辰街道办事处的湖韵蓝湾社区居家养老服务中心，按标准装修完成。

【失地农民补偿安置保障工作】 失地农民养老保险开展情况。截至 12 月，大厂县涉及 5 个镇，66 个村，28128 人参加养老保险。（其中陈府镇涉及 3 个村、74 个人，大厂镇涉及 19 个村、3893 个人，祁各庄镇涉及 16 个村、11918 个人，邵府镇涉及 8 个村、5306 个人，夏垫镇涉及 20 个村、6937 个人）。大厂县失地农民养老金待遇每人每月发放标准 650 元。12 月，领取待遇人员 9775 人，当月发放养老金 635.51 万元。（其中陈府镇涉及 3 个村、24 个人、发放 15600 元，大厂镇涉及 19 个村、1378 个人、发放 89.57 万元，祁各庄镇涉及 16 个村、4276 个人、发放 277.55 万元，邵府镇涉及 8 个村、1769 个人、发放 114.99 万元，夏垫镇涉及 20 个村、2328 个人、发放 151.32 万元）。全年，养老金发放 7610.92 万元，启动以来历年累计发放养老金 39800 万元，基金结余 34200 万元。

失地农民安置补助专项生活补贴开展基本情况。2019年，大厂县涉及5个镇，63个村，20955人纳入专项生活补贴。（其中陈府镇涉及3个村、56个人，大厂镇涉及17个村、1917个人，祁各庄镇涉及16个村、9256个人，邵府镇涉及7个村、4296个人，夏垫镇涉及20个村、5430个人）。失地农民专项生活补贴待遇标准为每人每月640元。11月，领取待遇人员6524人，当月发放补贴417.54万元。（其中陈府镇涉及3个村、22个人、发放14080元，大厂镇涉及15个村、484个人、发放30.98万元，祁各庄镇涉及16个村、3135个人、发放200.64万元，邵府镇涉及7个村、1237个人、发放79.17万元，夏垫镇涉及19个村、1646个人、发放105.34万元）。截至11月，发放专项生活补贴4627.9万元。2011年启动以来累计发放专项生活补贴28200万元，基金结余172100万元。

失地农民基金提取基本情况。截至12月，大厂县失地农民养老保险基金历年累计收入74000万元，历年累计支出养老金39800万元，基金历年累计结余34800万元；截至11月底，社会保障调节基金历年累计收入200300万元，历年累计支出失地农民安置补助专项生活补贴28200万元，基金历年累计结余172100万元。

【城乡低保】 县委、县政府主管领导亲自安排、亲自调度，先后4次组织各镇党委书记召开会议进行部署推进。对各镇城乡低保保障面进行测算，并明确专人负责。同时，采取逐镇碾压方式，点对点的进行政策讲解培训，对困难群众的申请敞开受理，无条件受理；加大政策宣传力度。通过印发明白纸、村广播、政策宣讲等形式广泛宣传社会救助各项政策，让最新的救助兜底保障政策家喻户晓，人人皆知。采取集中人员、集中时间、集中审核、集中录入“四集中”方式，以重度残疾、重病患者为突破口，对所有受理申报的救助对象实行联审联批，确保高质量完成扩面任务。2019年，大厂县农村低保780人，低保保障面达到1.16%。全年发放低保救助金48.89万元。

【临时救助】 严格落实廊坊市和大厂县临时救助办法，积极探索分级审批工作，最大程度、最快捷的受理审批困难群众的申请。2019年，审批临时救助8人次，发放救助资金5.49万元，解决困难群众突发性、紧迫性、临时性生活困难。

【特困人员供养】 2019 年，全县特困供养人员 348 人，分散供养 292 人，集中供养 56 人。其中，完全丧失或部分丧失自理能力的 48 人，入住敬老院的 18 人，集中供养率 37.5%，距廊坊市里要求的 50%目标还差 6 人。为确保完成 50%的目标任务，先后 2 次召开全县社会救助工作，确保圆满完成目标任务。

【救助孤儿】 2019年，办理收养登记业务3件。大厂县有孤儿9名，其中机构养育孤儿3名，社会散居孤儿6名。自2017年7月1日起，大厂县机构养育和社会散居孤儿救助标准由每人每月1300元的救助标准提高到每人每月2000元的救助标准。1月—11月，累计发放孤儿救助金19.8万元。为2名考入大学的孤儿申请减免学费，计8500元。

【困境未成年人救助】 根据大厂回族自治县人民政府办公室关于印发《大厂回族自治县困境未成年人救助管理办法》的通知（大政办〔2018〕109 号）的有关规定，对具有大厂县户籍的、非父母双亡，但自身状况存在困境或家庭状况存在困境的 18 周岁以下不具有独立生活能力的未成年人进行救助。救助标准为现行最低生活保障救助标准，每人每月发放救助金 900 元。2019 年，审核合格的困境未成年人 24 人，累计发放救助金 20.25 万元。

【流浪乞讨救助】 严格按照河北省民政厅等七部门《关于进一步加强流浪乞讨人员救助工作的通知》（冀民〔2018〕7 号）和《大厂回族自治县流浪乞讨人员救助工作实施方案》（大政办〔2018〕32 号）的文件精神，做好流浪乞讨救助工作。2019 年，救助流浪乞讨人员 21 人次，发放救助金 430 元。

【基层政权和社区建设】 社区居家养老工程建设工作。2019 年年初，大厂县将“以高新技术产业开发区和北辰街道办事处为建设主体，分别建设 1 家社区居家养老中心工作”列入县民心工程。经过前期大量参观考察学习，结合实际，大厂县最终确定通过内部招投标方法来决定经营方。8 月下旬，同时对高新区 2 家居家养老服务中心（蒋谭路居家养老服务中心、颐景园居家养老服务中心）进行招投标，进入实质性装修阶段。10 月底，高新区 2 家居家养老服务中心（蒋谭路居家养老服务中心、颐景园居家养老服务中心）装修完工；北辰街道办事处的湖韵蓝湾社区居家养老服务中心在装修中。

关于做好社区和居家养老工程大走访专题活动。按照廊坊市民政局《关于做好社区和居家养老工程大走访专题活动的通知》要求，全市各民政部门利用6月—9月的时间开展深入基层、深入群众、深入民心工程现场走访活动。民政局每月分别走访北辰街道办、高新区10户，每月至少走访2次。并就大厂县社区居家养老工程进行现场问卷调查。截至12月，此项工作全部完成，走访40户，100人。

养老服务补贴发放情况。2019年，为全县60周岁以上低保对象、重点优抚对象发放养老服务补贴740人（低保户193人，重点优抚对象547人）。其中：城镇社区养老服务补贴82人，农村养老服务补贴658人，发放25.5万元。

收取社区办公服务用房情况。2019年，签订社区办公服务用房合同9份合计面积10571.96平方米；接收9处社区办公服务用房合计面积10279.23平方米；将8处社区办公服务用房移交高新技术产业开发区合计面积8307.51平方米；将1处社区办公服务月用房移交北辰街道办事处，面积2000.84平方米；开具社区办公服务用房证明9份；回复建设项目规划与设计方案联合审查意见征询单6份。

【婚姻登记】 全体人员牢固树立为民服务的思想，严把婚姻登记质量关，截至12月底，办理结婚登记912对，离婚登记657对，补发结婚证454对，补发离婚证45只，查询个人婚姻档案317人次，答复各类人员、电话咨询800人次。无有效投诉，登记合格率达到100%。为深入贯彻落实新的《婚姻登记工作规范》，广泛推广婚姻家庭辅导，2019年为当事人发放《大厂回族自治县婚姻家庭辅导手册》1054份，发放《“节俭办婚礼　文明新婚俗”倡议书》329份，普及和谐婚姻家庭知识，倡导健康文明的婚俗理念。

【地名工作】 按照《大厂回族自治县深入学习推广“千万工程”经验全面推进农村人居环境整治实施方案》要求，民政局主要承担农村推进地名设置标准化及村、街、巷、门户标志牌补设工作。6 月底，民政局联合农业农村局给各乡镇、街道办下发地名补设工作通知，将补设标准发送到专门邮箱，请各单位按国家标准自行进行地名补设工作。

新建居民区设标工作有序开展。2019 年，审批居民区名称 17 个，办理标准地名使用证 18 个（含补证 1 个），设置居民区标志牌 21 块，楼牌 196 块，单元牌 390 块，沿街门店牌 157 块，户牌 25703 块。办理门牌号码使用证 24 个，地址名称变更 23 个，地名预先核准 7 个，工作中入户下乡实地考察 52 人次。

【殡葬管理】 按照省厅治理大气的要求，2019 年启用新型节能火化炉 1 台，遗物祭祀焚烧炉 1 台，2 台设备加装尾气净化设备，为确保设备的安全平稳的使用，专门聘请专业人员对火化工进行为期 1 周的培训。通过培训和实际操作，达到操作熟练，时间把控准确，既节约燃油又能确保尾气排放符合环保要求。为满足新增设备和全面改造的用电需求，通过公开招标形式新装 500 千伏安箱变 1 台。为使新设备正常使用，聘请专业人员对殡管所设备线路进行全面细致的检查，并对办公区、火化车间老旧线路进行更换，确保用电安全。2019 年，全年殡仪馆火化遗体数 648 具，其中减免火化服务费 56.34 万元，惠及群众 547 人次，火化率继续保持 100%。

【福彩助学】 按照《廊坊市民政局关于开展 2019 年贫困大学生助学工作的通知》精神，切实帮助贫困家庭解决子女上大学难问题，推进贫困大学生助学工作常态化、长效化，启动 2019 年贫困大学生救助工作，宣传 2019 年贫困大学生救助工作政策，并下发大厂回族自治县社会事务局关于转发《关于印发〈廊坊市贫困大学生助学办法〉的通知》的通知，通过与电视台、教育局及各镇（街道办）联系，9 月符合由大厂县救助的大学生 2 名，发放救助金 1.2 万元。

（赵　晔）

医疗保障

【概况】 大厂回族自治县医疗保障局是根据省市县委、政府关于机构改革统一安排，于2019年1月29日正式挂牌成立。内设综合管理办公室、待遇保障股、医药管理和招标采购股，下设城镇职工医疗保险管理中心和城乡居民基本医疗保险管理中心2个事业单位，有干部职工50人。

【从严治党】 县医疗保障局强化主体责任，加强党对意识形态工作的全面领导，全面开展“不忘初心、牢记使命”主题教育，切实把思想和行动统一到中央、省、市、县委的决策部署上来，在重大事项决策上始终坚持民主集中制原则，坚持党务政务公开制度、班子工作定期评议制度，提高民主决策的透明度。严格落实“一岗双责”，强化局党组责任担当意识。健全党组织生活、严格党员管理、加强党员教育、提高党员素质、增强基层党组织的凝聚力和战斗力。

【基金监管】 全面加大打击力度，形成监管高压态势。县医疗保障局先后制定《严厉打击欺诈骗取医疗保障基金专项行动方案》《打击欺诈骗保“冬季攻坚”专项行动方案》，先后3次组织对全县定点医药机构违约违规违法行为开展“拉网式”排查。联合卫生健康局、公安局、市场监管局等4个部门制定《大厂回族自治县打击欺诈骗取医疗保障基金专项治理行动实施方案》，成立专项治理行动检查组，多部门打出“组合拳”。截至12月25日，处理违规药店6家，扣减违规费用0.32万元；处理违规医院4家，扣减违规费用56.12万元。充分发挥智能监控作用，全面提高监管效果。根据欺诈骗保行为特点变化，完善监控规则、细化监控指标和智能监控，促进智能监控提质增效。2019年，预警疑点3496个，稽核处理3363个，稽核完结率为96%。全面开展清理虚假票据专项行动。针对2017年以来经办机构现金报销票据及报销材料真伪，尤其针对金额较大（5万元以上）、多次住院、疑点较多的报销材料进行审核。截至12

月底，经多方印证、反复核查，核查大额票据1000份，未发现虚假住院票据及住院病历。

【京津冀协同发展】 县城乡居民基本医疗保险、城镇职工医疗保险接入全国异地住院直接结算平台，大厂县参保人员办理转院备案手续后，使用社会保障卡在京津地区具有异地结算资格的定点医疗机构住院治疗，出院时可实现直接报销结算。全国其他参保地的参保人员在大厂县定点医疗机构住院治疗，出院时也可实现直接报销结算。在京津地区医院直接结算时，用药范围和诊疗项目按照当地政策执行，报销比例和起付标准按照廊坊市政策执行。开通微信办理转院手续的功能，参保人员可自行线上办理转诊转院手续，即可实现在京津地区医院住院直接报销结算。开放北京儿童医院等15家北京市医疗机构和天津市肿瘤医院等3家医疗机构为大厂县参保人医疗保障异地直接结算定点医疗机构。2019年，大厂县参保人员在市外异地住院直接结算579人次，支出医疗保险基金929万元;在省内异地医院门诊和药店划卡购药2224人次,支出个人账户25.5万元；在大厂县内定点医疗机构住院结算的外地参保人员197人次，支出医疗保险费168万元。

【医保扶贫】 按照医疗保险每人每年220元、医疗救助补充保险每人每年800元的标准，为全县102户206名建档立卡贫困人员代为办理参保缴费手续，资助参保扶贫资金21.01万元。并严格落实“基本医保、大病保险、医疗救助”三重保障政策，全面提高待遇水平。2019年，大厂县有1078人次建档立卡贫困人员享受到医保扶贫报销政策，就诊总发生费用161.93万元，经“基本医保、大病保险、医疗救助”三重保障报销155.26万元，总体报销比例达到95.88%，切实减轻建档立卡贫困人员的医疗负担。为确保建档立卡贫困人员门诊特殊疾病鉴定工作全覆盖，医保局对全县204名建档立卡贫困人员进行门诊特殊慢性疾病的集中筛查体检工作。全县有127名贫困人员符合门诊特殊疾病，其中新增加66名贫困人员，增加病种112类，门特证已发放。为进一步规范扶贫资金使用安全，统筹推进医保基金及扶贫资金的监管工作，按照市医疗保障局、市卫健委要求对全县定点医疗机构建档立卡贫困人员“一站式”报销结算程序进行规范化调整，现能够按上级要求进行正确医保扶贫报销工作。在确保贫困人员合理报销水平的同时，坚决杜绝贫困人口住院看病“零自付”、不花钱现象。

【门诊统筹报销】 为进一步提高参保城乡居民医保报销待遇水平，县医保局积极沟通协调上级医保部门，成为廊坊市“门诊统筹就医报销”试点县，自2019年4月1日起，辖区内镇卫生院、社区卫生服务站正式开通参保居民普通门诊报销工作，并逐步面向村级卫生室开放，并对全县村级定点卫生室开通普通门诊报销。

【招标采购】 认真落实国家组织的药品集中采购工作。先后2次对县域内8家公立医疗机构25个药品品种43个剂型规格2019年采购量进行认真汇总审核，确保上报数据及时、准确、无误。组织县域内二级以上公立医疗机构与3家配送企业签订带量采购三方协议，组织5个镇卫生院签订带量采购补充协议，组织8家公立医疗机构与药采结算账户开户行、经办机构签订三方监管协议。落实好114种药品在招采平台的勾选维护，做好药品集中采购平台采购订单审核提交及结算审核管理工作。积极落实省、市关于35种药品使用量数据统计工作。12月初，开展对8家公立医疗机构35种药品2018年和2019年1月1日至10月31日使用量的数据采集工作。新老药品集中采购平台平稳切换。新平台自2019年10月21日正式启用后，纳入采购目录管理维护的药品品种有4400种，县医保局组织人员集中时间对缺少项目的药品进行维护，同时对信息不准确的条目进行编辑修改，对于无效条目进行删除，与此同时，积极指导医疗机构在新平台的业务操作，并做好药品集中采购相关政策的解答，确保新老平台顺利切换，医疗机构药品集中采购工作正常开展。

【医药管理】 全力做好取消耗材加成带量运行测算工作。认真组织县域内2家二级以上公立医疗机构对2018年基础数据进行分类汇总整理，确保2家医院在规定时间内完成规定安排，为取消耗材加成调整医疗服务价格相关政策的制定提供真实有效数据。

【门诊特殊疾病】 4月、9月组织门诊特殊疾病集中申报和鉴定工作。县医保局聘请市、县级定点医疗机构涉及内、外、妇、儿的14名专家，集中评审鉴定，鉴定工作统一标准，封闭进行，随机分配。全年，受理门诊特殊疾病申请参保居民2175人次、参保职工320人次，经专家组集中评审，最终确定2068名参保居民（其中含建档立卡贫困人员95人）、258名参保职工符合门诊特殊疾病鉴定标准，并为其及时发放门诊特殊疾病就诊专用证。为减轻患者就医负担，调整血友病城乡居民门诊特殊疾病报销比例至80%，封顶线由10万元提高至15万元；调整甲磺酸伊马替尼（格列卫）等特殊药品使用有关规定，及时更新完善药品信息管理，做好政策宣传与衔接工作，确保参保患者及时享受相应待遇；将慢性阻塞性肺疾病、癫痫、帕金森病、动脉血管内支架术后需抗血小板治疗的纳入城镇职工门诊特殊疾病范围；将城镇职工医疗保险重性精神疾病报销比例调整为85%，最高支付限额调至5万元；取消门诊特殊疾病（除活动性肺结核）年检，特殊疾病待遇有效期长期有效。

【城乡居民基本医疗保险】 2019年，大厂县有98516名居民参加城乡居民基本医疗保险，其中个人缴费89126人，政府资助参保人员9390人，政府资助人员参保率达到100%。全年，征缴城乡居民基本医疗保险个人参保缴费资金1960.02万元。截至12月底，县级财政资助建档立卡贫困人员补充保险资金16.48万元，中央财政补助资金3190万元，省级补助资金1073万元，县级配套资金1402.05万元，县级政府资助资金208.29万元，县级贫困资助基金4.53万元，医疗救助资金19.6万元，合计7873.97万元到位，并及时转入市级城乡居民基本医疗保险财政专户。截至12月26日，参保城乡居民受益人次8.01万人次，总受益金额达9604.85万元。其中，各级各类定点医疗机构结算就医报销业务7.80万人次，基本医保报销金额7688.21万元，大病报销648.53万元，门诊统筹账报销金额128.24万元，贫困救助金额合计37.05万元，贫困救助补充保险20.68万元；办理城乡居民报销结算业务2138人次，基本医保报销金额909.52万元，大病报销167.48万元，贫困救助合计1.67万元，贫困救助补充保险3.12万元。强化部门责任，在安排部署上高规格严要求，细化主体部门各项工作任务。创新工作方法，在宣传形式设计上下功夫做文章，进行多样化政策宣传。全员参与宣传，在现场宣传工作上真行动要成绩，解答广大居民政策疑惑。截至12月24日，大厂县城乡居民在“廊坊医保”微信公众号、“河北税务”微信公众号、微信城市服务、税务窗口、银行窗口等征缴途径有87858人参保缴费，大厂县政府资助参保10406人，任务完成率99.94%。

【城镇职工基本医疗保险】 2019年，有参保单位880家，参保人员27641人。全年，新增参保单位220家，新增参保人员4600人，较2018年增长11.2%。全年，收缴基本医疗保险基金13000万元，较2018年增长16.5%，收缴大病统筹基金367万元，较2018年增长11.96%。2019年，划拨个人账户6823万元，支出个人账户基金4571万元，其中包括定点药店划卡购药个人账户支出2974万元，定点医院门诊划卡支出1101万元，定点医院门诊和住院报销支出497万元。截至12月底，城镇职工医疗保险报销30035人次，其中住院报销3349人次，门诊特殊疾病报销26686人次。全年，支出基本医疗保险基金4663.84万元，支出大病金274.75万元。其中，包括参保人员在统筹区内定点医疗机构住院报销3063人次，支出基本医疗保险基金2444万元，大病统筹基金239万元；门诊特殊疾病人员在统筹区内定点医院门诊报销26236人次，支出医疗保险基金933万元，支出大病基金17万元，门诊特殊疾病外检外购报销563人次，支出医疗保险基金128.5万元，大病保险基金7.3万元；手工结算城镇职工医疗保险 849 人次，其中转诊转院住院报销 286 人次，支出基本医疗保险基金 229.7 万元，大病基金 10.6 万元。参保单位采取 CA 网报率达到 98%以上，单位缴费基本实现全部网上办理。2019 年，有新参保灵活就业人员 150 人，全县灵活就业参保人员达到 1424 人。充分利用互联网和网络媒介的作用，进一步深化医疗保障领域“放管服”改革，积极宣传医疗保险参保政策，深入开展“双创双服”活动，促进中小企业参保积极性，解决来大厂县就业的各类人才后顾之忧。截至 12 月底，办理医保关系转移接续 193 人次，邮寄转移单据 101 笔，清算个人账户 55 人，支出基金 12 万元。城镇职工医疗保险缴费业务自 2019 年起全面划转税务部门征缴，经与税务和财政部门协调，与市级主管单位沟通，县医保局全面顺利完成征缴业务的转接工作。征缴业务转移税务部门后，县医保局每月顺利完成账务核对 1000 笔。税务部门征缴启动之初存在过渡期，存在大量错缴漏缴情况，县医保局积极协调市局和各级财政，协助参保人员办理退费手续，全年办理错缴退费 100 笔。

（刘　学）

市场监督管理

【概况】　大厂回族自治县市场监督管理局（以下简称县市场监管局）是县政府管理部门，全局现有在职在岗干部职工 146 人，执法人员 81 人，配备副科级以上领导干部 22 名。内设 20 个股室，分别是办公室、综合法规股、执法稽查股、信用监督管理股、反不正当竞争股、广告和网络交易监督管理股、市场监督管理和消费者权益保护股、食品安全协调股、食品生产安全监督管理股、食品流通安全监督管理股、餐饮食品安全监督管理股、药品医疗器械化妆品特殊食品安全监督管理股、质量发展和产品质量安全监督管理股、特种设备监察和安全生产管理股、标准计量与认证认可监督管理股、价格监督检查股、知识产权保护运用股、科技和财务股、宣传和人事股、机关党委办公室；3个派出机构，分别是城区市场监督管理分局、夏垫市场监督管理分局、祁各庄市场监督管理分局；下属事业单位9个，分别是市场建设服务中心、食品检验所、质量技术监督检验所、县消费维权中心、县个体经济发展促进中心、县私营企业发展促进中心、县维修行业管理中心、县药品不良反应（医疗器械不良事件、药物滥用）监测中心、县清真牛羊肉质量安全追溯体系管理中心。县市场监管局围绕县委、县政府总体部署，坚持“全民服务副中心”总基调，坚持高质量监管新定位，围绕确保实现食品、药品和特种设备3个安全底线目标，维护好经营和价格两个市场秩序稳定，突出食品药品安全示范城市创建、落实市场建设惠民工程、推进质量强县三方面重点，落实“五城同建”工作要求，服务经济社会发展，营造优良市场环境。

【全面推进质量强县及标准化战略】 县委、县政府高度重视质量强县及标准化战略工作，按照省、市、县加快质量建设总体要求，牵头部署全县十大质量提升行动，推进全县产品质量整体提升。全力助推政府质量奖申报，全县3个企业（个人）入选第六届廊坊市政府质量奖，取得突破性进展；标准化培育创建工作全市领先，全年培育申报万果园、影视小镇国家级标准化示范项目2个，省、市级标准化示范项目8个，其中1家企业获批省级农业标准化示范区项目。

【加强知识产权和地标品牌培育】 积极推进国家地理标志产品申报，在确定“大厂肥牛”为地理标志保护产品，“大厂牛肉”和“大厂羊肉”为国家地理标志证明商标的基础上，又申报“大厂西红柿”和“大厂青椒”2个项目为国家地理标志产品，国家知识产权局受理。2019年，商标有效注册量1439件，新增395件。万人发明专利拥有量5.81件，增量1.08件，全市排名前三名。

【用活政策助推市场主体培育】 紧紧围绕京津冀协同发展契机，服务北京城市副中心建设，深化监管方式改革创新，推进由“严进宽管”向“宽进严管”转变。加大对小微企业和较大规模个体工商户的孵化，鼓励支持市场主体转型升级，培育新型市场主体。2019年，新增个体工商户1868户，净增1080户，完成全年目标的146%。扎实做好年报公示工作，内资企业年报率95.54%，个体工商户年报率94.97%，农村专业合作社100%，位居廊坊市前列。

【积极推进“双随机一公开”】 健全“双随机一公开”跨部门联合抽查和联合惩戒机制，完善联合抽查实施原则、结果公示、信息共享等制度措施，切实做到监管对象、监管范围、执法人员“全覆盖”，全县17个县直部门梳理的220项市场监管事项全部纳入“双随机、一公开”抽查事项清单。2019年，组织开展内部抽查6次，跨部门联合抽查2次，累计抽查企业321家，对存在问题64家市场主体列入经营异常名录。

【特种设备安全监管工作稳步开展】 以电梯、锅炉、压力容器、压力管道、起重设备等为检查重点，以企业以及超市、商场、宾馆等公众聚集场所为重点区域，坚持日常监管、重点时段和专项整治相结合，深入开展特种设备隐患排查攻坚行动、安全生产月、电梯专项整治、气瓶专项整治、危化行业专项整治、安全生产风险防范、有效空间作业、百日攻坚等多项整治工作。2019年，累计排查企业345家次，设备4085台，发现隐患73处，下达《特种设备安全监察指令书》33份，立案查处3起，罚款7万元。在全县范围内全面推行电梯责任险，覆盖率达到41%，全年未发生特种设备安全生产事故。

【全力推进食品药品安全水平整体提升】 扎实推进食品药品安全提升工程和“食药安全 诚信河北”三年行动计划，全县规模以上食品生产企业全部通过HACCP体系认证；食品安全责任险覆盖率80%以上，超额完成全市任务。大厂田各庄学校食堂通过省级校园食品安全标准食堂创建验收。充分发挥县食安办牵头作用和综合协调职能，围绕群众反映强烈突出问题，组织食安委各相关成员单位深入开展种养殖屠宰环节、农村食品安全、无证食品销售“清零”、非洲猪瘟、校园及周边食品安全、餐饮具集中消毒、联合整治“保健”市场乱象、药械流通领域质量安全、食品药品安全“百日攻坚”等多项集中整治行动。各类专项整治行动累计受理群众咨询、投诉举报以及上级和外埠转办案件51件，立案查处33件，罚没款65.16万元，侦破食品刑事案件1起，抓获犯罪嫌疑人6人。特别是一批大案要案严厉查处，有力震慑食品药品违法犯罪行为。

【助力“五城同建”深入开展】 将创建国家卫生县城、全国文明县城工作作为市场监管工作重中之重，把商超、餐饮服务单位、各类市场及相关从业单位作为倡导文明、诚信教育主阵地，切实打造规范、有序、文明市场经营秩序。通过集中培训、现场指导等多种形式，为从业人员提供法律法规解读、布局改造、设施升级等全方位咨询服务。2019年，开展创城专题培训5期430人次，发放禁止吸烟、文明用餐标识2700块，宣传海报4类2000张，播发创城公益广告198条，发放“明白纸”等宣传资料5000份。组织开展“文明餐厅”“文明市场”“文明商场”“文明商户”创建评选活动，评选出文明餐厅5家，文明商场和文明商户13家，充分激发广大市场主体争先进、当模范、作表率创建热情。

【大气污染防治】 严格落实省、市、县要求，牵头组织相关部门全力推进散煤管控工作。通过全面摸排、夜间巡查、督导检查和宣传引导方式，对私运偷售散煤行为进行不间断严厉打击。2019年，全县清理收缴存煤2099.31吨，积极协调做好收缴散煤安置工作，避免二次流入市场。落实成品油质量监管，对全县22家成品油经营企业和1家储油库成品油开展监督检查，严厉打击销售劣质成品油违法行为，全年抽检264批次，全部合格。

【着力改善消费环境】 整合“12315”投诉举报平台，及时提供各类消费咨询110人次，受理各类投诉举报217件，挽回经济损失70.87万元，投举案件办结率99.5%。开展产品质量监督抽查，抽检省、市、县级31种产品 69批次。严厉打击侵权假冒行为，抽检各类商品22批次。累计开展各类专题培训34期1860人次，街头宣传活动19期，发放宣传海报6000张，发放“明白纸”等宣传资料25000份。严厉查处违法行为，全年查办各类案件53件，罚没款86.32万元。

【维护市场价格稳定】 组织对节假日期间商家促销活动开展明察暗访，重点检查虚假“特价”等价格违规行为，规范商家明码标价，为群众购物创造放心消费环境。针对涉企服务行为开展专项治理行动，2019年，检查相关单位22家，其中涉及行政事业单位11家，涉及行政审批中介服务2家，金融机构8家，铁路货运1家，未发现违法违规问题。对2家医疗服务机构和5家中小学校开展教育收费专项检查，受理价格咨询投诉26起。

【开展扫黑除恶专项斗争】 以集贸市场、商超、公司企业及个体工商户为重点对象，围绕欺行霸市、强买强卖、不正当竞争、垄断经营、收取保护费等行为进行线索摸排，全年出动人员500人次，排查各类经营单位3200个次，排查线索3条。强化宣传发动，引导社会群众积极检举揭发涉黑涉恶行为，发放扫黑除恶专项斗争明白纸3000份，设立举报箱20个，悬挂条幅30条，播放滚动宣传标语120条，张贴扫黑除恶通告200份。

【开展打击非法传销专项行动】 制定印发《打击传销宣传活动实施方案》，鼓励发动全县群众抵制传销、举报传销。2019年，出动执法人员180人次，受理举报7起，排查出租屋560户，查获传销窝点7处，抓获并遣返传销人员25人。加大宣传力度，走访社区居民1200人，发放打印宣传资料2000份，接受群众咨询1000人。

【严厉查处虚假违法广告】 强化广告导向监管，加大医疗、药品、食品、保健食品、金融投资等领域广告监管力度。突出重点传统媒体、重要互联网媒介广告抽查监测，配合专项整治工作开展专项监测，围绕重大活动、重要节日开展重点监测，发现线索，快速处置。加大重点虚假违法广告案件查处力度，定期曝光典型案件，发挥震慑作用。全年监测大众媒体广告145228条次，监测互联网广告53条次，监测户外广告63条次，调查处理违法线索34条，立案调查22起，罚没款19.91万元。

【完善认证认可和检验检测工作】 深入开展3C认证产品、检验检测机构认证及监督检查行动。2019年，强制性认证企业20家，获得3C证书167张；组织开展认证活动300次，涉及企业160家；组织3家检验检测机构参加省级能力验证，并全部通过能力验证。

（梁丽媛）

自然资源和规划

【综述】 大厂回族自治县自然资源和规划局按照县机构改革实施方案的要求，于2019年1月25日将原国土资源局（县地理信息局）、城乡规划局、林业园艺局、监督管理局、水务局的资源调查和确权登记、相关部分的自然保护区、风景名胜区、自然遗产、地质公园等管理职责整合，组建县自然资源和规划局，加挂县林业局牌子。内设办公室、法规股、自然资源和调查监测股、自然资源确权登记股、自然资源所有者权益和开发利用股、国土空间规划股、国土空间用途管制股、耕地保护监督股、地质矿产管理股、测绘和地理信息管理股、林政股、造林绿化股、详细规划股、城市设计股、市政规划股、执法股、财务与资金运用股，用途管制股正在申请批复；下辖2个事业单位（不动产中心和土地储备交易中心）；下派5个自然资源和规划所（大厂、夏垫、祁各庄、陈府、邵府）；设立党总支部委员会，下辖3个支部委员会。

【城乡总体规划】 聘请中规院（北京）规划设计公司编制大厂县城乡总体规划，规划以《协同发展规划》为上位规划，就开发边界、具体用地布局、路网等与中规院项目组进行多次沟通，完成规划部分规划成果。2019年5月，中共中央出台《关于建立国土空间规划体系并监督实施的若干意见》后，在此规划的基础上，将土规等空间规划融合为统一的国土空间规划。

【国土空间规划】 聘请中规院（北京）规划设计公司编制大厂县城乡总体规

划，在此基础上初步完成国土空间规划工作大纲，通过中规院修改、完善，国土空间总体规划大纲成果初步完成，同时双评价、双评估完成初稿，统一基础数据工作持续深化，国土综合整治与生态修复、新型城镇化与城乡统筹发展、城乡土地集约利用与存量提质增效、综合交通发展策略、耕地和永久基本农田优化、自然资源保护和合理利用、国土综合整治和生态修复7个专题研究在开展。

【协同发展规划】 大厂县自然资源和规划局多次赴中规院，在协同规划“不贴边”“不连片”的大原则下，就大厂县规划建设用地规模和具体范围进行沟通，提出各项保持原有建设用地规模不增减的规划思路。12月，中规院项目组认可大厂县建设用地规模保持现状不变（34%）。此规划上报中央协同办，并围绕规划完成土地中期调整工作。同时，对“1+5+N”规划体系中涉及大厂县的规划提出修改意见，5个控规和12个专项均完成阶段性成果，下一步将上报省政府。

【植树造林】 全县完成新造林206.67公顷，占总任务的103.3%，精准提升100公顷，占总任务的150%。其中，廊道绿化完成8.2公里，绿化面积26.67公顷（其中双马路栽植暴马丁香、杜梨等，大香线北延栽植白蜡、金枝国槐、碧桃等）；公园、节点2个（樱花主题公园289亩，花田湿地改造提升绿化）；绿美村庄15个，绿化面积13.33公顷。

【林木管护】 采用无公害阻隔法，在祁陈路、厂通路、福喜路、大香线、迎宾大道等通道两侧林分整齐的杨树片林设立控虫胶带标准地20处，作业面积150公顷。4月21日、5月30日、9月1日，分别组织开展春尺蠖和一代、三代美国白蛾的飞防工作，飞防作业9333.33公顷。积极开展森林防火工作，截至12月底，在全县发放森林防火宣传资料400份，督导各镇区累计清理易燃物733.33公顷。根据国家林草局关于森林资源督查工作的要求，于7月—8月，对涉及县域内5个镇、44个村的160块林地图斑进行逐一现场核实比对，经技术人员初步核实其中9块林地性质发生改变，涉及大厂、夏垫、祁各庄、陈府等4个镇、8个村，将发生变化的林地图斑报告县政府和市自然资源和规划局，并由政府办将上述变化图斑通报给涉及的镇区，要求做好进一步整改工作。

【土地资源】 根据《河北省第三次全国土地调查实施方案》和《廊坊市第三次全国土地调查实施方案的通知》等相关省市文件，积极开展“三调”工作。7月30日，通过省级核查单位的第6轮复核工作。2019年，组卷上报4个批次建设用地卷宗（第1、2、4、5、6批次），其中第1、2批次获得省政府批复，基本完成组卷，待相关材料齐全后可上报的是第3、7、8、9、10批次。根据2019年度收储计划，截至12月底，完成21宗新增建设用地的收储入库工作，面积58.62公顷（约879.27亩）。存量建设用地1宗，面积2.60公顷（约39.06亩）。加大供地力度。2019年，供应国有建设用地16宗，面积为27.78公顷，总成交价款144206.71万元。完成权籍调查工作230宗，各类不动产登记60000件，颁发不动产权证书28567本，不动产登记证明26240份，查封、注销等其他不动产登记5000件，各类查询业务7000人次。

【耕地保护】 为确实保护耕地，加强政府对耕地保护工作的领导，强化政府职责，县政府与所辖5个乡镇分别签订《耕地保护目标责任书》，进一步强化耕地保护的责任意识，确保大厂县耕地保护目标不低于5070公顷，同时为确保永久基本农田2650.33公顷任务目标不减少，质量不下降，大厂县启动开展永久基本农田补划及储备区划定工作，并开展耕地质量等级调查评价工作。

【国土监察】 完成自然资源智能监管平台建设。大厂县是自然资源智能监管平台试点单位，平台一期工程于2019年6月1日正式使用，总合同期限为3年，投资265万元，安装摄像头29个。全力开展“5+1”专项行动工作。上报违法占地157个，违法面积33.44公顷（耕地15.4公顷）。总任务中涉及3部分，分别为2018年度土地卫片执法检查涉及违法占地119个，面积24.28公顷（耕地10.77公顷）；2018年清理违法用地专项行动任务图斑35个，面积6.32公顷（耕地2.07公顷）；其他违法违规用地3宗，违法占地面积2.84公顷（耕地2.56公顷）。按照市专班下达的剩余任务，大厂县需整改图斑43个，面积10.03公顷（耕地1.94公顷），县自然资源和规划局将任务与各镇进行沟通，并将整改情况以县政府名义向市专班进行汇报；违法违规建设有2宗，总建设面积21921.92平方米，截至12月底，完成整改；违法别墅项目2个，占地面积0.62公顷，违法建别墅9栋，建筑面积4199.8平方米，2个违法别墅项目全部拆除。

（杨立禄）

安全生产管理

【概况】 大厂回族自治县应急管理局于2019年1月25日成立，内设办公室、危化股、科技和信息化股、安全基础股、综合协调股和应急救援指挥中心5个股室以及安全生产执法监察大队（副科级机构）。

【安全生产责任制】 落实《地方党政领导干部安全生产责任制规定》，成立以县委书记、县长为主任，各单位主要负责人为成员的安全生产委员会，明确县委常委、政府副县长分管安全生产工作，县委常委、县委政法委书记协调联系安全生产工作和各县级领导、各部门的安全生产责任。在5个镇、2个园区和北辰街道办分别成立安全生产委员会，由党委书记和镇长任主任，进一步加强安全生产工作的组织领导。建立县委书记、政府县长为总包联人，13名县党委、政府领导分包各镇、园区、街道和各相关部门，各镇、园区、街道和各相关部门主要负责人、班子成员分包所有村街及企业的安全生产责任落实体系。实现县包镇、镇包村、一级包一级、一级对一级负责，确保所有企业有人包、所有违法行为有人管、所有隐患问题有人改。

【安全生产大检查】 以县委办公室、政府办公室文件印发《全县进一步深化安全生产大排查大整治攻坚行动方案》，明确全县13个重点行业领域的安全隐患排查、整治、问责工作目标。大排查大整治行动中，排查企业2373家次，排查各类隐患3106项，全部整改到位。2019年，全县关闭取缔72家不符合安全生产条件企业，相比2018年增长800%；责令34家企业停产停业整顿，相比2018年增长750%；罚款130.6万元，相比2018年增长53.82%；约谈企业负责人和安全管理人员406人次，相比2018年增长480%；打掉黑加油点和流动加油车4个，行政拘留1人。

【安全生产专项整治】 按照全县会议精神，县安委办细化危险化学品、消防安全等20个重点行业领域隐患专项排查整治工作内容。成立以县委常委、副县长王彦伟任组长的整治工作领导小组，印发《大厂回族自治县安全生产专项排查整治工作方案》，对整治工作提出具体意见，明确整治内容、牵头单位和责任单位，建立“大厂县安全生产工作群”。活动期间全县检查企业508家，排查隐患247项。

【双控机制建设】 把推进“双控”（风险分级管控、隐患排查治理双重预防性工作机制）机制建设列为2019年安全生产重点工作中，组织召开大厂县安全生产风险分级管控和隐患排查治理双重预防机制建设推进工作动员会议，对工作开展进行安排部署。下发工作实施方案，成立领导小组和组织机构对具体工作及时间节点提出明确要求。其中，规上企业开展“双控”机制建设工作的44家，规模以下开展“双控”机制建设企业169家。在开展的企业中辨识出风险13187个，其中工贸行业11432个、危化及烟花爆竹行业1024个、建筑行业295个、交通运输行业436个；重大风险19项、较大风险225个、一般风险5236个、低风险7707个。

【应急救援演练】 开展生产安全事故风险评估与应急资源调查工作，完成全国重点应急资源管理系统的录入，对全县应急资源总数进行全面清点，做到底数清，情况明；在全国“两会”和安全生产月期间，组织开展全县规模的应急演练 3 场次（包括全县防汛演练、京唐高铁消防演练、中国石油东北销售大厂分公司救援演练），组织危化企业演练 12 次，人员密集场所演练 15 次，其他行业演练 10 次，相比上年演练规模、次数、人数上都有大幅的提升；认真开展重大危险源企业远程视频监控平台建设，在大厂县廊坊国环环保科技有限公司、天宝液化气有限公司、河北亿食特食品有限公司、建华烟花爆竹经销有限公司、中国石油东北销售大厂分公司（油库）5 家重大危险源单位建成联网对接，确保一旦发生事故，第一时间掌握现场情况，高效处理应急突发事件。

（艾　倩）

城市综合管理

【概况】 大厂回族自治县城市管理行政执法局于2002年4月25日正式成立，于2019年1月25日正式更名为大厂回族自治县城市管理综合行政执法局，内设办公室、法规股、财务股、城市管理股、监察指导股、宣教人事股以及2个事业单位（城市管理综合执法大队、市政管理所），其中城市管理综合执法大队内设7个中队（城管中队、市容监察中队、规划稽查中队、广告管理中队、市政工程中队、执法信息中队、路灯管理中队）。2019年，执法局围绕和落实中央和省、市、县各项决策部署，坚持以“五城同建”为统揽，立足本职，突出重点，强化管理，真抓实干，城区环境面貌明显改善，管理方法不断创新，群众满意度不断提升，实现城管工作新跨越。

【城管工作】 加强城区市容秩序管理。执法局对城区内占道经营、私搭乱建、各街道游商及自发市场进行全面整改。以和平南路“马路市场”和荣昌南街“马路市场”为切入点，进行集中取缔。并安排人员组成早、晚班执勤队，对辖区内夜间占道经营和早点烧烤油烟噪音扰民进行无缝隙、无空挡管理，做到零出摊、零占道。2019年，累计下发通知1000份，入户走访1200户（次）；拆除私搭乱建70处，取缔店外经营500户次，清理门店乱贴乱挂350处，取缔落地式广告牌匾70块，清理垃圾杂物30车。规范城区广告牌匾。加大日常巡查监管力度，通过实行“提前介入，源头管理”的工作模式，对广告牌匾从申请、材质、规格、尺寸、设置等方面严格把关，逐步淘汰档次品位低，大小不一，设置不当的户外广告牌匾。按要求申请登记并规范设置安装144块户外广告牌，拆除违规设置广告牌6块。提升城区亮化水平。采取“日间巡查与夜间巡查”相结合的方式，对所辖内路灯进行全面检查，对发现的简单路灯故障及时进行维修，对群众来电来人反映的路灯故障等问题始终做到小修不过夜、大修不超过24小时。全年先后完成北新街公路站对面高杆灯地埋线更换工程、西环公路站北路灯更换主线缆工程、煤矿路东侧路南路灯更换主线缆工程、李大线路灯更换主线缆工程、北新街与永安路交口高杆灯地埋主线更换工程、大香线王必屯检查站附近路灯地埋线更换工程、污水处理厂路北头路灯地埋主线更换工程、城关小学门口路灯地埋主线更换工程，累计更换漏电保护器144个、华灯罩300个。城区照明设施亮化率始终保持在99%以上，设施完好率保持在95%以上，故障处理率达100%。

【市政环卫工作】 执法局市政管理所坚持精细化长效管理机制，按创建指标要求，细化分解，责任到人，加强道路清扫、垃圾收集清运、公厕清掏清扫工作，保洁率达100%，机械化清扫率达86%以上。2019年，市政所维修果皮箱265个、维修更换大、小垃圾桶283个，更换雨水箅子1056块、污水井盖365块。对市政车辆及时进行维修、保养，完成环卫设施维修维护和广告清理任务。

【惠民实事工程】 全面推进各项民生工程落实。生活垃圾焚烧发电项目（一期）PPP项目完成PPP入库工作，对项目征地、电力接入、中水管网配套、征占林地可行性报告编制等工作进行具体安排。大厂回族自治县建筑垃圾资源化利用项目在推进中。城区公厕改造提升工程，2019 年，按照廊坊市城市“厕所革命”建设改造任务安排，对羊老大对面公厕、德克士前公厕、评剧团广场等 3 座公厕进行改造提升。改造内容包括内外墙体粉刷、瓷砖修补、添加手机支架及衣服挂钩、更换隔断门、冲水感应器、排风等设施。5 月—7 月完成 3 座公厕改造任务并投入使用；城区道路亮化提升工程，大安街段全部华灯灯头、支臂灯、灯头件翻新更换完成；背街小巷道路改造提升工程，为切实解决三百家道路损毁严重，群众反应强烈问题，执法局实施三百家东侧道路改造提升工程，经过 2 个月施工， 8 月底三百家道路改造竣工通行。

【农村生活垃圾集中治理】 由执法局牵头组织各镇、高新区、农业园区、交通局、农业农村局、桑德公司等相关单位，对全县主要道路两侧、村庄周边、重点区域积存垃圾进行集中治理工作。2019 年，清理垃圾 8 万吨，派专人巡查 200 次，发现全县环境卫生问题 70 处，并对这些问题逐一进行督导检查，均及时整改完毕。同时，结合省市明察暗访及执法局现场巡查发现的问题，及时给责任单位下发督办通知单，要求迅速整改到位，进一步改善农村环境。

【“两违”和铁路沿线安全隐患治理工作】 强力推进“一区三边”（“一区”指城市（县城）建成区；“三边”指铁路边、高速公路边和国省干道边）违建治理工作。2019 年，拆除“一区三边”违法建筑 97 处，建筑面积 3.04 万平方米，占地面积 3.71 万平方米，拆除面积 3.06 万平方米，查处违法建筑进度 100%。对高新区域内紫藤园、玉树园、襄颖园住宅小区进行集中拆除棚亭、廊架、雨遮棚等私搭乱建。牵头抓好铁路沿线安全隐患整治工作。京哈铁路（大厂段）全长 6 公里，贯穿大厂县夏垫镇全境，西起 41 公里 470 米，东至 47 公里 470 米，铁路部门分 4 批次移交大厂县 51 处问题：彩钢房 40 处、广告牌匾 3 处、危树 5 处(11976 棵)、围栏 1 处、轻体飘浮物 2 处。截至 6 月 27 日，完成整改

51处，其中加固彩钢板构（建）筑物隐患40处，轻体漂浮物2处，广告牌匾3处，围栏1处，危树5处(11976棵)。加大违法违规建设治理工作力度。对影响城市规划建设案件立案一起，查处一起，结案一起，积极做好违法案件的审查、登记、备案工作。加大对违反规划许可处罚力度，整治全县施工工地28个，规范施工围挡3500延米，硬化工地出入口800平方米，设置洗车池5个。查处未批先建违法违规案件1起。

【大气污染防治工作】 执法局严格落实管控措施，开展大气污染防治工作。结合部门职责，切实做好重污染天气应对工作，对城区沿街门店进行全面排查，进一步明确装修过程中停止一切土方作业、建筑拆除、喷涂粉刷和混凝土搅拌等行为，对落实不到位的，一律进行停工。同时，督促沿街门店对临时堆放物料及时进行洒水苫盖，进一步落实降尘举措；城区主次干道洒水、雾炮，每车每日平均不低于14车次。在正常作业基础上，遇特殊天气合理延长作业时间，适当增加作业频次。对可实行机械清扫路段，全部进行机械化湿扫。对重点监督管理路段加强清扫频次，对机械清扫死角、死面及时进行人工清扫、保洁，确保全天道路清洁无积尘、无扬尘，达到“以克论净”；对城区施工工地和沿街施工现场进行严格管控，要求施工现场采取喷水降尘防治措施，加大对城区主次干路遗撒的频发路段、时段查处力度，严禁渣土运输车辆带泥上路造成遗撒，严查渣土运输车辆未密闭进行运输。对城区渣土运输车辆进行密闭改装，密闭渣土运输车辆完成GPS安装19辆，实现对渣土运输车辆实时监控。2019年，出动执法车辆540次，整治城区施工工地6家，查处违规渣土运输车辆100辆/次。

（王　然）

退役军人事务管理

【概况】 大厂回族自治县退役军人事务局于2019年1月28日挂牌成立，根据县委办、政府办关于印发《大厂回族自治县退役军人事务局职能配置内设机构和人员编制规定》（大办字〔2019〕6号）的通知要求，大厂回族自治县退役军人事务局内设办公室、优抚安置股、就业创业股。退役军人事务局自成立，以争创全国双拥模范县为载体，在原有基础上推动退役军人服务各项工作务实创新、高质量发展。在全省率先完成信息采集工作，采集覆盖率、审核通过率均居全省第一。对重点优抚对象严格落实规定动作不走样，立足县情实际开展短期疗养、定期体检、送医送药等优抚对象关爱行动，相关做法被新华社、人民网等主流媒体报道。

【优抚安置】 坚持把优抚政策作为不能违反的“高压线”，作为密切军政军民关系“感情线”。大厂县有优抚对象1342人，其中残疾军人37人，“三属”（烈士遗属、因公牺牲军人遗属、病故军人遗属）10人，在乡老复员军人5人，带病回乡退伍军人32人，两参人员×××人，60周岁以上农村籍退役士兵××××人，60岁以上烈士子女××人。为使全县重点优抚对象的基本生活得到有效保障，根据河北省民政厅、河北省财政厅《关于提高部分优抚对象生活补助标准的通知》（冀民〔2019〕89号）文件精神，自2019年8月1日起，提高在乡复员军人、“三属”、残疾军人、带病回乡退伍军人、“两参”人员、60周岁烈士子女、60周岁农村籍退役士兵抚恤补助标准。2019年，发放抚恤金、生活补助金、医疗、门诊补助等957.87万元。各项优抚优待政策实现全覆盖、零差错。同时，2019年8月组织大厂县获二等功、战时三等功人员到山东参观红嫂基地、孟良崮战役纪念馆等地参加短期疗养活动，有效维护优抚对象切身利益。

安置工作主要是负责退伍义务兵、转业士官接收安置工作，移交地方政府安置因伤病残退休士官和特、一等伤病残义务兵接收安置以及管理服务工作。2019年，大厂县接收退役士兵××名，发放自主就业金54.64万元。接收转业士官×名、军转干部×名，严格落实阳光安置要求，圆满完成年度军官、士官安置工作，全部落实适应性培训，开展岗前实训。接收符合条件退役军人辅助性岗位申请×人，全部安排上岗。建立退役军人就业创业基地，针对不同群体采取订单式培训。举办退役军人专场招聘会，增加双向选择机会。

【退役军人管理】 让退役军人和其他优抚对象满意、成为全社会尊重的人，让军人成为全社会尊崇的职业，是做好退役军人管理服务工作奋斗目标。在工作中坚持学习领会习近平总书记关于退役军人工作重要论述，贯彻落实中央、省、市、县决策部署要求，坚持目标牵引、问题导向，综合施策、持续发力，加快建立健全退役军人服务保障体系，不断提高退役军人服务保障水平。退役军人服务保障体系建设高质量完成。落实“六个全覆盖”（建档立卡、政策落实、机构建设、走访挂牌、干部帮扶、党的建设）和“三个常态化”（评选表彰、考核考察、帮扶管理）要求，在省市率先完成退役军人信息采集工作，采集退役军人和其他优抚对象信息4557条，省级审核通过率达100%。在此基础上，为全部退役军人和其他优抚对象发放优待证，代表廊坊接受省级检查验收。高标准完成退役军人服务保障体系“四到位”（专设机构到位、编制到位、人员到位、工作到位）和“六有”（有机构、有编制、有人员、有场所、有经费、有保障）任务，在省市检查验收中得到高度评价。部分退役士兵保险接续工作在全省率先完成。退役军人事务局在县社会事务局、医保局、财政局、税务局通力配合下，审核通过×××名符合保险接续政策退役士兵，养老保险缴费完成×××人，完成率100%，医疗保险审核缴费完成×

人，完成率100%。11月18日开始缴费，仅用20天时间，就完成全部企业类保险接续，缴费率达到100%。退役军人关爱基金创立工作全市领先。根据省委办公厅、省政府办公厅印发的《关于设立退役军人关爱基金的指导意见》要求，设立河北省大厂回族自治县关爱退役军人基金会。退役军人关爱基金会创建工作通过省民政厅批复成立，县政府拨复500万元作为基金会原始基金并全部拨付到位。基金理事会、监事会人选及关爱基金章程获得省厅批准，大厂县在全市第一个完成基金会筹建工作。就业创业工作被省市授牌，分别设立教育培训基地1处、实习实训基地1处、就业基地1处（省级，微软产业园）、返乡创业园1处（省级，微软产业园），开展个性化、点餐式教育培训，通过岗位实操训练，提升实践能力，真正做到订单、定岗、定向式教育培训。10月，县职教中心被评为市级实习实训基地，力争2020年省级教育培训基地挂牌。在就业创业方面好经验、好做法得到省市领导及退役军人认可，2019年8月13日，《人民日报》还以《就业培训为退役军人赋能》为题对大厂县就业创业工作进行宣传报道。“全国双拥模范县”创建取得阶段进展。县委、县政府作出创建“全国双拥模范县”的决策部署后，县双拥办和县退役军人事务局站在讲政治、抓落实的高度，坚持说干就干、干就一流，发挥综合协调作用，干本职、抓业务、补漏项、促突破，推动创建工作取得阶段性进展。同时，结合国家新出台的考评标准，起草完成2019年全国“双拥模范县”创建方案，并对照方案逐条逐项狠抓落实。新华社、人民日报社、中国双拥杂志社专门采访报道双拥工作。鉴于营造良好双拥环境，中国双拥杂志社在大厂县举办“关于开展喜迎国庆看大厂乡村新变化主题党团活动日”。

（海艳芬）

民族宗教

【概况】 大厂回族自治县民族宗教事务局为县政府工作部门，机构规格正科级，归口县委统战部领导。内设办公室、民族股、宗教股，机关行政编制 9 人，工勤编制 1 人，股级领导职数 3 名。大厂县是全国距首都北京最近的少数民族自治县，是全省 6 个少数民族自治县之一，全县总人口 133991 人，回族人口 27432 人，占全县总人口的 20.4%，主要分布在城区和大厂、夏垫、陈府 3 个镇的 26 个村。除汉族、回族 2 个人口较多的民族外，还有满族、蒙古族、壮族、朝鲜族、苗族、土家族、布依族、彝族、侗族、藏族、瑶族、白族、锡伯族、达斡尔族、黎族、傣族、土族、鄂温克族、哈萨克族、东乡族、纳西族、撒拉族、畲族 23 个少数民族成分。

【民族事业发展】 配合县人大加强民族法制建设完善，配合县食药监局做好清真牛羊肉食品安全信息可追溯体系建设，建立各民委成员单位帮扶制度，制定和完善《大厂回族自治县民族宗教工作联席会议制度》《大厂回族自治县民委成员单位对口帮扶民族村工作方案》《大厂回族自治县关于调整民委委员单位职责的通知》，推动实施方案落到实处。加大清真食品市场监管力度，做到抓成效、控重点、保安全，不留死角。采取集中检查与日常抽查相结合的方式，每次抽查不少于 10 家，每周至少抽查 3 次，对抽查中发现的问题做不定期“回头看”。充分发挥各部门联合执法的协作机制，开展清真食品市场清理整顿专项行动，维护少数民族群众的合法权益，确保清真食品市场的稳定。全力做好“澜湄五国”（泰国、越南、柬埔寨、缅甸、老挝）民族工作交流会、“京津冀民族工作协同发展”座谈会、广西民委考察团、省少数民族参观团等大规模考察学习的接待活动。

【民族团结进步】 不定期深入学校企业开展民族团结进步宣传活动、发挥民族团结进步教育基地作用、开辟民族团结创建活动专栏、印发《民族团结进步宣传资料手册》。9月，组织全县民族团结进步宣传活动，组织大型宣传活动20次，参与3000人次，发放各类宣传资料6000份。成功承办“廊坊市民族团结进步杯乒乓球比赛”，大厂队实现“四连冠”。12月，小厂村被国家民委命名为第七批“民族团结进步创建示范区（单位）”。

【争创活动】 进一步推动“少数民族特色村寨”建设。继续推动南王庄村、小厂村和大马庄村的创建工作，按照创建规划加快建设，突出特色，务求实效。充分利用好上级拨付专项资金做好民族村的公益服务建设，拨付26万元中央少数民族发展资金用于“国家级特色村寨”南王庄村道路硬化，进一步提升“老典型”，将省级少数民族发展资金34万元支持北坞一村道路建设。抓好小厂村特色村寨典型培树工作。小厂村新农村建设工作初具雏形，成为国家民委、省市民委来廊坊市学习考察的必到之地。12月，小厂村被国家民委命名为第三批“国家级少数民族特色村寨”。深入扎实开展“双创四进”活动。通过创建和谐寺观教堂、创建先进宗教团体，引导和推动习近平新时代中国特色社会主义思想、宪法、国旗、社会主义核心价值观进宗教活动场所。加强中国化宗教方向的宣传引导，倡导正信正行的宗教信仰和行为，坚定党的领导核心不动摇，坚持中国宗教中国化方向不动摇，着力构建积极健康和谐的宗教关系。

【宗教场所管理】 对全县所有宗教场所及教职人员进行全面备案登记，建立信息库，同时对清真寺实行民主、教务、财务、稳定、外事5项管理责任制，使宗教事务的管理进一步规范。健全和完善宗教场所寺安全保卫制度、外来人员登记制度、大事报告制度等各项制度，防患于未然。在对宗教活动场所进行安全培训基础上，对全县17个清真寺和2个基督教临时活动场所进行逐一实地检查，排查安全隐患，对东厂清真寺、北坞女寺、染庄清真寺3个存在安全隐患的清真寺进行修缮，同时积极向市民宗局申请资金6万元，专项用于霍各庄清真寺的修缮工作，确保信教群众活动场所的安全。

建设　环保

住房和城乡建设

【概况】　2019年3月，根据县委、县政府《大厂回族自治县住房和城乡建设局职能配置、内设机构和人员编制规定》（大办字〔2019〕55号）文件精神，将县房产管理局职责和林业园艺局部分职责并入县住房和城乡建设局，重新组建县住房和城乡建设局，整合后，内设职能科室15个（办公室、财务审计股、城市建设管理股、建筑市场与工程质量安全管理股、房地产市场管理股、住房保障管理股、物业管理股、法制与执法监督股、安全生产管理股、公用事业管理股、人民防空股、建设工程消防管理股、县工程建设服务中心、县公共事业服务中心和县住房综合服务中心），干部职工135人，其中科级干部16人。下属副科级事业单位1个（园林管理站），下辖行业管理单位1个（县热力供应处）。局党组下设党支部4个（局第一支部委员会、局第二支部委员会、局第三支部委员会和热力供应处支部委员会），有党员82名。2019年，县住建局坚持以习近平新时代中国特色社会主义思想为指导，按照年初既定工作部署，高站位、高标准、高品质推进各项工作，取得新成效。

【惠民重点工程】　2019年，承担惠民实事工程5项，各项工程进行顺利，其中，城区排水管网入河排水口改造升级进场施工，12月底完工；星河森林公园提升工程进场施工，并完成定点放线和利用星河公司苗木标识工作，11月中旬完成基本框架，2020年5月底完工；城区污水处理厂改造升级中城北污水处理厂7000吨临时设备完成安装，进行运行；污水集中处理PPP项目提交省财政厅入库批复，12 月开工，建设期 2 年。2019 年，承担其他重点工程 5 项，城区路网改造提升工程，和平路和幸福路完工；县城地下排水管线和地质结构探测工程完工；直属人防工程正在办理工程立项手续准备工作；新区教委回迁楼 4、7 和 8 号楼封顶，进行二次结构施工；民兵训练基地项目完成施工图审查手续，在办理施工许可手续。

【园林养护管理】 为满足县承办首届旅发大会和创建国家卫生县城相关要求，改善区域卫生环境和绿化景观，完成兴旺路北侧 1150 平方米裸露地面绿化；完成对城区北辰街、华安路等 7 条道路丢失损坏 274 个树池进行美化，保证树池内黄土不裸露；完成永安路及北通、北辰街和幸福路等 11 处道路广场行道树和大树进行统一修剪。鼓励有条件单位、小区、街道开展园林式单位、小区、街道创建，有 2 个公园和 2 条街道申报省级并完成专家组检查，2 个小区申报市级园林式小区。9 月 25 日前后，完成 2 个重要节点、4 条主要道路和 18 个重要点位国庆立体花坛、花带摆放工作。同时，启动北辰街和华安路增植月季花工程，完成招标，确定施工单位，并启动县城公园广场监控安装前期比选工作。为提升全县园林绿化水平，优化园林绿化项目方案设计，拟实施设计入围项目，设计入围项目完成前期请示报送，设计范围划定工作，准备政府采购相关手续。

【建筑市场管理】 深化“两套系统”应用，积极推进建筑业企业信用综合评价体系建设，促进建设工程招投标活动依法依规进行。深入开展“工程质量安全提升行动”，坚持标本兼治、重在治本，以治理工程质量为突破口，深化工程建设改革，严格落实“两书两牌一档案制度”，建立健全市场与现场长效管理体制和常态化工作机制。以“起重机械”“深基坑”“坍塌”等重大危险源为重点，开展建筑工程巡查、检查和争创活动，以典型引路规范安全质量管理。有 3 个项目荣获“河北省安全文明工地”称号，有 12 个项目成功申报“河北省结构优质工程”。积极推行绿色建筑，提高新建建筑节能水平，全县区域内履行基本建设程序新建居住建筑全部执行75%节能设计标准，实现与北京同标、同步、同城发展。

【人防工程监管】 严格贯彻执行结合民用建筑修建防空地下室相关政策，做好人防工程建设管理工作，严格质量监督程序。健全人防警报网，对警报发放控制系统进行检修，定期组织人防直属专业队训练，并结合“5·12”防灾减灾日和“7·7”防空警报试鸣开展人防知识宣传，在大安街公交站牌设置人防宣传展板，增强广大群众对人防工作了解。同时，开展大厂县人防系统腐败问题专项治理工作和全面调查整顿工作，围绕履行主体责任、行政审批、行政处罚、竣工验收、防护设备采购等方面开展人防系统腐败问题自查自纠，对存在问题进行整改，并建立管理长效机制。

【大气污染治理】 严格落实“河北省强化措施18条”及“6个百分之百”要求，对标北京工地建设标准实行管理，加强日常督导检查力度，及时发现问题并监督整改到位，实现全县建筑工地“两个全覆盖”并与住房和城乡建设局进行联网。2019年，接上级通知要求启动重污染天气预警11次，结合重污染天气预警累计开展扬尘治理专项检查40次，出动执法车辆500车次，执法检查人员1200人次，下发扬尘治理整改通知书51份，约谈建设、施工单位负责人18人次，立案查处扬尘治理不到位案件37起，全部处罚完毕并整改到位。

【物业管理】 开展物业行业安全生产隐患排查工作，通过对县城28家物业服务企业摸底调查，小区普遍存在楼道内杂物堆放、高空抛线和乱停车堵塞消防通道等问题，对问题较为突出华之杰物业和还鹏物业管辖尚水城、永祥苑2个小区下发整改通知，要求将所发现问题按期限整改，并约谈2家管理小区较多物业服务企业，要求其逐一排查，及时排除隐患，确保小区业主居住安全。将廊坊市《物业管理办法》和最新修改《中华人民共和国消防法》下发到全县物业服务企业，并组织学习落实，全面提升物业管理服务整体水平。积极处理网上和上级部门交办信访投诉案件，努力化解业主与物业之间矛盾，上半年受理解决投诉70件。同时，认真审核公共维修基金使用，审批合格使用公共维修基金项目47件，及时解决业主需求。2019年，为大厂县创省级文明县城关键时期，为确保县物业小区和步行街创城验收达标，将全县小区分成5个片区，利用下班和周末休息时间到物业公司进行督导，发现问题及时整改落实到位，较好完成文明县城创建工作。

【燃热运行管理】 开展安全隐患排查治理工作，累计入户教育安检和维护127458户，发现各类燃气安全隐患完成整改，开展“进村街、入社区”宣传89次，发放宣传品12000份，张贴宣传海报101份，悬挂条幅151幅。同时，聘请第三方安全机构对农村“气代煤”工程开展隐患排查，累计入户排查22919户，相关隐患问题整理形成台账后交由各镇和百川燃气公司进行整改。同时，全县于11月10日开始供暖，供暖形势较为平稳。

【房地产】 住房保障。有序推进城中村改造工程，按照省、市城中村改造工作要求，对全县范围内城中村进行摸底汇总，并结合大厂县实际，编制上报城中村三年（2018—2020）改造计划（三年改造城中村3个，2019年2个、2020年1个），列入2019年城中村改造任务2个片区开工，其中祁屯片区（东方丽城）进行桩基施工，芦庄片区（和园小区）完成安置入住工作。按季度发放2019年上半年廉租住房补贴，累计为127户城镇低收入住房困难家庭发放住房补贴123913元。适时启动2019年住房保障分配、复核工作，有序推进申请、审核工作开展。同时，加强公共住房后期服务，对全县已配租公共住房家庭进行不定期巡查和走访工作，发现问题及时处理，查处不再符合相应住房保障条件和自愿放弃公共住房配租保障家庭7户（违反保障房相关规定强制清退5户，自愿退出2户）。加强市场监管，开展房地产市场专项整治工作，对全县7家有在售项目房地产开发企业和68家营业房地产经纪机构进行逐一检查，对发现问题企业严肃约谈，并在《廊坊日报》进行曝光，净化房地产市场秩序。强化驻场监督，对全县所有在售项目派驻监督员，强化驻场监督责任，发现问题，属于本部门职责及时查处，不属于本部门职责立即书面移交，确保监管效果。完善价格管控，严格实行价格备案机制，结合本区域商品房销售均价和最高价格指导企业制定备案意见，并配合价格监管部门监督企业严格按照备案价格销售，最大限度减小住房价格波动。建立市场监管长效机制，制定印发《关于进一步加强房地产市场监管工作方案》，从监管对象、监管重点和联动机制等多个方面完善全县房地产市场监管工作，明确部门监管职责，强化主体责任，严格工作程序，落实保障措施，形成齐抓共管长效机制。推进房地产去库存，按照省市领导关于对环京地区楼市去库存工作有关批示精神，深入贯彻省长许勤在北三县调研时提出要在旗帜鲜明讲政治和服务好北京非首都功能疏解高度做好房地产有关工作要求，科学研究政策，制订去库存工作方案，围绕服务重点项目、服务北京非首都功能疏解、服务协同发展等方面加快推进房地产去库存工作，大厂县商品住房库存去化周期由76个月降至58个月。严格新建商品房预售资金监管制度，对10家房地产开发企业实施资金监管，资金监管协议额度达14亿元，维护商品房交易双方合法权益。通过各项措施落实，房地产市场基本稳定，发放商品房预售许可证14件，预售商品房3570套，30.89万平方米，同比下降14.07%，其中住宅2261套，23.48万平方米，同比下降33.65%；全县销售新建商品房1414套，销售面积15.61万平方米，同比上涨739.24%，其中住宅成交1217套，12.9万平方米，同比上涨1400%；存量房成交1558套，15.21万平方米，同比上涨32.62%。

（董艳艳）

美丽乡村建设

【概况】 将农村人居环境整治工作作为实施乡村振兴战略重要抓手，在京津冀协同发展大背景下，坚持民族团结、生态优先总原则，以文化产业、全域旅游为两大抓手，围绕打造北京城市副中心后花园工作思路，大力实施乡村振兴战略，统筹推进城乡一体化建设，全面促进“三农”（农业、农村、农民）工作上档升级。科学谋划、全面动员、强化举措、有效推进城乡面貌显著提升，群众生产生活条件明显改善，生态环境不断优化，极大增强全县群众幸福感。

【打造精品和亮点】 在示范区内谋划建设一条精品观摩线路和一个30个村成线连片市级农村人居环境整治精品片区。精品观摩线路西起祁各庄镇西关村，途经万亩银杏林、星河森林公园、东杨辛庄千亩采摘园等景点，精品观摩线路沿线西关村、亮甲台村、西杨辛庄村、威武屯村、东杨辛庄村、小厂村等6个村，打造成特色鲜明旅游示范村，精品路线与示范村建设基本完工；在打造精品线路上与设施农业建设相结合，为支持涉农企业及合作社发展，带动农户致富增收，精品观摩线路两侧观赏花摆放工作采取种植户育苗，中标单位收购运营方式，种植户主要种植串红和油葵合计350万株，大厂县第一届旅发大会部分节点景观向种植户采购油葵和串红；在重点村推广三格式无害化卫生厕所改造工作，为提高群众积极性，农厕改造采取奖补方式，每户最高补贴不超过3000元，此项工作9月底全部完成。

【抓好示范区重点项目建设】 省级示范区内有12个重点建设项目。小厂村特色村寨商业街项目、樱花园项目、鲍丘河污水处理设施项目、旅游设施建设及旅游厕所45座安装项目、潮白沙滩改造提升项目、农村公路改造提升项目农厕改造和村容村貌改善提升项目全部竣工并投入使用；高速梁家务连接线项目通车；热代万果园项目正式营业，并于8月28日举办第一届三角梅花节；培育特色品牌农业项目，按照河北省农村股份合作制示范组织建设标准，在陈府镇培育两个省级农村经济合作组织，在东杨辛庄村建设集果蔬采摘、餐饮住宿于一体金盛苑果蔬专业合作社，合作社规范运行，采摘区景观及服务设施提升工程完工，2019年正式接待游客；在兰庄户村建设集生产加工、销售、融合于一体小磨香油合作社；戏剧小镇和热代万果园项目二期建设工程有序按计划实施。

【大力提升农村人居环境】 示范区内4260座农厕改造任务完成；农村污水治理，2019年，全县总任务为10个村污水治理和44个村生活污水有效管控完成；农村生活垃圾治理，大厂县在2017年105个村全部实现城乡垃圾统一处理ppp模式基础上，2019年率先在全市建成一座日处理50吨粪便处无害化处理厂，建设日处理800吨垃圾焚烧处理厂1座，计划总投资4亿元，分两期建设，一期投资2.5亿元，占地5.33公顷，日处理能力400吨；村容村貌提升，清除村内垃圾和杂物20.4万立方，清理沟渠236处，清理残垣断壁361处，建设小游园、小菜园、小果园331个；主街道绿化栽种树木3.18万株，节点绿化2.67万平方米；硬化村内街道17.55万平方米；安装路灯1660盏；创建美丽庭院7000个、精品庭院1000个。

（杨莉维）

住房公积金

【概况】 大厂回族自治县公积金管理部秉承精良管理，追求高端发展的总体部署和“内强素质、外树形象”的总要求，着力在“发展为民、成果惠民”上下真功，努力提升公积金覆盖率、稳妥推进个贷率、不断提高收益率、增强居民幸福指数，加强信息化建设，确保大厂县公积金稳定运行，持续快速健康发展。

【公积金管理】 按国家要求完成住房公积金全国网上系统上线切割办理，实现 “数据多跑路、客户少跑腿”目标，达到资金秒到账，打通外省市缴存职工异地转移数据衔接，一网通办。截至12月底，累计归集公积金77000万元，余额14000万元，是组建初期的8.7倍；支取58000万元，是管理部成立之初的

19.5倍；发放贷款35000万元，为1370户家庭实现住有所居的目标，为缴存户节省利息支出577万元。

【住房保障】 2019年，争取上级资金3800万元，提供住房保障资金3000万元。

（李艳雨）

环境保护

【概况】 廊坊市生态环境局大厂回族自治县分局（原大厂回族自治县环境保护局），根据廊坊市编办《关于印发廊坊市生态环境局各县级分局机构编制调整规范意见的通知》要求，于2019年10月30日上划为廊坊市生态环境局大厂回族自治县分局；根据中共廊坊市生态环境局党组关于印发《各县（市、区）分局“局队合一”执法体制改革实施方案（试行）》的通知要求，大厂分局于12月12日加挂大厂回族自治县生态环境综合执法大队牌子。分局内设办公室、大气环境股、土壤生态环境与固体废物管理股、生态环境保护督察办公室、水生态环境与自然生态保护股、环境影响评价与排放管理股、科技宣教与监测股、监测站、监察大队。大厂生态环境分局被生态环境部评选为“2019年生态环境保护执法大练兵表现突出集体”。2019年，PM2.5达到51微克，综合指数5.57目标和优良天数达标率64.7%要求，截至12月底，大厂县PM2.5达到43微克，廊坊市排第二名，综合指数5.18，在廊坊市排第一名，优良天数达标率67.4%，廊坊市排第一名。

【大气污染防治】 有效落实重污染天气应急响应。2019年，启动重污染天气预警10次（橙色转红色预警1次，橙色预警6次，黄色3次）。在接到预警通知后，第一时间通知全县296家涉气企业按照制定的重污染天气一厂一策相关要求做好应急减排措施，同时出动执法人员对县域内开展巡查。全力推进散乱污网格化管理。落实网格员550名，制定排查表和责任清单，明确处罚办法，全年新发现取缔散乱污企业9家。积极开展镇区空气监测站增参数和迁建。投资400万元，5个镇和高新区空气监测站在6月30日前完成六参数上传工作。不断加强火点的监控和处理。严格落实网格员责任，强化秋冬防、麦收秸秆等重点时期管理和巡查。全面实施饭店油烟管控。大厂县建成区内餐饮饭店（早餐店、烧烤店）101家，全部安装油烟净化设施或烧烤车，并通过三方检测和巡回抽检等方式确保正常运行，处罚不正常运行3家，处罚金额1.5万元。有效监督全域加油站（点）、油罐车油气回收装置正常运行。对22家加油站（点）、30辆油罐车油气回收装置进行检测，对油气回收装置不正常运行的2家加油站进行处罚。严格管控工业企业物料堆场扬尘。全县7家工业企业物料堆场，全部安装视频监控和PM10在线监测设备。稳步实施涉气企业分表记电。对全县符合安装条件的289家涉气企业开展分表记电，截至12月底，完成企业方电表安装，分表记电平台正在调试中。强力推进燃煤燃气锅炉改造提升。2019年，105台燃气锅炉低氮改造全部完成。加快推进机动车尾气遥感监测工作。按照生态环境部《关于加快推进机动车遥感监测平台建设和联网工作的通知》和县委县政府2019年工作安排要求，在大厂县主干道建设机动车尾气固定垂直式遥感监测系统设备1套和购买机动车尾气移动式遥感监测系统设备1套。截至12月底，“机动车尾气固定垂直式遥感监测系统”完成安装点位的初步选取工作，待县政府领导组织相关部门召开专题会议协调推进后，进入施工阶段；机动车尾气移动式遥感监测车到位并调试完成，待履行完车辆上牌手续和监测人员培训后，正式投入使用。

【水污染防治】 针对鲍邱河断面年底达到好于2018年水质标准和农村生活污水治理、潮白河水体治理等工作要求，面对各类水体虽然不断好转但距离目标要求差距很大、断面持续考核不达标的实际情况，大厂分局始终坚持霹雳手段治标，广泛协调同力，源头治理治本的原则，积极开展各项治理工作，吴村断面和后丞相断面全部实现达标。

启动鲍邱河综合整治方案编制。针对鲍邱河断面考核的当务之急，申请县财政资金100万元，聘请北京京创净源环境技术研究院有限公司，由6月起全面开展鲍邱河综合治理工作方案的编制。开展屠宰加工行业污水排放检测。针对屠宰加工废水作为主要污染源的实际，聘请第三方机构联合畜牧、乡镇投资60万元对全域200家屠宰加工企业开展污水达标排放检测，全面掌控污水排放来源，为下一步执法提供技术依据。确定鲍邱河定期监测和长效监测机制。从年初起，聘请三方机构对鲍邱河9个点位，实行每5天1次检测，精准掌握污染区域和程度，提高管控精准水平。同时，投资194万元，在鲍邱河5个点位设立24小时监测站。全力协调污水处理厂改造新建。充分发挥污水治理的方案制定和监测检查职能，协调住建、财政等相关部门，完成县城7000吨一级A标准临时污水处理设施的调试及运行工作，以及中国水环境集团三个下沉式京B标准污水处理厂建设的一案两评工作，为根治鲍邱河水污染奠定基础。加快实施污水处理站点在线监测安装。申请政府资金211万元，计划对尹家沟上游日处理500吨污水处理站、莱茵佳苑日处理500吨污水处理站和南寺头日处理100吨污水处理站安装4项指标在线监测，确保有效运转达标排放。

【土壤污染防治】 持续开展土壤污染重点行业企业用地基础信息调查。协调相关企业配合省厅地质队伍完成4批次33家重点行业企业信息采集工作，12月底，河北省厅确定其中的3家企业，2020年进行取样检测。积极开展全域土壤污染防治与保护规划编制。财政投资60万元全面开展系统、规范的土壤污染防治与保护规划编制工作。确定土壤重点监管企业并开展相关工作。将符合条件的2家企业确定为土壤重点监管企业，并按照上级要求，与县政府签订土壤污染防治责任书，开展相关土壤检测。排查建立疑似污染地块。按照河北省纳入疑似地块范围，大厂县排查出1块疑似污染地块，按照相关要求，将其录入污染地块土壤环境管理信息系统。稳步推进农村污水的综合治理。申请资金1000万元，对10个省定任务村和4个提升村，严格按照排放标准实施农村污水分户治理，12月底，完成建设工作。

【全民宣传】 “6·5”环境日宣传进街区。发放各类宣传品7000件，以群众喜闻乐见的版画、手册，展板、电子屏、微信公众号等形式贯彻生态文明理念。坚持生态环境宣传进社区。深入县城北新街街道等6个社区居委会，赠送治霾三部曲、生态环保法规手册等书籍100套，致广大市民的一封信70封，提高社区群众的环保意识。坚持生态环境宣传进企业。结合廊坊市局集中组织的万名干部进万企活动，深入200家企业，发放生态环境执法法规类书籍240本，与企业主座谈交流100人次，提高企业知法、依法、守法、畏法的素质和能力。坚持生态环境宣传进乡村。6月，深入永太辛、陈辛庄、毛厂等村庄，开展宣教活动，1300名群众参与并互动，全面提升群众的环保意识。坚持生态环境宣传进学校。从娃娃抓起，深入二小、二幼，以生物多样性、我们的食物我们的健康、低碳行动保卫蓝天为主题开展宣传，促进儿童和少年良好习惯和环境保护意识的养成。

【创建引领】 在全省率先申报国家生态文明建设示范县，以生态文明示范县创建统领生态文明建设工作，实现大厂生态文明的系统化、目标化、程序化建设，实现生态环境的全方位改善和上档升级。2019年，大厂分局将组织规划编制部门就《大厂创建国家级生态文明示范县规划2018—2030年》具体内容向县领导及各相关部门进行汇报，12月底，向市局报送关于规划进行省级专家论证的请示。

【解决反弹问题】　针对部、省、市各类帮扶、督查发现的各类问题，大厂分局坚持科学梳理、有效分类，针对施策。在严格执行处罚的基础上，对屡教不改、屡罚屡犯、强力反弹的执法行为，进行严厉打击，提高违法代价。2019 年，行政立案处罚 109 件，拟处罚金额 728.9 万元，结案 101 件，累计处罚到位 646.9 万元。

（白明格）

交通　邮政

公　路

【概况】　大厂回族自治县交通运输局内设办公室、财务审计股、规划统计股、审计股、体改法规股5个科室，下设运输管理站、公路管理站、汽车综合性能检测站、地方道路管理站4个单位。2019年，全县四级以上公路通车总里程为612.38公里。其中，国道6公里，省道13.27公里，高速公路连接线7.4公里，县道33.93公里，乡道35.6公里，村道431.18公里；园区专用道85公里，主要位于大厂县潮白河工业园区和大厂工业园区。公路网密度为347.94公里/百平方公里，由主干道与周边连通外网体系和内部循环通畅县域路网体系逐步形成。

【公路建设】　2019年，完成4公里密涿高速公路梁家务互通连接线（大厂段）两侧并行道路建设。同时，还完成一村至大马庄农村公路大修工程、小厂至西彭府农村公路大修工程、威武屯漫兴营联村道路大修工程等3条4.13公里农村道路建设以及2.6公里密涿支线高速公路大厂连接线（北段）绿化和6.5公里祁陈路东段绿化工程。

【公路养管】　2019年，清扫路面5.8万千米，洒水降尘7.1万千米，收集清运垃圾1.9万立方米，高标准完成干线公路灌油缝35220延米，路面小修挖补16580平方米、更换井盖井圈58套，更换水篦子89套，维修新建五桩134根，更换、调整及粉刷路缘石450块，维修、维修挡墙26处，清理雨水井48个，清除桥下堆积物220立方米；修剪乔木24540株，花草31575平方米，灌木植组 34977 组，枯树清理 180 株；浇水灌溉 1225 车次，实现国省干线及县域主要公路畅、洁、绿、美、安。

【超限超载运输治理】 2019 年，交通运输局依托联合治超站，与交警联合执法，查处超限超载车辆 153 辆，卸载转运货物 1791.9 吨，公路超限率不足 1%。

【客运】 2019 年，有长途客运班车 10 辆，客位 540 个，分别为大厂至廊坊 4 辆、大厂至天津 2 辆、大厂至张北 1 辆、大厂至宁城 1 辆、大厂至赤峰 1 辆、香河至林西 1 辆；投入运营县域公交客运班车 74 辆（含备班 2 辆），分别为公交 1 路 12 辆、公交 2 路 10 辆、公交 3 路 16 辆、公交 4 路 10 辆、县城环线公交 24 辆；北京客运专线 6 条，运营车辆 84 辆，其中 816 路（大厂县城至北京郎家园）19 辆、817 路（大厂县城至北京郎家园）37 辆、910 路（大厂潮白新城至北京通州土桥地铁站）13 辆，822 路（大厂潮白新城至北京通州潞城地铁站）12 辆，快专 47 路（大厂县城至北京通州潞城地铁站）3 辆，快专 133 路（大厂县城至北京大郊亭桥东）1 辆。出租车 365 辆，客位 1825 个。

【货运】 2019 年，全县载货汽车 100 辆、3605.6 吨，危险货物运输车辆 30 辆、897 吨。

（钱海滨）

邮　政

【概况】 中国邮政集团有限公司河北省大厂回族自治县分公司现有员工 90 人，内设职能部门：综合办公室、市场部；平台部门：渠道平台中心、发投部；专业部门：集邮与文化传媒、金融业务部；支局：夏垫中心支局、祁各庄支局、大安东街支局。县内邮路 2 条，长度分别为 32 公里、26 公里。为适应市场经济的发展，大厂县邮政分公司除原有的传统业务——函件、包件、汇兑、储蓄、报刊发行外，还相继增加多种邮政服务项目，如特快专递、“三农”配送、代收（固定、移动、联通）电话话费、代发工资、代理保险等，极大地方便广大群众的用邮需求。服务网络遍布城乡，辐射全县5个镇(大厂镇、夏垫镇、祁各庄镇、陈府镇、邵府镇)、101个自然村，服务覆盖面达100%。2019年，邮政业务总量与2018年相比上升15.91%。

【城区投递和普快业务】 针对物流量大、配送不及时、服务不到位的快递业现状，对城区的快递业务进行分离。首先，对城区的普快和投递业务进行分离，并分别安排专门人员进行负责；其次，对于普邮投递业务，定下“信报当日递”的业务目标，提升派送员的投递效率；开通支局二频邮路，4月份开通至夏垫、邵府、祁各庄邮政支局二频邮路，确保3个镇邮政支局下午4点前揽收的邮件能够当日从廊坊出口。第三季度在城区开通小夜班投递频次，实现城区1日3投。先后在潮白新城揽投站、夏垫揽投站、陈府揽投站开通二频投递工作，实现大厂县在镇区域当日上午进口邮件当日投递，当日下午进口邮件次日上午投递。2019年，大厂邮政的快包量达到96.94万件，与2018年累计同比增长182.61%，其中同城快包量增长22.02%。

【加大与电商合作力度】 对接北京，吸引大中型电商入驻大厂。与淘礼网科技股份有限公司，俏香阁旗舰店、新风尚帛科技有限公司等几家电商企业进行合作，扩大邮政的业务范围。中国邮政集团有限公司河北省大厂回族自治县分公司与河北亿食特食品有限公司合作，为其提供河北省内蔬菜寄递服务，在2019年度标准快递量达20万件。

【开展中邮保险竞赛活动】 在廊坊市举办的惠选泰康特训营期间，出31单，实现保费10.10万元。1月1日—3日，保险开门抢赛活动中发展保费1214万元，折算保费1503万元，3天完成开门抢任务目标。2019年，大厂邮政争取到保费2533.37万元，与2018年累计同比增长5.77%。

【邮政体制改革】 邮政投递网络是邮政通信网的重要基础，是邮政核心竞争能力的表现之一，打造科学、高效的投递网络，是提升邮政核心竞争力的需要，也是完成邮政普遍服务义务，支撑邮务类产品寄递服务的关键所在。根据上层领导的要求，初步建立起满足普遍服务对市场反应灵敏度、能满足个性化服务需求、人员素质较高、管理先进、服务优良、竞争能力较强的投递网络。

【提高服务水平】 对营业环境进行优化、美化、亮化，不仅给用户提供良好的用邮环境，也为工作人员提供舒适的工作环境；加强软件建设，提升服务质量。进一步提高部室主任、员工的自身素质，加大对其培训考核力度。在部室主任的培训上，按照培训懂业务、善管理、会经营、能创新的综合型干部的要求进行组织，加强组织执行能力，项目管理能力，沟通协调能力，领导与管理能力等方面的培训，使部室主任拓宽经营思路，创新经营观念，提升思维能力，打造高效执行能力。在员工的培训上，采取月培训、月考核的考评机制，真实记录每名员工的考评成绩，采取理论培训与工作实践相结合的培训方式，真正做到培训到位，不走过场，用以提升员工自身素质和服务水平。做好自身的创建工作，提高服务质量和用户满意度，大厂邮政局推行承诺服务，加强对邮政服务的监督力度。采取召开监督员座谈会，发放征求意见函、走访客户和在各邮政窗口设立用户的意见箱、意见簿等多种形式，广泛征求社会各界对邮政服务的工作意见与建议，鼓励用户对服务工作进行监督，同时重视投诉，认真解决损害和制约邮政发展的突出问题。严格执行服务质量处理和奖惩制度，使邮政服务督查工作发挥更加强有力的作用，促进邮政服务工作规范、健康发展。

【业务发展】 损益核算工作。始终坚持损益责任理念，将损益核算贯穿于企业运行的各个环节。结合改革的推进，不断延伸核算的深度和广度，丰富核算的内涵，创新核算的措施，基本建成“横向到边，纵向到底”的全面损益核算体系，全体干部员工的损益责任意识显著增强，逐步摒弃靠增大投入换取规模和大收大支堆积规模的做法，企业收益质量和利润水平不断提高，可用资金进一步丰厚，为企业再发展积累较为坚实的物质基础，员工个人收益的增长有充分的资金保障；营销体系建设按照“市场营销职业化”的方针，壮大营销员队伍，提升营销员素质，建立激励机制，打造出一支勇于拼搏、善于开拓的职业营销队伍。在稳固存量市场的同时，必须站在企业长远发展的角度，更好地适应市场、赢得市场的高度认同，进一步完善和强化营销体系建设，为企业发展注入持久动力。

准确定位，大力发展邮政金融类业务。进一步强化邮储银行与邮政企业血脉相连、唇齿相依、荣辱与共的意识，加强团结协作，共同推进业务发展。继续扩大余额规模，为资金运作、理财等业务的发展提供支持，重点发展大理财业务（含人民币理财）、保险和基金业务等，同时努力提高活期比例，降低付息成本。加速发展电子商务业务。邮政企业“三流合一”（货流、资金流、信息流）的特性使之在电子商务领域有着得天独厚的优势，中国邮政集团分公司明确电子商务在邮政改革与发展中的战略地位，高度重视电子商务业务的发展，着力加强邮政短信。积极发展包裹业务。重点抓好寄递业务，在稳定现有基础上，利用大厂县 2 年招商引资的结果，不断寻找商机，努力开辟新业务种类。创新发展报刊业务。坚定不移地做好党刊的发行工作，不断开拓市场，做好报刊订阅、零售业务，提高订阅力度。随着人们生活水平的提高，对精神文化的需求也日渐增长。通过进一步完善社区报箱的配置，改善服务设施，方便用户订阅，将有利于增加私费订阅用户群体，提高私费流转额。稳妥发展配送业务，扎实推进中心支局旗舰店建设，强化邮政品牌形象，加大对农村市场的开发力度，同时加强“三农”服务精品店建设，巩固农村配送阵地，提高邮政配送产品在农村的影响力和市场份额。

（刘斯晨）

农业　水利

农　业

【综述】　大厂回族自治县农业农村局（原大厂回族自治县林业园艺局）是县政府工作部门，为正科级行政机关。2019 年年初，县直机构改革，将原农业局、农工部、水务局、畜牧局、农开办等单位合并。内设办公室、美丽乡村办、农经股、农业综合开发股、水资源管理与节约用水股、水利工程建设与运行管理股、特色产业股、科教种植股、畜牧发展股、动物防疫管理股、农产品质量安全监管办公室（安全生产管理办公室）、农机股、河长办考核督查股；所属事业单位 14 个[农业综合行政执法大队、农机服务站、农产品检测中心（动植物疾病预防控制中心）、5 个农业基层服务站、水利服务中心、农广校、益恒水泥制品有限公司、农机化研究所、城乡供水总公司、畜禽防治站]。

【重点工作】　推进乡村振兴示范区创建，全面提升农村人居环境整治；调整种养结构，保障粮食、蔬果、禽蛋、水产等农产品供给；推进产业化经营，发挥畜禽养殖、屠宰加工和蔬菜种植等特色产业优势，做大做强优势企业；着力打造优势特色农产品品牌，提高产品核心竞争力，全面保障农产品质量安全；实施科教兴农，不断强化农业科技支持；深化各项农村改革，增加农民收入；实施 2019 年产业扶贫项目；推进农村土地承包经营权确权登记颁证、开展农村集体产权制度改革、加强和规范农村土地流转管理；全面推行河长制，水环境治理初现成效；推进各项水务工作进展；落实最严格水资源管理制度，开展地下水超采综合治理，推进各项水利工程建设，推进河道内村庄防洪整治工作，做好城乡统一供水工作。

农村工作

【概况】 认真核清大厂县耕地地力保护补贴面积，做到不少报、不漏报、不重报、不虚报，确保全县耕地地力保护补贴面积真实准确。2019年，大厂县耕地地力保护补贴面积为1653.33公顷。

【经济体制改革】 扎实推进农村集体产权制度改革，逐步构建归属清晰、权能完整、流转顺畅、保护严格的中国特色社会主义农村集体产权制度，保护和发展农民作为农村集体经济组织成员的合法权益。科学确认农村集体经济组织成员身份，明晰集体所有产权关系，发展新型集体经济；管好用好集体资产，建立符合市场经济要求的集体经济运行新机制，促进集体资产保值增值。全面做好农村集体资产清产核资工作，核实农村集体资产总额为58956.51万元，集体土地总面积17306.67公顷，其中农用地总面积10866.67公顷。科学界定农村集体经济组织成员身份，组织建立农村集体经济组织，建立“三会”（农村集体经济组织成员代表大会、董事会或理事会、监事会），加强农村集体经济组织登记赋码工作。

【土地确权】 积极推进农村土地承包经营权确权登记颁证工作，在基本完成确权登记颁证任务的基础上，进一步巩固农村承包地确权登记颁证成果，完善确权登记颁证数据库和信息应用平台建设，推进信息应用平台互联互通，加快确权登记档案数字化工作，探索建立土地承包经营权登记制度和开展承包地确权登记颁证成果应用，为深化农村土地制度改革，促进现代农业发展，实施乡村振兴战略奠定坚实基础。基本完成确权登记的村数65个，占应确权村数的94.2%，发放承包经营权证书8322本，向县档案局移交确权登记颁证档案1955卷。

种植业

【概况】 大厂县辖5个镇，105个行政村，辖区面积176平方公里。农作物主要以粮食作物、蔬菜为主。种植的粮食主要以小米——玉米连作、杂粮主要以少量甘薯为主。其中，小麦、玉米生产一直占主导地位，播种面积、产量位居各种粮食作物之首。

【粮食生产】 2019年，粮食作物2090.4公顷，粮食总产11704吨。其中，小麦846.67公顷，平均单产410公斤，总产5207吨；玉米1043.73公顷，单产415公斤，总产6497吨。

【优化种植结构】 在玉米生产上，推广郑单958、京单28、农单902、沃玉964、沃玉3等粮饲兼用优种 普及率100%；在小麦生产上，选用综合抗逆性好的河农6425、轮选987、中麦415、京冬18等节水高产稳产品种。在蔬菜种植上，立足大厂县蔬菜现有基础，坚持科学发展，合理布局，发挥全县特色产业优势，加大农业品牌创建，真正把特色农产品调强、产业调大、布局调优。2019年，全县瓜菜占地面积373.33公顷，蔬菜播种面积926.67公顷，标准化生产覆盖率为90%。其中，冬春茬设施蔬菜面积273.33公顷（日光温室200公顷，大棚73.33公顷），春播露地和地膜菜面积100公顷，总产量达到3.8万吨，总产值3475万元。

【推进科技进步】 为促进农业绿色发展，加快资源利用方式转变，减少农药化肥不合理使用，提高农药化肥施用效益，切实保障农产品质量安全和生态环境安全，2019年，测土配方施肥覆盖率100%，全县推广测土配方施肥3400公顷次,施用配方施肥量（万吨，折纯）0.08万吨，亩均化肥施用量降低7%，粮食作物氮肥利用率达到39%以上；农药使用总量15.21吨，上年使用量15.74吨，农药使用量与上年相比降低0.53吨，降低3.4%。根据《2019年廊坊市信息进村入户工程工作方案》《廊坊市信息进村入户工程中央专项资金使用方案》，具体建设任务要求，大厂县农业农村局完成县级运营中心建设、益农信息社建设及信息员培训等工作。制定《2019年大厂回族自治县畜禽养殖废弃物资源化利用工作方案》，并成立畜禽养殖废弃物资源化利用工作领导小组，负责畜禽养殖废弃物资源化利用的全面工作，推进畜禽养殖粪污处理设施建设，养殖废弃物资源化利用，构建种养结合、农牧循环长效机制。2019年，大厂县畜禽规模养殖场粪污处理设施装备配套率100%，畜禽粪污综合利用率75%。加快推进秸秆收储运体系建设，全县秸秆综合利用率保持在95%以上。完善废旧地膜回收利用体系，全县农膜回收率75%以上。充分利用农闲时间，积极开展农业实用技术培训活动，举办设施蔬菜、大田作物等各类农业科技实用技术培训班6期，培训农民200人次。

农业产业化

【概况】 2019年，县农业农村局抓好产业扶贫工作的同时，统筹兼顾，科学谋划，加大争取上级资金工作力度，农业产业化各项工作顺利推进。与省市沟通对接，把争取项目、争取资金、争取政策作为工作的第一要务，加强项目谋划。为迎建县65周年大厂县农业农村局拟争取政策项目4个（美丽乡村精品片区建设项目、大厂牛肉区域公用品牌创建项目、特色产业单品项目、鲍邱河综合治理项目），项目预算总投资28352万元，拟争取上级财政资金9845万元。

【农业产业化工作】 开展省、市级龙头企业的申报和监测工作。截至12月底，有省级龙头企业2家[福华肉类有限公司和阿果安娜水果（大厂）有限公司]、市级龙头企业28家，其中2019年新认证4家；2019年，省、市对县定量考核涉及到考核指标为农业产业化经营率及增长幅度和农产品加工业与农业总产值比。2019年，经与统计部门沟通商议，设定目标值为80.3%，与2018年基本持平，继续保持全市前列；根据2018年的比值，结合2019年上半年农产品加工企业经营情况拟定2019年目标值为2∶1。

【产业扶贫工作】　2019年，安排财政扶贫资金329万元，其中省级188万元，市级41万元，县级100万元。实施养牛产业扶贫项目2个，涉及扶贫企业2家（大厂县四星肉类有限公司和福华肉类有限公司）。

农业机械

【概况】　通过政策扶持，加大新机具新技术培训的推广应用，推动农机化发展进程，强化农机安全生产管理，确保人民生命财产安全，促进农机化事业和农村经济的健康快速发展。2019年，全县农机总动力14.85万千瓦，农机保有量达到2.1万台件，其中小拖保有量800台，大中拖700台，小麦联合收割机100台。全县机收小麦面积846.67公顷，机收率100%。玉米种植面积1780公顷,机收率90%。

【农机惠农政策】　2019年，中央财政分配大厂县农机购置补贴资金70万元，全县使用补贴资金69.91万元(农机购置补贴37.91万元；报废更新补贴32万元)，补贴资金使用比例99.87%，补贴资金全部兑付到位；受益农户29户，补贴各类机具52台（套），其中动力机械24台（套），补贴28.23万元；收获机械22台（套），补贴8.52万元；耕整地机械6台（套），补贴1.16万元；报废机具23台（套），报废更新补贴32万元。

【农机销售和维修管理】　全县各类农机服务组织（含农机户）的总数25个，农机专业合作社4个，农机经营销售、配件网点12处，直接从事农机作业、销售、修配的人员2500人，农机成为拉动农业增加值增长的重要力量。

畜牧水产业

【概况】 大厂县充分发挥民族优势和区位优势，大力发展畜牧产业，构建产、加、销一条龙，科、工、贸一体化的产业化格局，形成具有鲜明地方特色的富民产业。截至12月底，全县肉牛饲养量3.48万头；肉羊饲养量5.63万只；生猪饲养量5.12万头；家禽饲养量78.9万只。肉、蛋、水产品产量分别达到0.81万吨、0.6万吨和0.09万吨。

【发展规模养殖】 根据廊坊市人民政府办公室《关于进一步加快现代畜牧业发展的意见》（[2017]40号）的文件精神，北三县不再鼓励新建、扩建养殖场，探索养殖业逐步退出机制。因此，鼓励现有养殖场（户）建设标准化规模生态养殖，推动养殖业集约高效发展。

【畜禽品种改良】 坚持“新品种引进、推广与地方品种的保护利用相结合”的原则，搞好畜禽良种的推广应用，支持养殖大户，重点养殖场引进、推广国内外畜禽品种。

【动物疫病防控】 在常规动物疫病免疫工作的基础上，集中组织开展春秋两季重大动物疫病防控工作，实行双轨制，严格落实属地管理责任。根据重大动物疫病防控工作实际情况，及时召开全县重大动物疫病防控工作会议，层层签订《动物疫病防控工作责任状》11份，全面落实工作责任。按照廊坊市人民政府办公室转发《河北省人民政府办公厅关于进一步加强非洲猪瘟防控工作的通知》的要求，签订《非洲猪瘟防控责任书》，县政府与各乡镇（区）政府责任书6份，镇政府与各村街签订70份（大厂县105个行政村，除去回民村和已拆迁的村），县局与各镇防疫站签订5份，各镇防疫站与辖区养殖场户签订责任状59份。组织全部防疫员、村级协防员100人，严格落实疫情监测、消毒灭源、检疫监督、督导检查、补免等各项防控措施，免疫密度100%、耳标佩戴率100%、建档率100%、检疫率100%、免疫抗体合格率均在80%以上。根据疫病流行情况，设立固定监测点，明确各基层站口蹄疫、禽流感等重大动物疫病血清学集中抽检任务，按时报送市局抽检样品，全面及时开展畜禽免疫抗体监测。截至12月底，免疫抗体检测禽流感1140份，H7N9500份，新城疫450份，口蹄疫620份，猪瘟340份，免疫抗体合格率均达到国家规定标准以上。认真开展布病、结核病基线调查及检测、防控工作，组织人员对肉牛、羊进行详细的摸底调查，并进行采样监测，检测结果均无阳性。2019年，全县未发生一起重大动物疫情，有力促进大厂县畜牧产业健康持续发展。

水 利

【水利工程】 大厂县城南湿地公园为大厂县重点工程，建设内容是在三分干、彭西支渠与密涿高速公路围合的三角地166亩（约11.07公顷）范围建设人工湿地。工程施工单位为九州水文建设集团有限公司，2019年4月正式进场施工，截至12月底，完成45%工程量，投资450万元，主要包括蓄水池、车行桥、人行桥、水系开挖、水系当桥砌筑及苗木预定等工程内容。潘各庄桥位于大厂县夏垫镇潘各庄村东鲍邱河上，是连接鲍邱河左右岸各村的交通要道，于1977年建成，经过40年的运用，老化现象严重，严重影响到人员和车辆的安全通行，急需拆除重建，于10月23日开标，11月20日进场施工。

【防汛工作】 在汛期前对全县水利工程进行安全检查，并提闸迎汛；会同供电部门对吴辛庄排水站进行通电试车；按照市水务局要求编制《大厂回族自治县县级河渠洪水调度方案》《鲍邱河大厂段洪水调度方案》，并安排祁各庄镇编制《大厂回族自治县南宋各庄村群众紧急转移避险预案》《大厂回族自治县半边店村群众紧急转移避险预案》；编制《大厂回族自治县农业农村局2019年汛期（6月1日至9月30日）分包闸责任制方案》，确定以局长毛松录为水闸调度总指挥，下设5个由科级干部为组长的分包小组对全县5个镇水闸分包，确保所有水闸管理责任明确、养护到位、调度顺畅，以确保全县水利工程有效管理。

河长制工作

【概况】 2019年，进一步完善河长制组织体系，健全体制机制，坚持问题导向，加强系统治理，扎实开展河渠清理和“清四乱”（乱占、乱采、乱堆、乱建）等专项行动，通过召开县级总河长会议及督导调研等形式，对河长制工作认真研究部署，层层落实安排，全力推进河长制建设工作。

【河长设置】 大厂县境内有潮白河、鲍邱河2条河流，以及总干渠、一分干渠、三分干渠、一干北引渠、普池河、蓟宝渠、尹家沟、三香沟及辛半沟、迎春渠、跃进渠、幸福渠12条主要干支渠，按照河长全覆盖原则，设置河长122名，其中县级总河长2名，县级河长10名，镇级总河长10名，镇级河长23名，村级河长77名。

【“一河一策”交办任务】 《河北省“一河（湖）一策”方案（潮白河）》涉及大厂县目标交办任务17处，其中清退分散违章建筑11处、清理垃圾2处、拆除养殖场2处、树障2处。截至11月底，全部完成整治任务。9月3日，陈家府村南左滩地农庄（渔林湾）违建清退任务全部清理完毕，并报市河长办对问题做销号处理；11月22日，经大厂县与省、市河长办请示，聘请专业工程技术人员对谭台村西和陈家府村南2处林地开展防洪影响评价，经专家组审查，确定此2处林地对河道中小行洪基本没有影响，鉴于通过专家组评审此2处树障基本不影响行洪安全，报请市河长办对问题做销号处理。

【尹家沟支渠高楼道沟污水整治】 9月6日，大厂县成立由县委书记、政府县长担任总指挥，主管副县长和尹家沟县级河长担任副总指挥，夏垫镇、高新区、生态环境局、农业农村局、住房和城乡建设局、县公安局、城市管理综合行政执法局等县直相关部门主要负责人为成员的尹家沟支渠高楼道沟污水调查整治工作领导小组，并紧急抽调工作人员和行政执法人员30人组成工作专班，对尹家沟及其支线开展污水排查整治工作。通过摸排查清高楼道沟污水排放情况，排查出涉及排污企业、个体工商户、养殖场、屠宰加工厂、居民小区等98户，发现排污口16处、依法取缔查封5户、责令停产停业限期整改76户、移交公安部门1户。对尹家沟支渠高楼道沟进行清淤，封堵沿岸非法排污口，养殖场全部进行搬迁，截至9月27日，全部完成尹家沟支渠高楼道沟污水整治工作。

【加强河渠管护】 为进一步做好河长制工作，大厂县加大对县域内河渠管护力度，坚决制止挤占河道、采沙取土、围垦河渠的行为发生，全面改善河渠面貌，使水环境质量得到逐步提升。2019年，随着河长制工作的逐步深入开展，大厂县的水环境建设得到进一步提升，县域内主要河渠河口及河口内区域垃圾清理，通过采用政府购买服务的方式，实行整体外包，实现日常管理服务社会化、常态化。河长办随时监督垃圾清理工作情况，打捞公司加大巡查力度，及时发现问题，及时清除干净。同时，各镇加大对河坡及岸边堆放的生活及建筑垃圾日常巡查工作力度，及时发现，及时清理，做到常态化管理。

（杨莉维）

工业 信息业

电 力

【概况】 国网冀北电力有限公司大厂县供电分公司内设办公室（党委办公室）、发展建设部、财务资产部、安全监察质量部（保卫部）、党委组织部（人力资源部）、党委党建部（党委宣传部、工会、纪委办公室、团委）、电力调度控制分中心，2个业务支撑和实施机构，包括运维检修部[检修（建设）工区]、营销部（客户服务中心），总人数207人。2019年，公司辖区内有220千伏变电站1座（隶属廊坊供电公司），主变2台，总容量360兆伏安；110千伏变电站4座（隶属廊坊供电公司），主变7台，总容量313兆伏安；35千伏变电站3座，主变7台，总容量94兆伏安。配电变压器2821台，总容量1084.31兆伏安；35千伏线路4回/26.33千米，10千伏线路79回/647.54千米，0.4千伏线路554千米。大厂分公司完成购电量10.62亿千瓦时，同比增长6.02%；完成售电量10.35亿千瓦时，同比增长6.46%；综合线损率完成2.51%，同比下降0.41%；供电可靠率完成99.84%，综合电压合格率完成99.67%；全年实现连续安全生产12385天。集体企业实现营业总收入6109.76万元，实现利润总额44.23万元。2019年，大厂公司作为冀北公司的试点单位，高分通过中国水利电力质量管理协会现场评审工作，获电力行业卓越绩效标杆评价AAA企业。公司被河北省委、省政府评为“2019年度河北省先进集体”。公司继续保持省、市级“文明单位”称号。

【电网建设】 配合中国规划设计院，完成《北三县和通州协同发展规划（电力部分）》编制工作。按照市公司统一部署，完成《国土空间（电力专项）规划》编制，经廊坊公司审核，上报县政府和规划部门，确保重点项目有效落地。威武屯110千伏站、北京东—通州500千伏线路工程、廊坊北—蒋辛屯220千伏线路工程等各项前期工作成果显著。邵祁110千伏线路工程及祁屯站2号主变扩建工程全部竣工，有效保障周边区域未来负荷需求。推进优化配网建设，加快配网建设步伐。全面完成2项年度技改大修工程，更换400千伏安变压器15台，改造10千伏线路3.02千米。完成13项年度农网改造升级工程，更换400千伏安变压器5台，改造0.4千伏低压线路24.36千米。完成高压检维工作60项，新增及更换真空开关19台、隔离开关12组，改造10千伏老旧支线9.86千米、新增增容综合台区11个，容量1690千伏安；完成低压检维工作35项，改造低压线路14千米、更换电缆线路1.58千米。开展2020年农网建设项目可研立项工作，包含10千伏线路手拉手、配变新建两大类项目，投资1525万元，项目由市公司批复。

【安全生产】 调整落实公司安全生产委员会等安全管理领导小组，组织签订2019年《安全生产责任状》，组织开展《安规》等培训考试384人次。积极参加廊坊公司年度《安规》抽考和冀北公司安全法律法规和规章制度抽考。实现全年电网、设备、人员无考核事故安全目标。重点开展“节日”检查、迎峰度夏（冬）及春、秋两季安全大检查和安全专项行动，排查整改问题69处。检查高低压各类施工、检修现场65处，有效遏制各类违章行为。清理过境线路树障10574棵，发现并制止违章行为27处。开展安全生产月“一把手”讲安全，按要求召开专题安全日活动。学习传达廊坊公司安委会精神，分析国网各典型事故案例。积极开展“安康杯”竞赛活动，广泛进行各类安全宣传及咨询活动。积极开展“一把手”讲安全及冀北公司“党建+安全”主题党日活动，获得上级一致好评。持续开展消防隐患排查，加强应急值班及安全保卫，按要求启动应急指挥中心。圆满完成全国“两会”、第二届“一带一路”国际高峰论坛及中华人民共和国成立70周年大庆等重大活动保电工作，实现三个百日安全周期。

【行风建设】 持续优化营商环境。成立专项工作组，将优化电力营商环境工作纳入公司“一把手”工程。领导班子分区包片，带头走访高、低压大中型及小微企业1949户。县内6个营业厅实现全业务受理和异地受理。10月，供电服务窗口入驻县行政服务大厅，推动全面实现“一网一门一次”改革目标。深化营业厅升级转型。适应“互联网+”营销服务模式，优化营业厅布局，建设“全能型”服务窗口，推行营业厅综合柜员制，实现“一口对外”和“一站式”服务。完善硬件条件，服务客户自主办电需求，引导农村用电客户接受业务线上办理。优化提升台区经理制，实现辖区微信群全覆盖。落实电费电价政策，2019年，分两批实施下调单一制工商业电价，下调5.13分，未发生因调价产生优质服务事件。传导国家政策红利，配合完成涵盖县域内99%小区30家物业公司转供电主体走访调研，下发《廊坊市清理规范转供电环节收费告知单》，将政策红利全部传导给终端用户。县域低压用户智能用电比例达100%，高压用户智能用电比例为88.90%。能源服务提升开拓市场，推进电e连平台，主要服务于“推广达人居民消费者”，建立电能替代低压潜力项目调研。筛查确定综合能源工作重点方向和重点目标。累计建设充电站13座，直流充电桩107个，全部接入智慧车联网系统，县城区域实现5分钟充电圈，快速满足用户充电需求。全年完成440万元综合能源收入。

（杨国栋）

中国移动

【概况】 中国移动通信河北有限公司大厂分公司坐落于廊坊市大厂回族自治县华安南路 41 号，有干部职工 49 人，是一个集前台客服和后台支撑于一体的现代化办公场所，公司分设综合部、市场部、网络部、政企客户 4 个职能部室，1 个主营自办营业厅（西环路），渠道网点遍布全县各乡镇村域。

【安全生产】 大厂县移动分公司认真贯彻落实“安全第一，预防为主，综合治理”基本方针，充分发挥主要负责人是安全生产第一负责人职能，保证对安全生产工作资金投入，增强员工对安全生产工作消防结合意识，经常性展开网络建设安全检查，果断隐患整改，展开自查自纠，做到有问题早发现、早预防、早处理。大厂分公司在全体员工密切协作下，认真落实安全生产工作。在 2019 年全省安全检查工作中，取得突出成绩。

【网络建设】 截至 12 月底,大厂移动分公司网络及工程建设方面稳居全市榜首。2019 年,在网运行基站 200 个,光缆长度 400 公里,主城区实现连续深度覆盖,平均每个行政村至少有 1 个移动基站。移动宽带覆盖 180 个点位，包括 65 个自然村和 120 个居民小区。大厂县城城区覆盖用户 4 万户，覆盖率 95%以上,完成新增建设 15 个村,总体覆盖率 62%以上。顺利完成 2G 设备替换，二期、三期 99 个站址。一阶段新开通宏站 19 个，根据弱覆盖点位与政府工作要求解决大厂孔雀城运营商信号覆盖问题，主要集中在孔雀城区域建设，新建室分 5 处，整改室分 8 处，孔雀城工业园区信号明显改善，切实提高客户满意度。大厂县家宽业务发展迅速，全县域宽带覆盖客户 127147 户。完成 22 个重要 OLT 双 10G，同时完成 24 个重要 OLT 双上联，全面提升网络传输质量，减少故障发生及客户投诉，全面提升网络质量及用户感知。

【业务发展】 2019年，全县业务发展稳步增长，主要业务占比平稳推进，其中宽带发展居全区排名第四位；通信和信息化收入达400万元。5G建设方面，大厂公司以地位优势为出发点，规划对与北京接壤地区高层住宅小区，进行信号再覆盖改进，向市公司申报23个点位，涵盖企业、医院、商圈、党政机关等范围。 全年服务水平稳步提升，以重点投诉为抓手，着力改善热点地区网络问题，努力达到客户百分百满意。不断丰富家庭市场产品，推出移动固话、和目、智能组网等产品，进一步丰富家庭产品体系，为客户提供更优质上网体验。与39家主流APP联手合作，全面推广视频、游戏、阅读、动漫、音乐等几大类流量产品。

【党风廉政建设】 大厂公司全年开展反腐倡廉教育，利用党务公开栏等加强教育月活动宣传工作。利用微信群方式，开展“廉洁文化窗”活动，通过“以案示警”警示教育和“廉洁楷模”正面鼓舞形式每天更新案例分析，要求全员认真研读。从思想上着手，引导全体员工自觉强化道德修养和纪律观念，营造风清气正氛围。党支部采取党务公开、政务公开等形式主动公开“中央八项规定”落实情况，接受员工群众监督。同时在重大节日、重要时间节点，加强正面宣传引导，狠抓监督检查，确保清廉过节。

（付春颖）

中国联通

【概况】 中国联合网络通信有限公司大厂县分公司下设4个职能部室（市场中心、政企中心、客响中心、综合支撑中心）、3个营业部（夏垫、祁各庄、潮白新城）和1个城区网格。

【党建工作】 以习近平新时代中国特色社会主义思想为指导，全面贯彻落实中共十九大精神，牢固树立政治意识、大局意识、核心意识、看齐意识，坚定中国特色社会主义道路自信、理论自信、制度自信、文化自信；按照集团公司和省公司“深入落实聚焦创新合作战略，培育强健互联网新基因，探索完善公司混改新治理，全力加快互联网化新运营，着力增强创新发展新动能，积极构建外联内通新生态，奋力开创新时代中国联通高质量发展新局面”总体要求，全方位、多层次、立体化展示公司改革发展党建工作新举措、新成果，唱响主旋律、传播正能量，为公司改革发展党建提供强大精神力量和良好舆论支撑。

【网络建设】 2019 年，大厂县分公司以提升网络质量，支撑市场发展为目标，圆满完成市公司运维线各项指标要求。核查整治方面：以用户感知提升为目标，对于各类影响感知类隐患逐一整治。持续开展分光器、端子核查工作，使得日常装维工作有准确资源数据，装移修工作效率大大提升；结合装机、修机测光衰工作，对于光衰不达标 ONU 实施名单制督办，逐个排查整治，排除线路与用户端衰耗问题，切实提升用户感知速率；整合 OLT 设备，提升资源利用率同时，降低能耗；完成承载用户数超高 OLT 分裂割接，保障用户感知，降低故障风险。开展传输线路与动力电源隐患整治工作，充分利用故障历史数据进行分析，从传输、电源两方面定位并消除频繁故障与隐患点，切实压降故障量。新建工程方面：按照市公司统筹规划，县分市场需求，各类新建工程以早筹划、早动手、早完工为目标，为业务量保有和发展提供强有力支撑。移动网新建工程 4G L900 宏站建设 35 个，L1800 宏站建设 3 个，室内分布建设 2 个，集客应急工程 86 个，零小工程 45 个，主干光缆网 6 个。

【业务发展】 将“百倍用心十分满意”主题活动，落地到营销、服务每个环节；开展专项业务培训，提升业务技能，竭力为用户提供满意服务。公众业务，聚焦冰激凌+金融产品双驱动业务，在县城自有营业厅开展手机卖场改造，同时利用公司自身房产优势，洽谈引入华为、VIVO、荣耀手机专卖店，形成以公司为核心，周边辐射12家通信店；聚焦宽带净增，重点突破潮白等环京市场，完善渠道布局，新建自有和自建他营厅各一个，建设触点20家，同时借力线上营销，实现线上线下一体发展。政企业务，创新引领，强化项目达产。强化县公司统一组织，园区所在网格协同，创新经理包区联动机制；聚焦园区市场实现大突破；跟进智慧城市建设、强化合作；做好名单制客户存量保有，以云大物标准产品为抓手，实现创新业务收入增长；全员参与，定期对全体员工进行业务培训，实现人人能发展，全员谈项目。

（程　鹏）

商贸　流通

供销合作

【概况】　大厂回族自治县供销合作社内设办公室、财务科、基层科、盐管办、统筹办、人事科6个科室，下属企业7个（县上公司2个，基层供销社5个），所属盐业专营有限公司在县域内设立食盐零售网点260个。供销社是集体所有制性质经济实体，是管理直属企业和基层供销社职能部门，是政府联接“三农”（农业、农村、农民）桥梁和纽带，是农业社会化服务骨干力量、农村现代流通主导力量、国家乡村振兴战略带动力量。坚持为“三农”服务宗旨，深化内部改革，积极参与推进农业产业化进程，协调与政府部门、社会组织关系，维护供销合作社合法权益，促进合作经济发展；搞好食盐供应和储备、农村产权交易中心体系建设和土地托管服务；负责运营监管全系统社有资产，对直属企业、基层供销社实施全面管理；承办县政府赋予其他职能和工作任务。

【盐业体制改革】　供销社认真贯彻落实省、市关于加快供销合作社改革发展各项要求，加大工作力度，以改革精神，大胆探索，勇于创新，狠抓落实，不断向改革深度和广度扎实进军。2019年，为贯彻落实国务院及省、市、县关于盐业体制改革总体要求，积极推进盐业体制改革工作，县政府多次召集相关职能部门召开专题协调会议，统筹推进盐业体制改革工作，就解决盐业体制改革过渡期间盐业管理和执法经费、政府食盐储备仓储费和人员安置等问题达成一致，由县财政统筹安排拨付，并列入每年财政预算。2019年7月30日，县财政盐业改革专项补贴和人员工资全部拨付到位，大厂县盐业体制改革工作在全市率先完成。

【农村产权交易中心体系建设】 大厂县按照河北省供销合作总社和市供销社有关要求，经县委、县政府同意，县供销社注册成立大厂回族自治县农村产权交易中心，出台管理办法，具有独立办公场所。该交易中心是政府主导、服务“三农”非盈利性机构，集信息发布汇总、产权交易、法律咨询、资产评估、抵押融资等为一体县级为农服务平台，现有工作人员5人，设有交易咨询、业务办理和交易鉴证三个职能窗口，主要负责办理全县农村产权交易事项。

【土地托管服务】 2019年，开展参与土地托管服务工作是省、市供销合作社工作重点，按照省《关于参与土地托管服务的实施方案》和市供销社《关于开展土地托管服务的指导意见》（廊供销〔2019〕23号）文件精神，结合大厂县工作实际，研究制定出台工作实施意见。结合县域实际，多次到各镇和农业园区进行实地调研，充分发挥供销系统为农服务优势，并依托夏垫、祁各庄、王必屯3个农村社区综合服务中心和专业社及专业合作社联合社，积极探索更多适应小农户生产特点社会化服务形式，大力推广土地托管、半托管等服务模式，推动服务规模化，助力乡村振兴。廊坊市委改革办联合市供销合作社组成督查组，对大厂县土地托管工作进行督查考核，被评为优秀等次。

（何培亮）

烟草专卖

【概况】 2019年12月，大厂回族自治县烟草专卖局（营销部）按照市局（公司）关于《印发对县级局（营销部）内设机构、职能配置、人员编制调整的通知》（廊烟办综[2019]1号），对内设机构和人员进行调整，保留办公室、专卖监督管理科、营销服务科；设立党建工作科（与党组纪检组合署办公）；内部专卖管理监督派驻工作组与专卖监督管理科合署办公；撤销财务科，干部职工 29 人。

【专卖管理】 大厂县烟草专卖局 2019 年度立案 49 起，上缴罚没款 0.61 万元。新办烟草专卖零售许可证 102 户、变更 8 户、延续 46 户、停业 9 户、恢复营业 6 户、补办 2 户、歇业 97 户、责令停业整顿 8 户，责令整顿恢复 7 户，审批注销 7 户。持证户 561 户，持证率 4.63‰。

【经济效益】 2019 年，销售收入同比提高 4.41%；单箱销售收入同比提高 2.19%。

【卷烟经营】 2019 年，卷烟销售同比提高 2.18%。

【综合管理】 不断加大对内管系统内预警处理力度，增加实地调查比例，确保预警处理率达到 100%，使发现异常情况能够及时与有关部门和单位沟通、解决，为卷烟经营工作提供数据参考。信访维稳工作有序开展，大厂县局党组高度重视信访稳定,严格落实领导责任，做到安全稳定工作年初有部署、有要求、有目标。每季度认真开展信访排查摸底工作，与干部职工加强交流沟通，了解并掌握干部职工思想动态和工作生活中遇到困难，第一时间给予解决，本年度未发生任何信访问题。加大对本单位安全管理，进一步完善单位各项应急预案，认真梳理职业健康安全管理体系内容，进一步加大对重点部位安全隐患和不稳定因素排查，对发现问题第一时间上报，加强车辆管理，开展安全教育，职工安全意识明显提升，未发生安全责任事故。

【党建】 旗帜鲜明把党的政治建设摆在首位。大厂县局把提升党员思想建设作为党建水平前提保障和关键环节来对待，将“三会一课”（定期召开支部党员大会、支部委员会、党小组会，按时上好党课）列入重要议事日程，推动党建工作和中心工作同研究、同部署。全面贯彻习近平新时代中国特色社会主义思想和中共十九大精神，引导全体党员树牢“四个意识”，坚定“四个自信”，做到“两个维护”，将“不忘初心、牢记使命”主题教育的总要求落到实处，实实在在抓落实，全面提升党组织规范性和严肃性。聚焦监督执纪，全面提升作风效能建设水平。坚持“作风建设永远在路上”，紧盯关键岗位，紧盯不敬畏、不在乎、喊口号、装样子问题，继续深化形式主义和官僚主义整治；强化权利监督，对“三重一大”严明政治纪律和政治规矩，做到决策部署到哪里，监督检查到哪里。

【公益活动】 组织开展对离退休老干部慰问，对退役军人管理服务工作，高标准落实各项政策和优抚办法，激发正能量，肩负起河北首都政治“护城河”排头兵重大责任。开展对贫困户送温暖活动，为贫困户购置桌椅，逢年过节送去米、面、油等慰问品。

（杨　谦）

财政　税务

财　政

【概况】　大厂回族自治县财政局内设办公室、人事教育信息股、预算股、社会保障股、国库股、行政政法股、教科文股、镇区管理股、农业农村股、经济建设股、政府和社会资本合作管理股、国有资产管理办公室、综合治税办公室、会计股、条法股、监督评价股、非税收入办公室、政府采购办公室、金融股、自然资源和生态环境股、综合股、政府债务债券股。2019 年，财政总收入完成 486386 万元，占年初计划的 106.48%，同比增长 7.42%。其中，一般公共预算收入累计完成 306015 万元，占年初计划的 102.01%，同比增长 10.18%，提前 18 天完成全年目标任务；全县一般预算支出完成 397750 万元，占调整预算的 99.81%，同比增长 18.13%；全县非税收入累计完成 190672.74 万元，其中一般公共预算的非税收入完成 38773.43 万元，政府性基金收入累计完成 151899.31 万元，占全年目标的 110.78%，提前 111 天完成全年非税收入任务，较上年同期增加 22.25%，占一般公共预算的比重 12.89%；全县一般公共预算用于民生方面支出 328400 万元，同比增长 16.9%，民生支出占比 82.56%。

【文化事业】　2019 年，教育文化事业累计支出 42000 万元，重点用于义务教育保障机制、推进基础教育学校标准化建设、职中迁建等重点项目。拨付资金 219 万元，为全县薄弱学校购置图书、教学仪器、电脑、多媒体等教学设备；安排 158 万元用于支持农村文化建设和评剧团巡演，实现公共财政对农村的 100% 覆盖；安排 600 万元支持职中开展各类培训 18 期，惠及学员 1712 人次。

【社会保障】 2019年，财政累计投入资金45000万元，主要用于养老保障、城乡居民医保、医疗卫生、优抚补贴、扶持再就业等方面。同时，积极落实社会救助制度，投入694万元支持75岁以上老人高龄津贴和60周岁以上老年人意外伤害风险保障，惠及全县2.6万人；投入669万元，为最低生活保障、特困人员保障、孤儿基本生活保障、临时救助等社会救助项目提供保障，惠及全县1775人。累计拨付4855万元，用于县人民医院和县中医院的基建及设备购置、药品零差价补助、床位补贴、工程及信息化建设等重点项目。

【乡村工作】 2019年，安排乡村振兴资金2917.9万元，主要用于旱厕改造、道路硬化、美化、亮化及排水等工程。通过“一卡通”发放农业支持保护补贴资金234万元，受益农户6554户；投入114万元，妥善解决农机员、农技员、基层兽医老有所养问题；投入150万元，支持2019年农村公益事业一事一议财政奖补工作，其中道路硬化项目4个，硬化面积3000平方米，新建村民文化活动中心2个，建筑面积1200平方米。

【资源配置】 2019年，河北省政府批准大厂县政府债务限额73155万元，截至12月底，大厂县政府债务余额59173.61万元，低于省政府限额。同时，全年争取地方政府债券资金10000万元，用于民兵训练基地改扩建项目和密涿高速公路东互通连接线项目。2019年，各级财政专项扶贫和对口帮扶资金实际支出3478.18万元，主要用于产业扶贫、“雨露计划”、对口帮扶资金、防贫保险和专项扶贫等方面。全年，投入气代煤资金20201.52万元。针对污水及垃圾处理PPP项目的“一案两评”数据进行第三方评议，核减政府资金10000万元。

【改革落实】 2019年，开展预算绩效培训11场次，将预算绩效嵌入预算管理的各个环节。县财政局在全市各区县率先实现非税收入管理系统的小条缴费，通过手机银行app或者去银行柜台直接缴费，真正实现学校收费“零现金”。全面推行县级非税收入电子缴款书并实现成功缴费。2019年，大厂县承担环境保护税改革和水资源税改革 2 项改革任务，全年大厂县环保税纳税人 186 户，税款入库 200.51 万元，同比增长 102.41%。水资源税纳税人 36 户，税款入库 795.58 万元。

【管理效率】 全面提升国有资产管理水平。截至 12 月底，处置资产 30243.97 万元，其中报废固定资产 1476.63 万元，调拨固定资产 15901.34 万元，公开拍卖国有资产 12866 万元。组织开展行政事业单位和国有企业重点资产专项排查工作，通过排查，统计各单位土地 234 宗，723 万平方米，价值 12927 万元。统计各单位房屋建筑物 253 处，62 万平方米，价值 82571 万元。政府投资行为规范便捷。2019 年，累计审核项目 156 个，累计审减金额 3910.08 万元，平均审减率 10.1%。政府采购进行 354 项，累计节约财政资金 1609 万元。推进政府与社会资本合作模式。有序推进水环境综合治理及生活垃圾焚烧发电项目，聘请第三方咨询机构对“一案两评”（“一案”：项目实施方案；“两评”：法律意见书、财务评价报告）中各项数据进行确认审核，通过搭建数据模型推算，核减政府付费 10000 万元。截至 12 月底，2 个项目通过省财政厅政府和社会资本合作中心专家审核，各实施机构正在组织资格预审采购工作。积极做好农村生活垃圾清扫、保洁、清运一体化 PPP 项目，项目涵盖全县 96 个行政村及连接道路的垃圾清扫、清运，涉及清扫面积 659 万平方米，服务村民 8.6 万人。

积极发挥金融政策引导作用。为解决中小企业贷款难构筑融资平台，大厂县设立额度为 1000 万元的“政银保”专项资金，用于企业的利息及保险费补贴，合作银行每年按专项资金额度 1∶10 比例安排贷款规模，截至 12 月底，争取到省财政厅“政银保”推广开展资金 200 万元。认真做好财政存量资金清理工作。对结余资金和连续 2 年未用完的结转资金，一律收回补充预算稳定调节基金。对不足 2 年的结转资金，督促单位加快预算执行，对难以按原用途继续使用的，及时按规定收回财政统筹安排使用。2019 年，全县收回部门结转结余资金 31535

万元，统筹用于高质量发展、脱贫攻坚、生态治理、乡村振兴、民生改善等重点领域的相关支出。

【资金管理】 进一步强化内部流程控制，严格按照法定程序和规章制度开展工作，开展差旅电子凭证网上报销试点工作等，确保财政资金在阳光下运作、权力在法治轨道上运行。按照省财政厅部署，对滞留截留套取挪用财政专项资金、乱收费乱摊派、“小金库”等违反财经纪律问题开展专项清理，切实维护财经纪律。同时，对扶贫资金进行拉网式专项检查，出台2019年财政扶贫资金专项检查工作方案，制定下发《关于2019年财政扶贫资金专项检查中发现问题进行整改的通知》，截至12月底，被查单位扶贫资金未单独建账核算等不规范问题全面完成整改。

（吴祎桐）

税 务

【概况】 国家税务总局大厂回族自治县税务局内设办公室、法制股、税政一股、税政二股、社保费和非税收入股、纳税服务股、风险管理股、财务管理股、人事教育股、纪检组、征收管理股、机关党委（党建工作股）、收入核算股，1个事业单位（信息中心），4个派出机构（第一税务分局、第二税务分局、城区税务分局、夏垫税务分局）。2019年，夏垫税务分局党支部被评为“全省税务系统先进基层党组织”。

【税款入库】 2019年，组织税收收入446300万元，同比增收20100万元，增长4.73%；完成一般公共预算收入262000万元，同比增收16000万元，增长6.5%；组织社保费收入54000万元，同比增收7700万元，增长16.63%。

【党建工作】 2019年，组织党委理论中心组集中学习5次、交流发言20人次、主题教育应知应会考试2次；检视整改纳税人需求方面问题86个，干部需求方面问题17个；制定《“五好党支部”创建方案》，党委书记讲党课2次，召开支部书记培训班2次；集中学习通报查处典型案例6次，开展集中警示教育2次，集体廉政提醒谈话2次，严禁办理“升学宴”“谢师宴”提醒谈话6人次，收到遵规守纪报告120人次，婚丧喜庆报备6人次，因私出国出境报备2人次；选派4名干部参加京津冀廉政论坛，并代表廊坊市局分享廉政案例；积极开展爱国教育、主题教育等主题党日活动，组织开展“浓情端午、粽享欢乐”等传统节日文化主题活动7次，大力推进“青春+”党建品牌创建，组织开展社区服务、“文明交通引导”志愿服务和义务献血等活动。

【降税费工作】　2019年，召开党委会议2次、局长办公会议5次、专题会议4次，党委中心组学习讨论减税降费工作3次。制定多个专项方案和应急预案，设置减税降费集中办公室，序时召开工作推进会议，实施清单制度管理，保障政策全面落地；与电视台合作开辟“税务之声”专栏，在《大厂新闻》片头前5秒和政府广场、文化广场显示屏、出租车顶灯广告播放减税降费宣传标语，营造社会氛围；发放减税降费二维码宣传提袋2000个，录制增值税改革100问专题访谈节目，制作个税改革、降低社保费率宣传动漫，不断增强宣传效果；对内组织税务干部集中学习，对外分级分批次开展培训，组织大型减税降费专题培训4场次，承办廊坊市北三县政策巡讲会1次，依托纳税人学堂开展培训17场次，辅导企业4200户次，送达政策明白卡、减税降费红利账单等资料9300册；加强数据核算，精准分析减税效果，对税负异常的纳税人进行“一对一”专项辅导，帮助纳税人有效应对税负上升问题。与人民银行主动对接建立“两费”（教育费附加和地方教育费附加）退库预审机制，退库效率提高20%，保障纳税人缴费人应享尽享减税降费政策红利，全年落实减税政策减免税款26400万元。

【法制建设】 2019年，召开依法行政工作领导小组会议2次，党委中心组法治专题集中学习4次。制定《全面推进依法治税任务分解表》，明确各部门责任和完成时限，形成党委领导、股室主抓、全员参与的工作格局，采用岗位培训、专题培训多种方式，提高税务干部依法行政的能力水平；全局取得法律职业资格证书5人，选用为公职律师2人；2019年，税务局公示执法信息4664条，税收执法全过程记录事项90条，开展重大税收执法决定法制审核18次；积极开展一般程序处罚决定全文网上公示试点，全面梳理法制审核九大类57项要点，制定处罚决定书模板，规范8种执法文书制作，实施1户企业一般程序处罚决定全文网上公示。

【优化服务】 进一步树牢以纳税人为中心的服务理念，通过开展上门辅导、专题宣讲、短信提醒等方式做好政策解读和推广。持续加强办税服务厅改造升级，优化功能分区，推进“导税+预审”服务模式，更新叫号系统，优化纳税人办税体验。大力推行网上办税和自助办税，增加自助办税终端7台和云电脑5台，在夏垫税务分局建设自助办税区，升级24小时自助厅，满足纳税人办税需求。推出《优化营商环境 提升服务水平十项措施》，各环节办税效率和纳税人满意度不断提升，收到纳税人赠送锦旗5面。邀请专业老师对窗口人员进行纳税服务礼仪培训，全面提升服务意识和服务技巧。依托“矩阵式”微信群、县级服务热线“一线通答”等举措，建立起税企快速联络机制。开展纳税人座谈会8场次，发放问卷3100份，及时掌握纳税人需求。强化纳税信用等级结果运用，联合县建行对纳税信用A级、B级纳税人发放小微企业普惠型贷款14361万元，惠及小微企业147户。

【征管工作】 抓实基础户籍管理，夯实基础数据质量，错误数据修改率、办税人员采集率、基础任务应对办结率均100%。制定《优化税务登记注销事项须知》，明晰权责范围，顺畅业务衔接。持续加强税收风险管理，精准识别涉税风险，提升风险应对质效，完成上级及本级自发风险任务134批次。全面加强增值税发票、非货币性资产投资核查、土地增值税预缴差异、两处及以上工资薪金所得等风险应对工作。风险管理入库税款及滞纳金21700万元。积极与人社、医保部门沟通对接，建立培训、宣传、对账等多个联动机制，适时召开工作调度会，调动多方征管优势资源，完成城乡居民“两险”（基本医疗保险、养老保险）征缴任务。

【队伍工作】 2019年，税务局1人入选省局青年才俊，2人入选全市首批兼职教师，9人入选全市税务系统“岗位能手”，全科通过司法考试1人，通过注册会计师单科考试1人，参加税务师考试18人，通过28个科目，其中1人通过税务师全科考试。严格贯彻落实《党政领导干部选拔任用工作条例》，完成1名正股级、5名副股级干部职务的配备。按季召开分析讲评会议，提出工作改进意见。加强文化建设，设置主题文化墙，制作绩效文化桌牌，开展绩效征文活动，成功承办全市税务系统绩效文化交流观摩会。稳步推进数字人事管理，积极协助市局完成唐山市局、邯郸市局数字人事系统上线推广的交流观摩工作。创新推进“绩效管理+数字人事”一体化运行机制，代表廊坊市局在全省税务系统考核考评工作现场观摩交流会上做经验介绍。

【运转工作】 全面梳理县局内部制度119项，补充完善《请销假管理办法》《机关印章使用管理办法》等制度规范40项；创办《大厂税务》季刊，拓展学习交流平台；公务用车、办公用房、网上采购等政策、制度规定得到全面落实；更换机关办公楼老化线路，完成北辰办公区三、四层卫生间改造，规范食堂管理，进一步创造健康舒畅的工作生活空间。

（葛冰洁）

金 融

人民银行

【概况】 中国人民银行大厂回族自治县支行内设金融管理部、综合业务部、综合办公室和纪检监察审计室，有正式员工22人。

【存款】 2019年，金融机构各项存款余额2607100万元，比年初增加266300万元，增幅11.38%。截至12月底，住户存款余额1279800万元，比年初增加174400万元，增幅15.8%；定期存款累计903400万元，比年初增加169500万元，增幅23.1%；非金融企业存款574400万元，比年初增加48000万元，增幅9.1%。其中，定期及其他存款197700万元，比年初增加38000万元。

【贷款】 2019年，全县金融机构本外币贷款余额3254900万元，比年初增加98300万元，增幅3.1%。截至12月底，民营和小微企业贷款余额1012600万元，比年初增加191100万元，增幅23.26%。主要是农发行给华夏公司贷款47000万元、张家口银行为域外某学院发放的贷款60000万元；个人购房贷款余额2258000万元，比年初下降53600万元。期内除中国银行发放少量二手房贷款外，其余各行均未发放个人住房贷款。辖内银行业金融机构不良贷款总额3400万元，比年初增加9000万元，地区不良贷款率1.06%。2019年，小额票据贴现中心办理贴现508笔，金额95400万元，较上年同期增加85200万元，增幅835.8%，涉及机械制造、新材料、环保、市政等行业，贴现利率维持在3.25%左右。

【货币政策】 强化政策传导。组织大厂县金融机构认真学习金融工作会议精神，传达中央货币信贷政策，引导县内金融机构调整信贷投向，优化信贷结构，确保县域信贷规模合理、适度增长。充分运用MPA（宏观审慎评估体系）政策工具，保证大厂农商行和新华村镇银行2家法人金融机构的合理信贷需求得到满足。组织召开全县经济金融座谈会，确保货币信贷政策传导到位。依托综合服务系统大数据，筛选出优质企业1935家，分5个批次，向金融机构开展精准、有效的“一对一、多对一”的对接活动，累计为企业发放贷款8200万元。

【信贷投向】 2019年，涉农评估参评机构12家，评估结果优秀档3家、良好档2家、中等档4家、勉励档3家；将评估结果作为地方法人金融机构宏观审慎评估评级指标，强化金融支持“三农”信贷政策落实；截至12月底，2家地方法人机构贷款余额462300万元，占全县贷款的14.2%。

【“小微”帮扶】 先后联合大厂县发改局、财政局、金融办、银保监办、各银行业金融机构召开深化小微金融服务会议。认真落实上级行关于深化小微金融服务的各项政策，积极为地方法人金融机构申请再贷款规模，以及为县域金融机构申请再贴现规模；组织金融机构认真学习相关文件精神，将货币政策、财税政策、监管考核等政策传到每一个网点；定期对金融机构小微贷款情况进行通报，针对小微企业贷款余额同比下降、利率水平明显高于平均水平的机构，及时进行约谈，认真分析原因，制定整改措施，确保实现小微企业贷款投放扩大、贷款户数增加、贷款成本适度降低的目标。

【风险防范】 提高金融风险应对能力。以维护辖区金融稳定为目标，加强对县域关键数据的监测与预警，着重对县域房地产抵押品贬值信贷风险和地方法人机构风险按月进行监测和分析，对可能发生的各类风险，做到早发现、早处置。按照上级行的工作安排，对县域金融机构与包商银行业务往来进行排摸查，对农商行购买包商银行5000万元同业存单进行持续监测，指导农商行在存单到期后，进行全额本息兑付。针对某微信群广泛传播“廊坊银行要倒闭”的负面信息导致廊坊银行大厂支行出现取款异常，及时启动应急响应，组织廊坊银行大厂支行开展舆情排查，积极进行正面宣传，备好现金头寸，避免挤兑发生，有效防止事态进一步恶化；全面做好存款保险工作。开展对法人投保机构存款保险评级和现场核查，积极做好存保数据的搜集、汇总、校验、核对、上报以及了解存保保费的缴存情况。组织辖内投保机构完成2019年保费的缴存工作。组织开展县域存款保险宣传，并对辖内12家金融机构开展存款保险宣传情况进行督导，重点检查金融机构宣传方式是否合理有效，对宣传方式不合理的金融机构令其限时整改。

【利率运行】 完成地方法人金融机构2019年度合格审慎评估，警醒金融机构正视自身在微观审慎、宏观审慎、财务约束、定价能力等方面的差距，有的放矢地改善经营管理，持续提升对利率市场化改革的适应能力；组织2家法人机构召开LPR（贷款市场利率）推进座谈会，讲解LPR推进的背景及意义，并对2家法人机构落实LPR工作提出明确要求；利用市场利率定价自律机制为地方法人金融机构宏观审慎评估提供初评结果，并通过持续评估对信贷投放形成事前引导；按照上级行工作安排对全县存款利率上浮幅度合规性及存款贴水情况开展明察暗访，涉及12家机构20个金融网点，对不合规机构提出措施，限期整改，规范利率市场运行秩序。

【金融工作】 扎实做好金融宣传和消费者权益保护工作。采取赶集镇、进农村、入农户、LED屏滚播、电视台展播、村里广播、微动态推广、报纸专栏刊载等宣传形式，全方位、立体化地普及金融，普法金融。2019年，先后与县内30个单位和部门联合开展“送金融知识下乡”“金融之歌文艺演出”等宣传活动10次，发放各类宣传资料8000份，接受群众咨询2000人次，宣传覆盖面达到全县5个镇、105个行政村、13万人，县电视台和县《新农民报》进行专题报道。组织辖内各金融机构金融消费权益保护工作人员2次集中培训和1次非现场答题活动，开展消费者权益保护现场检查评估12次，协调处理金融消费投诉事件 1 起；认真做好经理国库工作。2019 年，办理各种预算收入入库 182765 笔，金额 698600 万元；支出 40960 笔，金额 569700 万元；更正 226 笔，金额 95200 万元；办理各类退库 8562 笔，金额 13100 万元。

【征信管理】 严格遵照首问责任制、一次性告知制及征信业务相关规章制度，柜台工作人员专人专岗，遵守内网使用制度，业务操作完毕及时退出查询系统，防止信息泄露，杜绝不规范操作。2019 年，大厂支行办理个人征信查询 25425 笔，企业征信查询 287 笔，投诉 0 笔。组织辖内法人机构积极参加二代征信系统相关培训会，转发重要文件及操作指引等，保障二代系统平稳上线运行。

【外汇工作】 走访菲斯曼、阿果安娜等企业，了解企业在外汇业务中遇到的困难，向企业普及相关外汇管理政策，协调企业开户行加强与企业的沟通，为企业提出问题解决方案。2019 年，完成 12 家正常库企业以及 4 家重点库企业的现场核查工作。

【支付管理】 支行以人民币银行结算账户管理系统作为监管平台，实行专人负责制，严格按照行政许可程序依法行政，严密审核账户提交的各种资料，确保账户管理依法有序进行。2019 年，辖内建立助农取款服务点 169 个，助农取款服务覆盖率 100%，助农取款服务点办理取款 0.77 万笔、1298.21 万元，转账汇款 0.3 万笔、7.1 万元，代理缴费 1.29 万笔、13.01 万元，现金汇款 0.2 万笔、140.11 万元，消费 1.01 万笔、2600.39 万元，查询 0.95 万笔。按照上级行实行柜面收付两条线管理制度的规定，以及假币收缴合规规定，不定期抽查网点柜面收付录像，组织辖区 2 家法人机构全部网点临柜人员 70 人进行 2019 年新版人民币防伪培训。全年，收缴假币 786 张，金额 6.5 万元。

【创新工作】 随机抽查系统，被石家庄中支以《国家外汇管理局河北省分局外汇检查处关于推广使用双随机抽查系统的通知》文件推广。研发职代会信息管理系统，得到石家庄中心支行宣传群工部的大力肯定，有效加强人民银行系统的民主管理水平。制作涉外收支月度分析 EXCEL 模板，应用 EXCEL 对涉外数据进行月度分析，在 2019 年外汇工作会议上得到推广。“开拓创新重培养，求真务实抓管理”培养青年职工工作经验，被督查通报 2019 年第 2 期刊登；“凝练文化、注重传承、履职担当”以党建为引领促进文化建设和青年培养，相关工作经验被天津分行组织人事工作简讯刊登；获得“2019 年会计核算业务零差错竞赛活动先进集体和先进个人”称号，得到《中国人民银行廊坊市中心支行工会工作委员会关于表彰 2019 年会计核算业务零差错竞赛活动先进集体和先进个人的决定》表彰。制作廊坊中支支付结算制度汇编 V1.0 电子书，将支付结算业务规章制度以电子书的方式封装，方便业务人员使用。编写《预算全过程管理操作规程》，得到《中国人民银行廊坊市中心支行办公室关于 2019 年重点创新工作督查情况的通报》的肯定。为响应“我爱大厂文明城”系列主题活动，与县委宣传部合作，共同组织开展“文明银行”评选活动，并当选县级文明银行。

【素质建设】 2019 年，重点修改完善《政务信息奖励办法》《谈心谈话制度》等制度。支行采取措施，定期组织内控制度落实、要害岗位风险情况等项检查，部室主任逐月检查，主管行长每季检查，行长重要时期、重点对象检查，实现支行检查全覆盖，安全无事故。做好日常安保、“两会”等重大节日、会议期间的安保防控工作。支行更新的视频监控系统保持重点安防部位全部在 24 小时电视监控之下。严格门卫人员在岗、查验、登记、联系等环节管理，把好入行第一道关。严格落实应急安全值守考核办法，认真做好应急信息报送和处置工作，做好保密制度的严格落实，严防失密、泄密事件发生。支行对保密工作、计算机安全、印章管理、制度建设等进行全面排查，发现问题和隐患及时进行整改。全年，组织开展安全保密集中检查 5 次，网络安全应急演练 2 次，防汛演练 1 次。全年，组织开展各类学习 12 次，组织撰写学习笔记和心得体会 10 篇。

【队伍建设】 支行针对新入行的青年职工，连续3年召开青年员工座谈会，成立支行青年团支部、廊坊市金融系统青年联合会大厂分会，广泛调动县域金融系统青年干部积极性，促使青年干部快速成长。组建“青年课题组”，抓培训、抓学习、定任务，为青年干部充分提供锻炼机会，快速提高年轻干部的写作能力和业务能力。支行制定年度学习培训计划，明确学习内容、时间、方式和人员，全员作学员，业务骨干做老师，围绕重点工作，重点法规及重点制度开展“支行小课堂”，全年培训12次，涉及6项培训课程，听课率95%。

【党风行风建设】 认真落实党风廉政建设责任制。制定并印发《关于2019年党风廉政建设和反腐败工作任务分工的意见》，及时修订全面从严治党主体责任清单。按季度组织召开落实党风廉政建设和案件防范工作专题分析会议，认真查摆分析季度落实党风廉政责任制、党组主体责任和案件防范责任制、岗位（廉政）风险防控情况。集中组织学习《关于加强和改进中央和国家机关党的建设的意见》《党政领导干部选拔任用工作条例》《中国共产党重大事项报告条例》《中国共产党党组工作条例》等党规党纪，学习中央经济工作会议精神和十九届中央纪委三次全会精神。按照中心支行党委查摆和整治形式主义、官僚主义、“不担当不作为”等突出问题汇报会的有关要求，组织召开专题会议研究部署查摆、整治工作。

【教育活动】 制定《大厂县支行2019年反腐倡廉宣传教育工作计划》，确定宣教工作方向。组织全体干部职工集体学习习近平总书记在十九届中纪委三次全会上发表的重要讲话和十九届中纪委三次全会公报，学习《中国共产党纪律处分条例》和人民银行《关于防范人民银行员工参与非法集资等违法违规金融活动的通知》《关于进一步做好防范化解人民银行员工参与集资借贷风险有关工作的通知》精神，传达中支纪委关于对春节、“五一”、端午节期间廉洁自律工作的要求；组织全体干部职工集中学习《中央纪委公开曝光八起违反中央八项规定精神问题》《中央纪委公开曝光六起违反中央八项规定精神问题》和中央纪委国家监委驻人民银行纪检监察组《关于广西壮族自治区桂林市中心支行龙新庭等3名同志违纪问题的通报》和人民银行办公厅《关于人民银行意识形态突发事件的通报》以及天津分行纪委《关于乌兰察布市中心支行迟报要情问题通报》等典型案例通报；建立腾讯通“廉政文化”交流群，发布党纪法规、案例通报等16期；拍摄反腐倡廉微电影，深化廉政文化建设，使全体员工身处廉政文化熏陶中，加强自身觉悟，有效杜绝违规违纪事件的发生。

【强化监督】 2019年，修订《案件防范工作责任书》，组织全体职工逐级签订《案件防范工作责任书》；编发廉政风险提示7期，发布廉政监督执纪提示单4次、温馨提示信息2次；督导全体干部职工对岗位风险点进行检查，积极审核《风险监督管理系统》的相关信息，指令性监督计划完成率100%；对内控管理，特别是支行印章、重要凭证等管理情况，以及征信信息安全管理情况进行检查，加强重要节点的安全管理；传达学习天津分行《关于2018年度监督检查发现业务方面问题情况的通报》，深入开展对支行3年来内外审计、巡察和各类专项检查中发现的问题回头看工作，逐条逐项进行对照检查，确保问题全部整改到位；组织开展2019年度员工异常行为风险集中排查工作，排查范围涵盖支行全体干部职工（含退休干部职工）。

（赵梦欣）

农业发展银行

【概况】 中国农业发展银行大厂回族自治县支行内设办公室、信贷业务部、会计结算部。2019年，农发行大厂县支行先后获得农发行河北省分行、廊坊分行“先进基层党组织”荣誉称号；被河北省创建“青年文明号”活动委员会、河北省“双创双服”活动领导小组办公室联合评为河北省“双创双服”（创新、创业，服务发展、服务民生）活动优秀青年集体暨河北省青年文明号集体，成为河北农发行系统内唯一一家获此荣誉称号的县级支行。截至12月底，实现各项收入3257万元，各项支出1687万元，实现账面利润1570万元，较上年增加1258万元。

【存款】 2019年，各项存款余额38900万元，比年初增加2500万元；日均存款余额44400万元，比年初增加23300万元。

【贷款】 2019年，各项贷款余额47500万元，比年初增加47000万元，不良贷款保持零余额。

【其他业务】 积极开办信用证、外币贷款、保理、进口押汇、结售汇等业务，适应客户主体需求，提供“一揽子”金融服务，综合运用国际结算、产品理财等手段，打好产品服务“组合拳”。

【工作创新】 10月，农发行成功上线新核心系统，新核心系统上线极大提高农发行金融基础设施服务承载能力，缩小农发行与银行同业科技支撑水平的差距，促进业务、管理与技术的深度融合，提升农发行可持续发展能力。

【业务扩展】 有效落实国家粮油购销和调控政策，确保粮油购销平稳运行。结合大厂县实际，认真履行农业政策性金融职能，贯彻落实国家粮油宏观调控政策，确保政策性收购信贷资金及时足额供应；按照“保收购、保优质企业，不保劣质企业”的要求，积极支持企业多渠道自主收购。2019年，支持大厂县粮食局直属库收购小麦1138.45万公斤，玉米604.14万公斤；销售小麦1006.58万公斤，玉米475.17万公斤，确保大厂县粮食收购工作顺利进行，未出现“打白条”和卖粮难问题。

【素质建设】 从思想教育入手，开展深入细致的思想政治学习教育活动，使思想教育经常化、制度化，增强员工事业心和责任感，增强服务意识和大局意识；从学习入手，加强业务培训，鼓励员工自愿学习与本岗位相关或其他岗位业务内容，争做适应现代银行要求的知识型、技能型、复合型员工，提高胜任岗位工作的素质和能力；从实际入手，开展形式多样、内容丰富的文体活动和劳动竞赛，组织好各类评优创先活动，唱响主旋律，弘扬正能量，增强员工归属感、荣誉感和团队精神；全面推动企业文化建设，推行并一直坚持晨会制度，认真落实统一着装规定，严格考勤纪律，从员工行为规范、语言仪表、礼节礼貌、环境秩序、质量效益、道德纪律等7个方面对员工提出新的要求；积极开展文明单位、文明县城创建活动，提高文明建设水平，树立良好社会形象，提升农发行的社会影响力和美誉度；积极参加县委县政府组织的各项活动，展示农发行支持地方经济建设、支持美丽乡村建设，促进县域经济可持续发展的独特魅力。

（周　谨）

农业银行

【概况】 中国农业银行大厂回族自治县支行内设综合管理部、运营财会部、信贷管理部、客户部，下辖营业部、城关分理处、夏垫分理处。全行在岗员工54人。

【存款】 2019年，各项存款余额247300万元，比年初增加23600万元。其中，储蓄存款比年初增加4400万元；对公存款比年初增加19200万元。

【贷款】 2019年，各项贷款余额250400万元，比年初增加18400万元。其中个人住房贷款累放13200万元。

【“三农”工作】 秉承面向“三农”、服务城乡的经营宗旨，凭借金钥匙、金光道、金穗卡、金e顺、金益农为主要内容的“五金”系列、200项产品和惠农e贷农户贷款、家庭农场（专业大户）等贷款品种，通过“三农”市场产品推广与服务创新，带动地方经济发展和支行价值创造能力。

【ETC工作】 ETC业务时间紧、任务重，全体员工开启白加黑、五加二的工作模式，利用下班及休息时间，深入乡村、社区、企业、高速办理ETC。截至12月底，全行新申请ETC数量占据全县份额一半，安装总量超过建行同业排名第一。

【金融服务】 打造“以人工网点为主体，自助网点为补充，金穗惠农通工程为触角，在线及移动互联网为延伸”四位一体的服务体系，不断优化网点服务能力。在农村普及“金穗惠农通”，深入开展“扫园区”“进乡村”活动，依托互联网平台，围绕掌上银行、消息服务和快E付等重点产品，将互联网金融送到千家万户。深入推进网点工作标准化，压高增低，简化流程，释放人力，扩大客户经理队伍，提升厅堂内外客户沟通、服务水平，满足客户金融资产配备多样化需求。

【管理工作】 针对经营管理中存在的突出问题和风险隐患，进一步倡导底线思维，严守合规经营、资产质量和案件防控3个底线，确保全行稳健发展。高度重视强监管治乱象对业务经营提出的新要求，以高压态势治理违规违纪。提高员工行为排查质量，做好对重点人员在业务操作、经济往来、社会关系等重点事项上的关注与排查。扎实开展各项学习教育活动，做到真学、真做、真改，使活动成果最终体现在业务经营和风险防控上。认真开展转作风活动，重新学习规章制度、纪律规定，大力提升服务意识和工作效率。

【党建管理】 强化党委主体责任落实，以“不忘初心、牢记使命”主题教育为抓手，奔着问题去，盯着问题改，使党建工作更接地气、更有实效。立足为基层减负，在充分调研基础上推行考核“瘦身”，力推机关“放管服”，研究制定多项改进措施，解决基层反映强烈的问题。充分运用“双线管理”、网格化管理以及科技监管等有效手段，减少70%的基础现场检查，问题整改率100%。

（赵会崇）

工商银行

【概况】 中国工商银行股份有限公司大厂支行内设个人金融业务部、市场营销部、办公室，设有营业网点2个（大厂支行营业室、夏垫支行），有自助银行4个（幸福自助银行、荣昌自助银行、喜来登自助银行、创业大厦自助银行），有干部职工52人。主要办理人民币存款、贷款、结算、票据承兑贴现业务，理财、咨询、投资顾问，信用卡业务，电子银行业务，国际业务。同时，代理销售兑付国债、代理收付款项、代理保险、代理基金、代理税收征缴及其他经银行业监督管理部门批准的其他业务。

【存款】 2019年，各项存款余额187655万元。其中，储蓄存款余额106342万元；对公存款余额81312万元。

【贷款】 各项贷款余额843091万元。其中，个人贷款余额756381万元；公司贷款余额147600万元。

【素质建设】 加强党建，充分发挥党组织的战斗堡垒作用，积极开展“不忘初心 牢记使命”主题教育，将学习教育、调查研究、检视问题、落实整改贯穿主题教育全过程，以党建带动业务发展。深入培育和践行社会主义核心价值观，引导广大干部员工树立正确的世界观、人生观和价值观，树立良好的职业道德风尚。围绕社会公德、职业道德、家庭美德等，大力推进理想信念教育。发挥先进典型的激励带动作用，在全行形成你追我赶、不甘落后的进取氛围，涌现出一批先进个人，实现全行和谐进步、员工和谐向上的良好局面。

【服务环境】 为积极打造特色银行、特色网点，大厂支行定期进行保洁，优化布置，保持良好的厅堂环境。以“服务好每一位客户”为宗旨，在网点设置学雷锋志愿服务站，摆放爱心伞、爱心座椅、饮水机、便民药箱、老花眼镜等用品，开通无障碍通道，粘贴各种温馨提示，让客户前来办理业务之时，感受到如家的温暖。

【党建活动】 深入学习贯彻落实中共十九届四中全会精神，把党提出的目标任务进一步细化、实化、具体化，确保学习贯彻务求实效。以中华人民共和国成立70周年为契机，组织全体党员及入党积极分子赴红色教育基地开展“不忘初心 牢记使命”主题教育党日活动，重温党的奋斗历史，增强广大党员的责任意识和担当意识。

（屈继尧）

建设银行

【概况】 中国建设银行股份有限公司大厂支行内设综合管理部、客户经理部（下辖个贷分中心）和营业室。

【存款】 2019年，各项存款余额248400万元，较年初新增12600万元。其中，对公存款新增700万元，个人存款新增12800万元。

【贷款】 2019年，各项贷款370900万元，较年初新增-12400万元。其中，企业贷款新增2100万元，个贷新增-14500万元。

【业务工作】 通过与企业开展联学联建，扎实推进三大战略，围绕业务抓党建，强化绩效考核体系，打破原有考核模式，体现多劳多得分配原则；积极维护存量客户，分层走访，对存款大户定期进行走访，沟通与客户感情，吸收更多资金存入。年初，对分行旺季的政策进行研究和解读，认真学习，深入研究春节前后存款规律，做到稳存增存，行内、行外吸金截留，截至12月底，大厂支行保持日均新增第一的市场位次。

积极稳健推动普惠业务发展。2019年，实现普惠贷款余额12200万元，较年初增加2100万元。积极追讨逾期贷款，妥善处理问题客户，同时完善工作机制，制定时间进度表，加强贷后管理，提高客户经营水平。抓分期、裕农通等重点产品。从源头抢抓分期资源，增配人员，明确职责，直接对接分行分期中心，通过对分期的表格化管理，对分期名单和话术以及进件流程进行梳理细化，提升分期的成功率。按照分行布置召开第一期、第二期家装节活动，2次活动收单近400万元。加大考核与约束，对任务指标进行明确。裕农通实现廊坊行首个全覆盖。全年，新增92个助农点，在省行排名前列，后续激活、活跃、标杆点的建立等均名列前茅。

【制度建设】 建立公私联动制度，通过ETC、裕农通等业务的拓展，全行齐行动促成各项指标的完成；完善考核机制，制定专项考核方案，明晰发展方向，确定重点工作目标；完善财务开支和报销流程，实行人财物的严格分离，重大财务开支事项，支行班子集体讨论决定。

【内控建设】 加强对信贷客户准入的把控，加强贷后管理，提高客户经理的主动性和责任心，尊重客户经理的调查意见和业务判断；加强对柜面管控，支持营运主管工作，发挥其能动性，防范操作风险，对员工违规行为实行零容忍；认真执行员工行为排查，加强信息保密工作的教育管理，防范道德风险和声誉风险；加强员工业务培训，晨会坚持案例宣讲，提高员工履岗尽责能力和风险防范意识。

【队伍建设】 开展选拔中层干部活动，成功聘任年轻中层2名，既起到锻炼员工、发现人才的作用，又完善队伍梯队建设。全方位调动员工的积极性、创造性和主动性，努力打造风清气正、和谐向上、拼搏进取的工作团队；关心关爱员工，重新组建工会，设立4个委员，节日开展活动，减轻员工压力，活跃员工身心；添置、更换食堂用具，提高伙食标准，改善就餐环境；开展与员工谈心谈话活动，征求不同岗位员工对支行业务发展的意见和建议。

【党风廉政建设】 根据上级行要求，利用现有条件完善党员之家，布置党支部生活等系列展板，对党建工作进行公示，组织全体党员干部学习党建知识。与分行风险部党支部、企业党支部进行联学联建活动，开展党员红色基地教育活动，净化思想。认真学习，提高政治业务素质和思想道德修养，班子内部严格执行党支部议事规则和决策程序。重大事项集体讨论、充分酝酿、审慎决策，积极开展批评与自我批评及谈心活动，使班子成员在思想上、目标上和行动上达到统一，坚持作风建设常态化、制度化。

（刘东兴）

中国银行

【概况】 中国银行股份有限公司大厂回族自治县支行内设综合管理部、业务发展部、个人信贷部、营业部、大安街支行。

【存款】 2019 年，各项存款余额 203791 万元，余额占比 22.96%。其中，公司存款余额 87644 万元，四大行市场余额占比 21.86%；储蓄存款余额 116147 万元，4 大行市场余额占比 23.9%。外币存款 1608 万元，4 大行市场余额占比 97.24%。

【贷款】 2019 年，各项贷款余额 668743 万元，四大行市场余额占比 32.68%，增幅占比 75.56%。其中，公司贷款 3100 万元；个人贷款余额 665643 万元，4 大行市场余额占比 35.95%，增幅占比 63.57%。

【业务扩展】 个金业务：对于重点黄金客户由网点负责人及理财经理专人负责，不定期对客户进行上门走访，了解客户需求，面对面的介绍适合个人需要的产品，维护客户关系；在维护好几个重点大客户的同时做好客户分层管理，提升差别化服务；积极拓展 ETC 业务，克服人员少，安装设备少、交通不便等因素大力开展 ETC 外拓活动，任务完成率 103.22%。

个贷业务：2019 年，借助省行发展普惠金融的契机，大厂支行积极营销，投放普惠类个人商业贷款97笔，金额合计13004万元，超额完成分行任务，列全辖第一名。进入四季度以来，通过大力营销快抵贷、烟商贷和小微易贷业务增户上量，取得较好成绩。

【内控建设】 2019年，大厂支行继续加强现金、重空、金库及会计档案的日常安全管理，积极落实各项登记制度。通过现场巡查和监控回放的方式，对现场交接、印章使用、现金重空调剂等进行全面风险排查，举一反三完善内部管理，防范运营风险。同时，加强安全保卫工作，细化干部值班要求，加强安保的检查频率和质量，利用班后时间，组织消防知识讲座、安全保卫演练，不断加强员工的安全防范意识，确保集体财产和人身安全，无违法违规案件发生。在员工异常行为排查工作中，对“关注人员”进行深度排查，未发现异常情况，实现全年安全无事故，获得燕郊分行安全保卫先进单位称号。

【素质建设】 2019年，中国银行大厂支行不断提升员工的服务意识，通过晨会10分钟组织学习业务操作流程，点评日常业务中的风险点，提高员工综合素质。在文优服务方面，通过现场检查及非现场检查的方式，定期通报、及时整改，取得良好成效；开展星级柜员考核和开展技术练兵活动，制订技能测评考核方案，确定周测、月测制度，激发员工练兵热情；在省行组织的技能测评中参测率、合格率均达100%，取得良好成绩。

【党风廉政建设】 积极开展党的组织活动，定期召开党员大会、民主生活会，确定党日主题，开展党日活动。开展批评和自我批评，提升党员同志的组织意识、约束意识和自我规范意识。为提高支部的凝聚力和战斗力，党支部通过员工座谈了解职工工作、生活中存在的问题，解决实际困难，得到职工的一致认可。

【社会责任】 中国银行大厂支行积极贯彻落实县委、县政府通知精神，在开展“创建全国文明县城活动”中，积极响应，规范学雷锋服务站，加强公益广告宣传力度，建设大安街支行四防工作站，投资200万元对大安街支行进行优化改造；投资万元协助政府对福信世纪花园进行环境整治，各项工作达到创城标准。在帮扶困难群众过程中，大厂支行规范帮扶对象的档案管理，一把手亲自走访、慰问贫困户。

（李　静）

农村商业银行

【概况】　河北大厂农村商业银行股份有限公司由大厂回族自治县农村合作联社改制而成，是由自然人、企业法人和其他经济组织共同发起，具有独立法人资格的股份制农村商业银行。大厂农村商业银行内设9个职能部室(综合管理部、合规风险管理部、授信管理部、金融市场部、安全保卫部、计划财务部、审计部、纪检监察部、公司业务部)、1个营业部(大厂农村商业银行营业部)、7个支行(城关支行、夏垫支行、祁各庄支行、陈府支行、邵府支行、王必屯支行、谭台支行)、2个分理处(霍各庄分理处、北大街分理处)，有在岗员工162人。

【存贷款】　2019年，各项存款余额624100万元，较年初增加52000万元；各项贷款余额446500万元，较年初增加22200万元；不良贷款率3.67%。

【经营指标】　2019年，京津冀农银通卡存量14569张，手机银行存量31800户，新手机银行随意盾存量12753户，新型活跃收单商户2514户，开通ETC 700户；小贷业务发放贷款117笔、10044.45万元，对通过评级的信用户逐户进行综合授信，且综合授信比例100%；办理财政国库集中支付业务87笔，金额34700万元；全年，实现考核利润19400万元，非信贷资金收益率3.39%，资本充足率21.65%，成本收入比29.63%，资本利润率12.28%，拨备覆盖率162.03%。

【经济发展】　开辟小微企业贷款“绿色通道”，针对小微企业信贷业务的“短、小、频、急”特征，实行首问负责，随时办理政策，确保小微企业客户“进得来、贷得到、办得快”；为减轻小微企业的融资成本，整体下调贷款利率水平，从而减轻企业负担，使企业真正得到实惠，促进企业的平稳发展；入户深入开展宣传活动，讲解信贷政策，提供金融支持，积极融入京津冀一体化布局，扶持新产业，对接引进的外部企业，加大园区企业贷款营销力度，逐户走访，了解企业生产经营情况以及金融服务需求，对有贷款需求、符合贷款政策的企业开展清单式营销、一站式服务。大厂农商行利用网点分布广、人员配备扎根“三农”的优势，全力对接中小微企业的资金需求，带动县域经济的发展。

【素质建设】 通过开展职工慰问、党员慰问、组织“员工健步走”活动、党员知识竞赛、业务技能比赛等活动，强化亲情化组织，进一步激发员工学习的积极性。组织开展办公软件培训、强化考试系统应用，着力提高员工业务技能水平。

【党建工作】 以习近平新时代中国特色社会主义思想为指导，深入贯彻落实中共十九大精神，不断坚定理想信念，以政治立行、从严治行、创新强行、发展兴行的经营理念抓好行建工作。通过党员红色教育、警示教育、专题培训研讨，大力弘扬社会主义核心价值观，抓牢作风纪律建设。党委书记责任上肩，坚持带头谋划部署，狠抓党风廉政建设，党委班子成员对分管工作的党风廉政建设，明确分工，责任到人，做到集体领导和个人分工相结合，谁主管，谁负责，切实负起业务经营和全面从严治党的双重责任。严格落实“一岗双责”要求，领导班子其他成员按照职责分工，逐级签订党风廉政建设责任书，形成一级抓一级的责任网络体系。

（李贺佳）

邮政储蓄银行

【概况】 中国邮政储蓄银行股份有限公司大厂回族自治县支行由 1 个管理机构和 2 个营业网点（大厂支行营业部、夏垫支行）、2 个邮政代理网点（大安东街网点、祁各庄网点）构成。邮政储蓄管理机构内设综合管理部、三农金融部、公司业务部、大厂营业部和 1 个二级支行（夏垫支行），代理 2 个储蓄所（大安东街营业所和祁各庄营业所）。县支行在岗员工 38 人，党员 7 人。2019 年，银行收入 10955 万元，利润 7338 万元，在大厂县当地纳税总额 773 万元。

【存款】 2019 年，储蓄余额时点 29863.44 万元，储蓄余额日均本年度上升 4750.74 万元，公司存款时点余额 216800 万元，年日均余额 206000 万元，在大厂县域内 13 家金融机构中排名第一位。

【贷款】 2019 年，“三农”贷款余额 20932.51 万元，实现考核净增 3667 万元。截至 12 月底，小企业法人贷款结余 9433 万元，净增金额 2020 万元。

【业务情况】 信贷业务。农贷通、商贷通、极速贷抵押、政贷通、极速贷信用等，贷款种类丰富，满足各种需求；个金业务。个人存取款、个人理财、个人结算等；对公业务。对公存取款、对公结算、对公理财等。

【党风行风建设】 全面落实省行、市行工作部署，突出问题导向，坚持“转型升级”发展主线，加深邮银协同、促进业务转型、强化风险管控、推动科学管理、加快能力提升，做到立标、对标、达标，努力实现特色化、综合化、轻型化、智能化、集约化，全力推进大厂支行实现高质量发展。

（王玉政）

河北银行

【概况】 河北银行股份有限公司大厂支行隶属河北银行股份有限公司廊坊分行，大厂支行建于2014年9月。内设综合业务部、营业部、行长办公室，有营业网点1个，自助设备2台。主要办理业务有吸收存款，发放贷款；办理国内结算；办理票据承兑和贴现、发放金融债券；代理发行、代理兑付、承销政府债券；买卖政府债券、金融债券；从事同业拆借；从事银行卡业务；提供信用证服务；提供担保、代理收付款项业务；提供保险箱业务；办理外汇业务；资信调查、咨询、见证业务；理财业务；开放式基金代销业务；贵金属业务；从事电子银行业务；企业财务顾问业务；经中国银行业监督管理部门依法律、法规批准的其他业务。全行有在岗员工13人。

【贷款】 2019年，银行人民币贷款余额71439.1万元，较年初减少4028.06万元，较年初下降5.3%。其中，个人贷款余额65514.1万元，较年初减少6668.06万元，较年初下降9.2%。小企业贷款余额5475万元，较年初增加2190万元，较年初增长66.67%。个人贷款有所下降，一部分个人按揭客户进行提前还款。

【存款】 2019年，银行各项存款88359.72万元，较年初新增58367.38万元，较年初增长195%。对公存款72570.47万元，较年初新增54569.52万元，较年初增长303%;个人存款15789.25万元,较年初新增3797.76万元,较年初增长31.7%。

【纳税】 2019年，大厂支行向大厂县税务部门缴纳各种税款228万元。支行积极缴纳税款，为大厂县经济建设和企业发展做出应有贡献。

【经营理念】 2019年，大厂支行为小企业贷款5475万元，有效缓解小企业融资难、贷款难问题。为客户推出包括“抵押通、质押通、货押通、银保通、票据通、委贷通”等在内的6个系列融资产品，得到企业的肯定。网点实施综合柜员制，个人通知存款、储蓄一本通、出国留学存款证明等业务品种。陆续开办包括代收电话费、电费、煤气费、有线电视费等20个中间业务品种方便市民生活。在个人消费贷款业务方面，相继推出个人住房消费贷款、二手房按揭贷款、循环贷款、商铺抵押贷款等业务品种。开办黄金销售和基金直销、保险理财和银行理财产品，满足客户日益增长的理财需求。

（陈亮丽）

廊坊银行

【概况】 廊坊银行股份有限公司大厂支行成立于2015年9月19日，内设业务发展部、会计管理部、办公室；有营业网点3家（大厂支行、孔雀城支行、夏垫支行）；有ATM机7台（大厂支行、孔雀城支行、夏垫支行、影视小镇、创业大厦）；主营各类存款、贷款、结算、票据贴现、银行承兑汇票等。廊坊银行大厂支行荣获“2019年度廊坊市文明单位”“2019年度总行优秀支行”称号。

【存款】 2019年，银行各项存款余额317900万元，较年初增加64752万元，增幅20.36%，市场余额占比12.19%，存款余额全县排名第二。其中，个人储蓄存款213568万元，较年初增加101806万元，增幅47.66%，全县余额市场增量占比58.36%，全县余额市场增量排名第一。

【贷款】 2019年，银行贷款余额138745万元，较年初增加85301万元，增幅61.48%，贷款市场余额增量占比86.78%，贷款市场余额增量全县排名第一。

【金融服务】 廊坊银行发源于廊坊，成长于廊坊，业务全面，能够为广大对公、对私客户提供各种存、贷款及创新类金融产品和服务，大厂支行还与县委政府部门和单位及碧桂园等知名企业、集团密切合作，积极支持地方经济工作，与客户共同创造价值、共同发展。

（霍学斌）

沧州银行

【概况】 沧州银行股份有限公司大厂支行隶属于沧州银行股份有限公司廊坊分行，大厂支行于2014年5月22日正式开业。内设信贷部、会计部、存款部；有自助银行1个。主要办理业务有人民币存款、贷款、结算、票据承兑业务，电子银行业务等。2019年，有干部员工18人。

【存款】 2019年，银行各项存款余额94017万元。其中，对公存款余额42712.78万元；储蓄存款余额51304.22万元。

【贷款】 2019年，银行贷款余额33794万元。其中，个人类贷款余额9189万元；公司类贷款余额24605万元。公司类投向行业主要为制造业、批发零售业、房地产业。银行承兑汇票余额244.61万元，保证金97.85万元。履约保函余额501万元，保证金501万元。

【优化服务】 大厂支行是四星级文明服务达标行，严格按照沧州银行“规范化、人性化、航空化”的服务理念，强化服务意识，推行服务礼仪，服务规范，提升服务质量，服务水平，打造精品支行。采取卫生区责任到人，物品摆放定位管理的方法，并配以鲜花绿植，打造干净整洁的工作环境，促进业务发展。

【加强风险管理】 加强金融风险防范，把合规管理、合规经营、合规操作落到工作实处，使内控意识和内控文化渗透到每一位员工思想深处，使内控成为每位员工的自觉行为，严格执行业务制度，操作流程，防控风险。通过合规守法，保证银行资产平安，实现效益增收。

（王现英）

张家口银行

【概况】 张家口银行股份有限公司大厂支行隶属于张家口银行廊坊分行，支行于2015年12月21日开业，有干部职工10人。内设综合业务部、营业室、办公室。主要办理业务有人民币存款、贷款、国内结算、委托存款、委托贷款、票据承兑与贴现、银行卡服务、代理收、付款项及保险业务，以及经中国银行业监督管理委员会及其派出机构批准并经上级行授权的其他业务。

【存款】 2019年，各项存款余额38231万元。其中，储蓄存款余额30526万元，对公存款余额7707万元。

【贷款】 2019年，各项贷款余额65715万元。其中，个人贷款余额5715万元，公司贷款余额60000万元。

【党建工作】 多次组织员工开展视频学习、演讲比赛、征文等活动，以中共十九大精神为指引，始终坚持党的领导，不断提高政治意识、大局意识、核心意识、看齐意识。认真贯彻落实党风廉政建设工作，每年组织员工签订党风廉政责任书，定期进行自查，确保党风廉政工作做实、到位。

【经营管理】 张家口银行大厂支行始终秉承“服务县域经济 服务小微企业 服务社区居民”的经营理念，坚持“真诚为客户，共赢求发展”的服务信念，针对小微企业，推出“小微易贷”“小微速贷”等贷款产品，有力地帮助小微企业解决资金短缺问题。

【服务环境】 为打造文明银行、特色网点，张家口银行大厂支行配备无障碍通道、便民雨伞、免费WIFI、饮用水、医药箱、宝宝椅、老花镜、爱心座椅等便民设施。设置学雷锋志愿服务站，每天安排志愿者做志愿服务，极大优化服务环境，让客户体验到家的温暖。

【员工素质建设】 以学习促提升，通过深入开展对党风廉政建设、内控合规制度、柜面操作规范等制度的学习，提高员工业务操作水平，增强员工的内控合规意识。以实践促发展，定期组织员工开展技能比赛、文优服务比拼、业务知识考试等测试，提升员工能力，选拔优秀员工。

（张航宁）

新华村镇银行

【概况】 大厂回族自治县新华村镇银行股份有限公司开业于2014年7月1日，内设市场部、营业部、办公室、合规审计部，有营业网点2个[大厂县城总行、祁各庄支行（筹建中）]，干部职工27人。

【贷款】 2019年，三小（小公司、小企业、小作坊）贷款存量435笔，金额15722.92万元。其中，微贷款51笔、3427.69万元，占比21.8%；消费贷款147笔、2304.93万元，占比14.66%；农贷237笔、9990.3万元，占比63.54%。

【存款】 2019年，各项存款余额23400万元，较上年同期减少831.84万元；其中，单位存款20800万元，占各项存款88.89%，较年初减少1259.75万元；储蓄存款2600万元，占各项存款11.11%，较上年同期增加427.91万元；截至12月底，收入总额1854.94万元，支出总额1310.48万元，所得税187.46万元，年利润359.92万元。

【安全管理】 制定、修订和完善各项规章制度，狠抓内部管理，向管理要效益。以行务会议推动行务公开制度的落实，定期公布政务、财务以及涉及职工利益的信息，接受群众监督。合规经营，从严治社，对违规员工决不姑息，不护短，按章处罚，惩前毖后。

【优化服务】 深入开展每周四学习日活动，认真学习中国银行业协会制定的相关公约，如《中国银行业文明服务公约》《中国银行业客户服务中心服务规范》《中国银行业柜面业务服务规范》，使广大员工进一步理解创建文明单位的目的和重要意义，以及如何创建文明单位等，增强创建意识，提高自觉性。通过良好的学习，“内强素质、外塑形象”，提高员工自身职业道德水平，为客户提供优质、高效、快捷、周到的服务，树立新华村镇银行的良好形象。

（仇建功）

中国人民财产保险

【概况】 中国人民财产保险股份有限公司大厂回族自治县支公司内设经理室、综合部、出单中心、个代业务部、直销业务部、中介业务部、电子商务业务部、理赔分部、农村保险事业部、社会医疗保险部，下设2个营销服务部（祁各庄营销服务部、夏垫营销服务部）。2019年，有干部员工50人。公司主要承办机动车辆保险、财产保险、短期意外健康保险、货物运输保险、农业保险、责任保险、信用保证保险等上百个险种。

【经营情况】 2019年，实现签单保费收入4251.37万元，市场份额占比49.69%。其中，机动车险3657.81万元；企财险35.37万元；家财险33.39万元；责任险305.06万元；意外健康险107.93万元；货运险1.13万元；工程险19.81万元；农险90.87万元。承保利润442.57万元，综合成本率89%，综合费用率47%，综合赔付率42%。

【业务拓展】 2019年，成功中标大厂县防贫保险政府采购项目，统保全县12家中大型超市的食品安全责任险。此外，向政企部门递交相关保险建议书12份。

【强化管理】 科学运用管理技术，完善和规范内部环节，查摆经营管理中存在的问题和隐患，严格控制风险，明确岗位职责，扎实开展各项学习教育活动，切实加强执行力落地，杜绝新问题滋生，确保依法合规。

【员工建设】 制定教育培训方案，优化奖励机制；鼓励员工加强专业知识和技能的学习，争做复合型人才；把合适的人放在合适的岗位，提供广阔平台；增设完善会议室、客户洽谈室、职工活动室、宿舍等场所；全面推动企业文化建设，坚持晨会制度，开展形式多样、内容丰富的集体活动。

【党建工作】 号召全员深入学习和贯彻中共十九大精神，大力弘扬和践行忠诚老实、公道正派、实事求是、清正廉洁等价值观，召开作风建设和廉政建设的专题工作部署会议，积极组织观看警示视频、参与社会公益等党建活动，为公司营造风清气正的良好政治生态，把党建工作与业务经营同部署、共落实。

（何柳絮）

教育　科技

教　育

【概况】 大厂回族自治县教育和体育局内设办公室、党委办、人事股、基础教育股、法制安全股、督导室、职业教育与师范教育股、发展规划股、财务审计股、体育卫生股、电教仪器站、教研室、考试中心。全县有各级各类公办校园36所，其中普通高中1所、职教中心1所，初高中兼有的完全中学1所，中小学兼有的九年一贯制学校1所，初中1所，小学11所，教学点9所（教学点接收辐射范围内3至5岁幼儿和一二年级学生），独立幼儿园7所，教师进修学校1所，学区成人学校3所；全县有教职工1907人，在校生31479人。2019年，全县创建6个省市级名师工作室，24名教师分获全国、省、市表彰，先后获得“创建全国、省级文明城市工作先进单位”“安全工作先进集体”等荣誉称号。

【党的建设】 把学习贯彻习近平新时代中国特色社会主义思想和总书记系列重要讲话作为主线，先后组织集中学习研讨8次，组织开展观摩1次经济社会发展成果等系列活动，进一步强化理论中心组学习研讨效果，确保理论学习取得实实在在的成效。聚焦大厂县教育改革发展的突出问题，确定教育规划布局、教师队伍建设、提升教育质量、缓解入学压力等7个针对性强的调研专题，由班子成员带队，组成7个调研组深入基层一线找问题、查原因、定措施，形成7篇调研报告。紧抓检视问题，采取个别访谈、召开座谈会、设立意见箱、发放征求意见表、电子邮箱等多种方式，征集服务对象、基层党员群众意见建议20

条。围绕专项整治漠视群众利益问题，完善农村义务教育小学营养餐制度机制，确保农村小学生吃上放心营养餐，堵塞制度漏洞，杜绝克扣营养餐资金问题；在学生资助方面，抓好精准识别严格把关，确保家庭经济困难学生应助尽助。坚持意识形态责任制，规范课堂教学管理，加强对研讨会、论坛、社团等阵地管理，管好用好微信、QQ群等网络阵地，成立大厂教育微信公众号，发布更多富有教育正能量的信息，做到守土有责、守土尽责。

【项目建设】 推进县城寄宿制学校和第四幼儿园建设。新学校建设地点是在职教中心、城关小学和第二幼儿园原址，截至12月底，完成编制项目建议书和可行性研究报告，进行地质勘查和地质灾害评估，现地上附着物拆除和土地收储手续基本完成，在履行土地划拨和设计招标程序。推进职教中心建设进度。大厂职中新校区有11栋单体建筑，建筑面积6.2万平方米，总投资35000万元。全部建成后可容纳全日制在校生2000名，65个教学班，全年开展技能培训4000人次。学校于5月完成搬迁。启动高级实验中学初中部综合楼扩建工程。在高级实验中学校内新建综合楼1栋，规划建筑面积3600平方米，工程前期手续办理完成，于10月9日进场施工。

【教育改革】 全县教育工作大会胜利召开，会上明确提出“办大教育、优质教育、开放式教育，做大教育产业支撑”的新时代办学理念，为深化大厂县教育改革吹响号角；进一步完善校园长聘任制，2019年实施第四轮中小学、幼儿园校(园)长聘任工作，极大提升校长队伍的年轻化和知识化程度。

【教科研发展】 2019年，教育科研工作取得新进展，1项省级一般资助课题成功立项并开题；2项市级立项课题通过评审并开题；3次邀请廊坊市教育局的领导为大厂县教育科学规划课题做结题鉴定和开题指导；组织和协助4项省级规划课题和15项市级规划课题顺利结题。

【职业教育发展】 对标全民大培训工作总要求，进一步发挥职业教育社会培训职能，与产业充分对接，通过开办技能培训班、举办技能大赛、校企对接人才交流招聘会、召开企业家座谈会等形式，服务县域经济产业发展格局。2019年，开展各类技能培训25期，培训学员1712人次。

【环京津发展】 大厂县以人民大学大厂拓展区建设为契机，不断提升自治县教育开放包容的发展内涵。通过前期协调沟通，与北京市教委开展教育交流系列活动，全年举办3次大规模活动；7月，北京教育学院选派18位优秀教育专家赴大厂县对校园长、班主任、骨干教师开展巡讲送教活动，培训人次500人；分2次选派20名干部教师到北京进行为期3周的跟岗培训；11月，北京市名师专家讲学指导活动在大厂顺利展开，活动有北京专家名师22人组成团队赴大厂县进行示范讲学指导，全县有300名一线教师参与活动。涉及初中、小学、幼儿园3个学段7个学科及教育信息化建设总计60场次的专家讲座、名师示范、交流研讨、专家点评等活动。

【教育质量】 紧盯“立德树人”。在全县中小学组织开展“我们的节日”主题教育系列活动，大力培育和践行社会主义核心价值观；开展“新时代好少年”推荐申报和宣讲宣传活动，推荐候选人4名，引导广大未成年人认真学习他们的先进事迹，大力营造崇尚先进、学习先进、追赶先进的浓厚氛围；组织开展习近平新时代中国特色社会主义思想“进教材、进课堂、进头脑”优质课评选上报、“崇尚英雄 精忠报国”主题班会活动、“清明祭英烈”“红旗飘飘”等主题教育实践活动。培养“综合能力”。2019年，教体局组织参加“省长杯”“市长杯”均取得优异成绩。组织“县长杯”足球比赛及全县中学生校园足球联赛，全县有16所中小学报名参加。加强劳动教育，增加劳动教育比重，提升学生劳动素养，培育学生热爱劳动的精神和品质，形成“德智体美劳”全面培养的教育体系，补齐学生视力不良和体质健康水平不达标的短板。加强科普教育，组织开展中小学生参观体验流动科技馆活动，开展机器人创新课程、机器人使用及创新思路培训，进一步培养学生科学素养和创新精神。此外，落实《中小学心理健康教育指导纲要》，切实将心理健康教育贯穿于教育教学全过程，促进学生身心全面和谐发展。坚持“质量为本”。加大对接北京优质教育资源力度，初步融入通州区永乐店教育联盟，并与通州区教师研修中心实行定期合作。10月，完成义务教育阶段质量监测。

【教师素养】 2019年，通过政府购买服务方式招聘160名高素质教师。在全县开展“中小学幼儿园师德师风提升年”活动，全面提升中小学幼儿园教师职业道德水平，深入挖掘、积极培树市级师德标兵5名，开展师德论坛征文活动，征集优秀文章20篇，开展师德演讲活动2次。同时，加大有偿补课治理力度，出台《关于在职教师有偿补课处理办法》，坚决把有损师德师风的行为消灭在萌芽状态。2019年，大厂县有国家、省、市级骨干教师102人，建立省市级名师工作室6个，并积极组织开展交流活动。在名师的带动引领下，各学段组织开展形式多样的教研活动13次，有1000人次参与活动。截至12月底，有24名教师分获全国、省、市表彰。全年，教体局参加省市组织的学科培训7次，涉及语文、道法等多个学科。组织举办“廊坊市中小学语文统编教材1+x主题同步阅读教学专题教研暨送教下乡活动备课现场会”，全县100名教师参与其中，并有3名教师承担典型课例做观摩课。组织参加“一师一优课，一课一名师”晒课活动，成功上报15节市级优质课。

【教育扶贫】 教育扶贫实现全覆盖。2019年，发放免费教科书15万册，免费金额 104.1万元，受益学生 19539人次；享受家庭经济困难寄宿生生活补助学生135人次，补助金额4.04万元，减免幼儿保教费0.49万元；全部落实各学段23名建档立卡学生和72名农村低保、特困供养等家庭经济困难学生的教育资助政策；针对县外就读中职及省内就读本专科学生，加强学生资助工作的指导和跟踪，强化与市教育局、周边县市教育部门和有关学校的对接沟通，确保学生按时足额获得相应资助；县外就读的5人中，中职学段1人免除学费每学年2300元，获得国家助学金每学年2000元，获得雨露计划每学年3000元，由帮扶单位出资资助4000元；4名专科学生中，3名在公办高校就读学生均已落实“三免一助”政策；1人就读于民办院校，享受国家助学金4000元每学年，4名专科学生均获得每人每学年3000元的雨露计划资助；2名升入高一级学段的学生获得市慈善总会荣盛基金励学资助1.1万元。

继续实施好普及高中免费教育政策。为普通高中、职中本县户籍学生免除学费、住宿费、教辅用书费229.58万元，惠及高中学生1784人。进一步确保本县户籍学生享有参加普通高考的权利，在全市率先实现高中阶段免费教育。大力推进营养改善计划。2019年年初，省委、省政府提出，全面推行义务教育农村小学生营养改善计划，并将此项工作列入全省民心工程，为确保各农村小学能够在秋季开学后顺利供餐，教体局于7月中旬开始对现有校舍进行改造和新建，面积475平方米，9月1日开学，全县17所农村学校（含教学点6所、民办学校1所）按时实施营养餐工程，保障供应每名学生每天1盒牛奶、1个鸡蛋，惠及全县9600名农村小学生。做好结对帮扶和驻村工作。制订2019年结对帮扶计划，宣传并落实好扶贫政策，建立贫困户脱贫帮扶台账，认真落实督查整改工作。

【体育健身】　2019年，为22个村、13个社区更新健身器材，修建3个5人制笼式足球场。投资6万元在县城区一小建造1000平方米天然浇筑冰场1块，供滑冰比赛和广大滑冰爱好者使用。根据县重点惠民实事安排，大厂县教体局承担的“万人健身”活动于5月正式启动，至12月陆续开展乒乓球、门球、羽毛球、广场舞、千人徒步、中国象棋、围棋、跳绳、踢毽子等10项体育交流活动，同时还开展冰雪系列活动，参与群众1万人。

【强化保障】　落实“教育投入更多向教师倾斜，不断提高教师待遇”精神，确保在职教职工及编外合同制人员同工同酬，增加班主任待遇，提高一线教师绩效工资，进一步稳定教师队伍，提高教师政治、社会和职业地位，让广大教师安心、热心和幸福从教。继续推进人防、物防、技防建设，重点加强民办教育机构的安防水平提升，加强校园安全隐患、矛盾纠纷排查、整治和化解工作，完善应急处理机制，严格突发事件上报制度。积极协调配合公安、城管、食安等部门，加强校园及周边环境综合治理，加大上下学高峰时段的安保值守力度和校园周边治安整治力度，全力保障校园师生人身和财产安全。以讲政治的高度认真抓好中、高考、高中学历水平测试等考务工作、文明县城创建、“双创双服”、信访接待、语言文字、包村访户等工作，营造全社会关心支持教育的良好环境。

【大厂县城区第一幼儿园】 大厂回族自治县城区第一幼儿园坐落在县城永安路6号，占地面积3292平方米，建筑面积2359平方米。2019年8月，教体局校园长轮岗工作安排，新班子成立。有幼儿492名，10个幼儿班，在编教师42人（含劳务派遣2名），省级骨干1名，市级骨干教师2名；一级教师19名，二级教师18名，三级教师2名，技师2名，高级工1名；本科学历24人，专科学历18人，学历达标率100%。是“省级示范园”，并多次被授予县级“教育管理先进单位”“文明单位”“安全生产先进单位”“巾帼文明示范岗”等荣誉称号。

设施建设。2019年，投入75万元用于改造幼儿园的园所环境、基础设施。为防止幼儿入厕拥挤，将原二楼库房恢复为卫生间，并加以提升改造，让幼儿的在园生活得到进一步改善。南、北楼基础设施的改造提升，为幼儿提供更良好的学习生活空间。为更好地发挥党员先锋作用，把党员活动室、园长室和书记室进行搬迁和改造。添置办公家具3套，添置笔记本电脑、打印机、录像机等办公设备。南楼多功能厅拆除原有的老化设备，添置电子屏。为厨房新建快检室，添置电脑、打印机一套，定制6米橱柜和各种快检设施；添置灶台自动灭火设备1套，购置蒸车、电饼铛、留样柜、消毒柜等；户外活动场地铺设悬浮地板，添置炭烧积木2套；为大中小班更换桌面玩具302套，添置多功能一体机5台；添置图书571册，户外体育儿童车22辆，使幼儿园教学环境彻底摆脱小学化模式，园内硬件及环境基本符合省级示范园标准。

师资队伍。组织教师参加各级各类的学习参观培训，2名骨干教师分别到涿州及承德参加国培项目培训，2名副园长、1名教导主任去通州参加幼儿园跟岗培训学习；10月，园长、党支部书记2人参加幼儿园园长培训班，其余教师参加“国培计划”网上培训，通过培训，使全体教师的整体素质得到不同程度的提升；12月，组织20名教师参加朱洪涛名师工作室举办的上海幼教特级名师课程游戏化教学专题论坛暨京津冀幼教联盟2019年活动，教师们收获颇丰。

教育教学。上半年各班开展传统文化进校园活动，即“染”就七彩世界、“编”出美“织”就爱、“木木”七彩梦、寻踪“国瓷”“雅韵”“青”花刺、玩转麻元素等；开展“大手拉小手 健康好未来”春季亲子运动会、“爱心淘淘乐”亲子义卖、“爱家庭、爱运动、爱健康”亲子运动会等系列亲子活动；为促进幼儿健康成长，聘请大厂县医院儿科主任尹佃枝及护士来园开展医护人员进课堂活动和“餐餐相伴，共护成长”陪餐活动；为弘扬传统文化开展“感恩母爱，传承孝道”系列活动、“浓情端午粽叶香，传承文化古风流长”等端午系列活动。同时，还开展“蓓蕾初绽六月天，文化传承中国娃”文艺演出、“城乡娃娃手拉手，结伴作画爱中华”迎国庆系列活动，很好地展示幼儿园的艺术教育水平和幼儿的风采，得到社会和家长的一致好评。

师资培训。11月中旬，开展青年教师优质课评比活动，青年教师积极备战，精选授课内容、创新教具学具，班级的老教师也充分发挥自己教学经验丰富的优势，为青年教师“助力”。李玉博、付宇凤、高茹3位老师以优异的成绩从青年教师中脱颖而出，张丽华、陈立云、赵红梅、张连莉等老教师的成功助力，让她们在职业生涯中焕发出新的光彩。借此契机开展“送课下乡”，李玉博、付宇凤等3名教师的精彩授课得到祁各庄中心幼儿园老师们的一致好评。

亲子教育。9月末，组织大班幼儿和家长来到大东关幼儿园，进行国庆节“城乡娃娃手拉手 结伴作画爱中华”百米长卷亲子绘画活动；10月，组织园内幼儿和家长一起到“彩虹之家”慰问残疾儿童、弱智儿童，送上暖心的礼物；冬日里，教师组织幼儿及家长送“暖心姜枣茶”，爱心慰问环卫人；冬至，听妈妈讲述冬至的故事、习俗，和家人一起包饺子。

班本课程。加强传统文化班本课程的建设工作，鼓励教师以班为单位，将传统文化元素中的国学、国画、青花瓷、扎染等特色活动上升到班本课程建设的高度。国学经典、传统文化走进课堂，不仅是幼儿养成良好的文明礼仪习惯的有效途径，更是创建园所文化特色的基础。

安全工作。进一步加强幼儿园的安保工作和安全防范意识，领导班子成员每日进行“晨扫描”“午扫描”，让安全工作细致到幼儿园的每一个角落。在幼儿入园、离园时段实行行政值班制度，确保幼儿入、离园的安全；重新修订“各种处理突发事件的应急预案”，全年进行应急演练活动12次，对各部门进行安全知识培训12次；制定各部门安全工作细则，层层签订“安全责任状”；各部门人员“一岗双责”安全责任分解图上墙，严格执行“谁出问题谁负责”安全责任制；幼儿园给每一位家长配发一张“接送入园卡”，家长必须持卡入园，同时还给每一位幼儿办一份“意外保险”；重视厨房工作人员的培训及设备的安装维护，对幼儿园厨房灶台自动灭火设施进行维护保养。

安全教育。教给幼儿防火、防盗、防震、防触电、防交通安全事故等安全常识，根据不同班级年龄特点利用“安全教育周”和“安全教育日”开展以“快乐成长 安全同行”为主题的安全教育。11月，开展全园“传染病防控及海姆立克急救法”培训活动，不断增强师幼的安全意识，确保幼儿健康快乐成长；开展“关注食品安全 享受健康生活”为主题的安全教育活动，主要是培养幼儿食品安全意识，重视幼儿良好饮食习惯的养成，全面提升幼儿园保教质量；12月，在全园开展“消防安全 生命至上”的消防安全宣传教育活动，以班级为单位开展“加强防范 安全过冬”冬季防溺水主题教育活动并致家长一封信，让幼儿的安全、健康成长得到全方位、立体化的保障。

主要成绩。2019年，有1名教师被评为市级师德标兵、1名教师被评为县级优秀教师、1名教师被评为县级“十佳”教师、1名教师被评为县教育工作者、1名教师被评为青年标兵、1名教师在廊坊市幼儿园优秀游戏活动案例评比中获二等奖、1名教师获廊坊市优质课评比三等奖、12名教师在第29届幼儿玩教具评比中获市级一等奖和二等奖。

【大厂县城区第二幼儿园】 大厂回族自治县城区第二幼儿园坐落在和平北路150号，占地面积8315平方米，建筑面积3344平方米，有3层楼，楼层高度为12.8米，绿化面积2300平方米，属于全日制学前教育，是河北省一级一类公办幼儿园。现有12个教学班，在园幼儿622人，教职工42人。

设施建设。幼儿园拥有符合国家标准的幼儿生活用房，供全园幼儿用餐的独立餐厅，各功能室齐全。班级面积129平方米，集活动室、寝室、盥洗室、衣帽间为一体，功能配套，分区合理，配有电脑、一体机、空气净化器、空调、电子琴、紫外线消毒灯和各种游戏材料等，升级绘本长廊、多功能厅、创意科发室、美工室等活动室，户外有符合国家安全标准的大型娱乐器械，建构玩具、戏水池、沙坑等。

队伍建设。园内全体教师均具有任教资格，最高学历副高，专任教师全部达到专科以上学历，普通话达标，每班配有专职教师3人，2教1保，结构合理，在思想作风上，坚持党的基本路线，办园思想端正，热爱幼教事业，敬业守职，有改革进取精神，在职业道德上能够做到热爱幼教事业，尊重爱护幼儿，全心全意为幼儿、为家长服务，为人师表，品德良好，教师能够制定教育工作计划，完成教育任务坚持学习幼教方法，不断提高专业水平，逐渐趋于专业化管理。

教育教学。2019年，进一步建立健全各项规章制度，制定学期计划和总结，每班每周均根据幼儿实际情况制定计划，积极创设与教育相适应的区域环境，为幼儿提供足够的活动材料，活动范围和活动空间，让幼儿充分展示其能力，开发其潜能。结合幼儿年龄特点，开展公民道德教育。从幼儿力所能及的事情、幼儿生活经验范围内的事情以及身边的小事入手，在一日生活中实施公民道德教育，巩固以往的教育成果，努力形成每个幼儿能争做热爱劳动的“小帮手”、诚实守信和遵纪守法的“小标兵”、善于合作的“小伙伴”、保护环境的“小卫士”、勇于创新的“小主人”，将小公民道德建设落在实处；把荣辱观教育渗透到幼儿一日活动之中，开展“祖国妈妈我爱您”“我运动，我健康，我快乐”等活动。同时，我们“以爱育爱”，家园共创爱的环境，开展“献爱心”活动，培养幼儿的爱心，懂得感恩以及助人为乐、见难相助的高尚品质。

安全工作。幼儿园采取一系列的有效形式和措施，齐抓共管，每件设备、设施发现隐患及时汇报，及时解决，严格落实风险管控、网格化管理等制度；建立健全安全、卫生、保健制度、消毒制度，按规定定期定时检查完善；幼儿园定期开展安全、消防、防地震、防踩踏等安全课和安全演练，提高每一位幼儿的自我保护意识，杜绝任何意外事故的发生，为全园幼儿营造良好的安全健康环境。

家园文化。幼儿园的生存与发展，既要有过硬的保教保育质量，赢得良好的社会信誉，更要用优质的服务，赢得家长的满意和支持。幼儿园积极做好家访、家园联系、家园活动等工作，重视家园互动，满足家长合理要求。让家长们及时了解、掌握教育信息；及时与家长沟通孩子的发展情况，宣传幼儿园的工作；定期召开家长委员会会议并举办家长半日开放，邀请家长来园与孩子们一起生活、一起游戏，家长都给予大力支持与配合。

办学成果。2019 年，幼儿园荣获“2019 年大厂回族自治县首届冰雪运动会轮滑组织奖”，被评为“大厂县卫生和无烟单位”，科学探究室在南京康轩“寻找最美科发室”活动中荣获三等奖；教师节优秀表彰中荣获十佳教师 1 名、优秀教育工作者 1 名、优秀班主任 1 名、青年标兵 1 名；市级玩教具大赛分别获得一等奖 1 名、二等奖 2 名、三等奖 1 名；论文、课件、案例等 10 篇获得不同省、市级奖项；“王瑞莲多元体能训练工作站”开展多项活动；郭景婷老师荣获县工委首届新城工匠称号；马琳淏老师作为唯一一名大厂县优秀教师代表，远赴新疆开展支教工作。

【大厂县城区第三幼儿园】 大厂回族自治县城区第三幼儿园位于大厂县城北辰东街，全园占地面积 7567 平方米，建筑面积 2668 平方米，省级城市一类幼儿园。全园开设教学班 11 个，现有幼儿 509 人，在编教师 28 人，劳务派遣教师 10 人；全园在编一级教师 11 人，二级教师 12 人，三级教师 5 人；省级骨干教师 1 人，市级名师 2 人；本科学历 22 人，专科学历 16 人，教师学历全部达标。幼儿园先后被评为省、市级“语言文字规范化示范校”“廊坊市儿童之家示范点”，县“教育管理先进单位”“儿童之家”。

办园条件。为能够快速科学晨检，保障幼儿健康入园，幼儿园购置 2 台晨检辅助智能机；暑期对教学楼外立面进行重新粉刷，对活动室地板进行更新、楼道铺设 pvc 运动地板，使幼儿园整体环境焕然一新；为解决班内各类物品存放问题，在各班活动室、寝室及幼儿衣帽间打造整体橱柜；进一步添置各类室内外玩具，满足幼儿日常游戏活动需要。

师资队伍建设。2019 年，幼儿园组织教师参加各级各类外出培训、远程培训项目 20 项；在业务上加强教师的园本研修，开展备课、磨课活动，带领鼓励教师积极参与课题研究。5月，幼儿园申报的廊坊市教育科学“十二五”规划课题《模拟情境-培养幼儿自我保护意识和能力的研究》和《幼儿园创意纸工活动的实践与研究》顺利结题；在省级名师郭丽娟工作室“邓淑香工作站”的带领下，全园青年教师读书学习、交流分享、更新理念；9月，名师工作室成员到幼儿园进行半日观摩和集中研讨活动。

法制安全。不断健全各项安全制度和意外事故处置预案，层层签订《安全协议书》，全年开展各类安全应急逃生演练10次；通过教师讲解、情景模拟等多种形式，对幼儿开展安全教育；定期检查设施设备的安全状况，发现隐患及时整改；严格执行接送卡制度，把幼儿接送安全工作落到实处；为凸显“家园式氛围”的办园宗旨，幼儿园设立“家长志愿者安全岗”，让家长和幼儿积极参与幼儿园的安全管理，为幼儿园的安全工作保驾护航。

特色活动。为打造三幼特色，丰富办园内涵，促进幼儿的发展，努力发掘园所自然环境资源，开发园本课程，以中国传统节日、节气为线索，开展生动丰富的主题教育活动。

课程建设。2019年3月，以植树节为契机，开展“我的小树朋友”活动，幼儿在园中认领树木，记录树木生长过程；5月，园中繁花盛开，“寻找春天”亲子摄影展、绘画展活动；10月，“我和树叶做游戏”“金秋柿子节”系列活动精彩纷呈。

亲子活动。探索具有本园特色的家园共育模式，实现家园教育同步，提高教育质量，经过探索实践，形成亲子安全岗、亲子劳动日、亲子运动会、“爷爷奶奶讲节气”等常规性亲子活动。还不断开发亲子活动的新内容、新方式，将亲子活动向社区、社会延伸。

取得成绩。2019年，有3位教师的课例、活动案例分别获得市级奖项，其中邓淑香执教的课例《好玩的凳子》在廊坊市教育局2019年度幼儿园优质课评选活动中荣获一等奖，并进行现场展示；2人次被授予县“‘三八’红旗手”“优秀人大代表”称号；4人被县政府授予“十佳教育工作者”等称号。

【大厂县城区第一小学】 大厂回族自治县城区第一小学占地面积49214平方米，建筑面积22172平方米；学校有在校学生2985人，51个教学班，教职员工148人，专任教师138人，其中省特级教师1人，省级名师1人，省级骨干教师2人，市级名师3人，市级骨干教师7人，所有教师学历全部达标。学校现有启知、启行2栋教学楼，图书馆、多功能报告厅、体育馆1栋，启康楼内设有宿舍、餐厅、特教班；启思楼为综合楼,设有音乐室、舞蹈室、科学实验室、微机室、美术室、仪器室、录播教室和少年宫各室。各专用教室内配设施均按国家一类标准配备，布置规范，制度健全，并落实专人管理。学校现有教学仪器总价值294.07万元，生均教学仪器设备值0.14万元；图书馆有图书97259册，生均38册；教学用计算机276台，生机比9∶1，1—6年级均配备多媒体教学设备，教师每人配有笔记本电脑，管理和使用情况良好。

办学成果。2019年，学校成功举办廊坊市“1＋X”主题阅读现场会，承办全县教育工作大会，成功参与创建文明校园、卫生校园、健康学校，名师引领有效开展，冰雪运动蓬勃举行，省级师德标兵吴秀云、大众冰雪之星李国华、乒乓冠军花落一小。

特色活动。2019年，学校组织学生参观中国科技馆、流动科技展，组织科普进课堂、科普知识讲座和答题活动；举办以“迎朝阳，同绘百米长卷，好少年，共创文明校园”为主题的百米长卷现场绘画活动、“庆祝新中国成立七十周年，争做新时代好少年”书画展览活动、“彩笔绘冰雪、欢乐迎新年”绘画大赛；举行校歌大赛、“童心共筑中国梦，扬帆起航新时代”庆“六一”文艺汇演、传统文化和戏曲进校园活动、“庆祝新中国成立七十周年，唱响祖国赞歌”歌咏比赛活动，声律启蒙《韵律声歌》和合唱《我和我的祖国》2个节目参加县首届少儿春晚演出，在活动中让学生体验健康成长的快乐。

举办春季田径运动会、校园足球联赛、“我运动、我健康、我快乐”趣味体育竞赛活动。在第二届“县长杯”足球比赛中勇夺冠军，在廊坊市第四届“市长杯”青少年足球比赛中获道德风尚奖。尤其是独具魅力的冰雪运动，为寒冬中的校园体育活动赋予浓墨重彩。11月16日至12月30日，学校举办第一届冰雪运动节的轮滑比赛、陆地冰壶比赛、滑冰比赛3个篇章，同时开展看冰雪电影、冰雪绘画等主题活动，在县级各项比赛中获得佳绩，李国华老师获得首届“大众冰雪之星”的称号，新华社等多家媒体报道学校的“冰雪游玩享小寒”活动。

创城工作。2019年，在创建卫生县城工作中，学校创卫工作成绩突出，代表教育系统承担“全省创卫工作现场会”，迎接省慢病防控示范区评估组对健康学校和健康食堂的实地检查，迎接县政协委员对学校托管服务工作的实地考察，在省、市各项大检查中得到高度评价。

取得成绩。学校先后被教育部办公厅授予“全国学校体育工作示范校”称号和“全国青少年学生法制知识网络大赛优秀组织奖”；被河北省评为“语言文字规范化示范校”“教育系统优秀志愿服务先进单位”“优秀少先大队”“依法治校示范校”；被廊坊市评为“教育系统先进集体”“示范家长学校”“文明校园”“国防教育示范校”“思想政治工作先进集体”“安全管理工作先进集体”“三八红旗集体”；被县政府授予“教育管理先进单位”“教学评估示范校”等称号。

【大厂县城区第二小学】 大厂回族自治县城区第二小学占地面积34904平方米，建筑面积13068平方米，有教学班33个，学生1690人，教职员工87人，专任教师75人，其中河北省特级教师1人，省级骨干教师2人，市级骨干教师4人，高级职称教师5人，中级职称教师34人，本科以上学历64人，专科学历21人，学历达标率100%。

德育工作。4月26日，邀请县一中肖老师为6年级毕业生开展青春期专题教育讲座；7月5日，县委常委、县委宣传部部长张秀萍来校上思政课；9月11日，学校开展学生优秀作业和优秀读书卡展览活动；9月30日，开展“践行社会主义核心价值观——红领巾心向党，争做新时代好少年”诗歌朗诵比赛；10月，组织开展“红领巾心向党，争做新时代好队员”主题建队日系列活动；海睿哲同学的原创绘本《小蚂蚁大力量》，在河北省中小学“经典阅读2019”读书活动中，荣获原创绘本优秀作品奖。为弘扬传统文化，学校利用清明、端午、重阳等传统节日开展感恩、爱国等主题教育；2月24日，联合廊坊民进大厂直属支部举办“爱在大厂，发现家乡美——走进景泰蓝文化”活动。为普及科普知识，3月9日和4月14日，在廊坊市青少年机器人竞赛和第二届中小学机器人竞赛中，学校选手均获得二等奖；4月21日，学校6件优秀科技作品在全省科技嘉年华活动中进行展出；6月，学校开展全国爱眼日活动，携手县宣传部邀请县医院的眼科医生，为学生传授有关爱眼、护眼的知识，这次活动被新华网等多家媒体报道；11月19日，廊坊市科普报告进校园活动——“垃圾分类，从我做起”的科普讲座在学校进行。

文明县城创建。3月—6月，积极开展“文明交通引导”志愿服务活动；4月4日，省文明校园检查组到校检查指导创建工作；6月，学校与王必屯小学举行帮扶共建签约仪式，同时开展送教下乡志愿服务活动；6月20日，邯郸市邱县文明县城创建工作考察团来校参观；9月，组织参与“我爱大厂文明城”全县中小学生作文大赛活动，有10名同学获奖；11月，组织学生与家长共同学习创建文明城市宣传册活动。

阳光体育活动。2019年，成功举办第五届阳光杯足球联赛和首届“七彩绿茵杯”足球赛；7月，学校四年级男、女足球队员代表廊坊市参加2019河北省小学生校园足球夏令营活动；8月10日，组织22名队员和家长现场观看中超比赛；9月，分别举办拔河比赛和跳绳比赛；10月19日，学校足球队代表廊坊市赴天津参加京津冀中小学校园足球邀请赛。

助力冬奥。5月，在全省“我的冰雪奇缘”冬奥绘画大赛中学校有42名学生获奖；在5月和9月的县长杯、市长杯校园足球联赛中，学校女队均勇夺女子组冠军，并于10月代表廊坊市参加河北省第四届“冀萌杯”足球赛，获女子组第八名，小队长徐艺宁被评为本届冀萌杯的希望之星，吴新悦同学入选2019年全国青少年校园足球夏令营，马博严同学在2019年河北省足球业余俱乐部杯比赛中获得“最佳球员”称号；学校新开设轮滑、旱地冰壶、旱地滑轮等冰雪项目的课程，并于11月举办首届冰雪运动会暨轮滑比赛，在全县首届冰雪运动会轮滑、滑冰比赛中获得较好成绩，并代表全县参加廊坊市首届冰雪运动会陆地冰壶比赛；12月18日，学校参与河北省“百县百校万人上冰雪”网络直播活动，相关场景被中央电视台新闻联播报道，同日廊坊市冰雪运动会和滑冰场馆建设专项督导组到学校调研；12月，学校开展冰雪绘画展并组织师生赴张家口崇礼县长城岭滑雪场体验冰雪。

教学及教师队伍建设。2019年，学校分别开展新入职教师达标课、各年级组的以课代训、青年教师优质课、非工具学科教师推门课、骨干教师示范课等多轮听评课活动。开展在职教师有偿补课问题专项整治活动，规范教师从教行为。2月22日，学校与唐山市丰润区东实验小学进行两地联谊共建签约仪式；3月—7月，先后4次选派语文教师参加统编教材培训活动；4月8日，省名师工作室考核组到校进行现场考核、学校4项市级课题圆满结题；5月24日，天津市蓟州八小师生来校进行交流学习；6月21日，固安县部分校长和骨干教师一行70人来校进行参观学习。7月，组织数学教师去厦门参加全国第五届无痕教育深度研修班；9月，组织教师去西安参加第四届领读者大会；10月，组织骨干教师参加京津冀特级教师工作室研究成果交流展示活动；11月，选派5名骨干教师去绍兴参加全国小语名师观摩活动；组织体育教师先后6次参加冰雪项目的相关培训。工作室开展各种送教下乡活动，培训本校及全县小语教师300人次；全年，开展各学科主题研讨活动11次；2019年，张艳秋被评为全国模范教师、河北省先进工作者；柴东升获得民进全国组织建设先进个人；11名教师被县政府授予“优秀教育工作者”“十佳班主任”“优秀教师”等称号，学校有30人次在各项教学竞赛及评比活动中获奖。2019年，投资22万元，用于教师各类培训。

法制安全工作。2019年，开展各类安全应急演练8次；利用“防灾减灾日”“安全生产月”“国家安全日”等重要节点开展形式多样的主题教育活动。9月，学校引入廊坊仕子餐饮公司负责学校食堂及食宿学生的课后托管工作；学校强化日常执勤、校舍、教育教学设施、食品卫生、师生外出活动、传染病防控等安全管理，每周进行1次安全大排查，发现隐患及时整改；利用班会、少先队活动、安全法制课、致家长信等途径，对师生开展安全法制教育，确保全年校园安全；11月，学校举行“宪法小卫士行动”启动仪式并开展宪法诵读和知识竞赛活动。

党建团建工作。2019年，支部在广大党员中开展“不忘初心 牢记使命”主题教育活动，进一步提升党员的党性修养，多次开展党员志愿服务活动。4月30日，学校举行共青团支部成立大会，推选孙萌任团支部书记，同时邀请县一中左庆云为全体团员讲授团课。

办学成果。2019年，学校分别获得全国青少年人工智能活动特色单位、全国青少年校园冰雪运动特色学校、全国“北京2022年冬奥会和冬残奥会奥林匹克教育示范学校”、河北省奥林匹克教育示范学校、河北省“北京2022年冬奥会和冬残奥会奥林匹克教育示范学校”、“2019年度廊坊市文明校园”、“新教育种子基地学校”、“大厂县2019年教学评估先进单位”等多项荣誉称号。

【大厂县夏垫中心小学】 大厂回族自治县夏垫中心小学坐落在大厂县夏垫镇政府北侧，北邻京秦铁路，占地15341平方米，建筑面积5819平方米，是隶属于夏垫学区的一所公办全日制中心小学，服务于夏垫村、祁屯村、东庄村、兴隆庄村、太平庄村、芮屯村、毛厂村、王果子村8个行政村及安馨丽景、吉祥公寓、佳美铭居等周边8个小区，服务半径3公里，服务区总人口15956人；学校现有教学楼、综合楼各1座，办公及教学辅助用房10间；教学班25个，学生1281人，适龄儿童入学率100%，学额巩固率100%；现有教职工61人，40周岁以上教师26人，30—40周岁教师17人，30周岁以下18人；本科学历52人，专科学历9人，学历达标率100%；高级教师5人，一级教师24人，初级教师16人，中级工4人，劳务派遣教师12人。

教育教学设施。学校有信息技术教室、录播室、仪器室、实验室、图书阅览室、少科室、体育器材室、美术器材室、音乐器材室、卫生室及音乐、美术等专用教室，并配齐先进的教学设施和教学软件；25个教学班均配备多媒体教学设施，实现多媒体教学全覆盖；信息技术教学，实现网络化；教师每人配备一台笔记本，实现办公自动化、备课网络化、教学多媒体化。

工作思路。不忘初心，牢记使命，深入贯彻党的教育方针政策，以立德树人为根本，以实施素质教育为主题，以课堂教学为中心，加强校本研修，让师生在情感交叠中和谐发展，为学生的终身发展奠基，实现“学生有进步、教师受尊重、学校得满意”的工作目标。

办学特色。树立“成才必先成人”德育理念，遵循“为学生终身幸福奠基，铸造民族之魂”的工作思路，践行“九种好习惯”（举止文明的习惯、诚实守信的习惯、尊重他人的习惯、守时惜时的习惯、懂得感恩的习惯、勤俭节约的习惯、遵守秩序的习惯、勤于动手的习惯、锻炼身体的习惯）；加大对教师的培训力度，组织教师参加各种业务培训、听课、观课活动，开展“师徒携手搞课改”“跨年级、跨学科听课”“一课多讲”等活动。坚持从课堂入手，坚持“先学后教，以学定教、教学合一”现代教学理念，突出“五个环节”（备课、上课、作业、辅导、测试），严把“一个关口”（教学常规检查），改革教学模式，提高教学质量；“阳光六十分，健康一小时”，开展阳光运动，增强师生体质。上好“两操”，搞好大课间活动，确保学生每天锻炼1小时。通过举办跳绳比赛、队列比赛、拔河比赛等活动形式，培养学生锻炼习惯、增强学生健康体魄，提高学生团队意识。

取得成绩。8月，左冰哲老师参与“人教数字教材——教师网络培训课程项目”中通编教材语文二年级下册《传统节日》课堂实录、《传统节日》课例点评的编写和讲课工作；9月，肖志慧等6名老师荣获县委、县政府表彰；10月，姚术军老师设计制作的课件《将相和》，在“第二十三届全国教育教学信息化大奖赛”河北赛区作品评选中荣获基础教育组一等奖、荣获第三届中赫国安“高参小”京津冀少儿足球邀请赛U10组第六名；11月，左冰哲老师参与研讨的小学语文习作《缩写故事》一课，由教育部“统编教材深度宣传解读”项目录用、刘海英老师录制的作品《Unit 2 My week》，在2019年廊坊市中小学教师信息化教学研修与实践成果交流评比中荣获小学组课例三等奖、荣获全县中小学生足球技能比赛绕杆接力（团体赛）小学组季军；12月，被县教体局授予“2018—2019学年度义务教育教学评估先进单位”荣誉称号，荣获大厂县首届冰雪运动会（轮滑）、（旱地冰壶）优秀组织奖。

【大厂县祁各庄中心学校】 大厂回族自治县祁各庄中心学校占地73333.7平方米，总建筑面积1.8万平方米，建有中小学教学楼，幼儿园楼，综合楼，宿舍楼，餐厅等，是全县唯一一所九年一贯制学校。学校有教学班52个，学生总数为2346人，住宿生人数为240人；教职工总数为163人，其中专任教师数为146人，教师学历合格率达100%。中学部现有教学班23个，学生总数1136人，教职工总数为95人，全部拥有大专及以上学历，专任教师81人，学历合格率100%；有全国优秀教师1人，河北省优秀教师1人，河北省骨干教师1人，廊坊市名师3人，廊坊市骨干教师5人，并建有廊坊市物理工作室1个，中学部生均占地面积29.23平方米；生均建筑面积7.18平方米；生均教学仪器设备值为2559.91元；拥有图书47000册，生均42册。小学部现有教学班22个，学生总数为995人，适龄儿童入学率100%；有教职员工52人，专任教师50人，大专及以上学历教师48人；小学部生均占地面积33.01平方米，生均建筑面积8.41平方米；生均教学仪器设备值为2109.54元，图书量达到每生36册的标准。幼儿园部现有教学班7个，学生数为215人，教职工总数为16人，专任教师为15人；幼儿园占地面积2000平方米，建筑面积1500平方米，配备大型组合玩具，教室内教学设备和配套设施齐全。

德育工作。根据学生不同年级、不同心理特征制定各年级的培养目标。七年级，养成良好习惯、感恩教育、树立健康心态；八年级，感恩教育、克服逆反、健康成长；九年级，感恩教育、理想教育，拼搏冲刺。9月，感恩教育；10月，同心共筑中国梦爱国主义教育，并且结合学校实际情况，每周制定德育计划，确保工作落实到位。

队伍建设。为加强各班主任之间的互动沟通，1月3日，政教处组织开展班主任德育工作经验交流会，由先进班主任总结班级管理经验，带领大家共同学习，交流体会与收获。与此同时抓实“班主任工作常规”，坚持做好月清工作，以中学生日常行为规范为基础，每月对各班的胸卡佩戴、纪律、卫生等情况进行评价，以促进班主任工作及时完善。

学生管理。利用每周升旗仪式中的国旗下讲话，有计划地进行“弘扬中华美德，倡导文明新风，共建和谐校园”的国旗下讲话，激发学生爱国热情，树立正确的国家意识，培养爱国主义意识。政教处以月清简报的形式结合学生行为习惯的落实，对各班进行考核。开展“向不文明行为告别”的主题讨论活动，通过活动，学生把口头上的要求内化成实际行动，开展德育教育进课堂活动，由政治教师在课堂上讲解，学生通过写心得体会、主题班会等形式加深感悟，并在日常生活中身体力行。对学生进行感恩教育，通过多种形式培养学生感恩意识。在教师节、中秋节等节日举办相关的主题班会，引导学生健康向上，举止文明，以先进人物事迹激励自己，以先进人物的精神鼓舞自己，用感恩的心态面对周围的人和事，极大激发同学们积极进取的热情。教育的作用是实现人的潜能，教育目的是提高学生自我教育、自我管理、自主学习的能力，“培养能够自主发展的人”。经过实践与发展，在学生自主管理方面形成一套班级自检、学生会督导、政教处验收一条龙的自主管理模式。以学校教育为主体、以社会教育为依托、以家庭教育为基础，积极开展“三合一”教育活动。要求每班每学期至少组织 1 次家长会，利用家长会开展“家长教育进课堂”活动，让家长走进教室为学生传授各种丰富的知识并进行富有成效的教育活动，让学生感受到别具一格的教育，教育学生珍惜今天幸福的生活，为祖国的强大而努力学习。假期中号召学生参加社会实践，在活动中感受到多方位的教育，使校、家、社会形成教育的整体合力，提高教育的效益。

队伍建设。教导处 5 人分工明确，开学初上交教研室课程表、时间表、人员安排表，第一学期的工作计划。各教研组工作真正落到实处，制订工作计划，有内容，有措施，理性且实际。活动逐渐开始走向常态化、规范化，有特色、有效率、有时间保证，具体体现在固定时间、固定地点开展集体备课、听课、评课、集体学习与教学经验交流等教研活动。秉着公平、公正、负责的态度，制定祁各庄中心学校初中部日常教研工作考核细则，对教师日常教学工作进行量化积分，逐步探索教学工作规范化途径。

课堂教学。11 月 1 日，在学校 4 楼会议室举行廊坊市名师杨小京工作室的启动仪式暨集中研讨活动，有省级工作室骨干成员徐庆鑫老师的专题讲座和祁各庄学校物理老师的汇报课，全县物理教师分享课堂教学心得；11月13日至14日，组织物理、生物教师参加北京专家送教活动。

法制安全工作。学校把安全工作放在首位，通过对宣传、教育，落实安全责任制，定期开展全校性安全检查、整改，全面杜绝各种安全事故的发生。成立安全工作领导小组，落实“一岗双责”，做到每项安全工作有人管。加强日常检查督促，清除安全隐患，隐患于未然。学校利用多种形式对全校师生进行安全知识教育，有效地提高师生的安全意识和防范能力。在学校开学初制定各种预案的基础上，为提高师生的自我保护意识，增强师生处理突发事件的应变能力，通过演练，提高师生在面临突发事件的心理素质，做到沉着冷静，能在紧急状态下迅速撤离，疏散到安全地带，加强学生逃生自救的能力。

办学成果。3月，获廊坊市第二届中小学机器人竞赛活动小学组二等奖；4月，在廊坊市第二届中小学机器人竞赛活动中，分别获得“太空之旅”工程挑战赛一等奖、“超级轨迹赛”项目二等奖和三等奖、在第11届河北省青少年机器人竞赛FLL项目中获得第三名；5月，在大厂县2019年中学生校园足球联赛中包揽初中组男队、女队全部冠军、在大厂县2019年全县中小学生田径运动会中获初中组团体总分冠军，同时获得5连冠；7月，在2019年廊坊市中小学校园足球联赛中女子足球队获廊坊市第三名，男子足球队获廊坊市第四名；11月，全县中小学生足球技能大赛中初中部包揽团体赛绕杆接力和任意球大战全部冠军。

【大厂县邵府中心小学】 大厂回族自治县邵府中心小学位于邵府镇太平庄村北、福喜路东侧。建有教学楼1栋，分为A区、教学区和B区、综合区，服务邵府镇8个自然行政村及潮白河经济开发区外来务工人员子女，服务人口1.3万人。学校占地12706平方米，生均占地面积16.2平方米，建筑面积4517平方米，生均建筑面积5.76平方米。现有17个教学班，784名学生；学校现有教职工 41 人，校长 1 名，专任教师 40 名，教师学历达标率 100%，全体教师普通话合格率 100%，其中专科及以上学历教师 41 人，占全体教师的 100%；教学用计算机 131 台，生均比 4.5∶1，学校现有藏书 21635 册，生均 27.3 册，实现电子借阅；各种教具、体育器械、教师用书一应俱全，全体教师实现人手 1 台办公计算机，特别是多媒体白板的安装和班班通业务的开展，真正实现教育资源共享。

德育工作。2019 年 4 月，开展书香校园活动；5 月，开展“争做新时代好少年”诗歌朗诵比赛；6 月，学校与双臼小学举行帮扶共建签约仪式，同时开展送教下乡志愿服务活动；9 月，组织开展“向国旗敬礼”系列活动、组织参与“我爱大厂文明城”全县中小学生作文大赛活动，有 4 名同学获奖；11 月，学校开展学生优秀作业展览活动；为弘扬传统文化，学校利用清明、端午、重阳等传统节日开展感恩、爱国等主题教育；积极参加在廊坊市青少年未来工程师博览与竞赛活动，水火箭项目获全国一等奖。

体育活动。2019 年，继续开展“阳光体育大课间”活动，提升学生身体素质。在县运动会上丁泉杰、程文凯打破小学组铅球记录；在参加大厂县校园足球比赛中，五年级组获得第一名；11 月，参加大厂县首届冰雪运动会暨轮滑比赛中获优秀组织奖。此外，学校还组织开展踢毽子、跳绳旱地冰壶等比赛活动。

法制安全工作。2019 年，每周进行 1 次安全大排查，发现隐患及时整改；利用班会、教师会、安全法制课、致家长信等途径，对师生开展安全法制教育，做到人人增强安全意识，时时加强安全防护；11 月，学校举行“宪法小卫士行动”启动仪式、宪法诵读、知识竞赛及板报活动。

教学工作。2019 年，举办形式多样的听评课活动 60 节；组织教师研讨活动 7 次；组织教师学习有关教研方面的材料，研究新课程标准、教材与教法，提高课堂教学水平；李晓辉老师的英语教研课《what can you do ?》受到县教研员的一致好评；刘学敏老师的《从小牢记价值观，争做美德少年》获廊坊市优质课二等奖；《亡羊补牢》获县级优质课一等奖；祁桂玲老师被评为“廊坊市德育先进工作者”称号；孙亚新老师获得“廊坊市优秀乡村教师”称号。

【大厂县陈府中心小学】 大厂回族自治县陈府镇中心小学位于陈府镇陈府村，隶属大厂学区，服务全镇21个行政村及周边企业的外来务工人员子女，服务人口1.2万人。现有学生519人，12个教学班，实行双轨制，最大班额55人，最小班额36人；学校现有教职工35人，其中校长1名，副校长2名，专任教师33人，本科学历21人，专科学历8人，中专学历6人，占专任教师的87.9%，师生比例1∶16；学校占地22313.21平方米，生均占地面积42.99平方米；教学楼建筑面积3571.48平方米，同时建有门卫室、锅炉房等辅助用房，总建筑面积3861平方米，生均建筑面积7.44平方米；学校运动区5840平方米，其中运动场200米，设6条100米直跑道，有3块5—7人制足球场、2个标准篮球场、1个练习篮球场、4块乒乓球场、1块羽毛球场及各种快乐健身设施；有专用教室及功能室20个（音乐教室、体育活动室、体育器材室、美术教室、书法教室、劳动教室、科学实验室、仪器室、快乐屋、少先队活动室、科技探究活动室、图书馆、信息技术教室、卫生室、舞蹈教室、档案室、中央控制室、录播教室、机器人探究活动室、阅读教室）；学校现有仪器7889件，各班安装交互式多媒体教学设备，教师配备笔记本电脑，安装交换机、防火墙，用于保障学校网络环境的安全，教学用计算机生机比达到6∶1；学校图书馆为省一级图书馆，面积150平方米，藏书17810册，复本率小于等于5，生均34.32册，电子图书资源20G，实现电子借阅和局域网浏览。

主要成绩。2019年3月，学校组队参加市科协组织的机器人大赛获得创意类三等奖；12月，获得大厂回族自治县首届冰雪运动会陆地冰壶小学组冠军、乒乓球兴趣小组的刘畅同学在大厂回族自治县“迎新年”中小学生乒乓球女子组比赛中获得冠军；学校获得河北省示范家长学校的称号；张静老师在 2019 年“第二十三届全国教育教学信息化大奖赛”河北赛区作品评选中荣获基础教育组三等奖，王丽群老师执教的课例在廊坊市“一师一优课一课一名师”荣获一等奖；张振娟老师在廊坊市教育局组织的优秀课例评选中获得一等奖；吴新华老师执教的课例在 2019 年廊坊市中小学科学优质课评选活动中荣获二等奖。

【大厂县王必屯中心小学】 大厂回族自治县王必屯中心小学占地面积 18183 平方米，建筑面积 3554.2 平方米，服务 8 个行政村 4583 人。现有小学生 200 人，幼儿 61 人；教师 22 人，其中男教师 2 人，女教师 20 人，专任教师 21 人，党员 10 人；中小学高级教师 1 人，中小学一级教师 14 人，中小学二级教师 7 人；本科学历 12 人，专科学历 10 人，学历达标率 100%，专科及以上学历教师比例 100%，在校生年巩固率 100%。学校有 200 米塑胶操场 1 个，体育器材室、仪器室、实验室、准备室、心理咨询室、卫生室、音乐教室、计算机教室、录播教室、美术教室、图书室、阅览室等功能教室均投入使用，能满足正常的教育教学活动。体育场面积 4300 平方米，篮球、足球、乒乓球等设施场地布局合理。图书总量 7000 册，配有教学仪器 4574 件（套），教学用计算机 90 台。

阅读活动。学校以“阅读促进学生成长”为理念，规定幼儿园每周三为“绘本阅读日”，大班幼儿读书 26 本，中班幼儿 23 本，小班幼儿 25 本。内容丰富，涉及多种主题，有《阿文的小毯子》《蛤蟆爷爷的秘诀》《爱花的牛》《1 只小猪和 100 只狼》等。2019 年，广东省担当者行动公益组织为学校免费捐赠 360 本精美绘本图书。以此为契机，学校开展“书香满校园”系列活动第一季——阅读存折，印刷“阅读存折”500 本，免费提供给学生。截至 12 月底，学校开展 3 个阶段活动：第一阶段鼓励学生积极阅读，每月评选出“悦读小秀才”至“悦读小状元”由低到高的 8 个荣誉称号，有 98 名学生获奖；第二阶段，通过“好书推荐”活动，引导学生精读、制作精美的优秀推荐卡向全校展示，有 45 名学生获奖；第三阶段，学生从“寒假好书推荐名单”中选择 1 本，认真完成阅读单，开学后每班选出阅读单完成优秀的学生，发放“阅读状元”“阅读榜眼”“阅读探花”奖状，以兹鼓励。

特色活动。借助城区二小来学校送数学课的机会，与送课老师讨论如何提高学生的计算水平，并将讨论出的方式方法运用到实际教学中；陆续开展“冬日暖阳，畅游数学周”“溢彩童年，美术活动周”“I Believe I can do 英语周”“动手小达人科学周”等活动；2019 年的冰雪节，在学生相对较少的情况下，单独组建足球队、轮滑队、旱地冰壶队参加比赛；学校开展第一届全体师生冬季跳绳比赛，锻炼学生身体，展示学生风采，提高班级凝聚力，拉近师生距离，氛围浓厚；10 月 1 日，在中华人民共和国 70 周年之际，组织全校师生录制《歌唱祖国》视频，通过家长会、公众号向社会进行宣传，展示学校的爱国之情。

教研活动。每月最后一个周五为学科教研日，各学科老师一起观看名师录像、讨论班主任管理、研究教学中出现的问题。2019 年，获得教育部颁发的“一师一优课一课一名师”优质课 2 节，省微课大赛二等奖 2 节；市 2019 经典阅读绘本大赛一至三等奖 4 人、 获市 2019 年中小学教师信息化教学研修与时间成果评比小学组课件二、三等奖 2 人、获批市级课题 2 项、市优质教具评比二等奖 3 人；省级论文 2 篇；并获得 2019 年度教学评估先进单位。

【大厂县第二回民中学】 大厂回族自治县第二回民中学占地面积 86667.1 平方米，建筑面积 28574 平方米，建有 1 栋 U 字形教学楼、2 栋宿舍楼、1 栋餐厅楼，1 栋实验楼和 1 栋行政办公楼、400 米的塑胶跑道及大型人造草坪；建成录播教室、地理探究室，实现教师全部网上备课教研、互动教学支撑系统教学，馆藏量 12 万册并配有电子阅览的省一级图书馆可满足全校师生借阅，理化生实验室、音乐、美术、舞蹈、语音室实现双套配备。学校有在校学生 2300 名，教师 196 名、中教高级教师 48 人。

教学活动。教师坚持“六认真”（认真备课、认真上课、认真辅导、认真留批作业、认真教研、认真审阅卷），提高教学效率。加强教研备课、加强重难点突破、借助集体备课力量的成果，自觉、认真、热情、负责，有目标、有压力、有责任、有奉献。

德育工作。紧盯立德树人根本任务，强化师德师风师能建设，开展好优秀教师评选活动，绘好二中校园感人教育故事。加强师德师风建设，在全校教师中形成追求人格魅力素质风采、追求教育教学高质量的氛围。

取得成绩。3 月，荣获“巾帼文明岗”称号、“2019 年廊坊市青少年机器人竞赛团体奖”；12 月，获得全国第四届大厂首届“万步有约”健走激励大赛优秀参赛单位、“2018—2019 义务教育教学评估先进单位”“2019 年度廊坊市文明校园”等称号。

【大厂县职业技术教育中心】 大厂回族自治县职业技术教育中心位于北京正东，距天安门 45 公里、距北京行政副中心 17 公里、距首都机场 30 公里。大厂职教中心现有教职工 259 名，其中在编在岗 132 名、“政府购买服务”形式聘用专业教师 41 名，合作企业提供专业教师 86 名。主要承担全日制中等学历教育、成人学历教育、社会培训三大任务。2019 年，学校获评“全市电大系统开放教育招生先进集体”；计算机动漫与游戏制作专业、旅游服务与管理专业，继民间传统工艺专业之后，也获评“河北省中等职业学校省级特色专业”。

思想教育。2019 年，职教中心开展一系列思想教育活动，包括“书记上党课”、“正师德、塑师风、铸师魂”征文、“欲为他人灯塔 先给自己增光”的师德师风建设提升、“争做文明职中人”、“文明标兵、文明学生”评选、“不忘初心、牢记历史”主题演讲、道德模范宣讲进校园、“学习十九大，运动展风采”师生系列健身运动、“放飞梦想 羽化成蝶”学生礼仪和专业技能展示、“学雷锋树新风”板报评比、清明祭扫奠英魂“网上祭英烈”爱国主义教育、

“学做人、立大志、强国防”国防教育讲座、“爱祖国、爱家乡、爱学校”解说词大赛、五四“成人礼 致青春”、千人诵读《弟子规》等活动。

顺利搬迁。2019年5月，搬入新职中，新校区占地146667.4平方米，规划建设面积66200平方米，总投资38000万元，其中设备投资7680万元，可容纳全日制在校生2400名，全年开展技能培训6000人次。每栋单体建筑根据不同专业特点，实施不同建设格局，使学生不出校门就可以完成理论教学和实习实践任务，实现“产、学、研一体化”。

调整办学方向。2019年，开展各类职业技能培训90期，培训学员4106人次，促进就业1320人次，使培训工作切实拓展到北京城市副中心，同时深入大厂县部分社区（湖韵蓝湾等），为地方经济和社会发展提供强有力的人才支撑。“河北省高技能人才培训基地”项目于10月申报成功；“廊坊市退役军人实习实训基地”在职教中心挂牌。

完善教师机制。2019年，学校新增专业教师9名，使“政府购买服务”教师达到41名，鼓励企业与教师之间双向选择，让教师参与到企业项目研发中去，让企业技术骨干参与到教学中来，实施竞争上岗，能者上、庸者下，彻底解决“专业师资不足、专业教师不专业”的问题。

内涵建设。学校学前教育、航空服务、旅游服务与管理、计算机专业的学生，先后参加市级、省级技能大赛和礼仪大赛，获得多项团体奖和个人奖项；学校成功举办焊接技能大赛、茶艺技能大赛、礼仪技能大赛，以赛促训，提升学生和学员的技能水平，同时也开阔眼界，激发学习热情；5月，计算机动漫与游戏制作(项目教学特色）和旅游服务与管理（京津冀一体化旅游方向）专业，继民间传统工艺专业后，再次顺利通过“省级特色专业”评审，截至12月底，学校有3个省级特色专业。

校企合作。2019年，学校采取“引企入校”的方法，每个专业引进1到2家合作企业，按产学研一体化的要求，实施校企共建，采取“校企共栖发展的现代学徒制”人才培养模式，使产教融合工作，实现专业与企业交汇融合、教学与实训无缝对接。学校与中国动漫集团有限公司、北京北信阳光传媒有限公司、北京翔宇航空集团、北京昊科世纪机器人技术有限公司、北京辉唐影视文化传媒有限公司、河北茗漫信息技术有限公司、河北老天利景泰蓝公司、河北高氏玉器有限公司、伊韵旅游开发河北有限公司、优优幼儿园、大厂星耀网络科技有限公司等 11 家企业实现深度合作。

校校合作。2019 年，学校与位于副中心的北京新城职业学校签订“专业共建、师资共享、基地共用、共同培训”的联合办学协议；与北京昌平职业学校联合举办“服务冬奥会冰雪运动及设备设施维护”首期培训班；与河北能源职业技术学院、河北旅游职业技术学院等多所高校签订中高职衔接协议；正谋划构建个别专业的“3+2”直通车。

增强社会影响。10 月 26 日、27 日，学校成功举办首届“中国·大厂景泰蓝创新设计大赛”、首届廊坊市职教年会、2019 大厂县人才招聘会、2019 景泰蓝文化论坛。北京电视台《早安北京》栏目，对学校办学特色和服务副中心建设方面的先进做法进行宣传报道，中国新闻网、中国文明网、《河北日报》、河北新闻网、《廊坊日报》、今日头条、腾讯大燕网、腾讯视频、爱奇艺视频、大厂京东新城网等多家主流媒体也对学校教育教学、校企合作、双创双服等方面的工作进行深度报道。

【大厂县第一回民中学】　大厂回族自治县第一回民中学简称“大厂一中”，是省级示范性高中。占地 108667.21 平方米，有教学班 30 个，在校生 1400 名，教职工 196 人，本科以上学历达标率 100%，具有高级职称的教师 64 人，研究生学历和硕士学位占专任教师比例 3%。2019 年，高考上线率达到 93%，纯文理一本重点大学上线人数 158 人，上线率 42.3%，保持全市领先。9 月 10 日，校长陈桂林参加在北京人民大会堂召开庆祝 2019 年教师节暨全国教育系统先进集体和先进个人表彰大会，并获得“全国优秀教育工作者”称号，受到党和国家领导人的亲切接见，并与领导人握手、合影留念；10 月 19 日，大厂一中学子喜获世界教育机器人大赛亚军；12 月 15 日，大厂一中学子喜获世界锦标赛积木机器人电教赛制高中组的一等奖。学校先后获“廊坊市普通高中课程改革先进单位”“河北省中小学思想政治教育先进集体”“河北省高中生涯规划教育实验学校”“廊坊市文明校园”“廊坊市德育十佳学校”“廊坊市教育科学研究先进单位”“五四红旗团委”等荣誉称号。

学品管理。2019 年，继续深化教育教学管理，每周的周例会、中层干部会、班主任会、年级会，领导班子成员定期听取汇报和研究解决有关问题，将常规管理责任到岗，落到实处。大厂一中在注重精严管理的同时，更注重文化管理，努力提升学校办学品质，把“培养高品质人才”作为教育的不断追求，制度管理与文化管理“双重并举”。

学品教学。结合新课改理念，在教学策略上力求把学习的主动权交给学生，把学习方法教给学生，放手让学生自己去学，让学生真正成为课堂主人。在教学方面，注重小组合作式的探究性学习；变虚假学习、浅表学习为真实学习；以问题教学为导向，实现课堂教学最优化；情境教学融入课堂，教学效果显著；大厂一中重视尖子生培养，多次举办“学霸面对面”等交流活动，并设立“竞赛班”“尖子生虚拟班”，请教练员做专业指导，冲击省级以上比赛。2019 年，有 3 名高二优秀学生提前获得中国科技大学高考入场券。通过开展教学规范月、教师优质课大赛、“走出去、请进来”、学科大讨论等教学交流活动，进一步深化“让学习真实发生”的课堂教学改革，促进学校智慧课堂与“问题导学”课堂深度融合，加强专业引领，打造适合各学科特点的高效课堂，造就一支积极进取、与时俱进的教师队伍。

学品德育。2019 年，每月 1 次的师德师风建设主题教育活动、名师大讲堂、一中诗会和学品读书会成为学校德育的源头活水，在不断探索与大胆创新中，把德育放在学校各项工作之首，并渗透到学校各项教育教学工作中，树立大厂一中“大德育”的特色教育品牌。

【大厂县高级实验中学】 大厂回族自治县高级实验中学坐落于北京东部大厂县境内102国道北侧，距北京46公里，占地面积31968平方米，由初中部、高中部组成的完全中学。现有教学班42个，学生2266人，教职员工216人；学校建有集行政办公、教学、实验于一体的综合楼1幢，集食堂、洗浴、食杂店于一体的功能楼1幢，男、女生宿舍楼各1幢；建有高标准的生理化实验室、电脑、电教、地理、音乐等专用教室；校园内安装监控设备，有172个监控点，做到校园、教学楼、食堂等监控管理无盲点。

办学特色。创建文明校园，营造幽雅的校园环境，布置有特色的班级园地，开展师生读书活动，鼓励校本课程的开发，奖励师生个性探究，促进学校和谐发展；打造高效课堂。课前，小组备课，合作分享；课上，精讲多练，教学相长；课后，自主探究，各有提高；考试，以考促学，确定目标。培养魅力教师，学校开展评选教学名师、学科带头人、最受学生欢迎的青年教师等活动，教评互动，师生互动，倾听学生呼声，顺应教育发展趋势。培育幸福学生，帮助学生在心里种下一颗太阳，他（她）的幸福在于不仅照亮自己同样也会带给他人阳光。幸福的要义在于悦纳自己，接受他人，努力改变并适应环境。确立规章制度，校规校纪是学校管理的底线，所有在校学生都必须遵守，个人的自由不得侵犯他人的权利，校规校纪正是为保护所有学生的权利而设置。

教师队伍建设。鼓励教师参加业务培训，夯实教师业务理论基础。每学期组织同学科优质课大赛，并且鼓励教师积极参与“一师一优课”大赛，以提高教学质量为核心，提高教师的业务能力。定期组织教师到北京、山东、上海、西安等地外出参观学习，采用“走出去，请进来”的方法，提高教师的业务能力。组织教师开展“听课、讲课、评课”活动，激励教师多交流、沟通，注重优化教师群体素质。

德育工作。全校教职员工都是德育工作者，结合本职工作一岗双责，宿管老师、后勤教辅老师及食堂浴室等工作人员都能在相应岗位上为学生成长助力。校团委学生会学生干部通过竞选产生，对早操大型校会活动进行引导管理。学校通过公开竞聘组建校广播站，每周定时进行广播，自播自录自导，既锻炼自己，又涵养提升别人，每学期德育处代表学校对优秀学生进行表彰。

安全工作。安全工作是学校工作的重中之重，学校把安全工作放在首要位置，每年开展安全应急演练4次。3月初，与县消防队联合开展消防安全进校园活动；9月，邀请县消防队的教官进行消防知识讲座；强化日常执勤、校舍、教育教学设施、食品卫生、师生外出活动、传染病防控等安全管理，每月进行多次安全大排查，发现隐患及时整改，从而确保师生平安。

党建工作。做好总支委中心组理论学习工作，强化学习《习近平新时代中国特色社会主义思想学习纲要》《十九届四中全会精神》《习近平关于“不忘初心、牢记使命”论述摘编》《关于新形势下党内政治生活的若干准则》《中国共产党纪律处分条例》等重要文件，跟进学习习近平总书记最新重要讲话和关于教育工作的重要论述，加强党风廉政建设，落实主体责任，深化党建工作。同时，做好扶贫工作，落实好相关文件精神，让贫困孩子有书读，让贫困群众有人管。

办学成绩。2019年，高考成绩本科上线率达到47%，其中美术班达到89%，中考成绩稳中有升。

（王艳辉）

气象

【概况】 大厂回族自治县气象局隶属于廊坊市气象局和县委、县政府双重管理的领导体制，以部门领导为主，内设办公室、防灾减灾科、气象台、气象灾害防御中心（防雷中心）等科室。

【设施建设】 2019 年，气象局主要实施观测站绿化升级改造 2 次和定期维护等事宜，完善局机关意识形态工作的阵地建设。

【气象服务】 继续健全气象灾害防御组织体系，2019 年年初对全县各村街的气象信息员和各镇气象协理员进行核实和更新，通过手机短信和信函方式予以培训，确保每一名气象灾害防御责任人员都能够尽责履职，实现最大限度地预防和减小气象灾害给广大人民群众的生命财产造成的损失。利用好天气 APP、手机短信和大厂天气通微信公众号服务新型农业经营主体，并通过突发事件预警信息系统向新型农业主体发送预警信息。年内完成“气象防灾减灾地图”“冬小麦农业气候区划地图”“冷棚西瓜农业气候区划地图”“暴雨风险区划图”“雷电风险区划图”“大厂回族自治县作战指挥图”6 张图的绘制工作。完成 1 套农田小气候站建站工作，7 月投入运行。完成《大厂回族自治县气象灾害防御手册》8500 册的印制工作，并利用法制宣传活动进行上街和进社区宣传。截至 12 月底，大厂回族自治县气象局的决策气象服务产品主要有《重要气象专报》《专题气象报告》《气象信息》《气候影响评价报告》《气候公报》《环境气象周报》及约稿（临时服务材料），公众气象服务产品主要通过手机短信、预警显示屏、微博、微信、声讯 96121 等形式发送，保证在第一时间呈报或发送到县四套班子领导、有关部门、气象信息员、气象灾害防御负责人及广大人民群众手中。年内编制各类服务材料 200 期，免费发布气象短信 400 条 80000 人次。

（李红星）

文化　旅游　卫生

文化 旅游

【概况】 大厂回族自治县文化广电和旅游局，是经县委、县政府批准，由原大厂回族自治县文化广电新闻出版（版权）局机构改革后组建，主管全县文化、广电、旅游工作，职能配置、内设机构和人员编制规定一并整合。下设办公室、市场管理股、安全生产管理股、公共服务股、产业开发股、宣传推广股；局下属单位有县文化馆、县图书馆、县文物所、大厂评剧歌舞团演艺有限责任公司和县新华书店。

【戏剧小镇建设】 加强组织领导，成立项目建设领导小组，县委书记任政委、县长任总指挥，县委宣传部长任常务副总指挥，印发任务清单，定期督导、全力保障、加快推进。在参照河北省特色小镇创建标准的基础上明确提出对接京津冀协同发展上位规划，落实世界眼光、国际标准、中国特色、高点定位的建设标准以及雄安标准体系，推进小镇整体规划、建设和发展。加强基础保障，形成县委县政府、国家京剧院、战略合作者、运营方四方合力推进项目建设的体制机制，积极沟通衔接协同发展规划，进一步优化项目概规内涉及土地报批的用地布局和公服设施布局。积极与省市主管部门沟通，争取上级对项目用地计划指标分配和占补平衡指标支持，对符合现行规划的2.57公顷用地组卷上报。投资2000万元，启动实施20公顷项目启动区征地前期准备工作，同时结合赴延庆和唐山学习拆迁经验，研究出台《拆迁安置补偿方案》《关于加快推进村庄改造工作的实施意见》等政策性文件，启动整体征地拆迁安置工作。县委、县政府主要领导多次带队跑省进厅，向上级领导汇报工作，争取更多政策、资金支持。

【文化设施建设】 2019年，新建镇综合文化站5个，村基层文化服务中心30个，县文广旅局负责整体组织协调，项目建设主体为各镇政府。镇综合文化站建设工作。祁各庄镇文化站和邵府镇文化站室内投入使用，陈府镇文化站开展施工工作，大厂镇完成立项，图审完成，夏垫镇室内部分装修完成；村综合性文化服务中心建设工作。尚各庄项目完工，邵府村正在进行主体施工，其他村庄正在抓紧履行前期设计、评审、招投标等手续。

【厕所建设】 2019年，在县内城区、主要交通干线、公园、乡村旅游村等区域安装移动式旅游厕所40座，并实施一体化运营管护。

【公共艺术设计项目】 2019年，县文广旅局开展大厂县的城市公共空间文化艺术整体策划及重要节点区域公共艺术设计项目，有9项内容，即《城市公共文化艺术发展策划》《城市应用性色彩分析与研究》《城市品牌形象VI系统提升》《城市重要节点的城市雕塑设计》《城市公共空间艺术化设施设计》《城市导视系统设计》《城市景观小品设计》《城市灯光亮化概念设计》《旅游商品与艺术衍生品开发与销售》，项目初稿于9月25日向县主要领导汇报。潮白河酒店路口雕塑正在开展项目说明和预算编制工作，下一步进行价格评审和招标工作。

【群众文化活动】 高质量完成“双创双服”“七进”演出活动。把“七进”演出活动贯穿全年文化工作之中，切实保障群众基本文化权益，本着“贴近实际、贴近群众、贴近生活”的指导思想，创新编排快板、相声等语言类节目，如舞蹈《共圆中国梦》、情景舞蹈《红军渡长征源》、快板《十九大报告我来读》等。“七进”演出活动组织县内外专兼文艺组织赴全县镇、村、校、企等单位开展文艺演出活动101场，惠及群众2万人，部分演出过程安排县域内业余文艺爱好者参加演出活动，锻炼大厂县文化艺术人才队伍；按照全县“2019年两节系列文体活动方案”要求，圆满完成“欢歌唱春”群众文艺汇演、元宵节有奖灯谜活动，参与人数近万人；5月中旬，开始启动“乡村振兴·文化乐民”第二届百姓才艺大赛，来自全县200名文艺爱好者和文艺队纷纷踊跃报名，经过评委们的层层筛选，从100个初赛节目中评选出14个优秀节目进入决赛，最终分别评选出个人和集体节目的前三名；按照全县惠民实事工程的总体安排部署，重点开展“百、千”（“百场演出”“千人培训”）文化惠民工程，邀请京津专家到大厂县对文艺爱好者进行培训，参加培训的人数比去年增加12.6%。

【彩色周末】 2019年，大厂县文广旅局协助县委宣传部及县直各部门完成“金融之歌”文艺演出、“白衣天使之歌”卫生系统文艺演出、“三农之歌”文艺演出、“人民卫士之歌”政法系统文艺演出、“党旗飘扬·美丽大厂”庆祝建党98周年群众文艺演出、“劳动者之歌”文艺演出、“财税之歌”文艺演出、“新农村之歌”文艺演出、“璀璨戏曲”消夏晚会、“军民鱼水情”文艺演出、“魅力高新区·产业新高地”文艺演出、“服务者之歌”文艺演出、“和谐社区展风采”文艺演出、“建设者之歌”文艺演出、“园丁颂”文艺演出等10场彩色周末演出活动。

【旅游产业发展】 2019年3月7日，在民族宫举办“打造北京城市副中心后花园”风采巡礼暨图说大厂全域旅游成果展，活动以“争创全域旅游 乐享魅力大厂”为主旨，通过图说的形式展现大厂县全域旅游创建成果。启动仪式上还举行“全域旅游实践基地”揭牌仪式，搭建北京第二外国语学院与大厂县校地合作平台，为大厂县全域旅游建设与经济社会发展提供人才智力支撑；举办《打造北京城市副中心后花园旅游合作机制框架协议》签约仪式，以及“我为大厂旅游代言”短视频大赛颁奖仪式等活动，为大厂全域旅游向更高质量迈进融聚各方资源、夯实发展基础。5月18日，2019大厂·通州两地旅游融合发展暨“诗和远方·近在大厂”旅游宣传推介活动在北京市通州区运河文化广场举办，活动由大厂县政府与北京市通州区文化和旅游局联合主办，两地共同进行“发展全域旅游，打造北京城市副中心后花园”的启动仪式，面向北京地区游客发布3条“北京城市副中心后花园”文化休闲线路，并进行旅游资源咨询活动。中央人民广播电台中国交通广播3次走进大厂，开展《畅游京津冀》栏目直播，分别以生态大厂、第一届大厂县文化旅游产业发展大会、“非遗景泰蓝”为专题进行直播活动。

【文化市场管理】　2月20日，组织全县印装包企业、网吧、图书门店、歌舞娱乐场所、游艺厅、旅行社、景区的负责人召开2019年度全县文旅市场管理暨安全生产和扫黑除恶工作会议，并与参会企业法人签订《守法经营安全生产扫黑除恶》承诺书。加强对全县文化市场、旅游市场开展安全及执法检查，坚持以安全生产常态化监督检查为工作重点，以旅游景区、星级饭店、KTV歌厅、网吧等人员密集场所为重点，排查整治人员密集场所事故隐患和问题排查制度落实情况、高风险旅游项目专项整治和安全防范措施落实情况、旅游景点及文化活动场所建立人流量监测预警机制等情况。2019年，文广旅局开展全县文旅市场两节、两会、“五一”、端午、中秋等重要时期专项治理行动和五城同建强化检查。深化文化旅游市场执法和“扫黄打非”工作，出动执法人员500人次、执法车辆200台次，检查文化经营单位800家次，对1家印刷企业进行行政处罚，对20家文化企业或场所下达整改通知书。通过开展一系列专项行动和集中统一行动，全县文旅市场继续保持安全生产零事故。

【非物质文化遗产】　大厂县国家级非物质文化遗产有2项（花丝镶嵌制作技艺、景泰蓝制作技艺）；河北省级非物质文化遗产有4项（釉料烧造技艺、金漆镶嵌髹饰技艺、“老天利”景泰蓝制作技艺、铸胎掐丝珐琅）；廊坊市级非物质文化遗产有3项（锤胎珐琅制作技艺、京派盆景技艺、纺织锭杆制作技艺）。

同时，借助“中国景泰蓝之乡”品牌效应，举办景泰蓝创新设计大赛，弘扬非遗技艺和文化品牌影响。

（李　超）

卫生

【概况】 大厂回族自治县卫生健康局是大厂回族自治县政府的职能部门，负责全县医疗卫生和计划生育机构的管理及制定卫生应急、疾病预防控制、妇幼卫生工作发展规划和政策措施等工作。县卫生健康局机关内设综合办公室、人事股、规划发展与信息化股、财务股、健康管理科（爱国卫生运动委员会办公室）、医政药政医管股、基层卫生健康股、疾病预防控制与卫生应急股、中医股、宣传股、法制与综合监督股、妇幼健康股、人口与家庭发展股、老龄健康股、党建工作办公室等15个科室，有干部职工74人。全县有各级各类医疗机构152个，包括二级医疗机构2个，镇卫生院5个，社区卫生服务站1个，村卫生室113个，综合门诊部3个，口腔专科门诊部1个，个体诊所38个。全县建有专业公共卫生机构3个，即县疾病预防控制中心、县卫生监督所和县妇幼保健计划生育服务中心。卫健系统有干部职工789人，其中卫生专业技术人员626人。此外，全县有乡村医生112人。

【创建国家级卫生县城】 自2018年顺利通过技术评估以后，始终坚持县领导包片、相关部门包线，任务不减、标准不降、晨扫描不停，特别是针对评估组反馈的意见，在组织相关部门深入城中村、街道认真督导调研的基础上，召开全县创建国家卫生县城技术评估整改暨创建国家级慢性病综合防控示范区启动大会，针对存在问题全面整改。2019年4月底，顺利通过技术评估问题整改情况的复核；9月，被河北省爱卫办公示，拟命名“国家卫生县城（乡镇）”。

【创建慢性病综合防控示范区】 制定《大厂回族自治县创建国家级慢性病综合防控示范区工作实施方案》和《大厂回族自治县2019年创建国家级慢性病综合防控示范区任务分解表》等文件，通过开展健康促进行动、加强慢病患者筛查管理、建设健康支持性环境，有效提升全民健康素质，控制慢性病疾病负担增长。组织500人参加全国第四届“万步有约”健走大赛，大力开展“健康单位、健康餐厅、健康社区、健康自测点、健康宣传一条街、健康公园、健康步道、健康游园”等健康支持性环境建设，设置健康教育宣传栏600处，打造环首都健康护城河。11月15日，被河北省卫生健康委授予“河北省慢性病综合防控示范区”称号。

【基本公共卫生服务】 截至12月底，全县居民健康档案建档105665人，电子健康档案建档103662人，建档率为77.63%；老年人建档17133人；适龄儿童常规免疫接种率以乡级为单位部分疫苗达到95%以上；适龄儿童建卡（证）率100%；2019年全县出生新生儿2064人，孕产妇产后访视管理率达到86.48%；辖区内高血压患者管理14938例，规范管理人数12140人；辖区内2型糖尿病患者管理6119例，规范管理人数6012人；辖区内登记在册的确诊严重精神障碍患者472例；管理的肺结核患者23人；传染病疫情及突发公共卫生事件报告率达到100%，报告及时率达到100%；各医疗机构对辖区内食品安全信息、职业卫生、饮用水卫生安全、学校卫生、非法行医和非法采供血进行监督协管，协管报告率100%。

【疾病预防控制】 全面做好传染病防治工作，坚持“预防为主”的方针，加强重点区域、重点人群和重点环节的防控。加强人感染H7N9禽流感、布病、手足口病等重点传染病防治，全面落实各项防控措施，遏制传染病疫情高发的势头。全县报告传染病2311例，无重大传染病暴发流行。进一步落实结核病防治措施，以发现、治疗和管理肺结核病人为重点，开展“结核病防治宣传日”宣传活动，发放宣传单500张，宣传折页700张，营造全社会参与结核病防治的良好氛围。认真开展艾滋病防治工作，加强对外来务工人员和性病门诊病人等高危人群艾滋病知识宣传，开展“赶大集”科普宣传活动 11 次，发放宣传手册 2300 份，进行 HIV 抗体检测 2061 人/份，未检出阳性。进一步加强职业病防控，开展宣传活动，发放各种职业病防治相关宣传资料 2000 份。为一线员工举办职业卫生防范技能培训 1 次，聘请专家为县内 114 家企业主要负责人和职业卫生管理人员举办培训班 2 次，人数达 254 人。全年完成职业病危害因素定期检测 71 家，完成岗前、岗中和离岗的职业健康体检 3429 人，体检率 89.5%。

【卫生应急】 加强公共卫生应急体系建设。坚持“预防为主，防治结合”的方针，以及“关口前移、重心下沉、主动出击、防范未然”的工作原则，切实抓好重点部位、重点人群、重点季节的疾病防控工作，进一步完善疫情网络直报系统、接种门诊、发热门诊、肠道门诊的管理。不断完善突发公共事件应急预案，充实应急处置队伍，落实“早、小、快、准、好”五字要求，全面提升大厂县公共卫生应急处置和安全保障能力。开展县急救中心建设项目，项目内容包括采购急救车、车载急救设备、急救通讯指挥设备软件和工作人员招聘工作等，5 个急救站点装修改造纳入乡镇卫生院改造提升项目。截至 12 月，急救中心房屋改造完成，急救通讯软件配送到位，通讯指挥设备在安装调试中，急救车在进行招投标。

【卫生监督】 认真贯彻落实行政执法公示制度、行政执法全过程记录制度和重大执法决定法制审核制度。2019 年度，做出行政处罚 2 起，处罚金 2000 元，没有重大行政处罚。对行政处罚、行政检查和双随机抽查等均利用政府网站进行公示。配备执法记录仪等设备，坚持执法过程全记录。认真落实国家“双随机一公开”监督抽查任务，2019 年度任务完结率 100%，均在政府服务网站进行公示，公示率 100%。落实传染病防治分类综合评价工作，2019 年度完成医疗卫生机构传染病监督综合评价 20 家，合格 20 家。

【健康扶贫】　指定县人民医院为大病专项救治定点医院，实施贫困患者县域内住院“先诊疗，后付费”“免押金、直接住院”的优惠政策，截至12月，先诊疗后付费87人次，免交住院押金75万元。开展2019年度全县健康扶贫冬季暖心服务活动，组织17个签约团队176名医务人员对全县建档立卡贫困人口102户，202人全部进行履约走访，主动提供免费体检服务，全面掌握贫困人口健康状况，对患有高血压、糖尿病、结核病和严重精神障碍的贫困人口落实规范管理。“三重保障”制度得到有效落实，贫困患者就医负担明显减轻，没有发现因病致贫新的问题发生。

【妇幼卫生】　有效落实孕前优生项目和出生缺陷三级预防工作机制，建立健全县级孕产妇、新生儿危急重症救治和转诊绿色通道。发放叶酸1841瓶，免费为1240名孕产妇提供艾滋病、梅毒、乙肝检测，对40名乙肝表面抗原阳性产妇所生的新生儿注射乙肝人免疫球蛋白。新生儿疾病筛查采血1211人，筛查率98.37%；新生儿听力筛查1211人，筛查率98.37%；新生儿先心病筛查1051人，发现异常51人，及时转诊至上级医院复查。开展“两癌”筛查项目，乳腺癌筛查2233人，宫颈癌筛查2232人。

【计划生育工作】　2019年，全县出生1333人，政策内出生1296人，政策外出生37人，符合政策生育率97.23%，人口出生率10.34‰，其中男孩729人，女孩604人，出生统计求实率99%以上。对符合计划生育政策家庭落实养老补贴，为2904人发放养老补贴资金34.85万元；对农村部分计生家庭落实奖励扶助和特别扶助政策，2829人享受奖励扶助，85人享受特别扶助，发放奖扶资金271.39万元；对2019年新增的5户独生子女死亡家庭、3户独生子女伤残家庭开展一次性救助工作，发放救助金13万元；落实独生子女父母退（离）休时每人3000元一次性奖励，2019年度有95人享受奖励，发放奖励金28.5万元；为2019年全县申报的农村独生子女身份进行认真审核，为67名高考考生办理加分手续；

为农村计划生育家庭中未满18周岁的独生子女、符合计划生育政策的双女户家庭未满18周岁的女孩3497人缴纳医保费87.43万元，为70名独生子女死亡、伤残的父母缴纳城乡医疗保险1.75万元。

【大厂回族自治县人民医院】 大厂回族自治县人民医院是大厂县二级甲等综合性医院，承担着县域及周边地区医疗、防保、科研和教学任务。医院地址位于大厂回族自治县城康安北路60号，占地面积26640平方米，建筑面积24008平方米，其中业务用房面积19930平方米，包括门诊医技楼、感染楼、住院楼各1栋。设有内一科、内二科、外科、骨科、妇产科、儿科、内三病区、中医科、眼科、口腔科、耳鼻喉科、ICU、急诊科、麻醉科、手术室、超声科、功能科、检验科、病理科、放射科、药剂科、供应室、办公室、绩效办、医务科、护理部、信息科、病案室、质控科、人事科、政工科、医院感染管理科、公共卫生科、总务科、医学装备科、住院处、财务科、收费处、保卫科等45个科室。全院编制床位280张，开放床位280张。干部职工371人，高级卫生专业技术人员52人，中级卫生专业技术人员111人。2019年，门急诊患者28.5万人次，住院患者7674人次，手术1941例。全年总收入11177.40万元（包括财政补助收入），医疗收入9997.78万元。加大医疗设备、设施投入，购置佳能镨黄金128层螺旋CT机及配套设备、全套自动清洗和消毒供应设备、飞利浦麒麟固定双板超高端数字化X光机（DR）、日立牌彩色多普勒超声诊断仪、英国施乐辉关节镜、德尔格呼吸机、全自动血流变测试仪等一批先进医学装备，改造扩建标准化血液透析室，建成标准化消毒供应室。

【大厂回族自治县中医医院】 大厂回族自治县中医医院是大厂县城镇职工基本医疗保险、城乡居民医疗保险和中国人寿保险公司定点医院，是大厂县优抚医院和城乡困难群众救助医院。医院占地面积10300平方米，建筑面积8870平方米，设有病床80张。科室设置内科、外科、骨科、妇产科等15个临床科室，

CT 中心、放射科、B 超室、检验科等 7 个功能检查科室，内儿、骨外、妇产 3 个病区。现有职工 175 人，其中高级职称 25 人，75%以上的医务人员曾在北京三甲级医院进修学习。医院现拥有 64 排 128 层螺旋 CT、西门子螺旋 CT、数字化摄片机（DR）、西门子 S1000 彩超、菲利普锐影彩色超声、意大利血液透析机、全自动日立生化检查仪、电子胃肠镜等先进医疗设备。2019 年，医院完成业务收入 7227 万元，同比增长 11%；收治门诊人次 227239 人，住院人次 3650 人。2015 年，根据大厂县委、县政府新城建设规划，医院新建病房楼 1 栋。新建病房楼位于医院现址北侧，通过连廊与现门诊综合楼相连。病房楼总建筑面积 9720 平方米，建设资金 10000 万元。病房楼建成后，医院总建筑面积达到 18590 平方米，新增病床 100 张，病床数量达到 180 张。2019 年还在在建中。

【大厂回族自治县卫生防疫站】 大厂回族自治县卫生防疫站位于大厂县城大安东街 110 号，主要负责全县的疾病预防控制和卫生监督工作，属全额拨款股级事业单位。疾病预防控制工作主要包括：全县传染病疫情监测和重点疾病如肺结核、艾滋病、地方病、慢病等防控和免疫规划、职业卫生、健教宣传、公共卫生及突发事件的处理等工作；卫生监督工作主要承担着全县公共场所卫生、饮水卫生、放射卫生、医疗卫生、学校卫生及传染病防治监督管理职责；开展消毒产品及涉水产品等健康相关产品的监督管理；查处违反卫生法律、法规的违法行为。防疫站主办公楼为 6 层，总建筑面积 3000 平方米。有干部职工 37 人，其中卫生专业技术人员 33 人（中级职称有 10 人，初级职称有 23 人）。单位设置 13 个科室，分别为办公室、财务科、公共场所卫生科、学校卫生科、医疗传染病卫生科、饮水卫生科、传染病信息应急科、计划免疫科、地病科、检验科、防痨科、宣传科、慢病科。主要设备仪器有酶标仪、原子吸收分光光度计、气相色谱仪、紫外可见光分光光度计、自动洗板机、生物安全柜等及便携式紫外线强度计、便携式酸度计、微型激光测温仪等快检设备。

【大厂回族自治县妇幼保健站】 大厂回族自治县妇幼保健站始建于1956年，2016年底原址新建后，占地面积1323.7平方米，总建筑面积4645.2平方米。全站设有产前筛查室、听力筛查室、儿保科、妇保科、先天性心脏病筛查室、建档建册室、X光室、手术室、产房、PR实验室、化验室、污水处理系统。主要医疗设备有西门子四维彩超、飞利浦彩超、自动血细胞分析仪、十二道心电图、医用诊断X射线机、新生儿听力筛查仪、尿十一项分析仪、血凝仪、经皮胆红素测试仪、六参数母婴监护仪、光疗婴儿培养箱、红外线乳透照仪、儿童视力筛查仪、儿童视力筛查仪、儿童智力测试仪。在职职工17人，专业技术人员10人。大厂妇幼保健站集医疗、预防、保健、健康教育为一体，承担着县人民医院、中医院、镇卫生院的妇幼保健技术指导和宣传教育工作，为全县妇女儿童的健康提供有力的保障。

【大厂镇卫生院】 大厂镇卫生院地处大厂县城旧南街，有干部职工40人，设有内科、儿科、外科、妇产科、国医堂、急诊室、动物致伤门诊等临床科室，以及放射科、检验科、B超、心电、护办室、手术室、公共卫生科、医务科、院感科、家庭医生签约办公室等辅助科室，开设病床20张，能够独立开展一般常见病、多发病的常规检查和治疗，并免费为辖区居民提供基本公共卫生服务。

【夏垫镇中心卫生院】 夏垫镇中心卫生院位于102国道南1000米，占地面积6720平方米，建筑面积1800平方米。担负着全镇30个行政村，3.2万人口的医疗和预防保健任务。有干部职工43人，设有临床、护理、医技、药剂、公共卫生等25个科室，开放床位30张。2019年，门急诊人次达13631人，业务收入152.10万元，其中医疗收入107万元。

【祁各庄镇中心卫生院】 祁各庄镇中心卫生院位于祁各庄商业街镇政府西侧，占地面积6832.15平方米，建筑面积2314平方米。有职工30人，设有内科、外科、妇科、儿科、中医科（国医堂）、护办室、理疗室、手术室、放射科、检验室、心电图室、B 超室、药房、煎药室等科室，设有床位 20 张。有数字摄影系统（DR）、B 超机、彩超机、血球计数仪、尿分析仪、十二导心电图机、全自动生化仪、四通道特定蛋白分析系统、高频电刀、麻醉机、呼吸机、口腔综合治疗仪、半自动洗胃机等医疗设备。2019 年度，完成门急诊 12443 人次，住院 512 人次，留观 676 人次，业务收入 108.57 万元，其中医疗收入 54.51 万元。

【陈府镇卫生院】　陈府镇卫生院位于陈府乡陈府村西，占地面积 5466.69 平方米，其中建筑面积 1220 平米。医务人员 16 人（执业医师 5 人、执业助理医师 2 人、注册护士 4 人，其他专业技术人员 5 人）。截至 12 月，业务收入 35.07 万元，比上年同期增加 7.53 万元，增加 27.33%，其中医疗收入 8.9 万元，占业务收入的 25.39%，同比上年增加 2991.4 元，同比增加 3.47%；药品收入 18.13 万元，占总业务收入的 51.68%，同比上年减少 8127.59 元，同比减少 4.29%；体检收入 8.04 万元，占业务收入的 22.93%。完成门急诊 5082 人次。

【邵府镇卫生院】　邵府镇卫生院位于邵府商业街，占地面积 1853.34 平方米，建筑面积 900 平方米。有医务人员 10 人（中级职称 1 人、执业助理医师 3 人、注册护士 4 人，其他专业技术人员 2 人）。设置内科、儿科、外科、妇科、中医科、放射科、B 超室、心电图室、检验科、公共卫生科、住院部等临床科室，床位 10 张。配备有 CR、B 超机、心电图机、血球计数仪、尿十项分析仪、全自动生化仪、全自动电解质分析仪等医疗设备。环境的改善，设备的更新，医疗技术人员的培训和引进，使医院的服务能力、服务技能进一步提高，为辖区村民提供良好的就医服务。

（海兴柱）

开发区建设

河北大厂高新技术产业开发区

【概况】 河北大厂高新技术产业开发区于2016年8月批准成立，由原潮白河经济开发区、大厂工业园区、大厂高新技术产业开发区3个省级园区整合而成，列入河北省高新技术产业开发区序列管理。大厂高新区设置7个正科级内设机构，分别为党政综合办公室、招商合作局、财政局、国土规划建设局、综合事务管理局、经济发展局、科技局；2个事业机构，分别为企业服务中心、公共服务中心；1个派出机构，为县纪委驻大厂高新技术产业开发区纪检组。成立蒋谭路、白云路、厂通路、滨河大道、迎宾大道、银杏、中轴西路、福泰、首创大街、新开大街、华清园、华夏12个社区居委会。2017年4月20日，通过公开竞聘上岗的20名副科级以上干部全部到岗到位。在此基础上，经过2年的人员过渡期，2019年10月，大厂县委、县政府“两办”印发《大厂高新技术产业开发区关于科级以下主办职位竞聘及人员安置的实施方案》，大厂高新区工委和大厂县委组织部、纪委、社会事务局组织成立竞聘工作领导小组，按照实施方案积极稳妥组织实施，副科级以下主办岗位全部完成竞聘、薪酬改革全面落实，至此大厂高新区机构设置和人事薪酬改革全部落实到位。

开发区规划面积27.96平方千米，总人口11万人。全区实现主营业务收入339.9亿元，同比增长25.7%；完成工业总产值102.1亿元，同比增长13.93%；规模以上工业企业完成工业总产值88.5亿元，同比增长9.77%；实现税收34.63

亿元，同比增长6.82%；实现进出口总额6695万美元，同比增长6%；实现地区生产总值100.5亿元，同比增长11.52%；累计完成固定资产投资103.3亿元，同比增长14.91%；实际利用外资2007万美元，同比增长26.23%；签约入区项目51个，总投资6.04亿元。

【招商工作】 制定印发《大厂高新技术产业开发区2019年学习考察招商工作计划》，赴河北省内园区、京津园区和省外园区进行学习考察招商，分别赴上海、嘉善、宁波、象山、无锡、成都、重庆、深圳、广州等地考察学习；举办“北京·大厂动漫游戏产业创新发展研讨会”“2019河北·大厂新经济产业招商推介会”“创新大厂·智享未来人工智能产业高峰论坛”等招商推介活动。全年对接企业280家、新签约项目51个，其中：影视文创产业项目17个，总部商务产业项目17个，高端制造产业项目17个。

【园区建设】 以首届旅游产业发展大会为契机，全面提升高新区景观游园设施功能，打造休闲娱乐空间，增加公共绿地面积，提升绿化品质，改善生态环境。重点打造千亩樱花林（公园）、潮白沙滩休闲公园、万亩银杏林（休闲公园）等重点项目。高新区启动园区路网改造提升项目，项目包括厂通路西延、创意路、观潮路、幸福路、清水路等道路及市政管线设施，建成通车。特别是迎宾大道东通工程的启动实施，直接与首都环线高速公路衔接在一起，成为大厂对外的重要交通要道。

【项目建设】 在建项目：中国人民大学新校区大厂拓展区项目，由中国人民大学与大厂回族自治县鼎鸿投资开发有限公司合作开发，由大厂回族自治县鼎鸿投资开发有限公司承建，总投资50亿元，总占地面积108公顷，总建筑面积124.41万平方米，主要建设中国人民大学出版传媒融合创新中心（园区）、中国人民大学附属中小学大厂校区和高端人才社区，其中：园区占地面积19.1公顷，校区占地面积19.4公顷，社区占地面积54.7公顷，其余道路和绿化占地

14.8 公顷。项目建成后，预计年营业收入 50 亿元，年均利润总额 10 亿元，上缴税金 4 亿元，将为社会增加 5000 个就业机会。大厂数字经济总部商务区项目，项目总投资 60 亿元，规划用地 10.93 公顷，总建筑面积 66 万平方米，项目规划建设总部商务区、数字创意区、智能科技区等三大功能区。项目建成后，计划引进 100 家数字经济总部企业，培育 5—8 家上市公司，预计年营业收入 150 亿元，上缴税金 10 亿元，将为社会增加 2000 个就业机会。2 万吨污水处理厂项目，项目位于定福路以南、滨河大道以北、蒋谭东三路以西、蒋谭东二路以东，占地 2.78 公顷，污水处理规模 20000 吨/天，污水处理工艺主要采用多级 AO+旋流沉砂池，总投资 2 亿元。该污水处理厂将高新区祁各庄区域的污水应收尽收、全部处理，并且出水水质全部达到《北京市城镇污水处理厂水污染物排放标准》B 标准，流经辛半沟汇入潮白河，污水处理厂的投入使用标志着高新区在提升基础设施配套、优化生态环境等方面又迈出重要一步。

【企业服务】 2019 年度，符合落户条件的首批 43 人办理落户手续，第二批 22 人将申报资料报至县公安局。起草制定《关于推进企业人才保障房配租的实施方案》和《人才住房管理办法》。下一步，计划成立县人才住房工作领导小组，统筹协调推进落实。研究起草《关于企业人才子女入学的管理办法》，提出需求的 56 名企业职工子女全部就近入学，解除企业职工的后顾之忧；研究制定《关于高新区实行封闭式管理的实施办法》，县委常委会议研究通过并印发执行。按照县委、县政府总体安排部署，针对过去不饱和供地造成的企业土地和建设手续遗留问题，积极予以推进解决。针对园区企业土地批而未供问题，按照“园区管委会主导，立足入区协议，厘清责任关系，税收效益好的企业优先”的总体原则，在大量调研论证、协调撮合、政策研究的基础上，选择恒盛环保、景隆重工 2 家企业作为试点率先推进。此外，针对园区内准备自筹资金履行土地招拍挂程序的企业，协调自然资源和规划局启动招拍挂的相关工作。

针对园区企业未批先建的地上物手续问题，经县委、县政府研究出台《关于解决历史遗留的未批先建建筑物产权手续办理等有关问题的暂行办法》《关于解决历史遗留的未批先建建筑物产权手续办理工作的实施方案》，进一步明确解决问题的路径，困扰企业发展的历史难题得以突破。推进商圈和基础功能提升。初步确定打造6个商圈的工作计划。从条件具备和现实急需方面考虑，重点谋划启动北部大厂城市科技广场和南部幸福港湾2个项目。

2019年，充分发挥全员包企制度优势。累计帮助企业办理营业执照变更、电力增容、社保、外事等方面问题150项。加强对企信息服务，大力宣传解读上级政策，组织企业参加培训交流活动，编辑印制《高新区企业通讯录》《高新区企业名录册》《科技政策汇编》，搭建企业之间的沟通桥梁。加强对企人才服务，促成县职教中心与园区企业签订《校企合作框架协议》。通过组织各类专题招聘会、搭建网络用工平台，累计发布企业实时招聘信息2000条，为企业推介人才560人次。经过积极组织申报，大厂影视小镇获得“廊坊市人才工作先进集体”称号，成为全县唯一获此荣誉的企业。强化对企融资服务，会同县金融办，组织县内8家金融机构，赴浙江学习考察。举办3次政银企对接活动，6家企业获批使用委托贷款资金0.15亿元。联合国泰君安证券公司到润昌汽车、景隆重工进行上市辅导，筛选推荐景隆重工为科创板上市后备企业。

（孙迎雪）

大厂现代农业科技示范园区

【概况】 大厂现代农业科技示范园区管理办公室位于大厂县城东部陈府镇境内，地处三河、大厂、香河三县市的交界地带，北部、东部与三河市接壤，南部与香河县为邻，西部、北部分别与北京、天津遥相呼应，地理位置得天独厚。

农业园区于2010 年3月启动建设，规划面积23.76平方公里，示范园区规划面积80公顷。农业园区坚持科技支撑、项目引领、产业融合、创意体验的思路，以“两个抓手”(文化产业、全域旅游)和“五城同建”为总揽，将农业园区项目与文旅产业建设相结合，对“吃、住、行、游、购、娱”六大要素进行整合，全力打造景观农业和品牌农业。2019年，农业园区在基础设施、科技创新、产业发展等方面达到创建目标要求，顺利通过全部验收环节，成为国家级农业科技园区。

【基础设施建设】 在基础设施建设上，园区积极整合财政资金加大投入力度，全面加快农业园区路、水、电、讯、气等基础设施建设，推进农业园区朝着“规模化、基地化、信息化、标准化、现代化”方向发展。2019年，园区路网建设和公共交通设施进一步完善，完成720延米连村道路的拓宽改造、1000平方米的道路绿化、1.8千米的亮化及统一标志标识牌的安装;供电和天然气设施齐全，配套完善，确保园区的能源供应；城市生活用水和农业灌溉系统得到进一步提升，供水水质良好，确保工农业生产和居民生活用水的安全供应。2019年，完成幸福渠园区段、地玖四季观光园、鲜丰农业元等3家企业周边的渠道清理；园区和乡村环境改造力度加强，结合农村面貌改造提升和美丽乡村建设，环境污染治理设施进一步完善，环境质量明显提高。

【项目建设】 园区始终将招商引资作为加快园区发展的重要抓手，通过引进工商资本、高新技术和先进模式，实现借力发展。截至12月底，园区签约北方国际万果园、沁心农业园、双江农业园等13个项目，计划总投资24.68亿元，其中乡土风华、乡格里拉、田园牧歌及裕丰园4个“大棚房”项目进行整改。

【管理和服务】 管理：农业园区管理办公室要求园区入驻企业严格按照《大厂现代农业科技示范园区招商引资管理办法（试行）》的通知要求进行建设规划；建立和完善安全生产责任制，按照上级部门统一部署及2019年年初工作目标，有计划、有部署地开展多项安全生产检查活动。针对农业园区蔬菜大棚多的现状，园区管理办公室成立安全生产督导组，按照分工负责的原则，对所有入园企业进行督查。对督查中发现的问题，明确责任人，并限期整改落实。按照县政府统一安排，农业园区建立安监站，人员、设备和工作场所到位。

服务：园区积极做好入驻项目的对接、审查、洽谈和签约工作；对入驻园区内的项目从办理前期手续、占地、建设以至投产等各方面搞好全程跟踪服务管理，保障投资者的合法权益。

【园区特色产品】 大厂黄瓜：大厂回族自治县是河北省著名的蔬菜大县，境内蔬菜品种繁多，品质优良，黄瓜为其中之一。大厂黄瓜种植历史悠久，可追溯到西汉年间，20世纪80年代初期开始盛行，成为境内的名优蔬菜之一。黄瓜的种植面积达33.33公顷，年销售额0.14亿元，有力地带动境内农民的脱贫增收。因境内光照充足、雨热同期、水源丰沛的特点，所产大厂黄瓜鲜嫩多汁、清香可口，而备受消费者青睐，畅销京津地区。

大厂西红柿：西红柿是大厂回族自治县名优蔬菜之一，具有色泽鲜亮、皮薄肉厚、酸甜多汁的优良品质，是境内人民喜闻乐见的美食。大厂西红柿的种植历史悠久，可以追溯到明朝中后期，也是中国较早种植西红柿的地区之一，20世纪50年代以后开始进行规模化生产。因境内土壤熟化程度高，土层深厚、土壤肥沃、有机质含量高，满足西红柿不同生长期对营养的需求，因而种植的西红柿不仅产量高而且品质好，曾获得无公害产品认证。西红柿的种植面积不断扩大，亩产量不断提升，逐渐发展成为境内农业的中流砥柱。

大厂青椒：青椒是大厂回族自治县常见的蔬菜品种之一，也是备受大厂人民喜爱的蔬菜之一。大厂青椒种植历史悠久，最早可追溯到明朝时期，因其适应能力强，产量高，而逐渐成为大厂人民竞相种植的对象。大厂青椒的发展得益于大厂县辛勤智慧的劳动人民，更得益于大厂县优越的地理条件，境内位于燕山山前冲积扇的中下部，属泃河和潮白河冲积平原，地势平坦，为青椒的大面积种植准备条件。其次，境内土壤肥沃、土质疏松、有机质含量高，土壤中的养分易被青椒吸收，所以种植的大厂青椒果实个头大、肉质厚、营养价值高。

（左凤月）

镇城区街道办概况

大厂镇

【概况】 大厂回族自治县大厂镇是大厂县的城关镇，常住人口 28627 人，辖区面积 42.5 平方公里。镇政府所在地位于北辰街北侧，全镇耕地面积 1900 公顷，下辖 26 个行政村（一村、二村、三村、四村、小厂、前丞相、小务、于各庄、小里庄、大马庄、东马各庄、西马各庄、袁庄、王必屯、梁庄、东彭府、西彭府、杨辛庄、河西营、后店、六合庄、西马庄、霍各庄、芦庄、金庄、侯驸马），其中回汉合居村 12 个。镇域内夏安线、侯谭线 2 条省级公路贯穿全境，密涿高速东西横穿全境，南有京沈高速公路临境而过。截至 12 月底，全镇民营经济营业收入 188000 万元，一般公共预算收入 14705 万元，全镇 8 家规模以上工业企业实现营业收入 51860 万元。计划将拟符合入统条件的 1 家企业培育为规模以上工业企业，培育限上贸易企业 3 家。3 月，大厂镇妇联被廊坊市妇女联合会授予“廊坊市先进妇联组织”称号；12 月，被中共廊坊市委、廊坊市人民政府授予“2019 年度廊坊市文明村镇”称号。

【党建工作】 大厂镇把习近平新时代中国特色社会主义思想和中共十九大精神作为主线，精心安排理论中心组学习 10 次，集中研讨 6 次，注重从理论的根本和源头入手，由表及里、由浅入深、循序渐进。通过党委书记讲党课、强读强记，筑牢镇村党员干部的思想根基。同时，高质量召开调研成果交流会、对照党章党规找差距专题会议以及主题教育专题民主生活会等。号召镇村干部进一步提高政治站位，充分发挥基层党支部战斗堡垒作用和村支部书记示范带头作用，经过镇村的共同努力，成功化解大小信访案件18件。严格村党支部评星定级，加强农村干部管理。大厂镇党委于2019年初在全镇范围内组织开展农村干部考核及村级党组织评星定级活动，参与考核的村“两委”干部全部为称职以上，其中24人为优秀。积极组织开展村党支部评星定级工作，通过班子研讨，组织召开评定大会，严格按照评定标准对村党组织进行评星定级，小厂村、金庄村、大马庄村党支部被评为“五星党组织”，大厂四村等7个村党支部被评为“四星党组织”。

【党员管理】 大厂镇于2月17日召开党政班子民主生活会，进一步统一思想，增进团结，明确方向，推进工作。4月22日至5月5日在全镇范围内组织开展专题组织生活会和民主评议党员工作，实行镇主要领导分包蹲点制度，制定各支部切实可行的专题组织生活会和评议党员方案，全镇有1098名党员参与民主评议工作中，参评率82.12%，其中优秀档次党员362名，合格档次党员736名，基本合格档次党员0名，不合格档次党员0名。为切实抓好2019年度发展党员工作，研究制定《2019年发展党员工作计划》，针对2年以上不发展党员村，特别是于各庄、西彭府2个3年未发展党员村，镇党委书记、主管副书记、组织委员分别对2个村的支部书记进行约谈，截至12月底，2个村全部完成发展党员任务，实现3年未发展党员村清零。2019年，发展党员13名，积极储备入党积极分子73名。

2019年，大厂镇后进支部为小里庄、候驸马、于各庄3个村党支部。小里庄村已经补选支部委员，并选举产生新任支部书记；于各庄村民反应的“失地保险提标扩面”信访问题，通过镇村两级干部耐心细致的沟通交流，得到有效稳控；于各庄村和候驸马村分别对村级组织活动场所进行原址扩建和选址重建，截至12月底，完成招投标工作，工程基础完成。以促进乡村振兴为出发点，扎实推进四村、河西营村等市级集体经济示范区村街项目建设，把党建工作深入到帮民致富的产业活动中，增加农村集体经济收入，切实提升服务群众的能力水平。

【创建工作】 大厂镇高度重视创建工作，成立创城工作领导小组，在每个村选择一条街道作为文明示范街，广泛宣传党的十九大、社会主义核心价值观、保护未成年人、移风易俗等16类公益广告、500块；大力开展镇村环境综合整治工作，针对小广告、乱涂乱画进行全面深入的清理，使村街的整体环境有明显的提升；全力做好全镇宣传工作，各村通过播放广播、悬挂宣传标语条幅、安装展牌等方式进行深入宣传，针对老旧掉色破损的标语、展牌及时维护更新，确保学习宣传中共十九大精神活动持续有力开展；做好全镇重点工作宣传，针对扫黑除恶专项斗争、扶贫脱贫、大气污染防治、大棚房整治、“双违”拆除、农村环境卫生整治等重点工作利用广播、公开栏、悬挂宣传标语等形式进行大力宣传，营造良好舆论环境，促进各项工作顺利开展；加强对外宣传，围绕镇重点工作和阶段任务，及时联络电视台、新农民报社等媒体，报道工作动态，展现全镇干部群众风采。

【宗教工作】 大厂镇党委、政府高度重视宗教工作，为进一步完善宗教领域突发事件应急处置，专门成立宗教自查工作领导小组，落实宗教工作责任制，全面安排部署全镇宗教工作。大厂镇有回族人口11125人，建有7所清真寺，2019年，全镇无境外宗教渗透情况，无宗教干预行政教育等情况，无“沙化”“阿化”和“清真”概念泛化现象，无非法组织假期班情况等宗教领域问题，未发现佛教道教商业化、基督教私设聚会点、天主教地下势力等现象。无私设家庭聚会点、违规传教等问题，信教群众均能依法依规参加宗教活动，民族宗教形势和谐稳定。

【纪律作风工作】 大厂镇组织召开全体党员干部大会，传达县委纪律作风建设会议精神，倡导全镇干部转作风、求实效，凝神聚力，干事创业。大厂镇通过加大对干部的培训、教育，强化干部法律意识，增强干部法制观念，牢固依法行政理念。采取有效措施，精简会议活动、严控公务经费，实行统一派车制、办公用品统一采购配发制，厉行勤俭节约。

【干部队伍建设】 班子成员在实际工作中带头执行党风廉政建设责任制的各项规定和个人廉洁自律的各项要求，坚持重大事项报告制度和重大项目公示制度，主动接受党内监督和社会监督。镇纪委充分发挥监督执纪问责职能，对违纪问题坚决做到从严从快调查处理，推动管党治党从“宽松软”走向“严硬实”，严厉惩治违规违纪问题，扎实做好纪律审查工作。2019 年，大厂镇处置问题线索 21 件次，查结 14 件，其中运用第一种形态处理 5 人，立案 1 人，进行核实 7 件。

【基础设施建设】 创建乡村振兴示范区。大厂镇省级乡村振兴示范区位于厂通路南侧，有 16 个行政村（东马各庄、西马各庄、东彭府、西彭府、袁庄、西杨辛庄、大马庄、于各庄村、小厂、一村、二村、三村、四村、王必屯、梁庄、河西营）。各村依次启动实施乡村振兴示范创建一二三期工程，重点实施村街硬化、绿化、美化、排水管网、天然气线路切改以及通讯线路入地等项目建设。2019 年，一期项目 9 个，总投资 1010 万元，完成招采和施工，待决算评审和验收；二、三期工程 32 个项目，总投资 5734.18 万元（其中完成招采 25 个，其余全部完成预算评审，准备进入招采程序）。全年，完成硬化面积 15.8 万平方米，清除各类小广告 1100 条，粉刷墙面 6 万平方米，绿化村街 1 万平方米，安装、维修路灯 1347 盏，建设美丽庭院 113 户。

【项目建设】 国家京剧院文旅融合产业化基地（大厂）项目，涉及征占大厂镇王必屯村 54 户村民承包地 81.86 公顷及其地上附着物。截至 12 月底，全部完成征占地协议签订工作，地上物补偿协议签订 39 户，剩余 1 户。“迎宾大道”东通项目涉及征占东马各庄村土地 0.75 公顷，农户 11 户，全部完成协议签订工作。涉及征占西马各庄村土地 3.91 公顷，农户 11 户，全部完成协议签订工作，迎宾大道顺利通车。城南湿地公园项目涉及东彭府6.66公顷土地征收，全部完成土地及地上物征收工作。生活垃圾焚烧发电项目。总占地面积7.06公顷，需征收袁庄村集体土地，6月24日，袁庄村召开村“两委”班子会、村民代表会，6月25日至9月30日完成11户2.06公顷土地征收工作。

【信访工作】 2019年，大厂镇发生信访案件108件次，276人次。其中，国家信访局来信来访8件次，省信访局来信来访9件次，市信访局来信来访10件次。签订息诉罢访信访案件8件次（其中2件赴省到市访案件、1件进京访案件均签订息诉罢访承诺书），剩余案件中65件已经解决、答复或结案处理，其余均得到妥善解决。针对全国“两会”、“5·18”廊坊经洽会、第一届县旅发大会、70周年国庆重大庆祝活动等重点时期重点布控，主要领导亲自带班值班，镇村干部深入一线，耐心细致做好群众工作，全面排查化解疑难问题，确保信访工作顺利推进。

【综治工作】 大厂镇综治中心于2019年10月建设完成并投入使用。小厂村综治中心、西彭府村综治中心、霍各庄村综治中心、河西营村综治中心的设备初步安装完成，待进一步调试后也将投入使用，组建大厂镇综治网格员队伍41人。综治网格员对村内的邻里纠纷、家庭琐事进行调解，有效化解一批社会矛盾。每人配备专用的工作手机，对村内的大小综治事件进行化解及上传。

【农业农村工作】 2019年，全镇收割小麦273.33公顷，播种玉米300公顷。积极做好非洲猪瘟防控工作。向群众做好宣传，并采取有效防控措施，2019年，大厂镇未发生非洲猪瘟疫情。圆满完成春季植树造林任务。完成造林任务42.67公顷；制定应急预案。按照县防汛办安排，大厂镇对全镇所辖干、支排灌渠道和村内低洼地段及重点户进行详细检查，备足防汛物资及车辆，汛期没有出现任何险情。切实落实河长制，遏制河渠污染。镇村级河长统一安装巡河APP软件巡河，有效地防止河渠污染。全年，清理鲍邱河、普池河、三分干渠岸坡垃圾5处，清理各类垃圾320立方米。

【美丽乡村建设】 西杨辛庄村作为乡村振兴示范重点村，全年整治街道11条，清理垃圾600立方米，拆除私搭乱建17处，安装路灯27盏，建设村庄标识1处，设置道路限高2处，在主干道路两侧栽植各类观赏花卉树木930棵，村容村貌得到极大提升。村委会通过土地流转方式筹集资金31万元，将村中心的63座坟墓全部进行迁移，平整土地0.62公顷用于建设二层村民中心、文化广场、篮球场、漫步游园，丰富村民的文娱生活。全面清除垃圾，狠抓坑塘治理，全镇32个坑塘均清理完毕，并通过部门验收。要求各村涉水生产、加工户必须建设自动化污水处理设施，生产污水经本户处理达标后排入村级污水管网，再汇集至县污水处理厂进行二次专业化处理。2019年，大厂镇改造任务总数1915座，完成改厕2057座，完成进度107%；公厕6座，全部完成。

【民生保障工作】 残疾人康复工作。对10名肢体残疾人进行调查登记，并为他们免费发放康复器材；调查落实5名重度精神残疾人，给他们提供服药补贴，为7名贫困残疾人家庭实施无障碍改造。2019年，大厂镇有农村低保人数247人（全镇农业人口15042人），农村低保保障面为1.6%；城镇低保人数9户17人，特困人员54人。

社会事务工作。2019年，全镇有困境未成年人7人；享受两残补贴人员370人；空巢老人1人，已入住敬老院进行集中供养；为16人办理重特大疾病医疗救助，为4名困难群众办理常规医疗救助，对9户实施困难家庭临时救助。全镇有75岁以上老年人1340人，其中75—79岁613人；80—89岁640人；90—99岁老年人86人；100岁以上老人1人，全部享受高龄补贴待遇。

【社会保障工作】 圆满完成全镇26个村居民医疗保险网上缴费宣传及指导缴费工作，总计9000人；完成城乡居民养老保险生存认证工作，总计5000人；

为大厂四村、小里庄村 17 户 55 人办理失地保险手续，为失地农民发放失地补贴卡、失地农民养老保险卡 200 张；发放居民社会保障卡 1000 张；发放城乡居民养老保险卡 500 张；完成各村 1 至 11 月份参保人员自然减员统计工作，总计 100 人；圆满完成保障住房的复核、申请工作，总计 236 人。

【扶贫工作】 大厂镇按照安排实现“产业扶贫全覆盖”，6 月完成产业扶贫。2019 年，新增四星肉类入股及福华公司追加股份的前期手续办理工作，完成镇、村两级公示以及协议的签订，通过企业带动作用，实现养牛项目产业全覆盖，9 月 27 日所有贫困户都领取到保底分红资金。持续开展各村扶贫专岗督导工作，监督上岗率，防止“不干活，只领钱”现象发生。完成扶贫贷款贴息镇、村公示，及四联单的填报工作，发放“雨露计划”补贴资金，并宣传到户。

【退役军人工作】 2019 年，累计接待到访人员、接受政策咨询 100 人次，定期开展相关政策培训，强化服务水平，为 1959 年出生的年满 60 周岁的农村籍退役士兵申请生活补贴。按户口对本镇辖区内退役军人和其他优抚对象持续开展信息采集录入工作。根据信息采集录入数据，发放退役军人优待证×××本。11 月，对本辖区 60 周岁以上农村籍退役士兵进行生存认证，确保各项待遇正常发放。

【计生工作】 全镇总人口 28627 人，育龄妇女人数 6573 人，已婚育龄妇女 5315 人。自 2018 年 10 月 1 日至 2019 年 9 月 30 日，全镇累计出生婴儿 263 人。其中，一孩出生 107 人，二孩出生 138 人，多孩 18 人。办理独生子女父母光荣证 100 对，全面实现一站式完成。

【“散乱污”治理工作】 2019 年，大厂镇环保所协同相关部门开展 10 次集中清查整治行动，取缔新发现散乱污企业 12 家，取缔反弹企业 4 家。同时，按照市大气办要求，大厂镇对辖区内所有工业用电和农业、水利用电户进行全方位、地毯式的环保督查，完成登统农业用电户 95 户、工业用电户 179 户，其中有环保手续的涉污企业 63 户，无环保手续的涉污企业及加工户 108 户，另有 8 户为不涉污企业。无环保手续涉污户中列入关停取缔类的 65 户，列入整改提升类的 43 户，全部落实停产整改、设备采购等措施。

【大气污染治理工作】 2019 年，大厂镇排查沿街商铺和各村商户 300 户，对全镇弱势群体家庭进行全面彻底清查，累计清理散煤 358.33 吨。对新发现燃煤锅炉未淘汰问题，大厂镇安排人员强制拆除，锅炉烟道和蒸汽管道必须全部拆除移位，使其不再具备恢复使用能力。大厂镇申请对 118 户临街商铺进行天然气改造，对 16 台燃气锅炉实施低氮改造，并于 9 月底全部改造完成。充分发挥镇村干部和网格员作用，加强日常巡查治理露天焚烧行为，做到发现一起，及时制止清理一起。强化广播宣传教育，增强群众禁烧意识，杜绝村庄内外焚烧落叶、垃圾和秸秆等行为。安排各村积极清理杂草垃圾，减少火灾隐患。全面拆除土灶火炕，杜绝生物质燃烧行为。积极运用全域高清红外线监测火情设备，对易发多发火情的村庄加强日常监控，确保第一时间发现，第一时间处置，力争做到全面禁烧。对城中村进行重点管控，针对易产生扬尘的企业和建筑工地，要求必须落实洒水抑尘、物料苫盖等措施，对未按照规范操作形成扬尘污染的，立即向主管部门通告，责令立即停工整顿。针对各村街安排道路洒水，要求对乡村振兴工程随时实施洒水、苫盖，要求村干部每天巡查，定时上报整治情况。城中村每天安排洒水车进行洒水作业，并由专人进行全天候清扫保洁作业。各村建立日常巡查机制，明确责任分区和负责人，针对双马路、前丞相村南路、河定路等重点路段加强洒水和监管，确保村级道路扬尘管控达标。

【水污染防治工作】 将“河长制”管理与污染防治相结合，重点对鲍邱河岸边垃圾、杂物等进行清理。严厉查处违法排污行为，依法封堵三干渠非法排污口。巩固纳污坑塘综合整治成果，继续强化对镇域内 8 个纳污坑塘的整治力度，从垃圾清运和污染治理等方面全面梳理，实施“一坑一策”。同时，对域内所有坑塘建档立卡，加强巡查管控，科学规划建设雨污排放设施，杜绝新增纳污坑塘。建立村级环保巡查制度，对可能存在向河渠、坑塘排污的区域和企业建立台账，定期检查。同时，积极对接县有关部门及环保设施生产企业对大厂镇涉及污水排放的养殖、屠宰、加工企业进行污水处理工艺的改造升级，特别是在79户清真熟食协会会员中普及自动化污水处理设备，完成安装设备51台，其余户在改造进程中。实施户内小型湿地改造工程，涉及3个村、250户，完成254户。其中，袁庄80户（完成84户）、西杨辛庄70户（全部完成）、河西营村100户（全部完成）；城中村雨污分流工程完成480延米。

【安全生产工作】 大厂镇政府与26个行政村、73 家企业签订安全生产责任状,并督促各相关单位将安全责任逐级分解落实。2019年，大厂镇修订完善各类应急处突预案和工作方案,建立健全日报告、日巡查、周调度等工作机制，录制广播稿，印发安全生产宣传资料，提醒广大群众和企业生产者用火安全。先后组织实施“两节”“两会”期间安全生产检查、危化企业和气代煤工程隐患排查等多项检查整治行动。对镇域内的2家危化企业(国环化工和希俊化工)全面排查，督导企业落实安全主体责任，希俊化工已停产。强化对“气代煤”工程的安全检查，彻底清除双火源、双气源。全面清除户内外燃气管道周边的易燃物，确保群众生命财产安全。为切实保障学生食品安全，有效防止各类安全事故发生，开展“小饭桌”消防安全检查，对小饭桌厨房的用电安全进行检查。2019年，检查各类企业360家，发现安全隐患96起，整改90起。

【消防工作】 加强对学校、加油点、液化气供应点、娱乐场所、烟花爆竹销售点等场所进行专项整治排查，同时按照有人员、有器材、有制度、有检查、有演练、有奖惩的建设标准，全面开展微型消防站建设工作。2019年，大厂镇微型消防站建设工作全部建设完成。

【“气代煤”工作】 在取暖季来临之前，大厂镇多次对镇域内实施“气代煤”

工程的25个村街进行排查，对确实不具备通气取暖的群众进行统计。10月底，对此类群体解决好应急取暖，提供安全可靠的电暖气、电褥子等取暖设备。组织驻村干部、村“两委”成员深入群众家中讲解安全知识，进行手把手辅导，做好群众家中是否通气供暖、是否有安全隐患等记录工作，特别是对鳏寡孤独、老弱病残、智力缺陷等弱势群体进行一对一帮扶，确保群众冬季安全清洁取暖。同时，镇安监站对农村安全取暖隐患进行一次全面清理清除。驻村干部、村街“两委”班子成员全部出动，挨家挨户排查清理散煤、劈柴和燃煤炉具。通过入户发放明白纸、播放广播等方式，加强宣传引导，让村民了解大气污染治理形势及燃煤、燃烧生物质等对身体、空气质量的危害。彻底清理各街道易燃物和妨碍燃气管道安全的构筑物，特别是对管道破损、施工建设威胁管道安全等严加防护。11月18日，省委大督查工作组发现并通报大厂镇金庄村2户低保户未接暖气片问题和3户有柴灶问题，各村以此为反面教材，举一反三，吸取教训，对村内低保户、困难群众等弱势群体冬季取暖情况进行再次全面彻底排查，对发现的燃煤炉具、燃煤和柴灶坚决予以清理，对未安装取暖设施的农户，责成村党支部、村委会立即安装暖气片，达到清洁安全取暖；对确实不具备使用燃气取暖条件的农户，镇村出资为其购入并安装电暖设施，保障困难群众清洁安全温暖过冬。此外，镇安监站积极对接百川公司，定期掌握天然气库存量及供气量，对天然气供应风险做到早发现、早协调、早处置，制定天然气气源保障供应应急预案，确保群众正常用气。

【人大工作】 2019年，大厂镇人大组织3个联络站同时开展代表上站接待选民、入户走访、调研视察等多种形式的主题活动。全镇3个联络站开展统一上站活动5次，县镇人大代表参与联络站活动250人次，接待选民100人次，累计征集代表、选民意见建议汇总后形成111件，全部交由政府作为决策参考，加强代表同人民群众的联系。

【重点村】 小厂村：小厂村党支部、村委会发挥区位优势，以文化产业、全域旅游为抓手，全力打造独具一格的民族特色村寨。村“会客厅”建成并投入使用，晨兴街雨污管网和西部路面铺设完成，供电、移动、联通、电信管网入地完成；村委会外立面改造完成；商业街两侧有3户开始前期装修；主路铺装完成。2019年，被中共廊坊市委、廊坊市人民政府授予“2019年度廊坊市文明村镇”称号。

王必屯村：大厂镇积极开展王必屯村棚户区改造工作，成立8个联合工作小组入村，针对群众提出的问题和表决通过的《实施细则》内容进行多轮入户宣传动员，对搬迁补偿安置政策进行再解释、再说明，登记群众签约的准确意愿，以多种方式激发群众签约的积极性、主动性，提高群众签约率。及时调整战略战术，针对冷库、楼房评估户以及重点家族户，调整工作组人员安排，分进合击，重点突破。截至12月底，累计签订王必屯村宅基地补偿信息登记卡230宗，剩余27宗，签约率89.5%。

【重点企业】 河北百强医用设备制造有限公司：河北百强医用设备制造有限公司是北方地区最具规模和实力的医护设备及医用家具生产出口基地，公司创建于1993年7月，注册资金6600万元，坐落在大厂县电视台西500米。公司占地面积7万平方米，生产场地面积14983.8平方米。公司经营范围包括多功能护理床、各种医用车、医用柜、医用病床、床垫、医用机械配件、窗帘、隔帘及轨道、护士站台、理化台、PVC地板的制造、销售，产品种类100种。通过不断引进国内外先进技术、设备和经验，现在拥有500吨油压机、200吨冲床、剪板机、自动喷涂生产线及数控机床、自动焊接机器人等医用专业生产设备350台，建立先进的生产、检测手段和国际化标准的质量管理体系，形成逾1个亿的年生产供货能力。公司通过ISO 9001、ISO 134851两大体系及CE产品认证等多项认证。先后被市、县政府评为“重点企业”“重点投资项目企业”“纳税大户单位”，获“经济快速发展突出贡献奖”等荣誉称号。2019年，研发投入156.8万元，实现销售收入5909.5万元，利润302.2万元，纳税总额170.2万元。

（冯欣媛）

夏垫镇

【概况】 夏垫镇西距北京40公里，南距天津120公里，东距唐山120公里，京秦电气化铁路和102国道横穿全境。镇政府驻地位于大厂回族自治县政府驻地西北部10公里处。辖区总面积41.18平方公里，下辖30个行政村（祁屯、兴隆庄、太平庄、夏垫、东庄、二里半、北坞一、北坞二、北坞三、北坞四、东小屯、永太辛、潘各庄、大棋盘、小棋盘、北王庄、北贾各庄、小定府、马坊、陈辛庄、褚各庄、土营、南王庄、南寺头、苇子庄、毛厂、韩家府、芮屯、王果子、赵沟子），全镇总人口3.47万人。回族村和回汉合居村11个，回族人口1.14万人，占人口总数32.85%；有清真寺8座。内设党政办公室、组织员办公室、经济委员会、城乡一体化推进委员会办公室、财政所、农村三资委托管理服务中心、公章委托管理办公室、矛盾纠纷排查调处中心、农业服务中心、农经办公室、水利站、计划生育办公室、劳动保障事务站、民政所、团委、妇联、残联、文化广播服务中心、国土资源中心所、司法所、纪检行政监察室、环保所、城建所、综治办、食品安全办公室、安监站。

【党建工作】 组织基层党支部书记培训，各村党支部严格按照规定步骤，认真组织开展学习交流、支部书记讲党课、党员制定整改措施、为身边群众办好事、专题组织生活会等工作，真正做到主题教育全覆盖，学习教育见成效。全年新发展农村党员29名，13个3年以上不发展党员村问题得到全部解决。制定出台《夏垫镇村级组织管理规定》，进一步规范村级组织成员行为。严格落实村“两委”干部坐班制度，确保群众有事“有人问、有人管、有人办”。在农村党支部星级评定的基础上，开展村党组织书记党建述职，围绕“队伍建设、阵地建设、落实上级决策部署、促进和谐发展”等方面情况向党委述职，通过健全考核问效机制，强化村支部书记第一责任人意识。实施北王庄村“两室”（党支部办公室、党员活动室）翻修。东小屯、北贾各庄、永太辛、潘各庄等村“两室”主体重建工程，有效解决不达标村“两室”问题。全面启动村级活动场所标准化改造提升工程，按照“环北京党建示范带”建设标准，对各村“两室”上墙制度进行统一规范，村“两室”标准化水平得到全面提升。东庄村、南寺头村因信访矛盾突出问题被确定为软弱涣散基层党支部。在联村县领导、驻村工作组、结对企业的指导和帮助下，两个村党支部逐一制定整顿转化方案和措施，建立健全整顿工作台账，通过主题教育深入推进，两村信访矛盾突出问题明显好转，矛盾纠纷得到有效化解，干群关系进一步融洽，党员群众对村“两委”干部支持度显著提升，整顿转化工作取得实效。

【创建和谐社会】 建立镇、村、清真寺三级组织网络，通过开展走访调研、落实民族政策、支持帮扶重点民族工程建设等方式，促进民族事业、融合民族感情。同时，指导镇域内 8 所清真寺开展“双创（大众创业、万众创新）、四进（国旗国歌进场所、宣传标识进场所、法制教育进场所、道德典范进场所）”活动，引导宗教中国化方向。深化反邪教宣传、重点时期安保、铁路护路、无诉讼镇村创建、基层综治组织建设等工作，消除各种综治隐患。全国“两会”、中华人民共和国成立 70 周年庆祝活动期间等重要时期，未发生影响稳定的重大群体性事件和个人极端事件。制作扫黑除恶专项斗争宣传展板 60 幅，印制发放明白纸 12000 份，张贴宣传海报 2000 张，营造良好的舆论氛围。定期开展专题谈心谈话，强化村级党组织书记开展扫黑除恶专项斗争第一责任人意识，增强村“两委”干部抵御黑恶势力渗透破坏能力。深化线索摸排，在定期组织集中排查的基础上，与公安、司法、信访、综治、国土、环保等部门加强沟通协作，通过对纪检案件、治安案件、信访案件、土地违法案件和散乱污企业进行梳理，深挖涉黑涉恶问题线索。全年调处各类矛盾纠纷 82 件，办结 71 件，结案率 86%。

【农业基础设施建设】 结合户厕入院积极推进村街环境整治，改造 3217 处厕所。经严格审批程序，全镇改造 19 户危房。完成北坞三村至东小屯村、韩家府村至苇子庄村、夏垫村内主要道路等一批村街道路硬化工程，全年新修硬化道路 13845 平方米。新增、更换路灯 192 盏，粉刷墙体 96530 平方米，建成美丽庭院 712 座，建设小游园、小菜园、小果园 23 个，清理农村生活垃圾 37000 立方米，清理畜禽粪污等废物 4340 立方米，清理残垣断壁 232 处，各村整体环境得到极大改善；全年新造林 18.93 公顷、提改林 24.47 公顷、更新经济林 13.23 公顷。

【环境治理】 全年，回收各类散煤 614.1 吨。全年处理平台火情 5 起，网格员自行巡查处理火情 56 起。全面落实河长制，对域内河渠、坑塘周边垃圾和漂浮物进行清理，74 处纳污坑塘得到全面治理。完成北坞二村、南寺头村污水处理站前期准备工作。完成渔具城南污水处理站排水沟治理工作。对域内肉类加工企业进行集中清查，清查 63 家；巡查新发现“散乱污”企业 87 家，整改提升 2 家，关停取缔 85 家。

【安全整治工作】 全年完成加固彩钢板等 20 处，清理各类杂物 1000 立方米，清理铁路沿线各类危树 11976 棵。加强“春节”“两会”“国庆”等节日会议期间的安全生产巡视，定期组织对危险化学品、烟花爆竹、“气代煤”工程、校园安全排查整治。做好日常消防安全检查、30 个村的微型消防站的日常管理和驻村蹲点帮扶工作，确保消防隐患及时发现、及时整改，火灾问题及时处理，保证人民群众生命财产安全。强化日常监管，建立食品安全监管网，落实“三小”食品经营者备案和监管工作，按照要求上报巡查记录。做好农村“红白事”集体聚餐登记、小餐桌的日常监管、防范食物中毒宣传教育和食品安全百日攻坚行动。为做好防汛抗旱工作，确保全镇人民的生命财产安全，加强对村内河道的巡查，做好防汛应急物资储备，成立由150名志愿者组成的群众性抢险队伍，随时准备救援。

【民生保障和社会救助】 全年累计接待来访群众4000人次，日均接待20人次以上。坚持脱贫标准，实现剩余2户2名贫困人口全部脱贫，实现全镇全面脱贫；加快推进社会救助工作统筹和低保扩面工作，完成低保新申报工作，全部完成低保转特困工作，累计新申请低保150人、低保转特困80人；完成对所有享受两残补贴人员重新审核认定工作，按照程序办理新增重度残疾人两残补贴申请工作，累计受理74人；受理重特大疾病医疗救助9人，常规医疗救助3人，临时救助3人；完成对1447名75岁以上高龄老人生存认证工作，规范高龄补贴申请流程，按月对高龄老人进行新增、变更、终止报告；完成全镇孤儿重新审核认定工作，完成全镇所有困境未成年人、留守儿童及空巢老人的摸底审核工作；推进农村互助养老幸福院建设，聚力打造精品幸福院工程，实现夏垫镇幸福院辐射区域全覆盖；为全镇所有住户办理政府代缴农房保险；完成2019年60周岁农村籍退役军人申报工作，高标准完成退役军人信息采集、医疗养老保险接续、节日慰问及慰问品发放工作；为13名重残人员联系大厂县残联和县医院医师入户做残疾鉴定。为11名符合托养条件的残疾人上报县残联，进行入户义诊。为7名手续齐全的残疾人申请办理每人每年260元燃油补贴。为6名建档立卡户的贫困残疾人发放无障碍改造实物。

（杨　斌）

祁各庄镇

【概况】 大厂回族自治县祁各庄镇位于大厂县西部，西接北京通州区，北连三河燕郊镇，东南与香河县接壤，是省级园区——潮白河经济开发区的核心组成镇。潮白河自镇域西北入境，环绕西部、南部而过，流域全长12.1公里。全镇辖20个行政村，分为4个片，东片：冯兰庄、定福庄、亮甲台、陈家府、半边店；南片：洼子、小东关、大东关、西关、宋各庄；西片：谭台、田各庄、窝坨、大小辛、辛杜庄；北片：祁各庄、毛庄、谢疃、窄坡、八百户。全镇辖区面积47.52平方公里，常住人口24353人。

【党建工作】 做好发展党员工作。严格按照“控制总量、优化结构、提高质量、发挥作用”的总要求，在坚持不断优化发展党员结构的基础上，把农村的致富能手、企业业务骨干以及大中专毕业生、复转军人吸收进党员队伍。2019年，全镇确定入党积极分子15名，发展党员7名，发展对象11名。做好后进村整顿转化工作。2019年，祁各庄镇大小辛庄村、辛杜庄村、冯兰庄村和祁各庄村4个村因村级组织活动场所危旧狭小被列入后进农村党组织，按县委组织部安排，祁各庄镇立即行动，研究制定解决措施进行整改，截至12月底，4个村全部完成村“两室”改造提升工作。经县、镇两级全面摸排，确定祁各庄村、冯兰庄村2个村为重点转化村，祁各庄村和冯兰庄村信访矛盾突出问题均得到有效化解。深入开展“不忘初心、牢记使命”主题教育。9月12日，召开全镇“不忘初心、牢记使命”主题教育动员会，所辖各支部全部于9月17日前召开动员会议；理论学习中心组成员于9月24日至10月26日分别围绕5个专题进行交流研讨；班子成员致力于解决祁各庄镇存在的突出问题和群众反映强烈的热点难点问题开展调研；10月底，组织各支部党员干部集中收看反映优秀共产党员和先进基层党组织典型事迹的主题节目《榜样 4》；领导班子和班子成员对照初心使命、对照党章、准则、条例，查摆自身不足，深刻检视剖析，认真开展自查，制定整改措施；12 月 6 日，召开专题民主生活会，科级干部在主观上、思想上进行深刻检视，通过问题深挖思想根源，开展自我批评，主动“揭短亮丑”。

【党风廉政建设】 全面履职尽责，严格落实主体责任。2019 年，祁各庄镇始终把镇党委作为“第一责任”主体，党委书记作为党风廉政第一责任人，责任靠前，敢抓敢管，严格履行“一岗双责”，通过严抓基层党建，定期与领导班子其他成员谈心谈话，组织开展民主生活会，严格落实考核制度，加强干部日常管理，确保领导有力、组织周密、责任到人。积极开展纠正“四风”工作和纪律整治工作。祁各庄镇分类组织开展监督检查和明察暗访，开展公款吃喝问题监督检查、公车使用规范化、纠正“四风”工作和纪律专项整治工作、婚丧嫁娶喜庆事宜大操大办借机敛财问题专项治理，严肃查处党员领导干部出入私人会所大吃大喝。畅通信访举报途径，加大案件查办力度。按照大厂县纪委工作安排，祁各庄镇纪委对全镇十八大以来党纪政务处分决定执行情况进行一次全面系统的自查整改，有 28 名党员受过党纪处分，未发现政务处分情况。在 26 名受党纪处分的党员中，受到党内警告处分 15 人，党内严重警告处分 8 人，撤销党内职务处分 1 人，留党查看处分 2 人，开除党籍处分 2 人。强力开展整治群众身边腐败和作风问题。5 月底，祁各庄镇开展整治群众身边腐败和作风问题专项活动。

【项目建设】 推进京唐城际高铁和迎宾大道东通征占地工作。京唐城际高铁项目涉及征收地上附着物农户 13 户，以及村集体地上附着物和鼎鸿公司部分地上附着物。2019 年，为 9 户农户拨付补偿款 209 万元，为亮甲台村委会拨付补偿款 5 万元，为冯兰庄村委会拨付占地预拨款 280 万元，为鼎红公司拨付补偿款39万元。迎宾大道东通工程涉及7户，工程全线贯通，完成6户农户地上物评估，发放补偿款198万元，同时为冯兰庄村剩余20%征地款发放400户，确保冯兰庄村征地工作稳步推进。推进窄坡村征地工作。3月，启动窄坡村北人大产业园园区二期、人大社区后备项目用地征地工作，涉及10户农户的地上物（土地均已征收）。2019年，项目征地工作完成9户，发放地上物补偿款214万元。创意路工程征地工作。创意路工程于6月竣工通车。稳妥推进新民居建设。2019年，田各庄新民居签订安置补偿协议630户。

【新农村建设】 2019年，祁各庄镇以片为单位，分别对各村现有存量垃圾情况进行分类排查、统计，并以村为单位，分别对所属区域进行集中清理。动用铲车、挖掘机、垃圾清运车1307辆次，人工570人次，清理各类垃圾35321立方米、清理坑塘43290平方米。谋划推进美丽乡村建设。经过前期调研、谋划，最终确定在冯兰庄、定福庄、西关等10个村重点实施乡村美化提升工程，并结合镇村实际，成立实事工程推进专班，倒排工期按天推进预算评审、招投标等规定程序，提前拆除违建、清除障碍、腾亮施工场地，确保各项工程顺利开展。截至12月底，冯兰庄、西关、洼子、小东关、谭台、大小辛、窄坡、谢疃等8个村的工程进场施工。全力做好旱厕改造工作。2019年，对全镇旱厕改造工作进行统一规划、分段同步施工，镇里成立专门工作小组，深入施工现场督促工作进度质量，确保改造工作顺利推进。全镇旱厕改造涉及16个村2922座，截至12月底，改造完成2464座。

【社会保障工作】 针对重残重病家庭及重点人群，由包村干部及村干部进行入户调查，纳入扩面重点人群，对低收入家庭中的老年人、残疾人、重病患者、未成年人等特殊人员和支出型困难家庭，认真核对其家庭收入，对符合低保条件的人员纳入低保范围，确保应保尽保，严格遵守“申请—调查—审核—评议—公示—审批”程序，规范镇村干部职务行为，确保社会救助制度公平实施。

高标准完成祁各庄镇退役军人服务站建设，专门安排60平方米的独立办公用房，配备电脑、打印机等办公设施，并做到服务站领导机构上墙、各项工作制度上墙、重点优抚对象分布图上墙、退役军人三级包联网格图上墙。建立100平方米的退役军人之家活动室，配备乒乓球、羽毛球、台球、象棋等娱乐设施。全部村级退役军人服务站在完成更名工作的同时，对岗位职责、工作流程、管理制度、服务承诺等进行更新、完善，全镇村级服务站得到高标准提升。

【大气污染防治工作】 做好企业管控工作。对已取得环保手续的39家生产加工类企业进行周期性逐一检查，确保按照排放要求、应急响应要求进行生产加工行为，同时对20个村的生产类企业进行不定期走访摸排、调取工业用电量，排查发现污染企业8家并全部关停取缔。做好秋冬季秸秆禁烧工作。进入秋季后，镇村两级加大力度排查焚烧落叶、秸秆、杂草、生活垃圾等行为，随时发现情况及时进行处理，每村建立临时组织，对秸秆露天焚烧进行每日巡查。常态进行扬尘治理。重点排查裸露土地和建筑施工场地，对发现的未苫盖问题第一时间组织力量进行苫盖，加强非道路移动源污染防治，开展调查摸底并及时向主管部门上报情况，配合做好相关机械的治理和淘汰；开展露天烧烤、油烟治理攻坚行动。对镇域内所有烧烤摊点和饭店、早点、小吃部进行集中巡查，严禁露天烧烤和店外经营行为，落实安装油烟净化装置措施，对不能达到要求的依法进行关停取缔。做好重污染应急响应。建立重污染天气应急响应机制，各企业按照“一厂一策”要求制定应急响应措施，驻厂监督员每日巡查企业响应措施落实情况；继续推进“双代”工作。2019年，对镇域未实施农村“气代煤”改造户进行排查，完成28户天然气改造。认真开展散煤管控清理。9月，严格按照全县散煤管控“百日会战”行动方案要求，对20个村所有农户及商业街两侧门店商户进行大排查、大清理。全镇入户排查11748户，收缴存煤326吨。不断强化水污染治理。在坚持镇级河长月巡、村级河长周巡的基础上，不断强化河道巡查和管理，清理河道岸坡垃圾10000立方米，依法拆除陈家府2

处违章建筑、清理围栏。同时，联合有关职能部门经常性对镇域内河道进行巡查，对发现的排污口进行封堵。

（于宏威）

陈府镇

【概况】 大厂回族自治县陈府镇位于大厂县城东部3公里处，北部、东部与三河市相接壤，南部与香河县为邻，辖区面积23.76平方公里。下辖21个行政村（东杨辛庄、吴辛庄、蒋店子、兰庄户、后营、王指挥屯、王唐庄、北小庄、许官屯、沙岗子、小坨头、大坨头、刘各庄、荣马坊、陈府、侯官屯、南太平庄、马家庙、漫兴营、威武屯、东厂）。

【基层党建】 镇党委始终坚持把党的建设摆在工作首位，严格落实抓党建“第一责任人”职责，每月至少研究1次党建工作，每月开展理论中心组学习，强化领导班子党建工作职责。在个人自学基础上，结合“集中学习研讨活动”，党委理论中心组进行5次集中学习，制定12个基层调研课题破解发展中存在的难点问题。发放征求意见表300份，征集党员群众意见建议50条。举办“喜迎建国七十周年”系列活动，开展“十一”和主题教育专题党课，把习近平新时代中国特色社会主义思想，在全镇21个农村支部进行宣讲。在发展党员工作上，严把人选关、程序关，2019年发展党员8名，全部解决荣马坊、北小庄、大坨头3个3年以上不发展党员村街，沙岗子、许官屯、南太平庄3个2年不发展党员村街。在基层组织活动场所建设上，先后4次对各村开展基层组织活动场所现状摸底调查。投入220万元，对南太平庄、王唐庄、北小庄、东厂、沙岗子进行改造提升，实现村级组织活动场所上档升级。

【“散乱污”企业治理工作】 对陈府镇历年来发现的56件（次）环保问题开展回头看工作，严禁死灰复燃，清理取缔“散乱污”企业7家。开展秋冬季秸秆、垃圾禁烧，全镇清理落叶杂草7000立方米，累计清理面积43.33万平方米。推进重点领域VOCs治理任务，陈府镇4家涉VOCs企业全部办理环评手续。建立重污染天气预警机制，随时动态掌握全镇的重污染天气预警应急响应工作。开展散煤清理工作，21个村累计检查3739户，清理散煤488户、437.64吨。2019年，陈府镇农村生活污水治理目标任务数为695户，截至12月底，完成629户，接通入户552户。

【环境整治】 以“清洁村庄助力乡村振兴”为主题的村庄清洁行动中，清理垃圾47585立方米，拆除违建60处，清理出街道两侧空闲地22万平方米；改厕1872座；建设投资2000万元进行村容村貌改造提升工作；完成全镇美丽庭院创建任务，其中精品庭院500户，美丽庭院示范户300户。

【旅游片区建设】 高标准规划东杨辛庄采摘区提升工程，总投资1500万元，新建步游路900平方米、售货亭90个、围栏3000延米、自来水管网2000米、道路硬化6000平方米、门头90个、照明设施200盏等工程，圆满完成大厂县第一届旅发大会接待工作。

【文明县城创建】 以创建全国文明县城为目标，按照乡镇测评标准，对镇前街及镇政府机关相关点位进行提升，更换镇前街商户牌匾，安装公益广告和造型灯箱，画机动车与自行车停车位，安放垃圾箱，安装电子屏滚动播放社会主义核心价值观24字公益广告，对机关无障碍厕所、母婴室、学雷锋志愿服务站进行改造提升，对陈府镇综合文化站进行改造提升。对21个村各类公益广告、各项制度进行更新，制作安装16类展板780块，在祁陈路两侧制作安装19块造型公益广告牌。每村设立道德讲堂、新时代文明实践站，并每村以20%的比例推选出十星级文明户。

【农林畜牧】 粮食生产稳步推进，顺利完成夏收夏种工作。2019年，全镇玉米播种面积277公顷、亩产420公斤，冬小麦亩产405公斤。秸秆禁烧工作成效显著，全镇未发生大面积焚烧秸秆现象。推进现代农业不断发展。截至12月底，全镇流转土地525.11公顷，土地承包经营权确权登记颁证工作稳步推进，18个村完成农村土地承包合同（家庭承包方式）签订工作，并完成打证及证书发放工作。扎实开展农村集体经济组织成员界定工作。2019年，全镇有15个村完成经济组织成员界定工作。不断推进河长制工作。制订河长制工作实施方案，明确各条河渠的河长，河长定期对所包河渠进行巡查，汛前制定防汛应急预案，对存在问题及时整改。春季，全镇完成造林改提任务50.67公顷，超额完成县下达的造林任务。为巩固造林成果，加强新植幼树的管护工作，并积极配合县自然资源局做好林木“飞防”工作，有效的控制树木病虫害，提高树木成活率，确保造林成果。

【安全生产】 2019年，陈府镇党委、政府召开安全生产专题会议及安全生产各专项行动会议27次，确立“打非治违”“百日攻坚”“双控”“大排查大整治”“有限空间专项整治”“化工行业专项整治”等多个行动方案和2019年工作要点、安全生产应急预案等多个工作计划。在“两会”等重要会议期间、“双节”等重要节日期间，安监站将联系各村安全管理员、各企业驻场监督员，必要时也将联系上级执法部门开展联合巡查，有力保障重要时间节点期间陈府镇安全生产的良好态势。

【“双违”治理和征地工作】 2019年，完成25个卫片拆除整治任务，并全部通过验收。在专项行动中，对东厂村正兴印务公司违建厂房、沙岗子村陈宝贵违建别墅、漫兴营村强建违建别墅进行拆除；完成密涿高速东互通连接线180户、10.67公顷征地任务，完成祁陈路东段（陈府镇段）绿化工程涉及的5个村的全部征地任务。

【劳动保障】 成立城乡居民基本医疗保险、养老保险工作组，抽调各村年轻人作为两险代办员专门负责此项工作，确保2019年度两险缴费工作顺利开展，累计发送宣传手册2000份，帮助及指导个人缴费300人次；联合大厂县社会事务局组织召开陈府镇大型招聘会，组织北三县周边招聘单位20家参与，解决部分闲散劳动力就业问题；对全镇领取养老金待遇人员进行社保认证并进行待遇核定认证352人次；为陈府村1名失地人员续签公益性岗位合同，合同续签至退休年龄；向各村发放城乡居民门诊特殊疾病宣传资料200份；每月定期对21个村领取待遇去世人员情况进行统计上报；下发陈府镇镇域内社会保障卡109张。

【卫计工作】 2019年，新增奖励扶助人员13人，退出8人，新增特别扶助人员1人，退出1人，截至12月底，有224人享受奖励扶助，12人享受特别扶助。发放各类奖补资金38.79万元，其中奖励扶助资金21.50万元，特别扶助资金12.42万元，独生子女父母奖金4.87万元，减免城乡居民基本医疗保险参保费380人。陈府镇做强做优婚前优生指导、孕前优生检测、人口早期教育等相关工作，加大宣传，确保出生质量，大力开展出生缺陷干预，着力宣传好使用叶酸片干预防治出生缺陷工作，从源头上提升出生人口素质，有11对育龄夫妇享受免费孕前优生检测服务。卫计办利用妇女节、母亲节、“5·29”协会成立日等，广泛开展宣传，上半年发放各类宣传册1100份，发放避孕药具1600只，宣传内容包括全面二孩、亲情关爱精准帮扶、流动人口服务均等化等，全年办理各类证卡217个。

（李　龙）

邵府镇

【概况】 大厂回族自治县邵府镇位于大厂回族自治县西北部，距县城9公里，东与大厂镇相邻，西与三河市燕郊镇交接，南与祁各庄镇接壤，北与夏垫镇毗邻，全镇总人口10900人，辖区面积22.18平方公里。下辖8个行政村（邵府、大仁庄、南贾各庄、太平庄、牛万屯、尚各庄、双臼、岗子屯）。

【党建工作】 深入开展后进村整顿转化工作，通过深刻剖析南贾各庄村后进原因，成立工作组，做好县镇村三级协调工作，深入信访户家中，细致做好信访群众思想工作等，持续推动软弱涣散党组织整顿转化，并顺利通过评估验收。强化党员队伍建设，各村建立完善入党积极分子台账，对积极分子情况实施动态管理，坚持成熟一个发展一个的原则，2019年邵府镇发展党员4名。

【民主法制建设】 加强法制教育，进一步提高干部群众的法律意识。镇人大积极推进普法规划的实施，不断加大普法宣传工作力度，督促政府认真扎实地开展宪法、法律的宣传教育，通过“送法下镇”“法律进村入户”等多种形式，大力宣传与群众生活关系密切的法律法规，使基层干部群众的法律意识和法制观念得到明显提高；认真实施《中华人民共和国村民委员会组织法》，进一步健全完善各项规章制度。村委会认真履行法定职责，实行村务公开、财务公开，积极推进民主评议干部制度，村委会自觉接受村党组织的领导和群众监督，全镇8个村全部设立村务监督委员会，由党员和村民代表组成，有主任8名、委员16名。

【基础设施建设】 全镇8个村谋划实施农村道路硬化、排水修建、坑塘整治、村庄亮化美化、村民活动中心新建等62项惠民实事工程。邵府、大仁庄、南贾各庄启动村民活动中心新建工程；太平庄、尚各庄、牛万屯、双臼全面开展道路硬化、村街排水工程，岗子屯新建设红白理事大厅（文化礼堂），全镇各村累计完成村内道路新建、翻修42500平方米，铺设排水管线11180延米，建成停车场、小游园等便民设施场所4000平方米；6个村启动实施农村旱厕改造工程，截至12月底，全镇完成改厕1959个，新建公厕15个。

【优化农村环境】 通过组织开展村庄清洁行动，累计清理各类垃圾 30000 立方米，拆除残垣断壁 140 处，整治坑塘 52 个，拆除违规户外广告牌 90 处，清理“牛皮癣”小广告 300 处。进一步加强与桑德公司协调联系，在农村日常生活垃圾清扫、保洁、清运处理上加强监管，形成良性运营管理机制。同时，下大力气整治房前屋后乱堆乱建等问题。村庄内房前屋后新增绿化 9000 平方米，重点打造大仁庄村环村绿带、邵府村南景观带，完成新造林 11.77 公顷。积极与园区管委会密切配合，加大巡防力度，共同对已流转地垃圾进行治理。组建网格队伍，对辖区内开展日常巡查，有效防止外来垃圾偷倒问题。

【稳定工作】 持续推进扫黑除恶专项斗争工作。定期开展镇党委书记与各村支部书记的谈心谈话活动，以扫黑除恶专项斗争为契机，定期排查外来人口和出租房屋情况，做到底数清、情况明。

【污染防治工作】 深化“散乱污”整治，在对镇域内工业、农业用电户深度摸排的基础上，彻底摸清辖区内各类企业存在形态，建立台账，实施动态管理。对已取缔的 24 家散乱污企业进行“回头看”，无死灰复燃现象发生。严格落实重污染天气应急响应，组织人员加强对重点时段、重点行业的巡查管控力度，切实加大对重污染天气应急预案启动情况和应急减排的措施落实情况的督查力度，确保应急减排措施落实到位。开展清洁取暖“双代”工程扫尾，强化各村“双代”工程安全监管。重拳出击加强散煤管控，开展部门联动执法专项行动，查扣散煤 3.5 吨，燃煤炉具 12 台，集中清理散煤 147.5 吨。扎实开展河长制工作，逐级签订承诺书，进一步明确镇村两级河长职责，切实发挥村级河长作用，确保河渠环境得到有效保持，河渠现状得到有效保护。

【社会保障】 在全镇无建档立卡贫困户基础上，重点做好防贫工作，建立边缘户台账，对低保、特困等人群实行动态管理。巩固脱贫工作成果，切实履行帮扶责任人职责，帮扶祁各庄小东关村已脱贫户张文生，坚持日常走访，坚决防止返贫。深入摸排筛查，初步核查上报低保12户21人，特困2户2人，确保达到应保尽保。做好城乡医疗救助和重特大疾病医疗救助申报初审和汇总上报工作，3户享受大病医疗救助，救助金额达10万元。完成对失地农民养老保险及专项生活补贴的审核上报，审核通过2019年度廉租房新申请183户，复审44户。对符合政策2户改造对象实施危房改造，实现保障体系全覆盖。

【主题教育】 扎实做好“不忘初心、牢记使命”主题教育开展，组织开展集中学习教育12次，领导班子及领导班子成员征求到基层意见建议262条，深入开展调研立项13项，领导班子及领导干部检视问题166项，立行立改45项。

【意识形态】 充分利用现有村级广播网、微信工作群等宣传渠道，做好中共十九大精神、习近平总书记系列重要讲话精神、省市县委全会精神的宣传贯彻。组织镇理论学习中心组专题学习24次，全镇累计新增、更新各类宣传标识200幅，录制播放政策类广播稿300天次，发放宣传资料4000份。

【文明创建】 在主要进村路口和主街道统一布置、统一标准，打造乡风文明示范街。启动1200平方米的镇综合文化站（新时代文明实践所）建设，完成室内设计改造、设施器材采购、活动科室装饰装修等工程。

（杨海霞）

北辰街道办事处

【概况】 中共大厂回族自治县北辰街道位于县城北辰东街88号。辖区范围东到大马庄路口（规划东环路、含东侧的迎春社区），西至新大香线（养光医疗路口），南到福华公司南三分干桥，北至大厂镇霍各庄南（不含8个城中村）。下辖永安里、幸福路、永安南路、永安北路、步行街、荣昌苑、北新西街、北辰西街、华安南路、华安北路、湖韵澜湾等11个社区居民委员会，109个居民小区，辖区面积 7.4 平方公里，常住人口 4.195 万人。内设 5 个股室（党政综合办公室、综治股、社区建设股、劳动保障股、社会事务股）。机关和 11 个社区居委会分别设有“一站式”便民服务大厅及退役军人服务站。

【平安创建】 北辰街道把维护稳定、大气治理、安全生产作为第一责任，严格落实属地责任，一岗双责维护辖区和谐稳定，积极协调化解信访案件，重点做好扫黑除恶宣传、排查工作；加大对散煤、落叶垃圾、秸秆禁烧以及居民露天烧烤等的巡查力度，重点关注环境监测点周边小区情况做好防尘抑尘，并且按照上级统一安排部署，开展“零点行动”，进一步做好大气管控工作；开展安全生产隐患大排查活动、燃气使用安全隐患排查工作、小区消防安全排查、三合一、多合一场所排查等各类安全排查活动。建立健全隐患排查管理档案制度，对于每项隐患排查整治工作做到“三有”（有台账、有整改通知单、有影像资料），建立专项档案。严格落实目标管理责任，细化各项工作目标任务；完善各项工作责任追究制度，确保各类隐患排查及时化解。

【环境卫生】 北辰街道成立以街道党委书记、办事处主任为组长，街道主管副职为副组长，其他班子成员为成员的大气污染防治领导小组，加大对散煤、落叶垃圾、秸秆禁烧、餐饮排污、“散乱污”小作坊以及居民露天烧烤等的巡查力度，明确工作责任，并将任务完成情况随时通报。北辰街道成立专项巡查队伍，对城区大气污染防治情况开展常态化不间断巡查。突出平房区重点区域，以社区为单位，组织社区工作人员对城区 32 个平房小区及沿街商户的散煤存储销售、小煤炉使用情况进行一次彻底排查，同时从源头入手，杜绝燃煤买卖。经排查未发现有散煤存储销售和燃煤情况。加强裸露土地、建筑装修料堆苫盖抑尘工作。重点关注环境监测点周边小区情况，对城区内裸土及老旧小区改造情况进行巡查，采取降尘抑尘措施。对辖区内 6 处、1450 平方米裸土，完成苫盖或路面硬化。对居民装修改造的施工材料要求自行苫盖，确保无扬尘污染。按照上级相关工作的安排部署，城区为全年禁放区。北辰街道积极响应，召开专项会议，再安排、再部署，春节、元宵节等重要节日期间，街道社区全员出动，就烟花爆竹禁放问题划区域地毯式巡查，确保城区大气污染防治效果。

【公共服务】 通过人大代表上站接访，进一步加强人大代表密切联系群众，切实将联络站打造成代表履职、联系选民的主阵地，有效架起党委政府与选民群众的“连心桥”，赢得广大选民群众的肯定。社区对所有各类老人都登记在册，做到底数清、情况明，同时重点关注生活不能自理的老人，对需要帮助的老人采取多种形式进行上门服务，做到有人问、有人管。其中，街道党委以湖韵澜湾社区为突破口，与大厂回族自治县颐康苑养老服务中心签订合作合同，在湖韵澜湾建立社区居家养老服务试点，进而推广到全县，形成以居家养老为主，社区托管和县办机构养老三位一体的养老新模式。2019 年 2 月，北辰街道对智慧社区运营维护项目进行招标，廊坊市微握科技有限公司以 49.5 万元中标，用于智慧社区信息录入更新，设备运营、检修等方面。3 月，经县政府批复成立湖韵澜湾社区，同时投资 12.95 万元用于新增社区智慧社区购置硬件设备和软件扩容，使 11 个社区在智慧社区平台中协同工作。陈府许官屯贫困户陈立权虽已按程序退出，但一定时期内将继续享受相关扶贫政策，帮扶责任人每周入户走访，填写扶贫手册、帮扶记录本等。

【退役军人管理】 2019 年，街道和 11 个社区完成更换悬挂“退役军人服务站”标识牌，并对辖区内退役军人台账进行重新整理，为退役军人进行信息采集并发放退役军人优待证，做好军人表彰工作（单位有 1 人获得市优秀退役军人表彰、2 人获得县优秀退役军人表彰、1 人获得县退役军人优秀工作者表彰，海明君获得“廊坊市 2019 年度最美双拥人物”称号）。

【困难救助与助老】 对辖区内 712 名 75 周岁以上老人进行慰问和生活补贴发放。2019 年，办理重度护理补贴 4 人，办理困难残疾人生活补贴 2 人，并为 16 名贫困学生发放助学款 1.06 万元。

【健全协调机制】 建立街道党委办事处统一领导、社区党支部为核心、以社区居委会为主体、以小区业主委员会为抓手、以小区物业为平台的工作格局，切实以党建推社建，以服务促管理，实行大事共议、要事共决、急事共商、实事共办、难事共解的“五事联办”机制，为更加高效地推进社区发展、小区规范管理奠定坚实组织基础。

【计划生育】 开展计生药具发放工作，通过 11 个社区药具发放点，实现各类人群避孕药具“零距离”获取。为 12 名流出已婚妇女办理《流动人口婚育证明》，流动人员全部录入河北省计划生育信息平台，流动人口协查 43 人次。对 3423 名年满 60 周岁以上老年人进行登记，同时开展“助老健康御险”，2019 年助老健康御险新增 219 人，总计 2323 人。

【社会治安】 街道以机关、社区电子显示屏为宣传阵地，滚动播放扫黑除恶宣传标语，累积 500 条；向居民发放明白纸，累积发放 15000 份；组织开展大型宣传活动 5 次，在街道和所有社区设置举报电话。同时，各社区通过走访居民，对相关线索进行摸排，深入发动群众，广泛进行社会动员，最大限度调动居民参与扫黑除恶的积极性，大力营造扫黑除恶的良好社会氛围；街道党委成立扫黑除恶专项斗争领导小组，负责统筹协调、指导督办扫黑除恶工作，组织街道社区全体干部、职工、小区楼门长，有计划地全方位开展集中排查活动，切实加强对重点行业、领域涉黑涉恶情况明察暗访，确保将黑恶势力消灭在萌芽阶段。

【信访工作】 在具体工作中实行一把手负总责、2 名班子成员、社区书记和主任分包工作机制，落实定期协商措施，强化与问题解决责任主体部门的协调配合，成功化解赵某等人信访问题、盛世尚水城小区业主信访问题、世纪家园小区业主信访问题等信访案件。

【宗教工作】 为不断加强街道干部、社区工作人员、居民小区物业经理（负责人）对当前宗教形势任务，宗教政策法规的学习理解和把握，提升做好宗教工作的能力和水平，组织相关人员专题学习 4 次，宗教专干外出培训 3 次。在“五一”、国庆等时间节点，加大对出租屋、流动人员、基督教临时活动点等重点区域、重点人群的排查工作，确保及时发现问题，妥善处置。

（何红研）

附　录

先进人物

2019年，全县有28人受到廊坊市人民政府以上表彰。

2019年受市政府以上表彰先进人物一览表

表1

姓名	性别	民族	出生年月	工作单位	荣誉称号	授奖单位	授奖时间
张艳秋	女	满	1981年11月	大厂城区第二小学	全国模范教师	人力资源和社会保障部 教育部	2019年9月
张艳秋	女	满	1981年11月	大厂城区第二小学	河北省先进工作者	中共河北省委 河北省人民政府	2019年4月
柴东升	女	满	1970年3月	大厂城区第二小学	民进全国组织建设先进个人	民进中央委员会	2019年10月
柴东升	女	满	1970年3月	大厂城区第二小学	民进社情民意信息工作先进个人	民进河北省委	2019年4月

续表 1：

姓名	性别	民族	出生年月	工作单位	荣誉称号	授奖单位	授奖时间
李亚娟	女	回	1980 年 12 月	夏垫学区北坞回民小学	廊坊市优秀乡村教师	廊坊市教育局 廊坊市财政局	2019 年 8 月
吴秀云	女	汉	1979 年 10 月	大厂城区第一小学	河北省师德标兵	河北省教育厅	2019 年 9 月
陈桂林	男	汉	1966 年 1 月	大厂回民中学	全国优秀教育工作者	教育部	2019 年 9 月
李联政	男	汉	1978 年 1 月	大厂回民中学	先进德育工作者	河北省教育厅	2019 年 3 月
葛福辉	男	汉	1973 年 3 月	大厂高新技术开发区管理委员会	新中国成立 70 周年庆祝活动信访维稳工作先进个人	廊坊市信访工作联席会议办公室	2019 年 10 月
葛福辉	男	汉	1973 年 3 月	大厂高新技术开发区管理委员会	全市优秀共产党员	廊坊市委	2019 年 6 月
李　斌	男	汉	1979 年 10 月	大厂高新技术开发区管理委员会	全市优秀党务工作者	廊坊市委	2019 年 6 月

续表 1:

姓名	性别	民族	出生年月	工作单位	荣誉称号	授奖单位	授奖时间
李　辉	男	回	1969 年 11 月	公安局看守所	2018 年全省公安监管工作成绩突出民警	河北省公安厅	2019 年 3 月
刘春光	男	汉	1969 年 9 月	公安局警卫大队	暑期工作先进个人	河北省公安厅	2019 年 9 月
王恩志	男	汉	1976 年 11 月	公安局刑侦大队	个人三等功	廊坊市公安局	2019 年 8 月
高　凡	男	汉	1986 年 1 月	公安局经侦大队	个人三等功	廊坊市公安局	2019 年 8 月
李功国	男	汉	1976 年 1 月	公安局政治处	个人三等功	廊坊市公安局	2019 年 12 月
黄　勇	男	汉	1976 年 7 月	公安局刑侦大队	个人三等功	廊坊市公安局	2019 年 12 月
黄　勇	男	汉	1976 年 7 月	公安局刑侦大队	70 周年大庆安保维稳工作先进个人	廊坊市信访局	2019 年 11 月
张晓峰	男	汉	1978 年 2 月	公安局刑侦大队	个人三等功	廊坊市公安局	2019 年 12 月

续表1：

姓名	性别	民族	出生年月	工作单位	荣誉称号	授奖单位	授奖时间
李守滨	男	回	1981年12月	公安局大厂派出所	暑期工作先进个人	廊坊市公安局	2019年8月
马仲锴	男	回	1978年5月	公安局网安大队	暑期工作先进个人	廊坊市公安局	2019年8月
白春凯	男	汉	1983年1月	公安局刑侦大队	暑期工作先进个人	廊坊市公安局	2019年8月
赵巨鹏	男	汉	1975年1月	公安局交通警察管理大队	暑期工作先进个人	廊坊市公安局	2019年8月
刘海成	男	回	1982年6月	公安局治安大队	暑期工作先进个人	廊坊市公安局	2019年8月
李志新	男	汉	1971年7月	公安局	70周年庆祝活动信访维稳工作先进个人	廊坊市信访局	2019年10月
乔一波	男	汉	1981年6月	公安局祁各庄派出所	亮剑行动个人嘉奖	廊坊市公安局	2019年12月
王玉涛	男	汉	1976年12月	国网冀北大厂县供电有限公司城关供电所	河北省劳动模范	河北省人民政府	2019年5月

续表 1：

姓名	性别	民族	出生年月	工作单位	荣誉称号	授奖单位	授奖时间
王立国	男	汉	1976 年 10 月	大厂回族自治县建达工程咨询有限公司	河北省劳动模范	河北省人民政府	2019 年 5 月
王倩文	女	汉	1984 年 6 月	司法局	河北省七五普法中期先进个人	河北省法宣办	2019 年 12 月
王丽娜	女	汉	1979 年 7 月	财政局	2019 年全市国库工作先进个人	廊坊市财政局	2019 年 12 月
杨海莲	女	回	1980 年 1 月	邵府镇人民政府	全国民族团结进步模范个人	国务院	2019 年
李志远	男	汉	1974 年 10 月	牛万屯村党支部书记	河北省“千名好支书”	中共河北省委组织部	2019 年

专业技术人员

2019年，全县有17人被评定为副高级以上专业技术职称。

2019年专业副高职人员统计表

表2

姓名	性别	民族	出生年月	工作单位	职务	职称	评定日期
逯静凤	女	汉	1968年12月	高级实验中学（高中部）	教师	副高级	2019年12月
王位田	男	汉	1967年9月	高级实验中学（高中部）	教师	副高级	2019年12月
侯建平	女	汉	1964年10月	高级实验中学（初中部）	教师	副高级	2019年12月
曹广娟	女	汉	1970年4月	大厂镇王必屯中心小学	教师	副高级	2019年12月
王克平	女	汉	1964年10月	大厂镇王必屯中心小学	教师	副高级	2019年12月
邓文会	女	汉	1970年6月	祁各庄镇窄坡小学	教师	副高级	2019年12月
王廷敏	女	汉	1967年4月	祁各庄镇八百户小学	教师	副高级	2019年12月
韩继红	女	汉	1973年10月	邵府镇双臼小学	教师	副高级	2019年12月
刘春节	女	汉	1975年12月	邵府镇双臼小学	教师	副高级	2019年12月
李君娥	女	汉	1967年3月	夏垫镇中心幼儿园	教师	副高级	2019年12月
姚术军	男	汉	1966年5月	夏垫镇夏垫中心小学	教师	副高级	2019年12月

续表 2：

姓名	性别	民族	出生年月	工作单位	职务	职称	评定日期
张玉红	女	汉	1969 年 9 月	夏垫镇棋盘小学	教师	副高级	2019 年 12 月
钟淑华	女	回	1969 年 11 月	夏垫镇南寺头回民小学	教师	副高级	2019 年 12 月
何会芹	女	回	1965 年 5 月	夏垫镇北坞回民小学	教师	副高级	2019 年 12 月
刘天明	男	汉	1974 年 11 月	夏垫镇棋盘小学	教师	副高级	2019 年 12 月
郝建明	女	汉	1967 年 5 月	夏垫镇棋盘小学	教师	副高级	2019 年 12 月
李君兵	男	汉	1970 年 10 月	夏垫镇夏垫中心小学	校长	副高级	2019 年 12 月

大厂回族自治县
2019年国民经济和社会发展统计公报

2019年在县委、县政府的正确领导下，以县委十一届四次、五次全会精神为指导，深入学习贯彻党的十九大和十九届二中、三中、四中全会精神，紧紧抓住京津冀协同发展和北京城市副中心建设重大机遇，紧扣全面建成小康社会目标任务，坚持稳中求进工作总基调，以新发展理念引领县域经济高质量发展。

全县地区生产总值达到1648040万元，同比增长8.7%。其中，一产增加值为 47740万元，同比增长11.9%，占GDP比重2.9%；二产增加值为242844万元，同比下降3.8%，占GDP比重14.7%；三产增加值为1357456万元，同比增长11.7%，占GDP比重82.4%。财政收入完成486386万元，占GDP的比重达到29.5%。

一、农业

全年实现农林牧渔业总产值78610万元。其中，农业产值14626万元，林业产值1106万元，牧业产值60247万元，渔业产值1172万元，农林牧渔服务业产值1459万元。

全年粮食播种面积28365亩，总产量11715吨，同比下降20.7%，平均亩产413公斤，比上年增加23公斤。其中，夏粮播面12705亩，总产量5207吨，同比增加8.9%，平均亩产409公斤，比上年增加32公斤；秋粮播面15660亩，总产量6508吨，同比下降29.0%，亩产416公斤，比上年增加21公斤。

年末，猪、牛、羊存栏分别为1.01万头、1.69万头、0.71万只，分别比上年下降49.2%、下降24.01%、下降68.06%；出栏分别为4.27万头、5.20万头、5.04万只，分别比上年下降16.78%、增长6.96%、下降2.75%。

二、工业和建筑业

工业全年实现增加值231105万元，同比增长3.6%，其中规模以上工业增加值同比增长4.8%。

建筑业全年实现增加值12008万元，同比下降65.5%。

三、固定资产投资

全县固定资产投资同比增长13.1%。其中，建设项目投资同比增长96.7%；房地产投资同比下降10.0%。

四、商贸流通业

全县完成社会消费品零售总额260965万元，同比增长8.5%。其中城镇消费品零售额为116981万元，同比增长13.1%；农村消费品零售额为143984万元，同比增长5.0%。

五、交通邮电业

公路运输行业完成货运量4315千吨，同比增长0.6%;货运周转量53060千吨公里，同比增长0.3%。公路运输客运量110万人，同比下降1.7%；客运周转量1606万人公里，同比下降1.8%。年末全县固定电话用户12203户，移动电话用户175307户，互联网用户58526户。

六、财政金融

全年实现财政收入486386万元，同比增长7.4%，其中公共财政预算收入306015万元，同比增长10.2%。财政支出397750万元，同比增长15.6%。年末金融机构各项存款余额2607068万元，比年初增加266306万元。其中，城乡居民储蓄存款余额达1279807万元，比年初增加174428万元。各项贷款余额3254850万元，比年初增加98287万元。

七、教育卫生

年末，全县中小学在校学生23920人，比上年增加2737人，其中普通中学在校学生7964人，比上年增加817人，小学在校学生14489人，比上年增加1597人，中等职业教育学校在校学生1467人，比上年增加323人。年末全县教职工数为2216人，其中专任教师1884人，占教职工总数的85.0%。年末全县共有医疗卫生机构11个，卫生技术人员587人，比上年增加39人，农村医疗卫生室114个，从业人员126人。

八、人口和人民生活

年末，全县总人口133991人，比上年增加1508人，其中乡村人口68008人，城镇人口65983人，回族人口27372人，占全县总人口的20.4%。年内出生人口1440人，出生率11.49‰，年内死亡人口383人，死亡率5.64‰，人口自然增长率5.85‰。

城镇居民人均可支配收入45044元，同比增长8.6%；农村居民人均可支配收入18418元，同比增长9.5%。

注释：

1. 公报部分数字为初步核算数据。

2. 地区生产总值根据第四次全国经济普查结果，对总量、产业结构及相关行业增加值等相关指标的数据进行了修订。

3. 公报中地区生产总值和各产业增加值、绝对数按现行价格计算，增速按可比价格计算。

4. 财政、金融、交通、邮电、教育、科技、文化、卫生、人口等指标数据均由相关部门提供。

5. 交通指标数据以此公报为准。